Kristina Meike Schmors
Scheckzahlungsverkehr
in der Insolvenz

Schriften zum deutschen,
europäischen und internationalen
Insolvenzrecht

S-INSO Band 20

Schriften zum deutschen, europäischen und internationalen Insolvenzrecht

S-INSO Band 20

De Gruyter

Kristina Meike Schmors

Scheckzahlungsverkehr in der Insolvenz

De Gruyter

Dr. iur. *Kristina Meike Schmors*, Hannover.

ISBN 978-3-89949-773-1
e-ISBN 978-3-89949-774-8

Bibliografische Information der Deutschen Nationalbibliothek

Die Deutsche Nationalbibliothek verzeichnet diese Publikation in der Deutschen Nationalbibliografie; detaillierte bibliografische Daten sind im Internet über http://dnb.d-nb.de abrufbar.

Einbandabbildung: © matttilda/fotolia
Datenkonvertierung/Satz: jürgen ullrich typosatz, Nördlingen
Druck: Hubert & Co. GmbH & Co. KG, Göttingen

♾ Gedruckt auf säurefreiem Papier

Printed in Germany

www.degruyter.com

Meinen Großeltern

Vorwort

Die vorliegende Arbeit wurde im Herbst 2009 von der Rechtswissenschaftlichen Fakultät der Christian-Albrechts-Universität zu Kiel als Dissertation angenommen. Literatur und Rechtsprechung sind bis Herbst 2009 berücksichtigt.

Zunächst danke ich ganz herzlich meinem Doktorvater Prof. Dr. Stefan Smid, der durch seine Ideen den Anstoß für diese Arbeit gegeben und mir deren Anfertigung während meiner Tätigkeit als Wissenschaftliche Mitarbeiterin an seinem Lehrstuhl ermöglicht hat. Die Lehrstuhltätigkeit hat mir dabei nicht nur ein fruchtbares Arbeitsumfeld durch wissenschaftlichen Austausch mit Kollegen und die Zugänglichkeit der erforderlichen Literatur eröffnet. Vor allem bin ich Prof. Dr. Stefan Smid dankbar für die wertvollen Tipps und Anregungen und den zeitlichen wie auch wissenschaftlichen Freiraum, den er mir bei der Erstellung dieser Arbeit gewährt hat. Nicht zuletzt hat außerdem die interessante und abwechslungsreiche Tätigkeit in Forschung und Lehre an seinem Lehrstuhl diese Arbeit gefördert. Auch Prof. Dr. Werner Schubert bin ich für die zügige Erstellung des Zweitgutachtens zu Dank verpflichtet.

Von ganzem Herzen danke ich außerdem meiner Familie und meinen Freunden, die mich auf meinem gesamten Weg begleitet haben. Elena Schmors und Inge Krüger danke ich besonders für ihre wertvollen Beiträge zur Korrektur des Manuskriptes. Christina Wiener danke ich für ihre geduldige Bereitschaft sich in auftauchende Probleme hineinzudenken; unsere Gespräche habe ich stets als Bereicherung empfunden.

Vor allem aber gilt mein Dank meinem Freund Oliver Georg Krüger, der mich in den vergangenen Jahren stets unterstützt hat.

Hannover, im Herbst 2009 *Kristina Meike Schmors*

Inhaltsübersicht

Inhaltsverzeichnis

Abkürzungsverzeichnis

a. A.	anderer Ansicht
aaO	am angegebenen Ort
Abs.	Absatz
AcP	Archiv für die civilistische Praxis
AG	Amtsgericht
AGB-Banken	Allgemeine Geschäftsbedingungen der Banken
AGB-Sparkassen	Allgemeine Geschäftsbedingungen der Sparkassen
AGB-Postbank	Allgemeine Geschäftsbedingungen der Postbank
Amtl. Begr.	Amtl. Begr.
Anm.	Anmerkung
Art.	Artikel
Aufl.	Auflage
B. v.	Beschluss vom
BB	Der Betriebsberater
Bd.	Band
begr.	begründet
Begr.	Begründung
BGB	Bürgerliches Gesetzbuch
BGH	Bundesgerichtshof
BGHZ	Entscheidungen des Bundesgerichtshofs in Zivilsachen
BSE	belegloser Scheckeinzug
BT-Drucks.	Bundestags-Drucksache
bzw.	beziehungsweise
ders.	derselbe
DZWIR	Deutsche Zeitschrift für Wirtschafts- und Insolvenzrecht
Einl.	Einleitung
entspr.	entsprechend
EWiR	Entscheidungen zum Wirtschaftsrecht
f.	und die folgende (Seite/Randnummer)
ff.	und die folgenden (Seiten/Randnummern)
Fn.	Fußnote
FS	Festschrift
GmbH	Gesellschaft mit beschränkter Haftung
Hrsg.	Herausgeber
Hs.	Halbsatz
Iher. Jhrb.	Iherings Jahrbücher für die Dogmatik des bürgerlichen Rechts
i. S. v.	im Sinne von

i.d.F.v.	in der Fassung vom
InsO	Insolvenzordnung
JurBüro	Das Juristische Büro
jurisPR-InsR	juris PraxisReport Insolvenzrecht
JZ	Juristenzeitung
KO	Konkursordnung (Deutschland)
KTS	Zeitschrift für Insolvenzrecht – Konkurs, Treuhand, Sanierung
LG	Landgericht
m.w.N.	mit weiteren Nachweisen
n.F.	neue Fassung
NJW	Neue Juristische Wochenschrift
NJW-RR	NJW-Rechtsprechungs-Report
Nr.	Nummer
NZI	Neue Zeitschrift für Insolvenzrecht
OLG	Oberlandesgericht
OLG-NL	OLG-Rechtsprechung Neue Länder
RegE	Regierungsentwurf
Rn.	Randnummer
RG	Reichsgericht
RGBl.	Reichsgesetzblatt
RGZ	Entscheidungen des Reichsgerichts in Zivilsachen
Rpfleger	Der Deutsche Rechtspfleger
S.	Seite
ScheckG	Scheckgesetz
Sonderbeil.	Sonderbeilage
Urt. v.	Urteil vom
vgl.	vergleiche
WuB	Entscheidungssammlung zum Wirtschafts- und Bankrecht
WM	Werpapiermitteilungen
z.B.	zum Beispiel
ZHR	Zeitschrift für das gesamte Handelsrecht und Wirtschaftsrecht
ZInsO	Zeitschrift für das gesamte Insolvenzrecht
zit. n. juris	zitiert nach juris
ZIP	Zeitschrift für Wirtschaftsrecht
ZZP	Zeitschrift für Zivilprozess

Einleitung

Die Insolvenz hat für den Zahlungsverkehr des Insolvenzschuldners weitreichende Folgen. Besondere Schwierigkeiten ergeben sich daraus, dass der heutige Zahlungsverkehr in der Regel nicht nur zwischen zwei Personen als Barzahlung abgewickelt wird, sondern über Banken in Form von Buchgeld. Bei den dabei vorkommenden unterschiedlichen Zahlungsarten, deren gemeinsamen Kern die bürgerlichrechtliche Zahlungsanweisung bildet, nimmt der Scheck eine Sonderstellung ein, die in der insolvenzrechtlichen Literatur bisher nur wenig Beachtung gefunden hat.

Der Scheck in der Form, wie wir ihn heute kennen, findet seine Ursprünge in den Handelsstädten Norditaliens, wo er seit dem 13. Jahrhundert gängiges Zahlungsmittel war.[1] Über Holland und Italien gelangte der Scheck erst Mitte des 19. Jahrhunderts nach Deutschland.[2] Das erste Scheckgesetz vom 11. 3. 1908[3] trat am 1. 4. 1908 in Kraft und wurde am 1. 4. 1934 von dem noch heute gültigen Scheckgesetz vom 14. 8. 1933 abgelöst.[4] Umfassende monografische Untersuchungen zu den Auswirkungen des Konkurses des Scheckausstellers gab es vermehrt in den Jahren nach Inkrafttreten des ersten Scheckgesetzes[5], danach waren diese allenfalls Gegenstand vereinzelter Zeitschriftenbeiträge[6] oder kurzer Passagen in bankrechtlichen Lehrbüchern oder konkursrechtlichen Kommentaren. Umfassende Darstellungen zum Konkurs des Schecknehmers gibt es nicht. Die Ausführungen der neueren bank- und insolvenzrechtlichen Literatur beschränken sich zum Teil auf die Aussage, dass für den Scheck in der Insolvenz die Ausführungen zur Überweisung oder Lastschrift „entsprechend" gelten, häufig werden allenfalls Einzelaspekte untersucht und es bleibt eine Vielzahl offener Fragen[7]. Diese Behandlung wird den Besonderheiten von Scheckzahlungen nicht nur deswegen nicht gerecht, weil die Auswirkungen der Insolvenz auf Überweisungen nunmehr – im Gegen-

---

1 *Nobbe* in: Schimansky/Bunte/Lwowski, Bankrechtshandbuch I, § 60 Rn. 1.

2 *Nobbe* in: Schimansky/Bunte/Lwowski, Bankrechtshandbuch I, § 60 Rn. 2 f.

3 RGBl. I S. 71.

4 RGBl. I S. 597; BGBl. III 4132-I.

5 *Hirsch*, Anweisung und Scheck im Konkurse des Ausstellers (1909); *Langer*, Ein Beitrag zur Lehre vom Scheck im Konkurse des Ausstellers (1912); *Herberg*, Scheck und Scheckvertrag im Konkurse des Ausstellers (1913); *Pullmann*, Der Scheck im Konkurse des Ausstellers (1914); *Gerber*, Der Scheck im Konkurse des Ausstellers (1914); deutlich jünger immerhin: *Bötticher*, Scheck und Giroüberweisung im Konkurse des Ausstellers und der bezogenen Bank (1954).

6 Etwa *Kelz*, Bank-Betrieb 1971, 50–52.

7 So sind etwa die Darstellungen zu den Auswirkungen der Insolvenz auf Schecks bei *Obermüller* (Insolvenzrecht in der Bankpraxis, Rn. 3.190 ff.) und *Bork* (Zahlungsverkehr in der Insolvenz, § 6 Rn. 406 ff.) zwar ausführlicher, begutachten die auftretenden Probleme allerdings lediglich aus der Banken-Perspektive.

satz zum Scheck – zumindest teilweise in der Insolvenzordnung[8] geregelt sind. Der Scheck hat außerdem mit dem Scheckgesetz eine sich von den §§ 676a ff. BGB und den §§ 783 ff. BGB deutlich unterscheidende Sonderregelung erfahren, die sich auch auf den Insolvenzfall auswirkt. Darüber hinaus hat die praktische Ausgestaltung der heute weitgehend elektronischen Abwicklung des Zahlungsverkehrs und die dabei zum Teil unterschiedliche Behandlung von Lastschriften, Überweisungen und Schecks Folgen für den Insolvenzfall.

Zwar tritt die Bedeutung von Scheckzahlungen in Deutschland hinter den Überweisungs- und Lastschriftverkehr zurück. Insbesondere im Zahlungsverkehr zwischen Firmen werden jedoch zur Tilgung von Verbindlichkeiten häufig Verrechnungsschecks gebraucht, um für einige Tage Sollzinsen zu ersparen und dadurch einen Liquiditätsgewinn zu erreichen, dass der Scheckeinzug erst einige Tage später erfolgt.[9] Diesem für den Scheckaussteller objektiv messbaren Vorteil steht zum einen die Gefahr gegenüber, dass Schecks gestohlen oder von Mitarbeitern des Empfängers veruntreut werden. Darüber hinaus besteht aber insbesondere das Risiko, dass entweder der Scheckaussteller oder der Schecknehmer in Insolvenz gehen. Die dabei auftauchenden Probleme betreffen dabei nicht nur Scheckzahlungen, die unmittelbar vor Eröffnung des Insolvenzverfahrens vorgenommen worden sind. Vielmehr hat die Insolvenz des Scheckausstellers oder Schecknehmers Folgen, die sich auf Scheckzahlungen lange vor Eröffnung des Insolvenzverfahrens erstrecken können.

Im Einzelnen ergeben sich folgende Fragen:

Welche Folgen hat

- die Insolvenz des Scheckausstellers
- die Insolvenz des Schecknehmers
- sowie die Weitergabe von Kundenschecks in der Insolvenz des ersten Schecknehmers

für die an einer Scheckzahlung beteiligten Personen und die Insolvenzmasse?

Diese Fragen zu beantworten, ist Ziel der vorliegenden Arbeit.

---

8 Vgl. § 116 S. 2 InsO.
9 *Nobbe* in: Schimansky/Bunte/Lwowski, Bankrechtshandbuch I, § 60 Rn. 23.

Teil 1
Scheckrechtliche Grundlagen

Die Folgen der Insolvenz auf eine Scheckzahlung werden von den Rechtsverhältnissen, welche dem betreffenden Scheck zugrunde liegen, und deren insolvenzrechtlichem Schicksal maßgeblich bestimmt. Bevor daher auf die insolvenzrechtlichen Aspekte von Scheckzahlungen eingegangen werden kann, sind zunächst die Rechtsnatur des Schecks an sich, die ihm zugrunde liegenden Mehrpersonenverhältnisse und die einzelnen Vorgänge im Rahmen einer Scheckzahlung zu erörtern.

I. Rechtsnatur und Funktionen des Schecks

Der Scheck ist neben der Giroüberweisung, dem Lastschriftverfahren und der Kreditkarte ein wichtiges Mittel des bargeldlosen Zahlungsverkehrs.[10] Der den Scheck ausstellende Schuldner begleicht seine Schuld anstelle von Bargeld mit einem Scheck, sein Gläubiger lässt sich den Scheckbetrag von der bezogenen Bank auszahlen oder verrechnen. Dabei wird in der Regel jede Barzahlung vermieden, weil es zunächst nur zu einer Weiterleitung von Buchgeld kommt[11]: Der Schecknehmer reicht den Scheck bei seiner eigenen Bank ein. Diese steht mit der bezogenen Bank im Abrechnungsverkehr, zieht den Scheckbetrag für ihn ein und schreibt ihn seinem Konto gut.

Seiner Rechtsnatur nach ist der Scheck ein Wertpapier, genauer gesagt ein geborenes Orderpapier, welches durch die Überbringerklausel gemäß Art. 5 Abs. 2 ScheckG zum Inhaberpapier[12] wird.[13] Er hat Legitimations-, Transport- und Garantiefunktion (vgl. Art. 19, 21, 17, 12, 18 ScheckG).[14] Die Entstehung einer Scheckverpflichtung setzt zum einen die Wahrung der Scheckform (Art. 1 ScheckG) vor-

---

10 *Nobbe* in: Schimansky/Bunter/Lwowski, Bankrechtshandbuch I, § 60 Rn. 17, 19; die Eignung des Schecks nur zu Zahlungs- aber nicht zu Kreditzwecken ergibt sich aus der zwingenden Vorlegung auf Sicht (Art. 28 ScheckG) und der für die Vorlegung geltenden kurzen Fristen (Art. 29 ScheckG), vgl. *Einsele*, Bank- und Kapitalmarktrecht, § 6 Rn. 45.

11 *Baumbach/Hefermehl/Casper*, Einl. ScheckG Rn. 8.

12 Scheckformulare deutscher Banken enthalten eine Klausel, wonach der Scheck nicht nur an den namentlich genannten Berechtigten, sondern auch an den Überbringer zahlbar ist, so dass es sich bei inländischen Schecks in aller Regel um Inhaberschecks handelt, vgl. *Einsele*, Bank- und Kapitalmarktrecht, § 6 Rn. 45.

13 *Baumbach/Hefermehl/Casper*, Einl. ScheckG Rn. 12; *Brox/Henssler*, Handels- und Wertpapierrecht, Rn. 626; *Zöllner*, Wertpapierrecht, § 26 I 3, III 4.

14 *Brox/Henssler*, Handelsrecht, Rn. 575 f.

aus, zum anderen bedarf es eines Begebungsvertrages zwischen Aussteller und erstem Schecknehmer.[15]

II. Das Mehrpersonenverhältnis im Scheckverkehr

Der Scheckverkehr zeichnet sich durch eine typische, anweisungsrechtlichen Grundsätzen folgende Dreiecksbeziehung aus[16]:

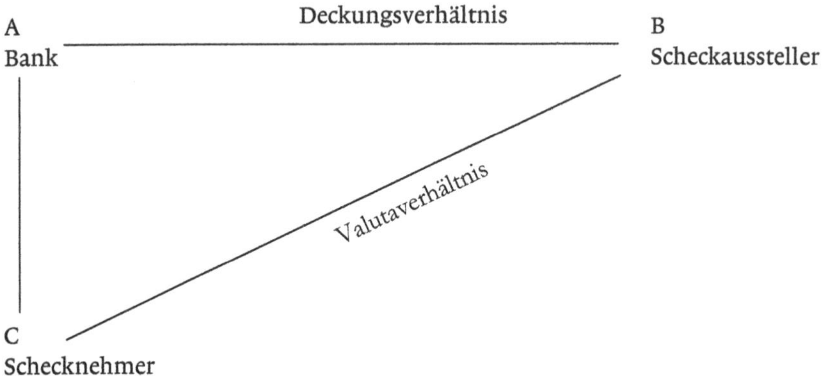

Der Scheckaussteller weist seine Bank mit dem Scheck an, eine Zahlung in bestimmter Höhe an den Schecknehmer vorzunehmen, um damit eine Verbindlichkeit gegenüber dem Schecknehmer zu tilgen. Die Bank erfüllt in Ausführung dieser Anweisung eine Verpflichtung gegenüber dem Scheckaussteller aus dem zugrunde liegenden Bankvertrag.

Da der Scheck als Zahlungsmittel dient, liegt dem Begebungsvertrag im Verhältnis zwischen seinem Aussteller und Schecknehmer deswegen in der Regel ein Kausalgeschäft zugrunde, welches mit Begebung des Schecks erfüllt oder begründet werden soll[17], z.B. ein Kaufvertrag. Gleichwohl ist die Scheckforderung eine vom zugrunde liegenden Kausalgeschäft losgelöste, abstrakte Forderung.

Dient der Scheck der Tilgung einer Schuld, so erfolgt die Hingabe erfüllungshalber im Sinne von § 364 Abs. 2 BGB, nicht an Erfüllungs Statt.[18] Daher tritt Tilgung im

15 *Baumbach/Hefermehl/Casper*, Einl. ScheckG Rn. 24f.

16 *Baumbach/Hefermehl/Casper*, Einl. ScheckG Rn. 8/10; *Brox/Henssler*, Handelsrecht, Rn. 625; *Zöllner*, Wertpapierrecht, § 26 I 1. Umstritten ist die Rechtsnatur dieser „Anweisung“: Nach *Canaris* (Bankvertragsrecht, Rn. 686) etwa handelt es sich um eine Anweisung im Sinne der §§ 783 ff. BGB, so dass diese Vorschriften anzuwenden sind, sofern nicht das ScheckG Sondervorschriften enthält (ebenso: *Schönle*, Bank- und Börsenrecht, § 8 VI I a)). Nach anderer Ansicht, vgl. nur *Baumbach/Hefermehl/Casper* (Einl. ScheckG Rn. 10), handelt es sich um eine „besondere Form der Anweisung“, nicht jedoch um eine solche gemäß §§ 783 ff.

17 Baumbach/Hefermehl/Casper, Einl. ScheckG 33 f.

18 *Baumbach/Hefermehl/Casper*, Einl. ScheckG Rn. 35; *Schönle*, Bank- und Börsenrecht, § 8 VI I c); *Sedatis*, Einführung in das Wertpapierrecht, Rn. 267.

zugrunde liegenden Valutaverhältnis erst dann ein, wenn der Gläubiger den Scheck erfolgreich bei der bezogenen Bank eingelöst hat. Allerdings ist der Gläubiger, der statt Barzahlung einen Scheck angenommen hat, verpflichtet, zunächst Befriedigung aus dem Scheck zu suchen[19], die Grundforderung gilt bis dahin grundsätzlich als gestundet. Löst die bezogene Bank den Scheck trotz Vorliegens aller Zahlungsvoraussetzungen nicht ein, so kann der legitimierte Scheckinhaber Regress nehmen: Gemäß Art. 12 ScheckG haftet der Scheckaussteller für die Zahlung des Schecks, daneben haften grundsätzlich gemäß Art. 18 Abs. 1 ScheckG die Indossanten sowie nach Art. 25 ScheckG etwaige Bürgen. Erst wenn dem Gläubiger die Befriedigung aus dem Scheck nicht gelingt, kann er auf die Forderung aus dem zugrunde liegenden Valutaverhältnis zurückgreifen.[20]

Das eben dargestellte scheckrechtliche Grundverhältnis kann durch das Hinzutreten weiterer Rechtssubjekte erweitert werden. So kann der Schecknehmer, den Scheck auf eine andere Person übertragen, was zu folgendem Bild führt:

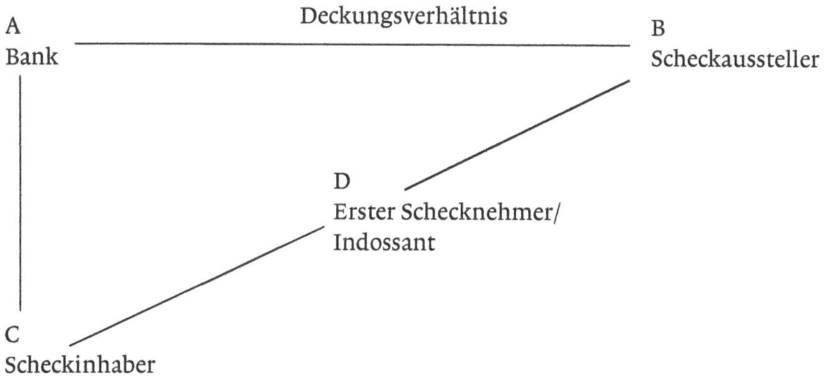

Dabei ist der Schecknehmer derjenige, der im Scheck als die Person bezeichnet ist, an welche zu zahlen ist.[21] Die einzelnen Modalitäten der Übertragung richten sich danach, um was für eine Art von Scheck es sich handelt:

Inhaberschecks kommen in der Praxis am häufigsten vor. Dies sind entweder Schecks, die ausdrücklich auf den Inhaber ausgestellt sind (Art. 5 Abs. 1, 3. Alt. ScheckG) oder welche zwar auf eine bestimmte Person ausgestellt sind, aber den Zusatz „oder Überbringer“, „oder Inhaber“ o. ä. (Art. 5 Abs. 2 ScheckG) enthalten. Sie werden nach sachenrechtlichen Regeln gemäß § 929 S. 1 BGB oder durch Einigung über den Übergang des verbrieften Rechts (mit der Folge des § 952 Abs. 2 BGB) übertragen.[22] Mit der Übertragung erwirbt der neue Scheckinhaber alle

---

19 BGH, Urt. v. 29. 4. 1974 – VIII ZR 200/72 – NJW 1974, 1336; Urt. v. 1. 10. 1984 – II ZR 115/84 – ZIP 1985, 208; Urt. v. 30. 10. 1985 – VIII ZR 251/84 – BGHZ 96, 182 = WM 86, 20.
20 *Baumbach/Hefermehl/Casper*, Einl. ScheckG Rn. 41.
21 *Baumbach/Hefermehl/Casper*, Art. 5 ScheckG Rn. 1.
22 *Zöllner*, Wertpapierrecht, § 26 III 4 b.

Rechte aus dem Scheck, nicht aber die Forderung aus dem Kausalgeschäft.[23] Eine besondere scheckrechtliche Haftung ergibt sich für den Veräußerer nicht, da er auf dem Scheck nicht in Erscheinung tritt.[24] Wenn ein den Art. 15, 16 ScheckG genügendes Indossament auf einem Inhaberscheck erfolgt, wird dieser weder zum Orderscheck, noch wird er damit übertragen, es kann jedoch Beweis für eine stattgefundene Übertragung sein[25] und der Indossant haftet gemäß Art. 20 ScheckG nach den Vorschriften über den Rückgriff (Art. 40 ff. ScheckG)[26].

Orderschecks sieht das Scheckgesetz zwar als den gesetzlichen Regelfall an, sie kommen aber in der Praxis im Vergleich zum Inhaberscheck ungleich seltener vor. Hierbei handelt es sich um Schecks, welche als Schecknehmer nur eine bestimmte Person bezeichnen. Ihre Übertragung erfolgt durch Einigung, Übergabe oder Übergabesurrogat und durch Indossament gemäß Art. 14 Abs. 1 ScheckG. Das Indossament überträgt gemäß Art. 17 ScheckG alle Rechte aus dem Scheck und führt gemäß Art. 18 Abs. 1 ScheckG dazu, dass der Indossant für die Zahlung haftet, sofern nichts Gegenteiliges auf dem Scheck vermerkt ist.

Wird der Scheck später von der bezogenen Bank nicht eingelöst, obwohl er rechtzeitig vorgelegt wurde, so kann der Inhaber gemäß Art. 40 ff. ScheckG neben dem Aussteller und etwaigen Scheckbürgen auch die Indossanten – sofern diese ihre Haftung nicht ausgeschlossen haben – in die Haftung nehmen. Dabei haften gemäß Art. 44 Abs. 1, Art. 45 ScheckG alle Scheckverpflichteten gesamtschuldnerisch für die Schecksumme, soweit der Scheck nicht eingelöst worden ist, für Zinsen seit dem Tag der Vorlegung, für die Kosten des Protestes sowie für eine Vergütung von bis zu einem Drittel der Schecksumme.

III. Das Deckungsverhältnis zwischen Scheckaussteller und bezogener Bank

Das Deckungsverhältnis zwischen dem Aussteller des Schecks und der bezogenen Bank wird durch den Scheckvertrag bestimmt, der den Kunden berechtigt, scheckrechtliche Anweisungen zu erteilen und die Bank bei vorhandener Deckung zur Einlösung verpflichtet[27].

---

23 *Nobbe* in: Schimansky/Bunte/Lwowski, Bankrechtshandbuch I, § 62 Rn. 14.
24 *Hakenberg* in: Ebenroth/Boujong/Joost/Strohn, HGB II, Rn. II 227.
25 *Baumbach/Hefermehl/Casper*, Art. 15 ScheckG Rn. 1; *Hakenberg* in: Ebenroth/Boujong/Joost/Strohn, HGB II, Rn. II 228.
26 *Baumbach/Hefermehl/Casper*, Art. 15 Rn. 5 u. Art. 20 ScheckG Rn. 2.
27 *Nobbe* in: Schimansky/Bunte/Lwowski, Bankrechtshandbuch I, § 60 Rn. 29; *Hopt* in: Baumbach/Hopt, HGB, (7) BankGesch Rn. E/1; *Schwintowski/Schäfer*, § 9 Rn. 18; *Bundschuh*, Höchstrichterliche Rechtsprechung zum Wechsel- und Scheckrecht, Rn. 177.

III. Das Deckungsverhältnis zwischen Scheckaussteller und bezogener Bank

1. Scheckvertrag

Grundlage für die gesamte Geschäftsbeziehung des Kunden mit seiner Bank bilden die „Allgemeinen Geschäftsbedingungen der Banken" (AGB-Banken), die „Allgemeinen Geschäftsbedingungen der Sparkasse" (AGB-Sparkassen) bzw. die „Allgemeinen Geschäftsbedingungen der Postbank" (AGB-Postbank).[28] Das Scheckvertragsverhältnis ist gesetzlich nicht näher geregelt, es wird durch die jeweils gültigen Allgemeinen Geschäftsbedingungen konkretisiert, die Sonderbedingungen für den Scheckverkehr (Scheckbedingungen).[29] Der Scheckvertrag ist in der Regel Teil des allgemeinen Bankvertrages und verbunden mit dem Girovertrag nach §§ 676f. BGB[30]. Die Scheckbedingungen werden gemäß Nr. 1 Abs. 1 S. 2 AGB-Banken (Nr. 1 Abs. 2 AGB-Sparkassen/Nr. 1 Abs. 1 AGB-Postbank) Bestandteil des Bankvertrages.

Mit dem Scheckvertrag verpflichtet sich die Bank, Schecks, die auf den vorgesehenen Formularen ausgestellt worden sind und für welche Deckung entweder im Rahmen eines Kontoguthabens oder aufgrund eines eingeräumten Kredites besteht, einzulösen.[31] Die Rechtsnatur des Scheckvertrages ist streitig, überwiegend wird er als Dienstvertrag mit dem Inhalt einer Geschäftsbesorgung gemäß §§ 675 Abs. 1, 611 BGB klassifiziert[32], teilweise aber auch als Werkvertrag mit Geschäftsbesorgung[33] oder als gemischttypischer Vertrag mit dienst- und werkvertraglichen Elementen[34]. Der Umstand, dass dem Scheckvertrag die generelle Verpflichtung der Bank zugrunde liegt, die von ihrem Kunden ausgestellten Schecks einzulösen, während erst der einzelne Scheck auf einen konkreten Einlösungserfolg abzielt, spricht für die Annahme eines Dienstvertrages mit dem Inhalt einer Geschäftsbesorgung (§§ 675, 611 BGB).

Der Scheckvertrag endet durch Kündigung, Aufhebungsvereinbarung oder – da er regelmäßig den Bestand eines Girokontos voraussetzt – mit Beendigung des Giro-

---

28 AGB-Banken i.d.F. v. 1.4.2002, abgedr. bei *Baumbach/Hefermehl/Casper*, 1 Bankbedingungen I, S. 688ff.; AGB-Postbank i.d.F. v. 1.1.2005, abgedr. bei *Baumbach/Hefermehl/Casper*, 1 Bankbedingungen II, S. 712ff.; AGB-Sparkassen i.d.F. v. 1.8.2005, abgedr. bei *Baumbach/Hefermehl/Casper*, 1 Bankbedingungen III, S. 737ff.

29 Scheckbedingungen Banken i.d.F. v. Oktober 2000, abgedr. bei *Baumbach/Hefermehl/Casper*, 1 Bankbedingungen I, S. 703f.; Scheckbedingungen Postbank i.d.F. v. 1.1.2002, abgedr. bei *Baumbach /Hefermehl/Casper*, 1 Bankbedingungen II, S. 736f.; Scheckbedingungen Sparkassen, i.d.F. v. Juni 2002, abgedr. bei *Baumbach /Hefermehl/Casper*, 1 Bankbedingungen III, S. 749f.

30 *Canaris*, Bankvertragsrecht, Rn. 684; *Meyer-Cording/Drygala*, Wertpapierrecht, S. 85; *Nobbe* in: Bankrechtshandbuch I, § 60 Rn. 29; *Hopt* in: Baumbach/Hopt, HGB, (7) BankGesch Rn. E/1.

31 *Baumbach/Hefermehl/Casper*, Art. 3 ScheckG Rn. 4; *Zöllner*, Wertpapierrecht, § 26 VI 1.

32 *Hopt* in: Baumbach/Hopt, HGB, (7) BankGeschRn. E/1.; *Meyer-Cording/Drygala*, Wertpapierrecht, S. 85; *Schönle*, Bank- und Börsenrecht, § 8 VI 2; *Schwintowski/Schäfer*, Bankrecht, § 9 Rn. 22; *Reuther*, Der Scheckvertrag, S. 42.

33 *Canaris*, Bankvertragsrecht, Rn. 682; *Bülow*, Art. 3 ScheckG Rn. 3; *ders.* JA 1984, 340 (346); *Martinek* in: Staudinger-BGB, § 675 BGB Rn. B21; *Sedatis*, Einführung in das Wertpapierrecht, Rn. 260; *Hadding/Häuser*, Rechtsfragen des bargeldlosen Zahlungsverkehrs, S. 97; *Reifner*, NJW 1987, 630; *Baumbach/Hefermehl/Casper*, Art. 3 ScheckG Rn. 4.

34 *Nobbe* in: Schimansky/Bunte/Lwowski, Bankrechtshandbuch I, § 60 Rn. 31; *Weber*, Recht des Zahlungsverkehrs, S. 210.

vertrages.[35] Sowohl die Kündigung einzelner Geschäftsbeziehungen als auch der Geschäftsbeziehungen insgesamt ist in den jeweils gültigen AGB geregelt. So kann der Kunde nach Nr. 18 AGB-Banken grundsätzlich jederzeit ohne Einhaltung einer Kündigungsfrist kündigen. Die Bank hingegen muss bei der Kündigung laufender Konten gemäß Nr. 19 Abs. 1 S. 3 AGB-Banken eine Kündigungsfrist von sechs Wochen einhalten, diese Frist gilt auch für die Kündigung des Scheckvertrages[36]. Etwas anders sieht die Regelung in den AGB-Sparkassen aus. Nach Nr. 26 Abs. 1 AGB-Sparkassen können sowohl der Kunde als auch die Sparkasse die Geschäftsverbindung und damit auch den Scheckvertrag jederzeit und ohne Angabe von Gründen kündigen. Sofern die Kündigung durch die Sparkasse allerdings rechtsmissbräuchlich im Sinne des § 242 BGB ist, macht diese sich nach § 627 Abs. 2 Satz 2 BGB bzw. wegen positiver Vertragsverletzung schadensersatzpflichtig.[37] Liegt ein wichtiger Grund vor, so kann die Bank bzw. die Sparkasse nach Nr. 19 Abs. 3 AGB-Banken bzw. Nr. 26 Abs. 2 AGB-Sparkassen ohne Einhaltung einer Kündigungsfrist kündigen.

Aus insolvenzrechtlicher Sicht ist in diesem Zusammenhang zum einen der Umstand von Bedeutung, dass sich aus der Verschlechterung der Vermögensverhältnisse des Kunden ein außerordentliches Kündigungsrecht der Bank gemäß Nr. 19 Abs. 3 AGB-Banken (Nr. 26 Abs. 2 AGB-Sparkassen/Nr. 19 Abs. 3 AGB-Postbank) ergeben kann[38]. Wird schließlich das Insolvenzverfahren gegen den Bankkunden eröffnet, so erlöschen gemäß §§ 116, 115 InsO die mit ihm bestehenden Geschäftsbesorgungsverträge und damit sowohl der Girovertrag wie auch der mit diesem verbundene Scheckvertrag.

2. Scheckrechtliche Anweisung

Während es sich bei dem Scheckvertrag also, wie der Name bereits erschließen lässt, um einen Vertrag handelt, beinhaltet der einzelne vom Kunden ausgestellte Scheck eine Anweisung im Sinne der §§ 783 ff. BGB, welche die Bank durch Zahlung der Schecksumme an den Empfangsberechtigten erfüllt.[39] Allein der Umstand, dass das Scheckgesetz zahlreiche Sonderregelungen enthält, macht einen Rückgriff auf die Vorschriften des Bürgerlichen Gesetzbuches in der Regel obsolet.[40] Auch der Scheck enthält die für die bürgerlichrechtliche Anweisung typische Doppelermächtigung, nämlich zum einen die Ermächtigung der Bank, die Schecksumme für Rechnung des Ausstellers[41] mit befreiender Wirkung für den Aussteller

---

35 *Bunte*, AGB-Banken und Sonderbedingungen, SchB Rn. 3.
36 OLG Köln, B. v. 28. 8. 1995 – 16 W 45/95 – WM 1996, 150.
37 *Bunte*, AGB-Banken und Sonderbedingungen, SchB Rn. 3.
38 *Bülow*, Art. 3 ScheckG Rn. 37.
39 *Nobbe* in: Schimansky/Bunte/Lwowski, Bankrechtshandbuch I, § 60 Rn. 162.
40 *Hüffer* in: MünchKomm-BGB, § 783 Rn. 27.
41 Der sog. Kommissionsscheck nach Art. 6 Abs. 2 ScheckG, bei dem der Aussteller einen Scheck nach vorheriger Ermächtigung durch einen Dritten auf dessen Rechnung zieht soll außer Betracht bleiben, da er für die hier relevanten Fragestellungen keine Besonderheiten birgt.

an den Inhaber des Schecks zu zahlen und zum anderen die Ermächtigung des Schecknehmers, sich den Betrag in eigenem Namen von der bezogenen Bank auszahlen zu lassen.

Die gleichzeitig im Scheck liegende girovertragliche Weisung des Ausstellers an die bezogene Bank, den Scheck zu Lasten seines Kontos einzulösen, überbringt der Scheckinhaber als Bote[42]. Sie ist einseitig, kann jedoch vom Scheckaussteller im Gegensatz zur allgemein bürgerlichrechtlichen Anweisung bis zu ihrer Ausführung gemäß Art. 32 Abs. 1 ScheckG nicht jederzeit widerrufen werden, sondern erst nach Ablauf der Vorlegungsfrist. Ein vorher erteilter Widerruf wird erst mit Ablauf derselben wirksam. Dabei ist allerdings anerkannt, dass Art. 32 Abs. 1 ScheckG nicht zwingendes Recht ist, sondern im Rahmen der Vereinbarung zwischen der bezogenen Bank und dem Scheckaussteller abbedungen werden kann.[43] Es entspricht seit jeher – auch ohne gesonderte Vereinbarung – der Verkehrssitte bzw. einem Handelsbrauch, dass Banken jeden, auch den im Sinne von Art. 32 Abs. 1 ScheckG vorzeitigen Widerruf eines Schecks beachten, worauf die Scheckkunden auch vertrauen.[44] So hat der Bundesgerichtshof in einer Entscheidung vom 13. 6. 1988[45] die Klausel Nr. 10 S. 1 der damals gültigen AGB-Sparkassen, nach der die bezogene Sparkasse *zwar berechtigt*, aber *nicht verpflichtet* war, einen zwischenzeitig ergangenen Widerruf des Schecks (Schecksperre) zu beachten, für nach § 9 Abs. 1 AGB-Gesetz (heute: § 307 Abs. 1 BGB) unwirksam erklärt. Nach allgemeiner Ansicht ist der Scheckvertrag nach §§ 157 BGB, 346 HGB dahingehend auszulegen, dass eine konkludent vereinbarte Nebenpflicht der Bank besteht, eine Schecksperre zu beachten.[46] Zwischenzeitig sind in sämtliche Scheckbedingungen ausdrückliche Klauseln aufgenommen worden, aus denen sich eine grundsätzliche Verpflichtung der bezogenen Banken ergibt, jeden Widerruf zu beachten.[47]

IV. Das Verhältnis zwischen Schecknehmer und Bank

Der Scheckvertrag als Teil des Bankvertrages besteht nur zwischen dem den Scheck ausstellenden Bankkunden und seiner Bank. Dabei handelt es sich nicht um einen

---

42 *Canaris*, Bankvertragsrecht, Rn. 686.
43 *Baumbach/Hefermehl/Casper*, Art. 32 ScheckG, Rn. 2; *Nobbe* in: Schimansky/Bunte/Lwowski, Bankrechtshandbuch I, § 60 Rn. 137; *Pflug*, ZHR 135 (71), 1 (10); *Quassowski/Albrecht*, Art. 32 ScheckG Rn. 1; *Ulmer*, Das Recht der Wertpapiere, S. 319; BGH, Urt. v. 8. 6. 1961 – II ZR 54/60 – WM 1961, 795 f. = BGHZ 35, 217 (220); Urt. v. 13. 6. 1988 – II ZR 324/87 – WM 1988, 1325 f. = BGHZ 104, 374 (381 f.); Urt. v. 19. 6. 1975 – II ZR 181/74 – WM 75, 755; LG Stuttgart, Urt. v. 22. 10. 1953 – 14 O 204/53 – NJW 1954, 806.
44 *Baumbach/Hefermehl/Casper*, Art. 32 ScheckG Rn. 3; *Nobbe* in: Schimansky/Bunte/Lwowski, Bankrechtshandbuch I, § 60 Rn. 138.
45 BGH, Urt. v. 13. 6. 1988 – II ZR 324/87 – BGHZ 104, 374.
46 *Baumbach/Hefermehl/Casper*, Art. 32 ScheckG Rn. 3; BGH, Urt. v. 13. 6. 1988 – II ZR 324/87 – WM 1988, 1325 f. = BGHZ 104, 374 (381f); *Pflug*, ZHR 135 (71), 1 (12, 49); *Canaris*, Bankvertragsrecht, Rn. 703; *Wand*, ZIP 96, 215; zu kritischen Meinungen vgl. *Baumbach/Hefermehl/Casper*, Art. 32 ScheckG Rn. 3.
47 Vgl. Nr. 5 Scheckbedingungen Banken, Sparkassen, Genossenschaftsbanken und Postbank.

Vertrag zugunsten Dritter[48], so dass der Schecknehmer weder aus dem Scheckvertrag noch aus dem Scheck selbst unmittelbar eigene Ansprüche gegen die bezogene Bank herleiten kann[49], dies ergibt sich insbesondere aus dem Akzeptverbot des Art. 4 ScheckG.[50] Zwischen Schecknehmer und der bezogenen Bank besteht kein Rechtsverhältnis[51], man kann allenfalls von einem „faktischen Zuwendungsverhältnis" sprechen[52]. Ein *eigenes* Rechtsverhältnis zwischen dem Schecknehmer und der bezogenen Bank kann aber unter Umständen dann entstehen, wenn dieser den Scheck bei der bezogenen Bank unmittelbar einlöst.

V. Einlösung des Schecks und Scheckinkasso

Das genaue Verfahren der Einlösung des Schecks hat Auswirkungen auf den Zeitpunkt, in dem ein Scheck endgültig eingelöst ist und somit darauf, wann die der Scheckzahlung zugrunde liegende Valutaschuld endgültig erlischt. Es richtet sich danach, ob der Schecknehmer einen Scheck direkt bei der bezogenen Bank einreicht, oder bei einer anderen Bank, etwa seiner Hausbank. Die Einlösung kann dabei einerseits gegen Barauszahlung des Scheckbetrages, andererseits auch gegen Gutschrift auf ein Konto erfolgen.

Der Scheckinhaber – unabhängig davon, ob er Schecknehmer ist oder durch eine Reihe von Übertragungsakten erst zum Inhaber des Schecks geworden ist – kann den Scheck anstatt ihn direkt bei der bezogenen Bank einzulösen von einer anderen Bank (Inkassobank) einziehen lassen:

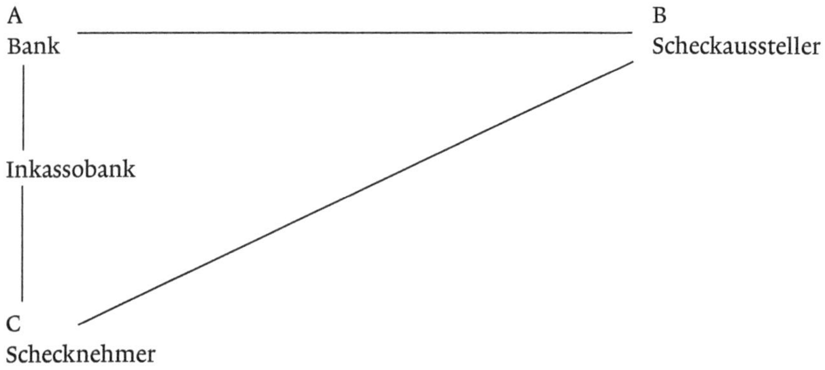

48 BGH, Urt. v. 26.11.1973 – II ZR 117/72 – NJW 74, 456; *Baumbach/Hefermehl/Casper*, Art. 3 ScheckG Rn. 6; *Häuser* in: MünchKomm-HGB, BankR Rn. D 26; *Kümpel*, Bank- und Kapitalmarktrecht, Rn. 4.585; *Nobbe* in: Bankrechtshandbuch I, § 60 Rn. 32.
49 *Baumbach/Hefermehl/Casper*, Art. 3 ScheckG Rn. 6.
50 *Sedatis*, Einführung in das Wertpapierrecht, Rn. 268.
51 *Sedatis*, Einführung in das Wertpapierrecht, Rn. 244; *Breit* ZHR 64, 447.
52 Vgl. *Wendehorst* in: Bamberger/Roth, § 812 BGB Rn. 180.

1. Einlösung des Schecks durch die bezogene Bank

Reicht der Schecknehmer seinen Scheck direkt bei der bezogenen Bank ein, so ist danach zu unterscheiden, ob es sich bei der betreffenden Filiale um diejenige handelt, bei der das Konto des Ausstellers geführt wird oder um eine andere Filiale.

a) *Einreichung des Schecks bei der kontoführenden Filiale*

Bei der Filiale der bezogenen Bank, in welcher der Aussteller des Schecks sein Konto unterhält, kann der Inhaber den Scheck direkt einlösen, indem er sich den auf dem Scheck bezeichneten Betrag entweder bar auszahlen lässt oder aber – wenn er selbst ebenfalls bei dieser Filiale ein Konto unterhält – indem er sich eine unbedingte, d. h. nicht widerrufliche, Gutschrift auf sein Konto erteilen lässt.[53] Vor der Barauszahlung bzw. Gutschrift wird die Bank in der Regel den Scheck prüfen und damit sicherstellen, dass dieser echt, gedeckt und nicht widerrufen ist und anschließend das Konto des Ausstellers belasten. Da die bezogene Bank sich hiermit nur ihren eigenen Anspruch auf Aufwendungsersatz bzw. Vorschuss verschafft[54], hat das Unterlassen einer solchen Prüfung bzw. die fehlende vorherige Belastung des Ausstellerkontos auf die Wirksamkeit der Einlösung keinen Einfluss[55]. Eingelöst ist der Scheck daher in dem Moment, indem der Scheckbetrag bar ausbezahlt oder dem Konto unbedingt[56] gutgeschrieben ist, vorher kann er noch gesperrt werden.

b) *Einreichung des Schecks bei einer nicht kontoführenden Filiale*

Sofern der Scheckinhaber den Scheck bei einer anderen als der kontoführenden Filiale der bezogenen Bank einreicht, wird diese den Scheckbetrag nicht bar auszahlen. Vielmehr wird sie dem Inhaber den Scheckbetrag vorläufig – d. h. unter Vorbehalt des Eingangs – auf dessen Konto gutschreiben. Äußerlich erfolgt die Einlösung des Schecks damit wie bei der Einlösung durch eine andere als die bezogene Bank (vgl. dazu sogleich Teil 1 V.2.). Umstritten ist, ob es sich daher bei der Einreichung bei der nicht kontoführenden Filiale ebenso wie bei der Einreichung des Schecks bei einer anderen als der bezogenen Bank um eine *Hereinnahme zum Einzug* handelt[57], oder aber – wie bei der Einreichung bei der kontoführenden Stelle – um eine *vorläufige Einlösung*[58].[59] In der Praxis wirkt sich diese Streitfrage al-

---

53 *Baumbach/Hefermehl/Casper*, Art. 28 ScheckG Rn. 6.
54 BGH, Urt. v. 29. 9. 1986 – II ZR 283/85 – WM 1986, 1409 f.; *Baumbach/Hefermehl/Casper*, Art. 28 ScheckG Rn. 6, vgl. hierzu noch genauer unten Teil 1 V.3.
55 *Häuser*, WM 88, 1505 (1507); *Pleyer/Wallach*, ZHR 153 (89), 539 (568 f.); *Hakenberg* in: Ebenroth/Boujong/Joost/Strohn, HGB II, Rn. 239.
56 Die Kontogutschrift erfolgt in der Regel zunächst unter Vorbehalt des Eingangs („E. v."), wird also erst mit erfolgreicher Belastungsbuchung des Ausstellerkontos wirksam, sofern diese nicht innerhalb von zwei Bankarbeitstagen storniert wird (Nr. 9 Abs. 2 AGB-Banken/Nr. 9 Abs. 2 AGB-Sparkassen/Nr. 9 Abs. 2 AGB-Postbank), vgl. im Einzelnen noch genauer *Baumbach/Hefermehl/Casper*, Anh. Art. 28 ScheckG Rn. 7.
57 So BGH, Urt. v. 23. 2. 1951 – I ZR 83/50 – NJW 1951, 598 f.
58 So etwa *v. Godin*, MDR 49, 656 ff.; *Würdinger*, MDR 47, 95; *Hefermehl*, NJW 1951, 598.
59 Offen gelassen in BGH, Urt. v. 6. 12. 1956 – II ZR 345/55 – WM 1957, 96 f. = BGHZ 22, 304 (310).

lerdings nicht aus[60], da es sich bei der Einlösung nach beiden Ansichten nicht um eine endgültige, sondern um eine bedingte handelt. Ob die Kontogutschrift allerdings unter der *aufschiebenden* Bedingung der Einlösung[61] oder der *auflösenden* Bedingung der Nichteinlösung[62] steht, ist ebenfalls umstritten, für die vorliegende Untersuchung allerdings ohne Bedeutung. Wirksam eingelöst ist der Scheck jedenfalls erst dann, wenn die bezogene Bank das Konto des Ausstellers mit dem Scheckbetrag endgültig belastet hat.[63]

2. Einreichung des Schecks zum Einzug bei einer anderen als der bezogenen Bank

Der Schecknehmer kann den Scheck auch bei einer Bank einreichen und dieser damit einen Auftrag zur Einziehung und Gutschrift auf seinem Konto erteilen. Steht der Einreicher noch in keiner Geschäftsverbindung mit der Bank, bei welcher er den Scheck einreicht, so kommt mit der Scheckeinreichung ein selbständiger Vertrag zustande.[64] Dabei handelt es sich um einen Geschäftsbesorgungsvertrag mit dienstvertraglichem Charakter gemäß §§ 675, 611 BGB.[65] Unterhält der Einreicher ein Konto bei der mit dem Einzug beauftragten Bank, handelt es sich um eine einseitige Weisung (§ 665 S. 1 BGB), zu deren Erfüllung sich die Bank im Rahmen des bestehenden Giroverhältnisses verpflichtet hat.[66] Das Verfahren von der Einreichung des Schecks zur Einziehung bis zur endgültigen Einlösung oder Nichteinlösung wird als (außerbetriebliches) Scheckinkasso bezeichnet, der Vertrag als Inkassovertrag.[67]

Während die Geschäftsbeziehung zwischen dem Schecknehmer und seiner Hausbank insbesondere von den allgemeinen Geschäftsbedingungen bestimmt wird, richtet sich die Durchführung des Scheckeinzuges nach dem von den Spitzenverbänden des Kreditgewerbes und der Deutschen Bundesbank vereinbarten „Abkommen über den Einzug von Schecks" (Scheckabkommen)[68].

---

60 BGH, WM 1988, 1325 (1326); *Canaris*, Bankvertragsrecht, Rn. 745; *Pleyer/Wallach* ZHR 153 (89), 539 (565f.); *Häuser* WM 1988, 1505 (1510); *Bauer*, WM 1983, 198 (200f.).
61 So etwa BGH, Urt. v. 30.4. 1992 – IX ZR 176/91 – NJW 1992, 1960 (1961); *Bülow*, Art. 28 ScheckG, Rn. 8; *Canaris*, Bankvertragsrecht, Rn. 744.
62 So etwa *Baumbach/Hefermehl/Casper*, Art. 28 ScheckG Rn. 21; BGH, Urt. v. 29. 9. 1986 – II ZR 283/85 – NJW 1987, 317 (319); *Nobbe* in: Schimansky/Bunte/Lwowski, Bankrechtshandbuch I, § 60 Rn. 201; *Weber*, Recht des Zahlungsverkehrs, S. 210f.; *Hakenberg* in: Ebenroth/Boujong/Joost/Strohn, HGB II, Rn. 242.
63 *Baumbach/Hefermehl/Casper*, Art. 28 ScheckG Rn. 7.
64 *Hakenberg* in: Ebenroth/Boujong/Joost/Strohn, HGB II, Rn. 240.
65 *Hakenberg* in: Ebenroth/Boujong/Joost/Strohn, HGB II, Rn. 240; *Nobbe* in: Schimansky/Bunte/Lwowski, Bankrechtshandbuch I, § 61 Rn. 4; BGH, Urt. v. 9. 4. 2002 – XI ZR 245/01 – NJW 2002, 1950 = BGHZ 150, 269 (273).
66 *Nobbe* in: Bankrechtshandbuch I, § 61 Rn. 2; *Kümpel*, Bank- und Kapitalmarktrecht, Rn. 4557.
67 *Hakenberg* in: Ebenroth/Boujong/Joost/Strohn, HGB II, Rn. 239f.
68 In Kraft getreten zum 3. 9. 2007, abgedr. bei *Baumbach/Hefermehl/Casper*, Bankbedingungen 13.

Im Gegensatz zum oben (Teil 1 V.1.a) dargestellten Fall der Einreichung eines Schecks direkt bei der kontoführenden Stelle der bezogenen Bank, bei welchem der Scheck nur innerbetrieblich weitergeleitet werden muss, muss die nichtbezogene Bank den Scheck beim Scheckinkasso auf dem schnellsten und sichersten Weg[69] an die bezogene Bank zur Einlösung weiterleiten (sog. außerbetrieblicher Einzug). Diese Weiterleitung erfolgt heute in der Regel beleglos, die Scheckdaten werden per Datentransfer übertragen.[70] Zur Einschaltung weiterer Inkassobanken ist die Inkassobank, bei welcher der Scheck eingereicht wurde, berechtigt.[71]

Die Bank schreibt ihrem Kunden, der einen Scheck zum Einzug einreicht, den Betrag in der Regel sofort gut, allerdings – ebenso wie bei der Einreichung bei der nicht kontoführenden Filiale der bezogenen Bank – nur unter Vorbehalt des Einganges. Dies ergibt sich aus Nr. 9 Abs. 1 AGB-Banken (Nr. 9 Abs. 1 AGB-Sparkassen/Nr. 9 Abs. 2 AGB-Postbank). Danach erfolgt eine Gutschrift des Gegenwerts von Schecks vor ihrer Einlösung unter dem Vorbehalt der Einlösung. Wird der Scheck nicht eingelöst – eingelöst ist der Scheck nach Nr. 9 (2) AGB-Banken, wenn die Belastungsbuchung nicht spätestens am zweiten Bankarbeitstag rückgängig gemacht wird – macht die Bank ihre Vorbehaltsgutschrift rückgängig. Ob die Kontogutschrift unter der aufschiebenden Bedingung der Einlösung oder der auflösenden Bedingung der Nichteinlösung steht, kann auch hier dahinstehen, wirksam eingelöst ist der Scheck dann, wenn die bezogene Bank das Konto des Ausstellers mit dem Scheckbetrag endgültig belastet hat.

Die Allgemeinen Geschäftsbedingungen der Banken, Postbanken und Sparkassen enthalten zum Teil unterschiedliche Regelungen über die Entstehung von Pfandrechten und Sicherungseigentum an zum Inkasso eingereichten Schecks. Hierauf wird später im Rahmen der Untersuchung zur Insolvenz des Scheckeinreichers noch genauer einzugehen sein (siehe Teil 3 II.1. u. III.2).

3. Rechtsfolgen der wirksamen Einlösung des Schecks im Verhältnis zwischen bezogener Bank und Scheckaussteller

Führt die bezogene Bank die im Scheck enthaltene Anweisung durch Barzahlung, Kontogutschrift oder Überweisung der Schecksumme an den Schecknehmer aus, so wird sie das Konto des Scheckausstellers entsprechend belasten. Umstritten ist allerdings die dogmatische Begründung für ein solches Belastungsrecht der bezogenen Bank.

Von der Rechtsprechung und der heute ganz überwiegenden Lehre wird angenommen, dass die bezogene Bank einen Aufwendungsersatzanspruch gemäß §§ 675

69 BGH, Urt. v. 24. 4. 1954 – II ZR 178/53 – BGHZ 13, 127; Urt. v. 6. 12. 1956 – II ZR 345/55 – BGHZ 22, 304; Urt. v. 23. 9. 1985 – II ZR 172/83 – BGHZ 96, 9 (96).
70 *Hakenberg* in: Ebenroth/Boujong/Joost/Strohn, HGB II, Rn. 239.
71 *Baumbach/Hefermehl/Casper*, Art. 28 ScheckG Rn. 7; *Hakenberg* in: Ebenroth/Boujong/Joost/Strohn, HGB II, Rn. 239.

Abs. 1, 670 BGB gegen den Aussteller des Schecks erwirbt.[72] Der Kontosaldo des Kunden – sei es ein kreditorischer oder ein debitorischer – werde mit diesem Ersatzanspruch verrechnet, so dass dieser sich durch die Verrechnung mindere und damit der Ersatzanspruch getilgt sei.[73] Aus § 669 BGB ergebe sich außerdem, dass der Geschäftsbesorger, vorliegend also die Bank, mit Einreichung des Schecks und damit erfolgender geschäftsbesorgungsrechtlicher Weisung berechtigt sei, für die Aufwendungen Vorschuss zu verlangen.[74] Dieser Anspruch auf Vorschusszahlung wandele sich dann – nach Tätigung der Aufwendungen mit Auszahlung des Scheckbetrages – in den Aufwendungsersatzanspruch nach §§ 675 Abs. 1, 670 BGB um.

Zum Teil wird demgegenüber – insbesondere in älterer Literatur und mit unterschiedlichen Erklärungsmodellen – angenommen, der Kontosaldo vermindere sich im Falle eines Guthabens unmittelbar und automatisch.[75] Einige begründen dies mit einer Analogie zu § 787 Abs. 1 BGB: Die Bank werde – wie bei einer Zahlung auf eine Anweisung – in Höhe des Gutschriftbetrages gegenüber ihrem Auftraggeber befreit, die Guthabenforderung erlösche insoweit.[76] Außerdem erfülle die Bank ihre Schuld aus dem Guthabenanspruch durch Zahlung aus dem Guthaben an einen Dritten, in diesem Fall den Scheckinhaber, mit Einwilligung des Gläubigers (§§ 362 Abs. 2, 185 Abs. 1 BGB), so dass sich das Guthaben nicht nachträglich durch Aufrechnung oder durch eine nachträgliche Auszahlung, sondern unmittelbar vermindere.[77] Mit der Ausführung der scheckmäßigen Anweisung durch Auszahlung bzw. Gutschrift an den Scheckinhaber leiste die Bank also unmittelbar an ihren Kunden, und zwar im Falle eines kreditorischen Kontos durch Auszahlung des Guthabens und im Falle eines debitorischen Kontos durch Auszahlung eines Kontokorrentkredites, die Bank erbringe somit nicht lediglich eine Aufwendung für den Aussteller.[78]

Zwar haben die unterschiedlichen Auffassungen im Ergebnis keine wesentlichen Auswirkungen auf die Praxis. Gleichwohl ist mit der überwiegenden Auffassung davon auszugehen, dass der Bank als Folge der Scheckauszahlung ein Aufwendungsersatzanspruch zusteht. Hierfür spricht die praktische Ausgestaltung der

---

72 BGH, Urt. v. 13. 5. 1997 – XI ZR 84/96 – NJW 1997, 2236 (2237); Urt. v. 23. 2. 1951 – I ZR 83/50 – NJW 1951, 598 (599); OLG Dresden, Urt. v. 27. 5. 1998 – 13 U 2656/97 – WM 1999, 316–317; *Canaris*, Bankvertragsrecht, Rn. 696 u. 343; *Baumbach/Hopt*, HGB, (7) BankGesch Rn. E/1; *Hüffer* in: MünchKomm-BGB, § 787 Rn. 4; *Marburger* in: Staudinger-BGB, § 787 Rn. 6; *Bülow*, Art. 3 ScheckG Rn. 3, 31; *Horn* in: Heymann/Horn, HGB, Anh. § 372 Bankgeschäfte III Rn. 103; *Ulmer*, Das Recht der Wertpapiere, S. 313.

73 *Meyer-Cording*, Das Recht der Banküberweisung, S. 37; *Ulmer*, Das Recht der Wertpapiere, S. 313; *Brodmann*, ZHR 48, 149 u. 164.

74 *Meyer-Cording*, Das Recht der Banküberweisung, S. 36; BGH, Urt. v. 18. 12. 1951 – I ZR 94/50 – BGHZ 4, 244 (248).

75 *Schnauder*, WM 2000, 549 (550 f.); *Metz*, Archiv f. bürgerl. Recht, 30 (1907), 47 (72); *Schoele*, Das Recht der Überweisung, S. 23 ff.; *Grusewski*, Die rechtliche Natur des Giroverkehrs, S. 33.

76 *Metz*, Archiv f. bürgerl. Recht, 30 (1907), 47 (72); *Schoele*, Das Recht der Überweisung, S. 23 ff.; *Grusewski*, Die rechtliche Natur des Giroverkehrs, S. 33.

77 *Metz*, Archiv f. bürgerl. Recht, 30, 47 (72).

78 *Schnauder*, WM 2000, 449 (550); *Möschel*, JuS 1972, 298.

Kontobeziehung[79], denn das Girokonto ist in der Regel[80] als Kontokorrentkonto ausgestaltet[81], normiert in den §§ 355ff. HGB. Aus § 355 Abs. 1 HGB ergibt sich, dass im Rahmen eines Kontokorrents beiderseitige Leistungen und Ansprüche in regelmäßigen Zeitabschnitten durch Verrechnung und Feststellung des sich jeweils ergebenden Überschusses durch Verrechnung ausgeglichen werden. Auch wenn etwa die Auszahlung aus Guthaben nicht unter die Kontokorrentabrede fällt – der Kontoinhaber kann jederzeit Auszahlung seines im Rahmen des Tagessaldos ausgewiesenen Guthabens verlangen[82] –, so macht es doch Sinn, die Scheckauszahlung sowohl bei kreditorischem als auch bei debitorischem Saldo einheitlich zu beurteilen, um das Bedürfnis juristischer Kunstgriffe, etwa bei der Einlösung eines Schecks auf ein zunächst kreditorisches Konto, das infolge der Einlösung debitorisch wird[83], zu vermeiden. Zudem berücksichtigt die Gegenauffassung nicht hinreichend, dass sich aus der besonderen Ausgestaltung des Deckungsverhältnisses zwischen Bank und Anweisendem durch den als Geschäftsbesorgungsvertrag zu klassifizierenden Scheckvertrag ein besonderer Aufwendungsersatzanspruch ergibt, der die Anwendung von § 787 Abs. 1 BGB überflüssig macht.[84] Die Vorschrift dürfte daher auch als zumindest konkludent abbedungen anzusehen sein. Dieser Arbeit liegt daher in Übereinstimmung mit Rechtsprechung und herrschender Lehre die Annahme zugrunde, dass die Bank bei (rechtmäßiger) Einlösung eines Schecks einen entsprechenden Aufwendungsersatzanspruch gegen den Aussteller erlangt, welchen sie in das Kontokorrent einstellen und verrechnen kann.

---

79 Ebenfalls unter Berufung auf die Saldierung im Rahmen der Kontokorrentabrede bei Girokonten: *Canaris*, Bankvertragsrecht, Rn. 696; *Kümpel*, Bank- und Kapitalmarktrecht, 3. Aufl. Rn. 4.614; *Nobbe* in: Schimansky/Bunte/Lwowski, Bankrechtshandbuch I, § 60 Rn. 201; *Hüffer* in: MünchKomm-BGB, § 787 Rn. 4.

80 Ausnahme z.B. Girokonten bei der Deutschen Bundesbank (einschl. Landeszentralbanken): AGB-Bundesbank Abschnitt II Nr. 1 S. 2. Die Konten werden nach Abschnitt II Nr. 3 nur auf Guthabenbasis geführt, allerdings dürfen der Bund und seine Sondervermögen sowie die Länder und andere öffentliche Verwaltungen ihr Konto im Verlauf eines Tages überziehen (§ 20 Abs. 1 BBankG (Stand 1994).

81 *Schimansky* in: Schimansky/Bunte/Lwowski, Bankrechtshandbuch I, § 47 Rn. 20.

82 *Hopt* in: Heymann/Horn, § 355 HGB, Rn. 21.

83 Denn auch die Vertreter der letztgenannten Auffassung sehen ein, dass zumindest im Falle eines debitorischen Saldos § 787 Abs. 1 BGB keine Anwendung finden kann und daher in diesem Fall die Bank ihren Rückforderungsanspruch aus dem spätestens mit Einlösung konkludent abgeschlossenen Darlehensvertrag in den Kontokorrentsaldo einstellen dürfe. *Michahelles* (Die Funktionsweise und die Rechtsnatur der Skontration, S. 131) will – dieses Konstrukt auf die Spitze treibend – im Falle des nur teilweise durch kreditorischen Saldo gedeckten Schecks beide Erklärungsmodelle kombinieren.

84 Ähnlich *Hüffer* in: MünchKomm-BGB § 787 Rn. 4.

Teil 2
Scheckzahlungen in der Insolvenz des Scheckausstellers

I. Mögliche Fallkonstellationen

Im Folgenden sollen die Fragestellungen untersucht werden, die im Scheckzahlungsverkehr auftauchen können, wenn gegen den Scheckaussteller das Insolvenzverfahren eröffnet wird.

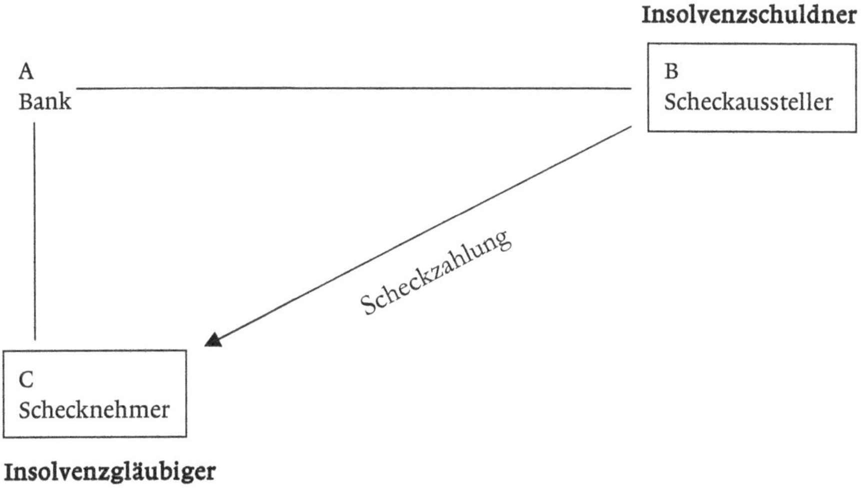

Soweit dabei Scheckzahlungen, welche der Insolvenzschuldner vor Eröffnung des Insolvenzverfahrens und auch vor Verlust seiner Verfügungsbefugnis im Eröffnungsverfahren vorgenommen hat, Untersuchungsgegenstand sind, werden die auftauchenden Fragen vor allem anfechtungsrechtlicher Natur sein (dazu unter II.): So ist aus der Sicht des Insolvenzverwalters und der durch ihn repräsentierten Insolvenzgläubiger zu erörtern, ob die Scheckzahlungen möglicherweise anfechtbar sind. Für den Gläubiger, der die Scheckzahlung vom Insolvenzschuldner erfüllungshalber erhalten hat, stellt sich die Frage, ob und inwieweit er von einer etwaigen Anfechtung betroffen ist. Damit liegt der wesentliche Schwerpunkt der Untersuchung auf seiner Beziehung zum Insolvenzschuldner. Daneben ist allerdings auch die Rolle der bezogenen Bank zu klären, welche durch die Vornahme der Zahlung auf den Scheck und entsprechende Buchungen auf dem Konto des Insolvenzschuldners in das Zahlungsgeschehen mit eingebunden ist.

Hat der Insolvenzschuldner Scheckzahlungen erst getätigt, nachdem gegen ihn bereits Insolvenzantrag gestellt worden ist und das Insolvenzgericht ihn mit einem Verfügungsverbot belegt hat, so ist fraglich, wie sich der Verlust der Verfügungsbefugnis auf die Scheckzahlung auswirkt (dazu unter III.). Hier vermischen sich insolvenzrechtliche mit bereicherungsrechtlichen Fragen und der Schwerpunkt der Untersuchung verlagert sich auf das Verhältnis zwischen der bezogenen Bank und dem Insolvenzschuldner.

Nur geringfügige Unterschiede ergeben sich in der Fallkonstellation, dass der Insolvenzschuldner eine Scheckzahlung erst nach Eröffnung des Insolvenzverfahrens vornimmt (dazu unter IV.). Diese beruhen insbesondere auf den insolvenzrechtlichen Wirkungen der Verfahrenseröffnung auf bestehende Vertragsbeziehungen.

II. Anfechtbarkeit von Scheckzahlungen

Vor der Eröffnung des Insolvenzverfahrens ist der Schuldner auch dann, wenn er bereits zahlungsunfähig ist oder sogar ein Antrag auf Eröffnung des Insolvenzverfahrens gegen ihn gestellt ist und damit das Eröffnungsverfahren eingeleitet ist, zunächst noch vollumfänglich verfügungsbefugt. In der Regel wird auch die Geschäftsverbindung mit seiner Bank noch wirksam sein, sofern die Bank nicht von ihrem Kündigungsrecht nach Nr. 19 AGB Banken bzw. Kreditgenossenschaften, Nr. 26 AGB Sparkassen Gebrauch gemacht hat, so dass der Schuldner weiterhin zur Ausstellung von Schecks berechtigt ist und die Bank die Verfügungen ihres Kunden, welche dieser innerhalb seines Guthabens oder im Rahmen eines zugesagten Kredites tätigt, vertraglich dulden muss. Sie ist aus dem wirksamen Scheckvertrag verpflichtet, die Schecks einzulösen und infolgedessen auch berechtigt, ihren Aufwendungsersatzanspruch in das Kontokorrent einzustellen[85], was dazu führt, dass sich ein etwaiger Guthabensaldo des Kunden mindert, während sich ein debitorischer Saldo entsprechend erhöht. Dies bedeutet jedoch nicht, dass solche Scheckzahlungen auch insolvenzfest sind. Vielmehr ist darüber nachzudenken, ob sie möglicherweise nach Eröffnung des Insolvenzverfahrens nach Maßgabe der §§ 129ff. InsO angefochten werden können.

1. Allgemeine Anfechtungsvoraussetzungen

a) *Anfechtbare Rechtshandlung*

Untersucht man die Anfechtbarkeit von „Scheckzahlungen" durch den Insolvenzschuldner, so bedarf es zunächst einer genaueren Konkretisierung, welche Rechtshandlung auf ihre Anfechtbarkeit überprüft werden soll. Der anfechtungsrechtliche Begriff der Rechtshandlung umfasst jedes Handeln oder Unterlassen, das

---

85 Siehe dazu bereits Teil 1 V.3.

rechtliche Wirkungen entfaltet.[86] Der Begriff der Scheckzahlung umfasst mehrere rechtliche Vorgänge, etwa die Scheckausstellung, die Hingabe an den Gläubiger sowie die Einlösung durch diesen, die demnach möglicherweise anfechtungsrechtlich voneinander zu unterscheiden sind.

Es könnte sich bei der Ausstellung eines Schecks durch den späteren Gemeinschuldner und der nachfolgenden Einlösung durch den Schecknehmer um einen zwar mehraktigen, aber einheitlichen Vorgang und damit um eine einzige Rechtshandlung handeln, oder man könnte im Rahmen der Prüfung einer etwaigen Anfechtbarkeit zwischen der Ausstellung und der Einlösung unterscheiden. Handelt es sich um selbständige Rechtshandlungen, so ist jede für sich dahingehend zu untersuchen, ob sie zu einer Benachteiligung der Gläubiger führt.[87]

Bei einem Grundgeschäft und dem dazugehörigen Erfüllungsgeschäft etwa handelt es sich um Vorgänge, die jeweils völlig unterschiedliche Wirkungen auslösen und somit jede für sich anfechtbar sein können.[88] Während dem Vertragspartner mit Abschluss des Verpflichtungsgeschäftes lediglich ein Anspruch gewährt wird, erlangt er mit Erfüllung des Grundgeschäfts den geschuldeten Gegenstand selbst.[89] Hiermit vergleichbar ist auch der Fall der Scheckzahlung: Mit der Hingabe des Schecks schließen der Aussteller und der Schecknehmer einen Begebungsvertrag, womit dann – die Wahrung der Scheckform vorausgesetzt – die Scheckverpflichtung entsteht.[90] Mit Ausstellung des Schecks verbrieft der Aussteller eine selbständige Forderung, nämlich die (bedingte) Rückgriffsforderung gemäß Art. 12, 20, 27, 40 ScheckG für den Fall, dass der Scheck nicht eingelöst und die Verweigerung der Zahlung ordnungsgemäß festgestellt wird.[91] Mit erfolgreicher Einlösung hingegen erlangt der Schecknehmer den mit dem Scheck angewiesenen Geldbetrag, gleichzeitig erlischt die Grundforderung für die der Scheck erfüllungshalber begeben wurde.

Demzufolge liegt sowohl in der Ausstellung eines Schecks eine Rechtshandlung im Sinne von § 129 InsO, als auch in der späteren Einlösung durch den Schecknehmer. Anfechtungsrechtlich muss daher zwischen diesen beiden Vorgängen unterschieden werden.[92]

---

86 *Zeuner* in: Leonhardt/Smid/Zeuner, InsO, § 129 Rn. 30; *Kirchhof* in: MünchKomm-InsO, § 129 Rn. 7; *de Bra* in: Braun, InsO, § 129 Rn. 11; *Paulus* in: Kübler/Prütting/Bork, InsO, § 129 Rn. 11; *Leithaus* in: Andres/Leithaus, InsO, § 129 Rn. 3; *Bork*, Einführung in das Insolvenzrecht, Rn. 206; *Huber* in: Gottwald, Insolvenzrechts-Handbuch, § 46 Rn. 19.

87 *Kirchhof* in: MünchKomm-InsO, § 129 Rn. 55; *Kreft* in: HK-InsO, § 129 Rn. 13; *Henckel* in: Jaeger, InsO, § 129 Rn. 11; *Ehricke* in: Kübler/Prütting/Bork, InsO, § 129 Rn. 38; *Huber* in: Gottwald, Insolvenzrechts-Handbuch, § 46 Rn. 19; BGH, Urt. v. 21. 3. 2000 – IX ZR 138/99 – NZI 2000, 310; Urt. v. 7. 2. 2002 – IX ZR 115/99 – ZIP 2002, 489ff.

88 *Hirte* in: Uhlenbruck, InsO, § 129 Rn. 70 unter Berufung auf *Kilger/K. Schmidt*, § 29 KO Rn. 10.

89 *Hirte* in: Uhlenbruck, InsO, § 129 Rn. 70 unter Berufung auf *Kilger/K. Schmidt*, § 29 KO Rn. 10.

90 *Baumbach/Hefermehl/Casper*, Einl. ScheckG Rn. 25.

91 *Baumbach/Hefermehl/Casper*, Einl. ScheckG Rn. 6.

92 BGH, Urt. v. 11. 1. 2007 – IX ZR 31/05 – DZWIR 2007, 248; *Kirchhof* in: MünchKomm-InsO, § 140 Rn. 9; *Kreft* in: HK-InsO, § 129 Rn. 13; vgl. *Hirte* in: Uhlenbruck, InsO, § 129 Rn. 70.

b) *„Einlösung des Schecks" als anfechtbare Rechtshandlung*

Die Frage nach der Anfechtbarkeit einer Scheckzahlung wird in erster Linie dann auftauchen, wenn der Insolvenzschuldner seinem Gläubiger einen Scheck nicht nur ausgestellt und übergeben hat, sondern dieser den Scheck auch erfolgreich bei der bezogenen Bank einlösen konnte, bevor der Aussteller seine Verfügungsbefugnis entweder durch gerichtliche Anordnung im Eröffnungsverfahren oder aber mit Eröffnung des Insolvenzverfahrens verloren hat.

aa) Gläubigerbenachteiligung

Grundvoraussetzung für eine Anfechtbarkeit nach den §§ 129ff. InsO ist, dass die betreffende Rechtshandlung gemäß § 129 InsO zu einer Benachteiligung der Insolvenzgläubiger geführt hat. Es kommt also darauf an, ob sich die Befriedigung der Insolvenzgläubiger günstiger gestaltet hätte, wenn die Rechtshandlung unterblieben wäre.[93] Dies richtet sich insbesondere danach, aus welchen Mitteln die ausbezahlte Schecksumme stammt, d.h. es ist danach zu unterscheiden, ob das bezogene Konto des Ausstellers bei Einlösung des Schecks einen Guthaben- oder einen Debetsaldo aufwies.

(1) Kreditorischer Kontosaldo

Befindet sich auf dem bezogenen Konto ein Guthaben, so verringert dieses sich mit erfolgreicher Einlösung des Schecks dadurch, dass die bezogene Bank ihren Aufwendungsersatzanspruch auf der Basis des bestehenden Kontokorrentvertrages mit dem positiven Saldo verrechnet. Ein solcher Aufwendungsersatzanspruch ist aus § 670 BGB jedenfalls wirksam entstanden, denn in diesem Stadium des Verfahrens besteht zwischen dem den Scheck ausstellenden Bankkunden und seiner Bank ein wirksamer Bankvertrag. Der zu diesem Zeitpunkt noch uneingeschränkt verfügungsbefugte spätere Insolvenzschuldner kann seiner Bank im Rahmen dieses Vertragsverhältnisses Weisungen erteilen, die ihn seinerseits zum Aufwendungsersatz verpflichten. Die Verrechnung des Aufwendungsersatzanspruches mit dem positiven Kontosaldo führt zu einer Verkürzung der den Insolvenzgläubigern nach Verfahrenseröffnung zugänglichen Aktivmasse, denn ein Kontoguthaben wäre dann Teil der Masse. Eine Benachteiligung der Insolvenzgläubiger liegt daher bei erfolgreicher Einlösung aus einem Guthabenkonto des Schuldners vor.[94]

(2) Debitorischer Kontosaldo

Weist das Konto des Kunden bereits einen debitorischen Saldo auf und löst die Bank einen Scheck dennoch ein, so erwirbt sie auch hier einen Aufwendungsersatzanspruch, den sie in das Kontokorrent einstellen kann und welcher den Debet-

93 *Smid*, Praxishandbuch Insolvenzrecht, § 20 Rn. 15; *Kirchhof* in: MünchKomm-InsO, § 129 Rn. 76; *Kreft* in: HK-InsO, § 129 Rn. 37; *Hirte* in: Uhlenbruck, InsO, § 129 Rn. 91.
94 Ebenso: *Canaris*, Bankvertragsrecht, Rn. 819; *Kirchhof* in: MünchKomm-InsO, § 129 Rn. 145.

saldo weiter erhöht. Bei der Beurteilung der Frage, ob die Einlösung in diesem Falle eine Gläubigerbenachteiligung darstellt, ist zu unterscheiden, ob ein eingeräumter Dispositionskredit (auch als „offene Kreditlinie“ bezeichnet[95]) in Anspruch genommen, oder ob die Überziehung des Kontos lediglich geduldet wird (sog. Überziehungskredit[96]).

(a) Kontosaldo innerhalb eines vertraglich eingeräumten Kreditrahmens

Der sogenannte Dispositionskredit im Sinne von § 493 Abs. 1 BGB beinhaltet eine vertragliche Vereinbarung des Kunden mit seiner Bank dahingehend, dass dieser innerhalb eines bestimmten Kreditrahmens Verfügungen über sein Konto tätigen darf. Ruft der Kunde diesen Kredit ab, so ist die Bank zur Kreditvergabe verpflichtet, die Bank kann sich von ihrer Verpflichtung nur durch Kündigung befreien.[97] Dabei ergibt sich aus dieser Vereinbarung zunächst nur ein abstrakter Anspruch des Kunden auf Gewährung des Kredites, der sich erst mit dessen Abruf in eine konkrete Forderung auf Auszahlung des entsprechenden Betrages umwandelt.[98]

Wie bereits ausgeführt, setzt eine Benachteiligung der Gläubiger voraus, dass deren Befriedigungsmöglichkeit günstiger wäre, sofern die betreffende Rechtshandlung unterblieben wäre. Im Falle eines dem Schuldner durch seine Bank eingeräumten Kreditrahmens (Dispositionskredites) kommt eine Gläubigerbenachteiligung somit dann in Betracht, wenn eine Scheckzahlung aus diesem Kreditrahmen erfolgt ist und damit den vom Insolvenzbeschlag erfassten Vermögenswert mindert. Dies setzt wiederum voraus, dass ein solcher Kreditrahmen überhaupt in die Insolvenzmasse fällt. Dabei handelt es sich um zwei unterschiedliche Fragen, die nacheinander zu beantworten sind: Zunächst ist zu klären, ob ein in Anspruch genommener Kreditrahmen überhaupt in die Insolvenzmasse fällt. Ist dies nicht der Fall, so scheidet eine Gläubigerbenachteiligung durch Einlösung des Schecks auf das betreffende Konto zwingend aus. Fällt der Kreditrahmen aber in die Insolvenzmasse, so stellt sich weiter die Frage, ob mit der Einlösung auch tatsächlich eine Gläubigerbenachteiligung eintritt.

i. Kreditrahmen als Aktivmasse

Grundsätzlich fällt nach § 35 InsO das gesamte Vermögen des Schuldners in die Insolvenzmasse („Ist-Masse“). Davon ausgeschlossen sind gemäß § 36 InsO jedoch diejenigen Vermögenswerte, welche nicht der Zwangsvollstreckung unterliegen („Soll-Masse“). Fraglich ist somit, ob und inwieweit ein Dispositionskredit pfändbar ist, denn nur insoweit er pfändbar ist, kann er auch vom Insolvenzbeschlag erfasst sein und eine Verfügung über ihn die Insolvenzgläubiger benachteiligen.

---

95 BGH, Urt. v. 29. 3. 2001 – IX ZR 34/00 – ZIP 2001, 825 = WM 2001, 898; *Wagner*, WM 1998, 1657 (1658).
96 Vgl. zu den Begrifflichkeiten *Bitter*, WM 2001, 898.
97 *Bitter* in: Schimansky/Bunte/Lwowski, Bankrechtshandbuch, § 33 Rn. 67.
98 *Bitter* in: Schimansky/Bunte/Lwowski, Bankrechtshandbuch I, § 33 Rn. 77 m.w.N.

Bei dem Recht, einen bestimmten Kreditbetrag abzurufen, welches aus der oben genannten vertraglichen Vereinbarung über einen Dispositionskredit folgt, handelt es sich nach heute ganz herrschender Auffassung in Rechtsprechung und Literatur um ein Gestaltungsrecht, welches als höchstpersönliches Recht des Kreditnehmers nicht pfändbar ist[99].[100] Ein Gläubiger kann also den Anspruch auf Gewährung eines Dispositionskredites nicht pfänden und diesen dann anstelle seines Schuldners bei der Bank abrufen.

Wird ein Scheck auf ein debitorisches Konto eingelöst und befindet sich das Konto danach noch innerhalb des Dispositionskreditrahmens, so hat der Schuldner mit der Scheckanweisung zugleich einen Dispositionskredit in entsprechender Höhe abgerufen. Bei der Frage der Pfändbarkeit geht es somit nicht um den Anspruch auf Gewährung des Kredites, der nicht pfändbar wäre, sondern um den Auszahlungsanspruch nach Abruf des Kredites. Ob dieser Auszahlungsanspruch pfändbar ist, ist umstritten.

Der IX. Zivilsenat des Bundesgerichtshofs bejaht dies. Der Anspruch auf Auszahlung eines zugesagten Darlehens sei mit dessen Abruf pfändbar.[101] Denn mit Abruf eines zugesagten Kredites entstehe ein Auszahlungsanspruch, der – wie andere Forderungen auch – pfändbar sei.

Vereinzelt wird demgegenüber vertreten, Kontokorrentkredite seien generell unpfändbar.[102] Die entgegenstehende Rechtsprechung ermögliche es dem Pfändungsgläubiger, das Konto des Schuldners zu blockieren, bis die Schuld beglichen sei, weil jeglicher Kreditbetrag, der vom Bankkunden zur Auszahlung oder Überweisung angefordert werde, sogleich an den Pfändungsgläubiger abgeführt werden müsse.[103] Damit werde ein gesetzlich in der ZPO nicht vorgesehenes Zwangsmittel eingeführt.[104] Diese Auffassung ist allerdings mit der Rechtsprechung abzulehnen.

Im Gegensatz zur bloß geduldeten Kontoüberziehung[105] hat der Schuldner, dem ein Dispositionskredit von seiner Bank eingeräumt worden ist, sofort mit Anfor-

---

99 BGH, Urt. v. 22. 1. 2004 – IX ZR 39/03 – BGHZ 157, 350 (355f.) = NJW 2004, 1444 (1445), dies war vor dieser Entscheidung des BGH noch umstritten, vgl. die Nachweise bei *Bitter* in: Schimansky/Bunte/Lwowski, Bankrechtshandbuch I, § 33 Fn. 11.

100 *Bitter* in: Schimansky/Bunte/Lwowski, Bankrechtshandbuch I, § 33 Rn. 78; *ders.* WM 2004, 1109 (1112); *Hopt* in: Baumbach/Hopt, HGB, § 357 Rn. 10; *Wagner*, WM 1998, 1657 (1659f.); *ders.*, JZ 1985, 718; *ders.* ZIP 1985, 854; *Häuser*, ZIP 1983, 891 (900); *Peckert*, ZIP 1986, 1232ff.; *Nassall*, NJW 1986, 168; OLG Jena, Urt. v. 27. 4. 1999 – 5 U 1200/98 – OLG-NL 1999, 212; OLG Schleswig, B. v. 18. 6. 1991 – 16 W 7/91 – NJW 1992, 579; LG Münster, B. v. 30. 5. 1996 – 5 T 365/96 – WM 1996, 1847; anders etwa noch OLG Köln, Urt. v. 25. 3. 1983 – 20 U 257/82 – ZIP 1983, 810; LG Düsseldorf, B. v. 15. 6. 1982 – 25 T 280/82 – JurBüro 1982, 1426; *Grunsky*, ZZP 95 (1982), 264ff.; *ders.* JZ 1985, 490 (491 f.); *Luther*, BB 1985, 1886ff.

101 BGH, Urt. v. 11. 1. 2007 – IX ZR 31/05 – BGHZ 170, 276; Urt. v. 29. 3. 2001 – IX ZR 34/00 – ZIP 2001, 825ff. – BGHZ 147, 193 (195ff.).

102 *Bitter* in: Schimansky/Bunte/Lwowski, Bankrechtshandbuch I, § 33 Rn. 86ff.; *Bitter*, WM 2001, 889 (893 f.); *Bitter* WM 2004, 1109 (1113ff.).

103 *Bitter* in: Schimansky/Bunte/Lwowski, Bankrechtshandbuch I, § 33 Rn. 87.

104 *Bitter* in: Schimansky/Bunte/Lwowski, Bankrechtshandbuch I, § 33 Rn. 87; *Hadding* in: MünchKomm-HGB, ZahlungsV Rn. A 256.

105 Dazu noch unten Teil 2 II.1.b)aa)(2)(b).

derung einer entsprechenden Auszahlung einen unmittelbaren Auszahlungsanspruch. Soweit die Pfändbarkeit dieses Anspruchs zu einer faktischen Blockade des Kontos führen kann, muss diese – so lange noch keine Gesetzesänderung herbeigeführt worden ist[106] – hingenommen werden. Ist somit der Anspruch eines Bankkunden gegen seine Bank auf Auszahlung eines eingeräumten Dispositionskredites pfändbar, soweit er diesen in Anspruch nimmt, ist er auch vom Insolvenzbeschlag erfasst.

ii. Gläubigerbenachteiligung durch Zahlung aus dem Kreditrahmen

Wird das vom Insolvenzbeschlag erfasste Vermögen somit durch Einlösung des Schecks im Rahmen eines Dispositionskredites verringert, liegt damit auch grundsätzlich eine Gläubigerbenachteiligung vor, jedenfalls dann, wenn die Masse nicht zur Befriedigung aller Gläubiger ausreicht.[107] Dies ergibt sich aus dem Umstand, dass ein eingeräumter Kreditrahmen, soweit er in Anspruch genommen wird, Teil der Aktivmasse ist. Unerheblich ist dabei, dass in einem solchen Fall erst die mit der Scheckeinlösung vorgenommene Verfügung des Schuldners dazu führt, dass der dem Scheckbetrag entsprechende Teil des zugesagten Dispositionskredites in die Masse fallen würde, weil dieser erst in diesem Moment abgerufen wird. Der Schuldner kann also nicht etwa damit gehört werden, dass er den Scheck im Rahmen des Dispositionskredites überhaupt nicht ausgestellt hätte, wenn er mit der Anfechtbarkeit gerechnet hätte.[108]

Eine Gläubigerbenachteiligung wäre nur dann abzulehnen, wenn die Einlösung des Schecks lediglich dazu führt, dass der ursprüngliche Gläubiger durch einen anderen, nicht besser gesicherten Gläubiger ersetzt wird[109], wenn also nur ein Bestandteil der Passivmasse durch einen gleichwertigen ausgetauscht wird[110]. Ein solcher Fall liegt aber bei Einlösung eines Schecks im Rahmen eines Dispositionskredites nicht vor. Mit Einlösung des Schecks ist zum einen die Forderung des Einreichers getilgt worden, während gleichzeitig eine neue Forderung – die Rückzahlungsforderung aus dem abgerufenen Dispositionskredit – entstanden ist. Somit ist eine Forderung erloschen und eine andere in gleicher Höhe entstanden. Aber wie bereits ausgeführt, ist der für die Auszahlung aus dem Scheck in Anspruch genommene Dispositionskredit Teil der Aktivmasse, die mit der Auszahlung verringert wird. Insoweit liegt kein bloßer Austausch von Bestandteilen der Passivmasse vor, sondern es verringert sich auch die Aktivmasse.

---

106 Vgl. zur beabsichtigten Reform des Kontopfändungsschutzes und der beabsichtigten Einführung eines Pfändungsschutzkontos die Ausführungen von *Smid* in: MünchKomm-ZPO, § 850k Rn. 25ff.
107 BGH, Urt. v. 11. 1. 2007 – IX ZR 31/05 – BGHZ 170, 276.
108 BGH aaO.
109 *Henckel* in: Jaeger, InsO, § 129 Rn. 81; zur KO: *Jaeger/Henckel*, KO, § 29 Rn. 61 u. § 30 Rn. 164.
110 Vgl. zum Fehlen der Gläubigerbenachteiligung in einem solchen Fall nur *Kirchhof* in: MünchKomm-InsO, § 129 Rn. 117.

Die erfolgreiche Einlösung eines Schecks auf ein Konto im Rahmen des Dispositionskredites stellt damit eine Benachteiligung der späteren Insolvenzgläubiger dar.

(b) Duldung einer Überziehung über einen Kreditrahmen hinaus

Führt die Bank Kontoverfügungen auf Anforderung ihres Kunden zu Lasten eines Kontos aus, obwohl es an der nötigen Deckung in Form von Guthaben oder eines Dispositionskredites fehlt, so duldet sie die Überziehung damit und es handelt sich hierbei um einen sogenannten Überziehungskredit. Ein Kreditvertrag über eine solche Überziehung kommt erst mit der Inanspruchnahme durch den Bankkunden zustande und zwar auf die Weise, dass der Kunde mit seinem Verfügungsauftrag ein entsprechendes Angebot macht, welches die Bank mit Ausführung annimmt.[111] Zu unterscheiden ist diese geduldete Kontoüberziehung von einer Erweiterung des Kreditrahmens. Nimmt die Bank den Versuch des Kunden, über den eingeräumten Kreditrahmen hinaus zu verfügen, zum Anlass, den Kreditrahmen zu erweitern, so erfolgt die dann ausgeführte Verfügung innerhalb eines eingeräumten Kreditrahmens. Dann aber liegt ein Fall wie unter (a) dargestellt vor. Ob eine ausgeführte Anweisung im Einzelfall zu einer nur geduldeten Kontoüberziehung, oder zu einer Erweiterung des Kreditrahmens führt, mag in Einzelfällen nicht eindeutig feststellbar sein. Im Zweifel dürfte lediglich eine geduldete Kontoüberziehung vorliegen[112], so dass die Bank Anspruch auf jederzeitige Rückzahlung hat.

Duldet die Bank eine Kontoüberziehung über einen eingeräumten Kreditrahmen hinaus allerdings über einen längeren Zeitraum, dann ist hierin eine konkludente Erweiterung des Kreditrahmens zu sehen. *Bitter* meint, dies sei bei einer Duldung über einen Zeitraum von 60 Tagen anzunehmen. Überzeugender scheint es, eine konkludente Krediterweiterung erst nach drei Monaten geduldeter Überziehung anzunehmen. Dies entspricht dem in § 493 BGB für Verbraucherdarlehen genannten Zeitraum, nach dessen Überschreitung von einer konkludenten Einigung über die Einräumung bzw. Erhöhung der Kreditlinie auszugehen ist[113].

Umstritten ist, ob in der Inanspruchnahme einer solchen nur geduldeten Kontoüberziehung über einen eingeräumten Kreditrahmen hinaus eine Gläubigerbenachteiligung liegen kann.

i. Geduldete Kontoüberziehung als Aktivmasse

Auch hier stellt sich zunächst das Problem, ob eine solche aus einer nur geduldeten Kontoüberziehung erfolgende Zahlung überhaupt eine Verfügung über vom Insolvenzbeschlag erfasstes Vermögen darstellt. Nur wenn dies der Fall ist, kommt eine Benachteiligung der Gläubiger in Betracht.

Fraglich ist also, ob eine geduldete Kontoüberziehung in die den Insolvenzgläubigern haftende Aktivmasse fällt.

---

111 *Bitter* in: Schimansky/Bunte/Lwowski, Bankrechtshandbuch I, § 33 Rn. 68.
112 Vgl. BGH, Urt. v. 28. 2. 2008 – IX ZR 213/06 – ZIP 2008, 701 ff.
113 Vgl. *Schürnbrand* in: MünchKomm-BGB, § 493 Rn. 36.

Der Bundesgerichtshof[114] und die ganz überwiegende Auffassung in der Literatur[115] haben dies bis vor kurzem ausdrücklich abgelehnt. In die Insolvenzmasse fallen nach §§ 35 f. InsO nur Gegenstände, die auch der Zwangsvollstreckung unterliegen. Aus einer nur geduldeten Kontoüberziehung ergebe sich aber kein pfändbarer Auszahlungsanspruch des Schuldners, die daraus erlangten Mittel fielen somit nicht in die Aktivmasse. Eine objektive Gläubigerbenachteiligung liege daher dann nicht vor, wenn eine Forderung mit Mitteln aus einer lediglich geduldeten Kontoüberziehung getilgt werde, weil die Zahlungsmittel in einem solchen Fall nicht aus dem den Insolvenzgläubigern haftenden Vermögen stammen. Denn im Gegensatz zum eben dargestellten Fall der Erfüllung einer Verbindlichkeit mit Mitteln aus einem dem Schuldner zuvor zu Disposition gestellten Kreditrahmen, liege hierin keine Verkürzung der Masse. Eine *unmittelbare* Gläubigerbenachteiligung durch Verkürzung der Aktivmasse scheide damit aus. Eine *mittelbare* Gläubigerbenachteiligung komme nur dann in Betracht, wenn der Anspruch der Bank auf Rückzahlung des Überziehungskredites, also eines Kredits auf den der Schuldner keinen Anspruch hatte, für die Insolvenzmasse ungünstiger sei, als der Anspruch des befriedigten Gläubigers. Dies könne etwa dann der Fall sein, wenn die Bank für den Darlehensrückzahlungsanspruch über bessere Sicherheiten verfüge.[116] Im Übrigen – falls keine besonderen Sicherheiten bestellt worden sind – handele es sich bei dem Rückzahlungsanspruch der Bank lediglich um eine einfache Insolvenzforderung.[117]

Bis zur genannten Entscheidung des BGH vom 11. 1. 2007 war die Frage, ob eine Zahlung aus einer nur geduldeten Kontoüberziehung die Gläubiger benachteiligt in der Rechtsprechung umstritten gewesen.[118] So hatte etwa das OLG Hamburg[119] im Jahr 2005 noch gegenteilig entschieden und eine Anfechtbarkeit deshalb bejaht, weil das wirtschaftliche Ergebnis mit dem der Zahlung aus einem eingeräumten Kreditrahmen übereinstimme. Die Zahlung aus einer nur geduldeten Kontoüberziehung und die Zahlung aus einem eingeräumten Kreditrahmen seien gleich zu behandeln.

Demgegenüber wird in der Literatur zum Teil die Auffassung vertreten, dass eine Überziehung des Kontos über einen eingeräumten Kreditrahmen hinaus pfändbar sei[120] und demzufolge in die Insolvenzmasse falle[121]. In der erfolgreichen Einlö-

---

114 BGH, Urt. v. 11. 1. 2007 – IX ZR 31/05 – BGHZ 170, 276 = DZWIR 2007, 248 ff. m. Anm. *Zeuner*; die vorherige Rechtsprechung hatte sich zuvor nur auf die Rechtsprechung zur Unpfändbarkeit von geduldeten Kontoüberziehungen berufen.

115 *Hopt* in: Baumbach/Hopt, HGB, § 357 Rn. 10; *Felke*, WM 2002, 1632 (1634); *Smid* in: MünchKomm-ZPO, § 829 Rn. 8.

116 BGH, Urt. v. 11. 1. 2007 – IX ZR 31/05 – DZWIR 2007, 248 ff. = BGHZ 170, 276 unter Hinweis auf *Kirchhof* in: MünchKomm-InsO, § 129 Rn. 108, 123, 144.

117 Folgeprobleme können in diesem Zusammenhang auftreten, wenn die Bank anschließend noch vor Verfahrenseröffnung eingehende Gutschriften mit einem debitorischen Saldo verrechnet. Denn dann stellt sich die Frage, inwieweit diese Verrechnungen unwirksam oder anfechtbar sind. Vgl. zu dieser Problematik noch die ausführliche Darstellung in Teil 3 II.2.a).

118 Vgl. die Darstellung bei *Zeuner*, DZWIR 2007, 250 ff.

119 OLG Hamburg, Urt. v. 20. 7. 2007 – 8 U 39/05 – ZInsO 2005, 937.

120 *Zeller*, Die Vollstreckung in offene Kreditlinien, 2006, 288ff.; *Vendolsky*, ZIP 2005, 786 (788); *Grunsky*, JZ 1985, 490 (491); *Wagner*, ZIP 1985, 849 (853); *Baßlsperger*, Rpfleger 1985, 177 (180); *Peckert*, ZIP 1986, 1232 (1234); *Gaul*, KTS 1989, 3 (27); *Jungmann*, ZInsO 1999, 64 (71 f.); *Henkel*, ZInsO 2005, 468 (469).

121 *Blank*, ZInsO 2004, 983; *Stiller*, ZInsO 2005, 72 (73 f.); *Vendolsky*, ZIP 2005, 786 (788).

sung eines Schecks liegt nach dieser Auffassung dann konsequenterweise eine Benachteiligung der Gläubiger, denen mit erfolgreicher Scheckeinlösung haftende Aktivmasse entzogen wird. Die Vertreter dieser Auffassung berufen sich im Wesentlichen darauf, dass bei einer nur geduldeten Kontoüberziehung zwar ursprünglich kein Anspruch auf die Kreditgewährung und damit auch kein pfändbarer Auszahlungsanspruch bestanden habe. In dem Moment aber, in dem der Bankkunde eine Verfügung über sein Konto über den eingeräumten Kredit hinaus vornehme, liege ein Angebot an die Bank auf Abschluss eines entsprechenden Kreditvertrages vor. Dieser Kreditvertrag komme dann durch konkludente Annahme der Bank in dem Moment zustande, in dem die Bank die Verfügung ausführe. So entstehe zumindest für eine „logische juristische Sekunde" ein Auszahlungsanspruch aus diesem (neuen) Kreditvertrag, der – wie auch der Auszahlungsanspruch aus einem eingeräumten Dispositionskredit – pfändbar sein müsse.[122]

Dieser Auffassung hat sich neuerdings auch der Bundesgerichtshof angeschlossen und damit seine bisherige anderslautende Rechtsprechung ausdrücklich aufgegeben.[123] Die Zahlung der Bank auf einen Scheck des Schuldners sei dem Schuldner zuzurechnen. Dabei komme es nicht darauf an, ob die Mittel zur Zahlung auf den Scheck nur aus einer geduldeten Kontoüberziehung oder einem eingeräumten Kredit stammen. Eine solche Direktzahlung könne nämlich anfechtungsrechtlich nicht anders behandelt werden, als wenn Geldmittel, auf die der Schuldner keinen Anspruch hat, ihm durch ein neu gewährtes Darlehen zunächst überlassen und sodann zur Deckung von Verbindlichkeiten verwendet werden.[124] Die Gläubigerbenachteiligung der Direktzahlung des Überziehungskredites von der Bank an den begünstigten Gläubiger liege gerade darin, dass die Kreditmittel nicht in das Vermögen des Schuldners gelangt und dort für den Zugriff der Gläubigergesamtheit verblieben seien.[125]

Diese Auffassung ist allerdings abzulehnen. Zwar mögen sich die wirtschaftlichen Folgen der Inanspruchnahme eines vertraglich eingeräumten und der nur geduldeten Kontoüberziehung ähneln. Jedoch bestehen schwerwiegende Unterschiede: Während der Abruf des eingeräumten Kredits automatisch zu einem Auszahlungsanspruch führt, stellt eine Verfügung über den Kreditrahmen hinaus zunächst nur einen Antrag des Bankkunden auf Kreditgewährung dar, welchen die Bank noch annehmen muss. Während der Dispositionskredit zunächst gekündigt werden muss, bevor Rückzahlung verlangt werden kann, hat die Bank bei der nur geduldeten Überziehung einen sofortigen Rückzahlungsanspruch. Schließlich kommt es durchaus auf die Frage der Pfändbarkeit an. Nur was pfändbar ist, kann auch in die Insolvenzmasse fallen. Bei einer nur geduldeten Kontoüberziehung be-

---

122 *Grunsky*, JZ 1985, 490 (491); *Wagner*, ZIP 1985, 849 (853); *Baßlsperger*, Rpfleger 1985, 177 (180); *Peckert*, ZIP 1986, 1232 (1234); *Gaul*, KTS 1989, 3 (27); *Jungmann*, ZInsO 1999, 64 (71 f.); so auch im Grundsatz *Bitter* in: Schimansky/Bunte/Lwowski, Bankrechtshandbuch I, § 33 Rn. 83, der die Pfändbarkeit aber aus anderen Gründen ablehnt.

123 BGH, Urt. v. 6. 10. 2009 – IX ZR 191/05 – NJW 2009, 3362 ff.

124 BGH aaO unter Hinw. auf BGH, Urt. v. 27. 5. 2003 – IX ZR 169/02 – BGHZ 155, 75 (81 f.).

125 BGH aaO.

steht jedoch kein (pfändbarer) Auszahlungsanspruch, auch nicht für eine juristische Sekunde. Bei der geduldeten Kontoüberziehung handelt es sich nämlich um ein so genanntes Handdarlehen, einen Darlehensvertrag also, der mit tatsächlicher Gewährung der Darlehensvaluta erst zu Stande kommt. Das Wesen des Handdarlehens setzt einen Auszahlungs*anspruch* überhaupt nicht voraus.[126] Die „juristische Sekunde", innerhalb welcher ein solcher Anspruch nach Auffassung der Vertreter der oben dargestellten Ansicht bestünde, läge auch vor Vertragsschluss, da der Vertrag erst mit der Auszahlung zustande kommt. Ein Anspruch auf die vertragliche Leistung kann nicht bestehen, bevor der Vertrag überhaupt geschlossen worden ist. Die geduldete Kontoüberziehung kann daher nicht pfändbar und somit auch nicht Gegenstand der insolvenzrechtlichen Haftungsmasse sein.

ii. Keine Gläubigerbenachteiligung durch Inanspruchnahme einer geduldeten Kontoüberziehung

Fällt aber das aus einer nur geduldeten Kontoüberziehung Erlangte nicht in die Insolvenzmasse, so kommt eine Gläubigerbenachteiligung durch die Einlösung eines Schecks im Rahmen einer nur geduldeten Kontoüberziehung überhaupt nicht in Betracht. Denn in diesem Fall führt die Einlösung des Schecks tatsächlich nur zu einem bloßen Austausch von gleichwertigen Bestandteilen der Passivmasse. Sofern die Bank also nicht besser gesichert ist als der mit dem Scheck befriedigte Gläubiger, kommt es zu einem die übrigen Gläubiger nicht benachteiligenden Gläubigeraustausch. Eine Anfechtung der Einlösung gegenüber dem Schecknehmer scheidet daher im Falle der nur geduldeten Kontoüberziehung mangels Gläubigerbenachteiligung aus.

bb) Relevanter Zeitpunkt bei Anfechtung der Einlösung des Schecks

Hat die Einlösung des Schecks zu einer Gläubigerbenachteiligung geführt, so stellt sich weiter die Frage, auf welchen Zeitpunkt es für das Vorliegen der besonderen Anfechtungsvoraussetzungen ankommt, insbesondere wann etwaige subjektive Voraussetzungen bei den Beteiligten vorliegen müssen. Die §§ 130 ff. InsO nennen als Anknüpfungspunkt den *Zeitpunkt der Rechtshandlung*. Dieser wird durch § 140 InsO näher konkretisiert: Gemäß § 140 Abs. 1 InsO gilt eine Rechtshandlung als in dem Zeitpunkt vorgenommen, in dem ihre rechtlichen Wirkungen eintreten. Dies ist der Moment, in dem die Rechtshandlung die Gläubigerbenachteiligung bewirkt.[127]

Untersucht man die Anfechtbarkeit der Einlösung eines Schecks, so scheint es gemäß § 140 Abs. 1 InsO nahe liegend, den Zeitpunkt der endgültigen Wirksamkeit der Einlösung als diesen Zeitpunkt anzusehen. Mit der endgültigen Einlösung des Schecks tritt nach dem oben gesagten die Gläubigerbenachteiligung ein, der Scheck ist bezahlt und die abstrakte Forderung aus dem Scheck sowie die zugrunde lie-

126 Ebenso: *Canaris*, Bankvertragsrecht, Rn. 190.
127 *Kreft* in: HK-InsO, § 140 Rn. 3; *Fischer*, ZIP 2004, 1679 (1680).

gende Forderung aus dem Valutaverhältnis erlöschen. Konsequent ist daher von der Rechtsprechung und der herrschenden Lehre sowohl unter Geltung der Konkursordnung[128], als auch nach Einführung der Insolvenzordnung nahezu einhellig die Auffassung vertreten worden, dass es für die Anfechtbarkeit der Einlösung eines Schecks auf den Zeitpunkt der Einlösung, also den Zeitpunkt der endgültigen Gutschrift (bzw. im seltenen Fall der Barauszahlung auf diesen Zeitpunkt[129]) ankomme.[130]

Bei der Bezeichnung dieses Zeitpunktes als den für die Anfechtung entscheidenden wird dabei allerdings meist nicht danach unterschieden, ob es um die Einlösung eines Schecks bei nachfolgender Insolvenz des Ausstellers oder aber des Einreichers geht.

So prüft der Bundesgerichtshof[131] in einem Urteil vom 12. 10. 2006 die Anfechtbarkeit der Einlösung von Schecks, die der spätere Insolvenzschuldner seiner Gläubigerin ausgestellt hatte. Dabei führt der entscheidende Senat aus, dass der gemäß § 140 Abs. 1 InsO relevante Zeitpunkt derjenige der jeweiligen Scheckeinlösung sei und zitiert in diesem Zusammenhang ein noch unter Geltung der Konkursordnung ergangenes Urteil[132], das nicht den Konkurs des Schecknehmers zum Gegenstand hatte, sondern den des Scheckeinreichers.

Eine solche Vermengung unterschiedlicher Fallkonstellationen begegnet allerdings Bedenken. Während nämlich bei der Insolvenz des Scheckausstellers die Anfechtbarkeit der Einlösung selbst in Frage steht, geht es bei der Insolvenz des Schecknehmers in erster Linie um eine etwaige Anfechtbarkeit der mit Einlösung eines Schecks entstehenden Verrechnungslage[133]. Zwar bestehen zwischen beiden Konstellationen – wie sich später noch zeigen wird – durchaus Ähnlichkeiten, die darauf beruhen, dass für beide Vorgänge der Zeitpunkt eine wichtige Rolle spielt, in welchem ein Scheck endgültig eingelöst ist. Dennoch kann nicht unberücksichtigt bleiben, dass es um unterschiedliche Perspektiven und insbesondere um verschiedene Rechtshandlungen im Sinne des Anfechtungsrechts geht.

Mit Einführung der Insolvenzordnung und damit des § 140 Abs. 3 InsO sind zum Fall der Anfechtung in der Insolvenz des Scheck*einreichers* vereinzelt Stimmen laut geworden, welche meinen, die Rechtslage habe sich durch § 140 Abs. 3 InsO im Vergleich zur Konkursordnung verändert. Gemäß dieser Norm bleibt bei der Anfechtung einer bedingten oder befristeten Rechtshandlung der Eintritt der Bedingung außer Betracht. Zwar braucht der darüber entbrannte Streit an dieser Stelle, an der es um die Insolvenz des Scheck*ausstellers* geht, noch nicht entschieden zu werden. Doch scheint die Frage durchaus berechtigt, ob die Vertreter der betref-

---

128 In der KO gab es eine § 140 InsO entsprechende Norm zwar noch nicht, der Inhalt des heutigen § 140 Abs. 1 InsO entspricht aber der bisherigen Rechtsprechung zur KO, vgl. *Kreft* in: HK-InsO, § 140 Rn. 3 m.w.N.

129 Vgl. nur *Eckert*, Probleme der Bestimmung des für die Insolvenzanfechtung relevanten Zeitpunktes nach § 140 InsO, S. 47.

130 Zur InsO: BGH, Urt. v. 12. 10. 2006 – IX ZR 228/02 – ZIP 2006, 2222 ff.; *Kirchhof* in: Münch-Komm-InsO, § 140 Rn. 11 a; *Rogge* in: HambKomm-InsO, § 140 Rn. 6; *Henckel* in: Jaeger, InsO, § 140 Rn. 28; *Eckert*, Probleme der Bestimmung des für die Insolvenzanfechtung relevanten Zeitpunktes nach § 140 InsO, S. 47; *Obermüller* in: Gottwald, Insolvenzrechts-Handbuch, Rn. 35; *Leithaus* in: Andres/Leithaus, InsO, § 140 Rn. 4; zur KO: BGH, Urt. v. 30. 4. 1992 – IX ZR 176/91 – ZIP 1992, 778 (779) m. zust. Anm. *Canaris*, EWiR § 30 KO 1/1992, 683 (684).

131 BGH, Urt. v. 12. 10. 2006 – IX ZR 228/02 – ZIP 2006, 2222 ff.

132 BGH, Urt. v. 30. 4. 1992 – IX ZR 176/91 – ZIP 1992, 778 (779).

133 Dazu noch genauer unten Teil 3 II.2.

fenden Auffassung nicht auch für diesen Fall zu einer Anwendung des § 140 Abs. 3 InsO und damit einem anderen Ergebnis als die oben dargestellte herrschende Auffassung kommen müssten. *Windel, Wischemeyer* und *Göb* vertreten nämlich die Auffassung, dass entscheidender Zeitpunkt für die Anfechtbarkeit der mit Einlösung eines Schecks entstehenden Verrechnungslage nicht derjenige sei, in welchem der Scheck erfolgreich eingelöst werde, sondern der Moment, in dem die einlösende Bank ihrem Kunden die Vorbehaltsgutschrift erteile.[134] Sie berufen sich dabei auf § 140 Abs. 3 InsO, für den es im Rahmen der Konkursordnung an einer Entsprechung fehlte[135].

Dies legt den Gedanken nahe, dass man – folgte man dieser Auffassung – auch im Falle der Anfechtung der Einlösung eines vom späteren Insolvenzschuldner ausgestellten Schecks auf den Moment einer Vorbehaltsgutschrift abstellen müsste. Denn immerhin ordnet § 140 Abs. 3 InsO an, dass für eine bedingte Rechtshandlung der Eintritt der Bedingung außer Betracht bleibt. Dass es sich bei einer Vorbehaltsgutschrift auf einen eingereichten Scheck um eine bedingte Gutschrift handelt, ist bereits mehrfach ausgeführt worden (siehe nur Teil 1 V). Fraglich ist somit, ob es bei Erteilung einer Vorbehaltsgutschrift auf den Zeitpunkt der Erteilung dieser (bedingten) Gutschrift oder auf den Moment der sich mit Deckungserlangung durch die bezogene Bank vollziehenden endgültigen Einlösung ankommt.

Die Antwort ergibt sich aus dem Grundgedanken des § 140 InsO, der darin besteht, dass der Zeitpunkt für die Anfechtung derjenige sein soll, in welchem der Anfechtungsgegner durch die Rechtshandlung eine Stellung erlangt, die im Falle der Eröffnung des Insolvenzverfahrens beachtet werden müsste.[136] Voraussetzung hierfür wäre allerdings, dass der Scheck – wenn auch nur bedingt – bereits im Zeitpunkt der Vorbehaltsgutschrift eingelöst wäre. Dies ist aber gerade nicht der Fall. Zu berücksichtigen ist auch, dass die Vorbehaltsgutschrift, welche die Inkassostelle erteilt, lediglich das Rechtsverhältnis zwischen dem Scheckeinreicher und der Inkassostelle betrifft. Selbst wenn – im Falle der Einreichung direkt bei der bezogenen Bank – die Vorbehaltsgutschrift durch die bezogene Bank erfolgt, gilt nichts anderes. Denn bevor die bezogene Bank der Inkassostelle (oder dem Einreicher direkt) keine unbedingte Deckung verschafft hat, ist auf die Anweisung des Scheckausstellers nichts geflossen und der Schecknehmer hat auch noch nichts vom Anweisenden erlangt, auch nicht bedingt. Eine Vorbehaltsgutschrift stellt sich insoweit lediglich als vorweggenommene Leistung auf den Inkassoauftrag dar. Zu einer solchen Vorleistung wäre die Inkassostelle, bevor sie den Betrag von der bezogenen Bank erhält, aber überhaupt nicht verpflichtet.[137] In Übereinstimmung mit der bisherigen Rechtsprechung und der herrschender Lehre ist somit davon auszugehen, dass der für eine Anfechtbarkeit der Einlösung eines Schecks ent-

---

134 So etwa *Windel* in: Jaeger, InsO, § 96 Rn. 93; *Göb,* Girokontokorrentkredite in der Kundeninsolvenz, S. 81; *Wischemeyer,* Die Insolvenzanfechtung der Rückführung debitorischer Konten durch Einstellung von Gutschriften in der Krise, S. 17.

135 Begr. RegE zu § 159, BT-Drucks. 12/2443, 166f.

136 Begr. RegE zu § 159 InsO, BT-Drucks. 12/2443, S. 166.

137 *Nobbe* in: Schimansky/Bunte/Lwowski, Bankrechtshandbuch I, § 60 Rn. 201.

scheidende Moment derjenige ist, in welchem der Scheck endgültig eingelöst ist. Bei Einlösung durch Barauszahlung ist dies der Moment der Auszahlung, bei Einlösung zur Gutschrift auf ein Konto kommt es auf den Moment der Endgültigkeit der Deckungsbuchung an, erst in diesem Moment ist die Anweisung des Ausstellers erfüllt[138].

c) „Ausstellung des Schecks" als anfechtbare Rechtshandlung

Es hat sich gezeigt, dass die Rechtshandlung der Scheckeinlösung in einer Vielzahl von Fällen die allgemeinen Anfechtungsvoraussetzungen erfüllt. Daneben stellt sich die Frage, inwieweit dies bereits bei der Ausstellung eines Schecks der Fall ist und diese damit einer insolvenzrechtlichen Anfechtung zugänglich ist. Dabei ist unter dem Begriff der Ausstellung des Schecks der Gesamtvorgang des Ausstellens und Begebens an den (ersten) Schecknehmer zu verstehen.[139]

aa) Gläubigerbenachteiligung

Ob bereits in der *Ausstellung und Hingabe* eines Schecks (und dem damit zustande kommenden Begebungsvertrag zwischen Aussteller und Schecknehmer) eine Benachteiligung der Insolvenzgläubiger liegen kann oder diese nicht vielmehr erst mit *Einlösung* des Schecks einzutreten vermag, erscheint auf den ersten Blick zweifelhaft. In der Literatur wird diese Frage allenfalls mit einem Nebensatz gewürdigt.[140] Der Bundesgerichtshof hat sie bisher offen gelassen.[141]

Ausdrücklich hat der Bundesgerichtshof allerdings ausgeführt, dass jedenfalls in der mit der Ausstellung eines vordatierten Schecks verbundenen Stundung keine Gläubigerbenachteiligung liege.[142] Zu berücksichtigen ist dabei allerdings, dass die Stundung nicht aus der Vordatierung des Schecks resultiert – insofern sind die Ausführungen des Bundesgerichtshofs ungenau – sondern unmittelbar aus der Zahlung per Scheck. Da der Gläubiger, der einen Scheck erfüllungshalber annimmt, zunächst verpflichtet ist, Befriedigung aus dem Scheck zu suchen, ist die Valutaforderung zunächst stets gestundet. Eine Stundung bewirkt aber, wie der Bundes-

138 *Nobbe* in: Schimansky/Bunte/Lwowski, Bankrechtshandbuch I, § 60 Rn. 192 unter Hinweis auf BGH, Urt. v. 29. 9. 1986 – II ZR 283/85 – NJW 1987, 317 (319); Urt. v. 23. 2. 1951 – I ZR 83/50 – NJW 1951, 598 (599); *Häuser*, WM 1988, 1505 (1506).

139 Eine anfechtungsrechtliche Unterscheidung zwischen Scheckausstellung und –begebung erübrigt sich, da die Ausstellung des Schecks ohne die Begebung – also ohne den Scheck in den Rechtsverkehr zu bringen – keine rechtlich erhebliche Handlung darstellen kann.

140 Für den Bezug der Anfechtbarkeit bereits auf den Ausstellungszeitpunkt etwa: *Kirchhof* in: MünchKomm-InsO, § 140 Rn. 9, § 129 Rn. 145; *Rogge* in: HambKomm-InsO, § 129 Rn. 83; erst für den Zeitpunkt der Einlösung, weil der Schecknehmer vorher regelmäßig noch keine feste Rechtsposition besitze, etwa *Dauernheim* in: FK-InsO, § 140 Rn. 8; *Canaris*, Bankvertragsrecht; wohl auch *Hirte* in: Uhlenbruck, InsO, § 140 Rn. 5; *Paulus* in: Kübler/Prütting/Bork, InsO § 140 Rn. 4.

141 Vgl. BGH, Urt. v. 11. 1. 2007 – IX ZR 31/05 – ZIP 2007, 435 ff., in welchem der BGH darauf hinweist, dass es auf diese Unterscheidung Ausstellung und Einlösung im konkreten Falle nicht ankomme, da sich die Haftung des Ausstellers nach Art. 12 ScheckG aufgrund der erfolgreichen Einlösung im konkreten Falle nicht ausgewirkt habe.

142 BGH, Urt. v. 11. 1. 2007 – IX ZR 31/05 – ZIP 2007, 435 ff.

gerichtshof zutreffend darlegt, für sich genommen noch keine Gläubigerbenachteiligung[143], so dass dieser Umstand als Anknüpfungspunkt für eine Gläubigerbenachteiligung im Rahmen der Scheckhingabe nicht in Betracht kommt.

(1) *Abstrakte Möglichkeit einer Gläubigerbenachteiligung*

Wie oben herausgearbeitet, beruht die anfechtungsrechtliche Differenzierung von Ausstellung und Einlösung eines Schecks gerade auf dem Umstand, dass die Ausstellung zu einer bedingten Rückgriffshaftung gemäß Art. 12, 20, 27, 40 ScheckG führen kann. In dieser Rückgriffshaftung liegt auch ein entscheidender Unterschied zur bürgerlichrechtlichen Anweisung gemäß §§ 783 ff. BGB.[144] Dass die *Aushändigung* einer allgemein bürgerlichrechtlichen Anweisung für sich genommen noch keine die Gläubiger benachteiligende Wirkung entfaltet, entspricht allgemeiner Ansicht.[145] Denn die Anweisung selbst verpflichtet den Anweisenden nicht und ist auch frei widerruflich. Anders ist die Rechtslage aber beim Scheck: bereits die Ausstellung des Schecks führt zur Haftung des Scheckausstellers nach Art. 12, 45 ScheckG. Dabei ist zu berücksichtigen, dass dann, wenn ein Scheck zur Erfüllung einer Verbindlichkeit begeben worden ist, der Vertragspartner auch als Scheckgläubiger nicht mehr Rechte für sich in Anspruch nehmen darf, als ihm auch aus dem zugrunde liegenden Vertragsverhältnis zustehen.[146] Dies folgt daraus, dass der Scheck erfüllungshalber für die im Valutaverhältnis bestehende Verpflichtung begeben worden ist, der Anspruch auf die Schecksumme somit im Rahmen des Begebungsvertrages notwendig mit dem Anspruch aus dem Valutaverhältnis verknüpft wurde. Diese Verknüpfung von Scheckforderung und Grundforderung erlischt (erst), wenn der Scheck übertragen wird,[147] zu einer solchen Übertragung ist es in der hier zu untersuchenden Fallkonstellation aber nicht gekommen.[148] Demzufolge kann der Scheckaussteller dem Schecknehmer auch gegenüber scheckrechtlichen Rückgriffsansprüchen etwaige Einwendungen aus dem Grundverhältnis entgegenhalten.[149]

Dann aber kann in der scheckrechtlichen Haftung für sich genommen auch noch keine Gläubigerbenachteiligung liegen, jedenfalls insoweit nicht, als diese über die – auch vor Ausstellung des Schecks bereits bestehende – Grundforderung nicht hinausgeht. Über die Grundforderung geht die scheckrechtliche Rückgriffsforderung nur insoweit hinaus, als der Schecknehmer nach Art. 45 Nr. 2, 3 und 4 ScheckG Zin-

143 BGH aaO unter Hinweis auf Urt. v. 2. 2. 2006 – IX ZR 67/02 – WM 2006, 621 (625) = DZWIR 2006, 419 (zur Wechselbegebung).
144 Vgl. zur entsprechenden Parallele beim Wechsel *Heile,* Die Anweisung im Konkurs des Anweisenden, S. 80.
145 *Heile,* Die Anweisung im Konkurs des Anweisenden, S. 79 f.; *Kirchhof* in: MünchKomm-InsO, § 129 Rn. 144; *Henckel* in: Jaeger, InsO, § 130 Rn. 38; *Bork,* Zahlungsverkehr in der Insolvenz, Rn. 268; *Dauernheim* in: FK-InsO, § 130 Rn. 15.
146 OLG Karlsruhe, Urt. v. 13. 1. 2004 – 17 U 71/03 – MDR 2004, 1020.
147 *Baumbach/Hefermehl/Casper,* Einl. ScheckG Rn. 26.
148 Zur Problematik eines etwaigen Auseinanderfallens von Grundforderung und Scheckforderung aufgrund einer Übertragung des Schecks siehe noch unten Teil 4.
149 OLG Karlsruhe, Urt. v. 13. 1. 2004 – 17 U 71/03 – MDR 2004, 1020.

sen in dort bestimmter Höhe seit dem Tag der Scheckvorlegung, die Kosten des Protestes (oder der gleichbedeutenden Feststellungen) und eine Vergütung geltend machen kann. Ob diese Ansprüche zu einer Beeinträchtigung des Zugriffs durch die späteren Insolvenzgläubiger auf das Schuldnervermögen führen können, erscheint zweifelhaft. Eine Beeinträchtigung kann generell entweder dadurch geschehen, dass die Passiva des späteren Gemeinschuldners, also die in der Insolvenz zu erfüllenden Verbindlichkeiten, erhöht[150], oder die Aktiva, also das haftende Aktivvermögen, verringert werden[151]. Hinsichtlich der genannten Ansprüche aus Art. 45 Nr. 2–4 ScheckG kommt vorliegend beides in Betracht: Sofern der Schecknehmer seine betreffenden Rückgriffsansprüche – d.h. nicht nur den Scheckbetrag selbst, sondern auch die darüber hinausgehenden Kosten des Protestes und eine Vergütung – vor der Verfahrenseröffnung erfolgreich durchsetzt, liegt hierin eine Verringerung des haftenden Aktivvermögens. Macht er diese Ansprüche erst als Insolvenzforderung geltend, erhöht sich damit die Summe der in der Insolvenz zu erfüllenden Verbindlichkeiten. Die Insolvenzgläubiger sind dann insoweit benachteiligt, als deren Quote durch die über die Valutaschuld hinausgehenden Haftungsbeträge geschmälert ist.[152] Hier wird die dem Schecknehmer durch den Scheckprozess erleichterte Forderungsanmeldung relevant, denn auch in der dem Schecknehmer günstigeren Beweislastverteilung liegt eine Gläubigerbenachteiligung[153], worauf im Folgenden noch genauer einzugehen sein wird.

Eine Gläubigerbenachteiligung durch die Ausstellung eines Schecks, der nicht erfolgreich eingelöst wird, erscheint somit möglich[154], hängt aber von der konkreten Konstellation des betreffenden Falles ab. Eine Anfechtbarkeit kommt nur dann in Betracht, wenn sich die grundsätzlich mögliche Gläubigerbenachteiligung auch tatsächlich realisiert hat, nämlich entweder durch Verringerung der Aktivmasse aufgrund der scheckrechtlichen Haftung noch vor Verfahrenseröffnung, oder durch Anmeldung der die scheckrechtlichen Rückgriffsansprüche umfassenden Forderung im Verfahren und eine dadurch verursachte Verringerung der Quoten der übrigen Gläubiger.

---

150 BGH, Urt. v. 11.7. 1991 – IX ZR 230/90 – NJW 1992, 624 (627); *Kreft* in: HK-InsO, § 129 Rn. 37; *Dauernheim* in: FK-InsO, § 129 Rn. 36; *Huber* in: Gottwald, Insolvenzrechts-Handbuch, § 46 Rn. 51; *Nerlich* in Nerlich/Römermann § 129 Rn. 63; *Häsemeyer*, Insolvenzrecht, Rn. 21.23; *Kirchhof* in: MünchKomm-InsO, § 129 Rn. 100; zur KO: RG, Urt. v. 15.5. 1891 – III 44/91 – RGZ 27, 130 (132f.); RG, Urt. v. 6.2.1896 – IV 278/95 – RGZ 36, 161 (166f.); *Jaeger/Henckel*, KO, § 29 Rn. 61, S. 790f.; *Kilger/K. Schmidt*, KO, § 29 KO Rn. 13.

151 *Häsemeyer*, Insolvenzrecht, Rn. 21.20; *Kreft* in: HK-InsO, § 129 Rn. 37; *Nerlich* in Nerlich/Römermann, § 129 Rn. 63; *Dauernheim* in: FK-InsO, § 129 Rn. 36; *Huber* in: Gottwald, Insolvenzrechts-Handbuch, § 46 Rn. 51; *Kirchhof* in: MünchKomm-InsO, § 129 Rn. 100; zur KO: RG, Urt. v. 20.12. 1912 – VII 406/12 – RGZ 81, 144 (145f.); BGH, Urt. v. 11.6 .1992 – IX ZR 147/91 – NJW 1992, 2485 (2486); Urt. v. 11.11. 1993 – IX ZR 257/92 – BGHZ 124, 76, 78f. = NJW 1994, 449 (450); *Jaeger/Henckel*, KO, § 29 Rn. 61, S. 790.

152 Vgl. hierzu auch OLG Köln, B. v. 1.3. 2004 – 2 U 189/03 – ZIP 2004, 2152ff., wo eine im Quotenschaden liegende mittelbare Gläubigerbenachteiligung nur deswegen abzulehnen war, weil die entsprechende Forderungsanmeldung zurückgenommen wurde.

153 *Henckel* in: Jaeger, InsO, § 130 Rn. 39; *Kirchhof in:* MünchKomm-InsO, 129 Rn. 145.

154 Ebenso im Ergebnis *Henckel* in: Jaeger, InsO, § 130 Rn. 39, § 132 Rn. 24; *Dauernheim* in: FK-InsO, § 130 Rn. 17.

(2) *Konkrete Fälle der Gläubigerbenachteiligung*

Ist demnach eine Gläubigerbenachteiligung durch Ausstellung eines Schecks theoretisch möglich, so stellt sich im Folgenden die Frage, in welchen Fällen sie auch tatsächlich zu einer Gläubigerbenachteiligung führt. Die Antwort ergibt sich aus dem Umstand, dass es zur (gläubigerbenachteiligenden) Rückgriffshaftung gemäß Art. 12, 40, 45 ScheckG allenfalls dann kommen kann, wenn der Scheck nicht eingelöst worden ist. Wird der Scheck hingegen erfolgreich eingelöst, kommt ein Rückgriff nach Art. 40 ScheckG überhaupt nicht in Betracht und eine Gläubigerbenachteiligung liegt allenfalls in der Einlösung selbst (hierzu bereits oben ausführlich oben Teil 2 II. 1 b). Eben weil gemäß § 140 InsO eine Rechtshandlung als in dem Moment vorgenommen gilt, in dem ihre rechtlichen Wirkungen eintreten, kommt es somit entscheidend auf den Moment der – erfolgreichen oder erfolglosen – Einlösung an. Gläubigerbenachteiligend bezogen auf die Ausstellung eines Schecks kann daher nur der Fall sein, dass der Scheck später nicht erfolgreich eingelöst wird und es zu einer scheckrechtlichen Haftung des Ausstellers nach Art. 12, 40, 45 ScheckG kommt. Die Gläubigerbenachteiligung kann dann zum einen in dem scheckrechtlichen Regressanspruch liegen, soweit dieser über die Forderung aus dem Valutaverhältnis hinausgeht, und zum anderen in der erleichterten Durchsetzbarkeit des Anspruchs aus dem Scheck im Scheckprozess gemäß § 605 a ZPO.

Der besondere scheckrechtliche Haftungsanspruch aus Art. 45 ScheckG setzt neben der Nichteinlösung des Schecks weiter voraus, dass die Nichteinlösung in der in Art. 40 ScheckG näher bestimmten Form, etwa durch eine schriftliche datierte Erklärung der bezogenen Bank (Art. 40 Nr. 2 ScheckG) festgestellt ist. Die Feststellung muss dabei gemäß Art. 41 ScheckG vor Ablauf der Vorlegungsfrist oder – wenn die Vorlegung am letzten Tag der Frist erfolgt ist – am darauf folgenden Werktag vorgenommen worden sein. Da die Feststellung zwingende Voraussetzung für die scheckrechtliche Haftung des Ausstellers ist[155], führt auch erst sie zum Eintritt der Gläubigerbenachteiligung.

Die Feststellung der Zahlungsverweigerung setzt ihrerseits voraus, dass der Scheck der bezogenen Bank auch vorgelegt worden ist.[156] Dies bereitet in Fällen der beleglosen Scheckeinzugsverfahrens (BSE-Verfahren) Probleme. Gemäß Abschnitt II Nr. 1 Abs. 1 Scheckabkommen sind Inhaber- und Orderschecks, die auf Kreditinstitute im Inland gezogen sind und auf Beträge bis zu 6.000 Euro lauten, im BSE-Verfahren einzuziehen. Das bedeutet, dass die Scheckdaten von der Inkassobank grundsätzlich digitalisiert an die bezogene Bank übertragen werden und der Scheck bei der Inkassobank verbleibt. Häufig wird die Feststellung der Nichteinlösung in diesem Fall nicht mehr rechtzeitig in der in Art. 40 ScheckG bestimmten Form erfolgen könnten, denn zwar kann die bezogene Bank gemäß Abschnitt II Nr. 4 Abs. 2 Scheckabkommen den Originalscheck bei der Inkassobank anfordern,

155 *Baumbach/Hefermehl/Casper*, Art. 40 ScheckG Rn. 1; *Bülow*, Art. 40 ScheckG Rn. 2.
156 *Bülow*, Art. 40 ScheckG Rn. 2.

doch wird diese die bezogene Bank häufig nicht mehr innerhalb der Vorlegungsfrist des Art. 29 ScheckG erreichen.[157]

Beispielsfall 1

Das AG Königswinter[158] hatte im August 1989 über folgenden Fall zu entscheiden: Der Kläger hatte von der Beklagten am 17. 12. 1988 einen auf die Sparkasse B gezogenen Verrechnungsscheck über 500 DM erhalten und wollte ihn über die Stadtsparkasse K einlösen. Von der Stadtsparkasse K erhielt der Kläger den Scheck mit dem handschriftlichen Vermerk „Schecksperre" und dem Stempel der Stadtsparkasse K „vom bezogenen Kreditinstitut am 27. 12. 1988 nicht bezahlt" zurück und wurde außerdem mit 20 DM Bearbeitungsgebühr belastet. Der Kläger verlangte von der Beklagten im Scheckprozess 500 DM zzgl. 20 DM Scheckunkosten.

Das Gericht hat die Klage zu Recht mit der Begründung abgewiesen, dass die Rückgriffsvoraussetzungen des Art. 40 ScheckG nicht erfüllt seien. Der Kläger habe weder eine Protesturkunde nach Art. 40 Nr. 1 ScheckG, noch eine Vorlegungserklärung der Bezogenen nach Art. 40 Nr. 2 ScheckG vorgelegt. Auch sei die Stadtsparkasse K keine Abrechnungsstelle der Sparkasse B gemäß Art. 40 Nr. 3 ScheckG. Der Vorlegungsvermerk „vom bezogenen Kreditinstitut am 27. 12. 1988 nicht bezahlt" sei im Rahmen des Abkommens über das beleglose Scheckeinzugsverfahren ohne körperliche Weiterleitung und ohne Vorlage bei der bezogenen Bank von der Stadtsparkasse K vorgenommen worden, was den Anforderungen des Art. 40 Nr. 2 ScheckG nicht genüge. Der sich daraus ergebenden rechtlichen Problematik seien sich die Geldinstitute bei Abschluss des Abkommens[159] bewusst gewesen. Entgegen dem – eindeutigen – Wortlaut fehle es damit sowohl an der – körperlichen – Vorlage als auch an dem Vermerk der bezogenen Bank, hierüber könne das Gesicht nicht hinwegsehen. Es sei vielmehr Sache des Gesetzgebers, eine Neuregelung zu treffen.

Zusammenfassend muss zwischen insgesamt vier möglichen Konstellationen unterschieden werden. Nur bei zwei von ihnen führt die Scheckausstellung zu einer selbständigen Benachteiligung der übrigen Insolvenzgläubiger und nur diese sind damit anfechtungsrechtlich von Bedeutung:

Die ersten drei Konstellationen betreffen die Fälle, in denen der Versuch, den Scheck einzulösen, fehlgeschlagen ist.

Zum einen ist es möglich, dass der Schecknehmer den Regressanspruch noch vor Verfahrenseröffnung realisiert. Dann liegt eine Verringerung der Aktivmasse und damit auch eine mittelbare[160] Gläubigerbenachteiligung vor. Viel wahrscheinlicher ist allerdings, dass der Schecknehmer den betreffenden Regressanspruch vor Verfahrenseröffnung nicht mehr durchsetzen kann, sondern die Forderung aus dem Scheck zur Insolvenztabelle anmeldet. Bestreitet der Insolvenzverwalter die Forderung, so kann der Gläubiger die Feststellung im für ihn vorteilhaften Scheck-

---

157 *Bülow,* Art. 28 ScheckG Rn. 17f.; unter Umständen kommt dann ein Schadensersatzanspruch des Scheckeinreichers gegen die Inkassobank in Betracht, vgl. *Braun* in: MünchKomm-ZPO, § 605 a.

158 AG Königswinter, Urt. v. 9. 8. 1989 – 9 C 131/89 – NJW-RR 1990, 628.

159 Zu diesem Zeitpunkt galt noch das sog. BSE-Abkommen, welches am 7. 9. 1998 vom Scheckabkommen abgelöst worden ist, vgl. *Bülow,* Art. 28 ScheckG Rn. 17.

160 Nur mittelbar deswegen, weil die Benachteiligung der Gläubiger nicht unmittelbar auf der Ausstellung des Schecks beruht, sondern der weitere Umstand der Geltendmachung der Regressforderung hinzutreten muss.

prozess gemäß § 605a ZPO betreiben[161], worin bereits eine Gläubigerbenachteiligung zu sehen ist[162]. Außerdem hat die Anmeldung der Regressforderung aus dem Scheck, soweit sie die Valutaforderung übersteigt, eine (ebenfalls mittelbare) Benachteiligung der übrigen Insolvenzgläubiger zur Folge.[163] In diesen beiden Fällen kommt somit eine Anfechtung grundsätzlich in Betracht.

Die dritte in Betracht kommende Fallkonstellation ist die, dass der Scheck zwar nicht erfolgreich eingelöst wird, jedoch die übrigen Voraussetzungen für einen Scheckregress nicht vorliegen, weil es an der formellen Feststellung der Nichteinlösung gemäß Art. 40 ScheckG fehlt. Bei Schecks über einen Betrag von weniger als 6.000 Euro wird dies aufgrund der soeben erörterten Besonderheiten des BSE-Verfahrens häufig der Fall sein.[164] Der Schecknehmer kann dann nicht weiter aus dem Scheck vorgehen, sondern stattdessen nur aus der Valutaforderung. Diese kann er zur Insolvenztabelle anmelden, was jedoch nicht zu einer Gläubigerbenachteiligung führt. In diesem Fall ist über eine Anfechtung der Ausstellung des Schecks nicht weiter nachzudenken.

Die vierte und letzte Fallkonstellation betrifft den Fall der Ausstellung eines Schecks, der letztlich auch erfolgreich eingelöst wird. Hier führt die Ausstellung für sich genommen noch nicht zu einer Benachteiligung der späteren Insolvenzgläubiger, weil sich die verschärfte Haftung des Scheckausstellers nicht auswirkt[165]. Eine Anfechtung der Ausstellung scheitert in dem Fall ebenfalls an der mangelnden Gläubigerbenachteiligung.

bb) Relevanter Zeitpunkt bei Anfechtung der Ausstellung eines Schecks

Hat die Ausstellung eines Schecks durch den Insolvenzschuldner zu einer Gläubigerbenachteiligung geführt, weil der Schecknehmer einen scheckrechtliche Haftungsanspruch gegenüber dem Insolvenzschuldner erlangt und diesen entweder vor Verfahrenseröffnung erfolgreich durchgesetzt hat oder zumindest im Insolvenzverfahren als Forderung geltend macht, dann stellt sich die Frage, auf welchen Zeitpunkt es für das Vorliegen der weiteren Anfechtungsvoraussetzungen ankommt. Dies hängt gemäß § 140 Abs. 1 InsO davon ab, wann die rechtliche Wirkung der Rechtshandlung „Scheckausstellung", insbesondere die Benachteiligung der Gläubiger durch sie eintritt. Da der scheckrechtliche Regressanspruch nach dem zuvor gesagten erst dann entsteht, wenn die Nichteinlösung des Schecks in der in Art. 40 ScheckG bestimmten Form festgestellt worden ist, handelt es sich bei diesem Datum um den nach § 140 InsO entscheidenden Zeitpunkt.

---

161 *Smid* in: Leonhardt/Smid/Zeuner, InsO, § 180 Rn. 5.

162 *Henckel* in: Jaeger, InsO, § 130 Rn. 39; *Kirchhof* in: MünchKomm-InsO, 129 Rn. 145.

163 Dazu, dass auch in der Anmeldung einer Forderung zur Tabelle und der daraus resultierenden Verkürzung der Quote der übrigen Gläubiger eine Benachteiligung liegen kann, vgl. OLG Köln, B. v. 1. 3. 2004 – 2 U 189/03 – ZIP 2004, 2152 ff.

164 Vgl. die Ausführungen von *Braun* (MünchKomm-ZPO, § 605 a), der darauf hinweist, dass die Bedeutung des Scheckprozesses durch das BSE-Verfahren merklich zurückgegangen ist.

165 Wohl in Übereinstimmung mit dem BGH, Urt. v. 11. 1. 2007 – IX ZR 31/05; *Kirchhof* in: MünchKomm-InsO, § 129 Rn. 145.

d) *Zwischenergebnis*

Untersucht man die Anfechtbarkeit von Scheckzahlungen, so können nach dem eben Gesagten sowohl die Einlösung eines Schecks als auch bereits dessen Ausstellung und Hingabe durch den späteren Insolvenzschuldner zu einer selbständigen Gläubigerbenachteiligung führen. Von Bedeutung für den Insolvenzverwalter wird dabei insbesondere die Frage der Anfechtbarkeit einer erfolgreichen Scheckeinlösung sein (dazu im Folgenden unter 2.), da deren Auswirkungen für die Masse schon nach dem Wert größer sind, als die mit der Ausstellung (und Misslingen der Einlösung) verbundene Haftungswirkung (zu deren Anfechtbarkeit dann später unter 3.).

2. Anfechtbarkeit der Scheckeinlösung

Ob der Insolvenzverwalter nach Eröffnung des Insolvenzverfahrens gegen den Scheckaussteller die Einlösung eines Schecks anfechten kann, hängt neben der soeben erörterten allgemeinen Voraussetzung der Gläubigerbenachteiligung von weiteren, besonderen Anfechtungsvoraussetzungen ab. Diese richten sich danach, in welchem Zeitpunkt der Scheck eingelöst worden ist. Eine Anfechtung nach §§ 130, 131 InsO kommt nur dann in Betracht, wenn sich der Aussteller zum Zeitpunkt der Einlösung bereits in der Krise, d.h. in dem von diesen Normen erfassten Zeitraum von höchstens drei Monaten vor Stellen des Insolvenzantrages, befunden hat. Ist die Einlösung bereits vorher erfolgt, so kann allenfalls eine Anfechtung der Einlösung nach § 133 InsO in Erwägung gezogen werden. In diesem Zusammenhang ist von Bedeutung, ob die Scheckzahlung zu einer kongruenten oder einer inkongruenten Deckung der Forderung des Schecknehmers als Gläubiger des späteren Insolvenzschuldners geführt hat. Diese Relevanz ergibt sich für die §§ 130, 131 InsO bereits aus dem Tatbestand, im Rahmen von § 133 InsO hingegen kann von der Frage der Kongruenz oder Inkongruenz die Beweislastverteilung abhängen.

a) *Anfechtbarkeit nach § 130 oder § 131 InsO*

Die Deckungsanfechtung der §§ 130, 131 InsO setzt als gemeinsames Tatbestandsmerkmal zunächst voraus, dass die auf ihre Anfechtbarkeit untersuchte Rechtshandlung zu einer Befriedigung oder Sicherung des Gläubigeranspruchs geführt hat. Befriedigung bedeutet dabei die Erfüllung eines Anspruchs mit der Folge seines Erlöschens.[166] Diese Voraussetzung ist bei einer erfolgreichen Scheckeinlösung erfüllt. Zwar erfolgt die Hingabe eines Schecks zunächst erfüllungshalber. Die erfolgreiche *Einlösung* führt aber zur Erfüllung des Anspruchs des Gläubigers aus dem zugrunde liegenden Valutaverhältnis, so dass der Gläubiger mit der Scheckeinlösung befriedigt ist. Auf den Umstand, dass der Schuldner seinem Gläubiger mit Hingabe eines Schecks zugleich auch eine Sicherheit für den der Zahlung

166 *Kirchhof* in: MünchKomm-InsO, § 130 Rn. 7.

zugrunde liegenden Anspruch gewährt, kommt es an dieser Stelle zunächst nicht an, da sich diese Sicherung bei erfolgreicher Einlösung des Schecks jedenfalls nicht ausgewirkt hat.

aa) Scheckzahlung als kongruente Deckung und Anfechtbarkeit gemäß § 130 InsO

Im Grundsatz stellt sich die Zahlung mit einem eigenen[167] Scheck nach einhelliger Auffassung in Rechtsprechung und Literatur als eine kongruente Deckung dar.[168] Dies erklärt sich aus der Tatsache, dass die Bezahlung einer Schuld mit eigenem Scheck verkehrsüblich ist und dem Sinn und Zweck des Schecks als Zahlungsmittel entspricht. Selbst dann, wenn der Schuldner mit seinem Gläubiger ursprünglich eine andere Zahlungsart vereinbart hatte, ist die Erfüllung per Scheck kongruent. Denn es bleibt den Parteien unbenommen, die eine verkehrsübliche Zahlungsweise durch eine andere gängige Zahlungsart zu ersetzen.[169]

Beispielsfall 2

Zutreffend hat der Bundesgerichtshof in einem Fall, in welchem die Schuldnerin einen Monat vor Eröffnung des Insolvenzverfahrens gegen sie noch eine Mietzahlung per Scheck vorgenommen hatte, obwohl im Mietvertrag Zahlung per Überweisung vereinbart war, eine kongruente Deckung angenommen.[170] Die verkehrsübliche Zahlungsweise per Überweisung sei lediglich durch eine andere verkehrsübliche Zahlungsweise – nämlich die per Scheck – ersetzt worden.

In diesem Fall ist die Einlösung des Schecks grundsätzlich[171] dann anfechtbar, wenn sie in den letzten drei Monaten vor dem Antrag auf Eröffnung des Insolvenzverfahrens erfolgt ist, der den Scheck ausstellende Schuldner zu diesem Zeitpunkt[172] bereits zahlungsunfähig war und der Gläubiger hiervon wusste oder wissen musste (§§ 130 Abs. 1 Nr. 1, Abs. 2 InsO) oder wenn die Einlösung nach dem

---

167 Eine inkongruente Deckung kann demgegenüber in der Weitergabe von Schecks liegen, die der spätere Gemeinschuldner selbst zahlungshalber von seinen Drittschuldnern erhalten hat, vgl. dazu aber im Einzelnen noch unten Teil 4 II.2a).

168 BGH, Urt. v. 12. 10. 2006 – IX ZR 228/03 – ZIP 2006, 2222 = DZWIR 2007, 116; Urt. v. 9. 1. 2003 – IX ZR 85/02 – ZIP 2003, 356 (358); Urt. v. 30. 9. 1993 – IX ZR 227/92 – BGHZ 123, 320 (324); Urt. v. 2. 2. 2006 – IX ZR 67/02 – BGHZ 166, 125; Urt. v. 21. 6. 2007 – IX ZR 231/04 – ZIP 2007, 1469 (1470); OLG Dresden, Urt. v. 29. 4. 2004 – 13 U 1775/03 – ZInsO 2004, 746 (747); *Kirchhof* in: MünchKomm-InsO, § 131 Rn. 35; *Paulus* in: Kübler/Prütting/Bork, § 131 InsO Rn. 13; *Huber* in: Gottwald, Insolvenzrechts-Handbuch, § 47 Rn. 21; *Schoppmeyer* in: Bork, Handbuch des Insolvenzanfechtungsrechts, Kap. 8 Rn. 60; *Hirte* in: Uhlenbruck, InsO, § 131 Rn. 9; *Bork*, Zahlungsverkehr in der Insolvenz, Rn. 416.

169 BGH, Urt. v. 2. 2. 2006 – IX ZR 67/02 – BGHZ 166, 125 ff.

170 BGH aaO.

171 In Betracht kommt allerdings ein Ausschluss wegen Vorliegens der Bargeschäftsvoraussetzungen gemäß § 142 InsO, dazu unten Teil 2 II.2.a)dd).

172 Maßgeblicher Zeitpunkt im Sinne von § 140 Abs. 1 InsO ist dabei nach dem oben gesagten der Zeitpunkt der Einlösung, da die Gläubiger benachteiligende Wirkung in diesem Moment eintritt, vgl. BGH, Urt. v. 21. 6. 2007 – IX ZR 231/04 – ZIP 2007, 1469 ff.; Urt. v. 30. 4. 1992 – IX ZR 176/91 – BGHZ 118, 171 (176 f.); Urt. v. 12. 10. 2006 – IX ZR 228/03 – ZIP 2006, 2222 (2223); *Kirchhof* in: MünchKomm-InsO, § 140 Rn. 11.

Eröffnungsantrag erfolgt ist und der den Scheck einlösende Gläubiger zu diesem Zeitpunkt Kenntnis von der Zahlungsunfähigkeit oder dem Eröffnungsantrag hatte oder haben musste (§ 130 Abs. 1 Nr. 2, Abs. 2 InsO).

bb) Scheckzahlung als inkongruente Deckung

Auch eine Zahlung mit einem schuldnereigenen Scheck kann aber ausnahmsweise eine inkongruente Deckung darstellen. Zu den Voraussetzungen, unter denen dies der Fall ist, hat sich im Laufe der Zeit eine umfangreiche Judikatur herausgebildet. Dabei hat man sich nicht nur mit der Frage auseinandergesetzt, wann Scheckzahlungen *in der Krise* inkongruent sind, sondern auch damit, ob und wann dies vor Beginn des Dreimonatszeitraums und damit außerhalb des Anwendungsbereichs des § 131 InsO der Fall ist. Die Relevanz der Inkongruenz von Scheckzahlungen vor Beginn der Krise erklärt sich dabei aus ihren Auswirkungen auf die Beweislastverteilung im Rahmen der Vorsatzanfechtung, auf die später noch genauer einzugehen sein wird.

(1) Inkongruenz bei Scheckzahlungen im Rahmen von Zwangsvollstreckungsmaßnahmen nur in der Krise

Es entspricht ständiger Rechtsprechung, Inkongruenz einer Deckung anzunehmen, wenn diese „in der kritischen Zeit“[173] vor Eröffnung des Insolvenzverfahrens durch die Durchführung von Zwangsvollstreckungsmaßnahmen erlangt worden ist.[174] Insoweit wird das Prioritätsprinzip der Einzelzwangsvollstreckung zugunsten des Grundsatzes „par conditio creditorum“[175] eingeschränkt. Dies beruht auf der Erwägung, eine insolvenzfeste Ungleichbehandlung dürfe nach Eintritt der Krise und der damit verbundenen materiellen Insolvenz nicht mit staatlichen Machtmitteln erzwungen werden.[176] Übergibt der Schuldner also im Zeitraum von drei Monaten vor Stellen des Insolvenzantrages einen Scheck an den zur Vollstreckung erscheinenden Gerichtsvollzieher, so ist die mit der Einlösung dieses Schecks erlangte Deckung des Gläubigers inkongruent.

Vor Beginn der Krise steht es einem Gläubiger hingegen frei, sich staatlicher Hilfe zur Durchsetzung seiner Forderungen zu bedienen. Etwaige im Rahmen einer Zwangsvollstreckung ausgestellte Schecks des Schuldners führen dann nur zu einer kongruenten Deckung.

---

173 In den letzten drei Monaten vor dem Eröffnungsantrag, vgl. OLG Koblenz, Urt. v. 28. 4. 2005 – 10 U 1246/04 – ZInsO 2005, 1111 f.
174 BGH, Urt. v. 15. 12. 1994 – IX ZR 24/94 – BGHZ 128, 196 (199); Urt. v. 9. 9. 1997 – IX ZR 14/97 – BGHZ 136, 309 (312); Urt. v. 11. 4. 2002 – IX ZR 211/01 – ZIP 2002, 1159 (1160).
175 Grundsatz der gleichmäßigen Befriedigung aller Gläubiger im Insolvenzverfahren.
176 BGH, Urt. v. 11. 4. 2002 – IX ZR 211/01 – NJW 2002, 2568; Urt. v. 20. 3. 2003 – IX ZR 166/02 – ZIP 2003, 809; Urt. v. 9. 9. 1997 – IX ZR 14/97 – BGHZ 136, 309 (312 ff.) = NJW 1997, 3445.

(2) *Inkongruenz bei Scheckzahlungen aufgrund der Androhung von Zwangsvollstreckungsmaßnahmen nur in der Krise*

Von der Scheckzahlung im Rahmen von Zwangsvollstreckungsmaßnahmen ist der Fall zu unterscheiden, dass der Schuldner seinem Gläubiger einen Scheck erfüllungshalber (nur) deswegen hingibt, weil dieser ihm lediglich *droht*, Zwangsvollstreckungsmaßnahmen einzuleiten. Eine auf diese Weise in der Krise erlangte Deckung ist nach ständiger Rechtsprechung[177] und nach der überwiegenden Meinung in der Literatur[178] grundsätzlich ebenfalls inkongruent. Für die Beurteilung der Anfechtbarkeit sei es unerheblich, ob die Zwangsvollstreckung im formalrechtlichen Sinne schon begonnen habe. Eine Befriedigung oder Sicherung sei auch dann inkongruent, wenn diese unter dem Druck einer unmittelbar drohenden Zwangsvollstreckung gewährt wurde, der Gläubiger also zum Ausdruck gebracht habe, er werde alsbald die Mittel der Vollstreckung einsetzen, wenn der Schuldner die Forderung nicht erfülle.[179] Die Androhung von Zwangsvollstreckungsmaßnahmen könne bei einem Schuldner die gleiche Drucksituation auslösen wie die Zwangsvollstreckungsmaßnahmen selbst.[180]

(3) *Inkongruenz von Scheckzahlung zur Abwehr eines angedrohten Insolvenzantrages auch vor Beginn der Krise*

Etwas anders stellt sich die Rechtslage in den Fällen dar, in denen eine Scheckzahlung des Schuldners darauf beruht, dass ihm sein Gläubiger damit gedroht hat, Insolvenzantrag gegen ihn zu stellen. Für Zahlungen, die auf der Drohung mit einem Insolvenzantrag beruhen, ist anerkannt, dass diese nicht nur in der Krise, sondern auch bereits vorher stets inkongruent sind.[181] Es laufe den gesetzlichen Zielen eines frühzeitig gestellten Insolvenzantrages, insbesondere dem Ziel der Gläubigergleichbehandlung, zuwider, einen Insolvenzantrag zur Durchsetzung von Ansprüchen einzelner Gläubiger zu nutzen.[182] Ein Insolvenzantrag könne da-

---

177 BGH, Urt. v. 15. 5. 2003 – IX ZR 194/02 – WM 2003, 1278f.; Urt. v. 11. 4. 2002 – IX ZR 211/01 – ZIP 2002, 1159ff.; Urt. v. 20. 11. 2001 – IX ZR 159/00 – ZIP 2002, 228f.
178 *Kirchhof* in: MünchKomm-InsO, § 131 Rn. 26c; *Hirte* in: Uhlenbruck, InsO, § 131 Rn. 20f.; *Dauernheim* in: FK-InsO, § 131 Rn. 24.
179 BGH, Urt. v. 11. 4. 2002 – IX ZR 211/01 – ZIP 2002, 1159ff.
180 BGH, Urt. v. 15. 5. 2003 – IX ZR 194/02 – WM 2003, 1278f.; Urt. v. 11. 4. 2002 – IX ZR 211/01 – ZIP 2002, 1159ff.; Urt. v. 20. 11. 2001 – IX ZR 159/00 – ZIP 2002, 228f.
181 *Schoppmeyer* in: Bork, Handbuch des Insolvenzanfechtungsrechts, Kap. 8 Rn. 123; *Fischer* in: FS Kirchhof, S. 73 (81); *Kübler* in: FS Greiner, S. 159 (167f.); *Kirchhof* in: MünchKomm-InsO, § 131 Rn. 26d; *ders.*, ZInsO 2004, 1168, 1170f.; BGH, Urt. v. 02. 12. 1999 – IX ZR 412/98 – NJW 2000, 958; Urt. v. 7. 6. 2001 – IX ZR 134/00 – ZIP 2001, 1251; Urt. v. 20. 11. 2001 – IX ZR 159/00 – ZIP 2002, 230; Urt. v. 20. 6. 2002 – IX ZR 177/99 – ZIP 2002, 1412; Urt. v. 17. 7. 2003 – IX ZR 272/02 – ZIP 2003, 1799; Urt. v. 11. 3. 2004 – IX ZR 160/02 – ZIP 2004, 1061; Urt. v. 22. 4. 2004 – IX ZR 370/00 – ZIP 2004, 1161; Urt. v. 13. 5. 2004 – IX ZR 128/01 – ZIP 2004, 1372; Urt. v. 18. 12. 2003 – IX ZR 199/02 – WM, 2004, 299ff. = BGHZ 157, 242ff.; Urt. v. 8. 12. 2005 – IX ZR 182/01 – ZIP 2006, 290; OLG Koblenz, Urt. v. 28. 4. 2005 – 10 U 1246/04 – ZInsO 2005, 1111f.; vgl. bereits zur KO: BGH, Urt. v. 29. 4. 1999 – IX ZR 163/98 – ZIP 1999, 973 (974).
182 BGH, Urt. v. 18. 12. 2003 – IX ZR 199/02 – WM, 2004, 299ff. = BGHZ 157, 242ff.

her niemals, auch nicht vor Beginn der Krise, geeignetes Mittel sein, um Ansprüche außerhalb des Insolvenzverfahrens durchzusetzen.[183]

(4) *Anfechtbarkeit einer inkongruenten Scheckzahlung gemäß § 131 InsO*

Eine im normalen Zahlungsverkehr erfolgende Hingabe eines Schecks durch den späteren Insolvenzschuldner wird sich nach alledem in der Regel als kongruente Deckung darstellen, sofern nicht ausnahmsweise die Annahme einer inkongruenten Deckung nach Maßgabe der obigen Kriterien gerechtfertigt erscheint. Eine Anfechtung der Scheckeinlösung wegen inkongruenter Deckung kommt somit dann gemäß § 131 InsO in Betracht, wenn die Hingabe des Schecks unter dem Eindruck von Zwangsmitteln erfolgt ist und die weiteren in § 131 InsO genannten Voraussetzungen vorliegen, der Scheck also

- entweder im letzten Monat vor dem Antrag auf Eröffnung des Insolvenzverfahrens oder nach dem Antrag eingelöst worden ist (Abs. 1 Nr. 1),
- innerhalb des zweiten oder dritten Monats vor dem Eröffnungsantrag eingelöst worden ist und der Schuldner zu diesem Zeitpunkt bereits zahlungsunfähig war (Abs. 1 Nr. 2), oder
- innerhalb des zweiten oder dritten Monats vor dem Eröffnungsantrag eingelöst worden ist und der Gläubiger zu dieser Zeit wusste oder wissen musste, dass dies eine Benachteiligung der Insolvenzgläubiger darstellt (Abs. 1 Nr. 3, Abs. 2).

cc) Kein Anfechtungsausschluss gemäß § 137 InsO

Untersucht man die insolvenzrechtliche Anfechtbarkeit von Scheckzahlungen, stößt man früher oder später auf § 137 InsO, der die insolvenzanfechtungsrechtliche Pflicht zur Rückgewähr von Wechsel- und Scheckzahlungen besonders normiert. Gemäß § 137 Abs. 1 i. V. m. Abs. 3 InsO können Scheckzahlungen des Schuldners nicht auf Grund des § 130 InsO vom Empfänger zurückgefordert werden, wenn der Empfänger bei einer Verweigerung der Annahme der Zahlung seinen scheckrechtlichen Zahlungsanspruch gegen andere Scheckverpflichtete verloren hätte. Man muss sich daher fragen, ob § 137 InsO im Einzelfall einer Anfechtung der Scheckeinlösung entgegenzustehen vermag. Allerdings ist zu berücksichtigen, dass der spätere Insolvenzschuldner in der hier untersuchten Fallkonstellation der einzige Scheckverpflichtete ist, denn er ist der Aussteller. Zu einem Verlust von Regressansprüchen, wenn der Gläubiger die Annahme der Zahlung verweigert hätte, kann es damit überhaupt nicht kommen. Für den hier untersuchten Fall hat die Vorschrift also keinerlei Bedeutung.

dd) Unanfechtbares Bargeschäft gemäß § 142 InsO

Eine Anfechtung der Einlösung des Schecks scheitert allerdings unter Umständen dann, wenn die Voraussetzungen eines Bargeschäftes nach § 142 InsO erfüllt sind. Gemäß § 142 InsO sind solche Geschäfte, bei denen für die Leistung des Schuld-

183 BGH aaO.

ners unmittelbar eine gleichwertige Gegenleistung in sein Vermögen gelangt, nur anfechtbar, wenn die Voraussetzungen des § 133 Abs. 1 InsO gegeben sind. Sinn dieser Vorschrift ist es sicherzustellen, dass der Schuldner in der Krise nicht vom Geschäftsverkehr ausgeschlossen wird.[184] Fraglich ist also, ob bzw. wann es sich bei der Einlösung des Schecks im Verhältnis zum Schecknehmer um ein solches Bargeschäft handelt.

(1) Leistung des Schuldners

Ein Bargeschäft im Sinne von § 142 InsO setzt zunächst eine Leistung des Schuldners voraus. Der Begriff der Leistung entspricht hier terminologisch und formaljuristisch der gläubigerbenachteiligenden Rechtshandlung im Sinne der Deckungsanfechtung.[185] Mit einem Scheck weist der Schuldner seine Bank an, den Scheckbetrag an den Einreicher des Schecks auszuzahlen, die mit Einlösung des Schecks vorgenommene Vermögensverschiebung beruht damit auf einer Rechtshandlung des Schuldners und stellt somit seine Leistung an den Schecknehmer dar (siehe hierzu noch ausführlich unten Teil 2 III.4.).

(2) Gleichwertiger Leistungsaustausch

Weiter ist erforderlich, dass dem späteren Insolvenzschuldner aufgrund des Rechtsgeschäftes für seine Leistung eine nach wirtschaftlichen Gesichtspunkten gleichwertige Gegenleistung zugeflossen ist.[186] Bereits aus der Gesetzesformulierung „für die (...) Gegenleistung" ergibt sich, dass Leistung und Gegenleistung durch Parteivereinbarung miteinander verknüpft sein müssen.[187]

(a) Kein Austauschverhältnis bei inkongruenter Deckung

Ob das Erfordernis des gleichwertigen Leistungsaustausches erfüllt ist, erscheint insbesondere im Falle einer inkongruenten Deckung zweifelhaft. Denn hier erhält der Gläubiger eine Leistung, welche er „nicht, nicht in der Art oder zur betreffenden Zeit" zu beanspruchen hatte. Umstritten ist deshalb, ob dann ein Bargeschäft im Sinne von § 142 InsO ausgeschlossen ist.

Ein Teil des Schrifttums und auch einige Oberlandesgerichte lehnen einen derartigen pauschalen Ausschluss inkongruenter Deckungen als Bardeckungen ab.[188] Dabei berufen sich die Vertreter dieser Ansicht unter anderem darauf, dass auch der

184 *Lwowski/Wunderlich*, WM 2004, 1511 ff.
185 *Bräuer*, Ausschluss der Insolvenzanfechtung bei Bargeschäften nach Maßgabe des § 142 InsO, S. 48.
186 *Riggert* in: Braun, InsO, § 142 Rn. 3.
187 RegE S. 167 zu § 161; *Kirchhof* in: MünchKomm-InsO, § 142 Rn. 5; *Kreft* in: HK-InsO, § 142 Rn. 4; BGH, Urt. v. 30. 9. 1993 – IX ZR 227/92 – BGHZ 123, 320 (328).
188 OLG Hamm , Urt. v. 4. 9. 2001 – 27 U 34/01 – ZIP 2001, 1683, 1686 f.; OLG München, Urt. v. 21. 12. 2001 – 23 U 4002/01 – WM 2002, 621, 624; LG Bochum, Urt. v. 7. 12. 2000 – 1 O 444/00 – ZIP 2001, 87; *Eckardt* ZIP 1999, 1417 (1424); *Bork*, FS Kirchhof, S. 57 (67); *Heublein*, ZIP 2000, 161, 172; *Lwowski/Wunderlich*, FS Kirchhof, S. 301 (305); *Zeuner* in: Leonhardt/Smid/Zeuner, InsO, § 142 Rn. 1; *Marotzke/Kick*, JR 1995, 106 (108).

Gesetzgeber davon ausgegangen sei, dass die Qualifikation als Bargeschäft sowohl die Anfechtung einer kongruenten als auch einer inkongruenten Deckung ausschließe.[189] Hierfür spreche auch die systematische Stellung des § 142 InsO.[190] Die Platzierung dieser Norm unmittelbar vor der Vorschrift des § 143 InsO, in welcher die Rechtsfolgen der Insolvenzanfechtung geregelt sind, zeige, dass § 142 InsO für die §§ 129 bis 141 InsO insgesamt gelte. Zu berücksichtigen sei weiter, dass Sinn und Zweck der Ausnahme des Bargeschäftes von der Anfechtung sei, dass dem Schuldner auch noch in der Krise die Teilnahme am Geschäftsverkehr ermöglicht werde. Ob ein solches masseneutrales Austauschgeschäft kongruent oder inkongruent ist, müsse in diesem Zusammenhang unerheblich sein.[191]

Die wohl herrschende Literatur und der IX. Zivilsenat des Bundesgerichtshofs vertreten demgegenüber die Auffassung, dass eine wesentliche Abweichung von der Parteivereinbarung (selbst wenn sie nur in Teilen des Leistungsaustausches vorliege) und somit jede inkongruente Deckung eine Behandlung als Bardeckung nach dem Normzweck notwendig ausschließe.[192] Man beruft sich teils auf den Wortlaut der Norm, in der es „für die“ heiße und somit gerade ein parteivereinbarungsgemäßer Leistungsaustausch vorausgesetzt werde, an dem es bei Inkongruenz fehle.[193] Teils wird auch eine teleologische Extension angenommen.[194]

Der Wortlaut der Vorschrift trägt für sich genommen noch nicht hinreichend zur Lösung des Konflikts bei. Dies kann er auch schwerlich, ist doch der Gesetzgeber – wie Vertreter beider Ansichten zutreffend bemerken[195] – tatsächlich davon ausgegangen, dass das Vorliegen der Voraussetzungen einer Bardeckung die Anfechtung sowohl einer kongruenten als auch einer inkongruente Deckung ausschließt.[196] Allerdings ist dabei zu berücksichtigen, dass der Gesetzgeber dabei meinte, einen „Grundsatz des geltenden Konkursrechts“ festzuschreiben.[197] Um einen – wie die Formulierung vermuten lässt – unumstrittenen Grundsatz handelte es sich dabei aber keineswegs. Zwar entsprach es durchaus der überwiegenden Auffassung in der Literatur, dass eine Anfechtung wegen kongruenter Deckung bei Vorliegen der

189 So auch tatsächlich die Begründung zum Gesetzesentwurf, BT-Drucks. 12/2443 S. 167.
190 *Lwowski/Wunderlich*, FS Kirchhof, S. 301 (305).
191 *Bork*, FS Kirchhof, S. 57 (67) unter Hinweis auf *Paulus* in: Kübler/Prütting/Bork, § 142 InsO Rn. 1.
192 *Kirchhof* in: MünchKomm-InsO, § 142 Rn. 7; *Henckel* in: Jaeger, InsO, § 142 Rn. 10; *Ehricke* in: Kübler/Prütting/Bork, InsO, § 142 Rn. 12; *Kreft* in: HK-InsO, 142 Rn. 8f.; *Hirte* in: Uhlenbruck, § 142 Rn. 4; *Bräuer*, Ausschluss der Insolvenzanfechtung bei Bargeschäften nach Maßgabe des § 142 InsO, S. 54ff., insbes. S. 60; *Huber* in: Gottwald, Insolvenzrechthandbuch, § 46 Rn. 78; *Nerlich* in: Nerlich/Römermann, § 142 Rn. 10; BGH, Urt. v. 30. 9. 1993 – IX ZR 227/92 – BGHZ 123, 320 (328); Urt. v. 3. 12. 1998 – IX ZR 313/97 – NJW 1999, 645 (646); Urt. v. 17. 6. 2004 – IX ZR 2/01 – NZI 2004, 491; Urt. v. 8. 3. 2007 – IX ZR 127/05 – WM 2007, 897; Urt. v. 10. 5. 2007 – IX ZR 146/05 – ZInsO 2007, 662; OLG Koblenz, Urt. v. 27. 1. 2005 – 2 U 690/04 – ZInsO 2005, 324 (328); OLG Köln, Urt. v. 29. 9. 2004 – 2 U 1/04 – NZI 2005, 112 (114); OLG Celle, Urt. v. 2. 2. 2005 – 3 U 287/04 – NZI 2005, 334 (335).
193 BGH, Urt. v. 30. 9. 1993 – IX ZR 227/92 – BGHZ 123, 320 (328).
194 So etwa *Huber* in: Gottwald, Insolvenzrechthandbuch, § 46 Rn. 78.
195 *Lwowski/Wunderlich*, FS Kirchhof, S. 301 (305).
196 Begründung zum Gesetzesentwurf, BT-Drucks. 12/2443, S. 167.
197 Begründung zum Gesetzesentwurf aaO.

Voraussetzungen einer Bardeckung ausscheidet.[198] Auf diese Auffassung hat auch die einschlägige Rechtsprechung verwiesen. In einem zeitlich nach dem Gesetzgebungsverfahren ergangenen Urteil des Bundesgerichtshofs vom 30. 9. 1993 hat sich der Bundesgerichtshof allerdings von einem dahingehenden Verständnis der bisherigen Rechtsprechung distanziert.[199] Der IX. Zivilsenat führt dort ausdrücklich aus, dass eine Leistung, die nicht der Parteivereinbarung entspreche, keine Bardeckung darstelle. Diese Einschränkung auf vereinbarungsgemäß erfolgende Leistungen habe praktisch zur Folge, dass es sich bei einer der Art nach inkongruenten Deckungshandlung in aller Regel um keine Bardeckung handele. Der Senat betont, dass dieses Ergebnis der herrschenden Lehre widerspräche, die davon ausgehe, dass Bargeschäfte allgemein nicht der Anfechtung als inkongruente Deckungen unterlägen. Soweit derartige Ausführungen auch in der vorherigen Rechtsprechung vereinzelt gemacht worden seien, hätten diese jeweils nur beiläufige Bedeutung gehabt. Keine jener Entscheidungen habe auf einer solchen Ansicht beruht. Ausdrücklich führt der Senat aus, er gebe „die frühere gegenteilige Auffassung für andersartige als die vereinbarten Leistungen auf". Zutreffend ist hierzu ausgeführt worden, dass der Gesetzgeber wohl – wäre dieses grundlegende Urteil des Bundesgerichtshofs bereits vor Abschluss des Gesetzgebungsverfahren ergangen – die Vorschrift des § 142 InsO dergestalt formuliert hätte, dass eine unanfechtbare Bardeckung sich nur auf kongruente Deckungshandlungen erstrecken könne.[200] Die Gegenauffassung sieht sich hingegen durch die im genannten Urteil verwendete Formulierung des IX. Zivilsenats „in aller Regel" in ihrer Auffassung bestätigt, dass auch inkongruente Deckungen der Vorschrift des § 142 InsO unterstehen.[201] Der Bundesgerichtshof gehe wohl *in der Regel* davon aus, dass inkongruente Deckungshandlungen regelmäßig keine Bardeckung darstellen. Zwingend sei dies aber nicht, gerade der vom Bundesgerichtshof gewählte Wortlaut lasse auch mögliche Ausnahmen vermuten. Auch diese Auffassung dürfte indes nach einem Urteil des Bundesgerichtshof aus dem Jahr 2007 nicht mehr haltbar sein, in welchem es ausdrücklich heißt: „Ein Bargeschäft setzt eine Vereinbarung zwischen Schuldner und Anfechtungsgegner über die beiderseits zu erbringenden Leistungen voraus, die im Falle einer inkongruenten Deckung – einer Leistung, die so nicht geschuldet war (§ 131 Abs. 1 InsO) – gerade fehlt."[202] Dem Schuldner soll durch die Vorschrift des § 142 InsO zwar die Teilnahme am Geschäftsverkehr auch noch in der Krise ermöglicht werden, jedoch nicht die einseitige Begünstigung einzelner Insolvenzgläubiger dadurch, dass diese etwas erhalten, was ihnen eigentlich nicht zugestanden hätte (also eine inkongruente Deckung).

Fest steht damit, dass dann, wenn die Voraussetzungen einer inkongruenten Deckung erfüllt sind, ein Ausschluss der Anfechtung nach § 142 InsO ausscheidet.

---

198 Vgl. statt vieler nur *Jaeger/Henckel*, KO, § 30 KO Rn. 110 m. w. N.
199 BGH, Urt. v. 30. 9. 1993 – IX ZR 227/92 – BGHZ 123, 320.
200 *Hirte* in: Uhlenbruck, § 142 InsO Rn. 4; *Bräuer*, Ausschluss der Insolvenzanfechtung bei Bargeschäften nach Maßgabe des § 142 InsO, S. 56.
201 So etwa *de Bra*, NZI 1999, 249 (253).
202 BGH, Urt. v. 10. 5. 2007 – IX ZR 146/05 – ZIP 2007, 1162 (1163).

Dies führt für den Fall der Scheckzahlung dazu, dass der Schecknehmer eine inkongruente Scheckzahlung nach § 143 Abs. 1 InsO zur Masse zurück gewähren muss. Dies gilt selbst dann, wenn die Hingabe des Schecks ebenso gut auf kongruente Weise hätte erfolgen können und dann ein unanfechtbares Bargeschäft im Sinne von § 142 InsO vorgelegen hätte.

Beispielsfall 3

Ein Gläubiger bewegt den späteren Insolvenzschuldner durch Androhung von Zwangsvollstreckungsmaßnahmen dazu, ihm einen Scheck für seine Schuld auszustellen. Löst der Gläubiger diesen Scheck erfolgreich ein, so muss er den ausbezahlten Betrag nach Verfahrenseröffnung und Anfechtung durch den Insolvenzverwalter zur Masse zurückgewähren. Ein Anfechtungsausschluss nach § 142 InsO, weil mit Einlösung des Schecks die Forderung des Gläubigers erloschen ist, kommt nicht in Betracht.

Ist die Scheckzahlung inkongruent, so fehlt es an dem für die Anwendung von § 142 InsO erforderlichen Leistungsaustausch.

(b) *Austauschverhältnis bei kongruenter Deckung*

Dem Gläubiger hingegen, dem sein Scheck im normalen Geschäftsverkehr übergeben worden ist, der den Scheck also auf kongruente Weise erlangt hat, kommt unter Umständen die Vorschrift des § 142 InsO zu Gute. Die Kongruenz einer Scheckzahlung stellt dabei aufgrund ihrer Verkehrsüblichkeit den Regelfall dar. Auch dann, wenn der Schuldner ein anderes verkehrsübliches Zahlungsmittel (Bargeld oder auch Zahlung per Überweisung) durch den Scheck ersetzt[203], liegt ein der Parteivereinbarung entsprechender Leistungsaustausch vor.

(c) *Gleichwertigkeit*

Das Bargeschäft nach § 142 InsO setzt aber nicht nur voraus, dass Leistung und Gegenleistung durch Parteivereinbarung miteinander verknüpft sind, sondern auch, dass Leistung und Gegenleistung im Übrigen gleichwertig sind. Ob dies der Fall ist, beurteilt sich nach objektiven Maßstäben.[204] Für die Scheckzahlung kommt es dabei auf das der Scheckbegebung zugrunde liegende Valutaverhältnis an. Vereinbart der spätere Insolvenzschuldner etwa mit seinem Vermieter eine verkehrsübliche Miete, so besteht an der Gleichwertigkeit des zahlungshalber begebenen Schecks kein Zweifel.[205]

---

203 Vgl. das bereits das unter Teil 2 II.2.a)aa) erwähnte Urteil des BGH v. 2. 2. 2006 – IX ZR 67/02 – BGHZ 166, 125, ebenso BGH, Urt. v. 21. 6. 2007 – IX ZR 231/04 – ZIP 2007, 1469 = WM 2007, 1616; Urt. v. 30. 9. 1993 – IX ZR 227/92 – BGHZ 123, 320 (324); Urt. v. 12. 10. 2006 – IX ZR 228/03 – ZIP 2006, 2222 (2223); vgl. auch BGH, Urt. v. 2. 2. 2006 – IX ZR 67/02 – BGHZ 166, 125 (139).

204 *Huber* in: Gottwald, Insolvenzrechtshandbuch, § 46 Rn. 83; *Nerlich* in: Nerlich/Römermann, § 142 Rn. 6.

205 Vgl. BGH, Urt. v. 2. 2. 2006 – IX ZR 67/02 – BGHZ 166, 125.

(3) Unmittelbarer Leistungsaustausch

Ein Bargeschäft im Sinne von § 142 InsO ist schließlich nur dann gegeben, wenn zwischen der Leistung des späteren Insolvenzschuldners und der Gegenleistung ein unmittelbarer Zusammenhang besteht. Dies setzt eine zeitliche Nähe voraus.[206] Ob dies der Fall ist, richtet sich nach den üblichen Zahlungsgebräuchen und nach den Umständen des Einzelfalles, wobei insbesondere die Art des Geschäfts und die allgemeine Verkehrsauffassung zu berücksichtigen sind.[207] Dabei bleiben Verzögerungen, die in der Sphäre eines Dritten liegen, bei der Beurteilung als Bargeschäft außer Betracht.[208] Im Falle der Scheckzahlung bedeutet dies, dass für die Beurteilung als Bargeschäft zunächst der Zeitpunkt der Scheckhingabe entscheidend ist, denn darauf, wann der Schecknehmer den Scheck auch tatsächlich einlöst, hat der Aussteller keinen Einfluss.[209] Der Scheck muss also in unmittelbarer zeitlicher Nähe zum Grundgeschäft begeben werden.

Oft dürfte es sich bei diesem Grundgeschäft um einen Kaufvertrag handeln.

Beispielsfall 4

Der Bundesgerichtshof hat in einem Fall der Scheckbegebung im Rahmen eines Kaufvertrages ausgeführt, dass der Zeitraum, innerhalb dessen die Abwicklung des Geschäfts der Annahme eines Bargeschäfts nicht entgegensteht, zwar nicht generell bestimmt werden könne, jedenfalls sei aber eine Zeitspanne von etwa einer Woche zwischen Lieferung und Rechnungsstellung und Rechnungsstellung und Scheckbegebung nicht zu lang, um ein Bargeschäft anzunehmen.[210]

Im betreffenden – noch unter Geltung der Konkursordnung entschiedenen – Fall hatte die spätere Gemeinschuldnerin von der Beklagten im Zeitraum von insgesamt einer Woche Waren geliefert erhalten. Die Einzelrechnungen und im Anschluss auch eine zusammenfassende Sammelrechnung hierfür erteilte die Beklagte etwa eine Woche später. Eine weitere Woche später beglich die spätere Gemeinschuldnerin den Gesamtbetrag mit einem Scheck und stellte am gleichen Tag Eigenantrag auf Eröffnung des Konkursverfahrens.

Der entscheidende Senat hat in diesem Fall ein Bargeschäft angenommen. In der Urteilsbegründung stellt er zunächst allgemeine Erwägungen zur Entwicklung des zu diesem Zeitpunkt nicht gesetzlich normierten Bargeschäfts auf. Im Anschluss führt der Senat aus, dass die zeitlichen Voraussetzungen eines Bargeschäfts sich je nach dem zugrunde liegenden Rechtsgeschäft unterscheiden können. So könnten etwa die Bargeschäftsvoraussetzungen im Rahmen der Bestellung einer Hypothek oder Grundschuld zur Sicherung einer Darlehensschuld – für diese Fälle war ein Zeitraum von einem[211] bzw. zweieinhalb Monaten[212] noch als hinnehmbare Zeitspanne angesehen worden – oder aber der Vergütung eines Auftrages zur

---

206 *Huber* in: Gottwald, Insolvenzrechtshandbuch, § 46 Rn. 81.
207 *Riggert* in: Braun, InsO, § 142 Rn. 14; *Dauernheim* in: FK, InsO, § 142 Rn. 5 ff.; *Huber* in: Gottwald, Insolvenzrechtshandbuch, § 46 Rn. 83; vgl. zum Bargeschäft unter Geltung der KO: RG, Urt. v. 28. 9. 1920 – VII 93/20 – RGZ 100, 62 (64); RG, Urt. 26. 4. 1931 – VII 3/32 – RGZ 136, 152 (158 f.); BGH, Urt. v. 9. 2. 1952 – IV ZR 173/54 – LM § 30 KO Nr. 2 = NJW 1955, 709 (Leitsatz).
208 *Riggert* in: Braun, InsO, § 142 Rn. 16.
209 Ebenso: BGH, Urt. v. 21. 5. 1980 – VIII ZR 40/79 – NJW 1980, 518 f.
210 BGH, Urt. v. 21. 5. 1980 – VIII ZR 40/79 – NJW 1980, 518 f.
211 BGH, Urt. v. 9. 2. 1955 – IV ZR 173/54 – WM 1955, 404 f.
212 BGH, Urt. v. 26. 1. 1977 – VIII ZR 122/75 – NJW 1977, 718 f.

> Fertigung von Unterlagen für ein gerichtliches Vergleichsverfahren – in dem Fall waren es drei Wochen[213] – nicht ohne Weiteres auch auf einen Kaufvertrag über bewegliche Sachen übertragen werden. Bei diesem müssten engere Grenzen gezogen werden. Zu Recht berücksichtigt der Senat dabei in seinen folgenden Ausführungen die gängigen Geschäftsabläufe. Er weist darauf hin, dass es durchaus üblich sei, derartige Geschäftsvorgänge wie die Bezahlung von Waren nicht in wenigen Tagen abzuwickeln. Rechnungen würden nicht sofort nach Lieferung erteilt und die Bezahlung von Ware erfolge erst nach Rechnungserteilung. Dass zwischen Eingang der Rechnung und ihrer Bezahlung ebenfalls noch eine gewisse Zeit liege, sei ebenfalls gängige Geschäftspraxis. Gerade in Großbetrieben beruhe dies auf der organisatorischen Strukturierung in verschiedene Abteilungen.

So dürfte also im Falle der Begleichung einer Kaufpreisschuld ein Zeitraum bis zu zwei Wochen zwischen Lieferung und Rechnungserstellung und Rechnungserstellung und Scheckbegebung als den Erfordernissen eines Bargeschäfts genügend angesehen werden. Eine Überschreitung eines Zeitraums von 30 Tagen zwischen Leistung und Gegenleistung wird bei einem Kaufvertrag über bewegliche Sachen dem Erfordernis der Unmittelbarkeit des Leistungsaustausches gemäß § 142 InsO hingegen nicht mehr gerecht.[214]

(4) *Anfechtungsausschluss gemäß § 142 InsO bei kongruenter Scheckzahlung*

Nach alledem ist die Anfechtung einer Scheckzahlung gemäß § 130 InsO dann aufgrund von § 142 InsO ausgeschlossen, wenn die Scheckhingabe kongruent erfolgt ist, auf einer gleichwertigen Leistungsvereinbarung beruht und dem Abschluss des Grundgeschäftes zeitnah nachfolgt. Bei Vorliegen der Voraussetzungen des § 131 InsO hingegen bleibt es dabei, dass der Insolvenzverwalter die Scheckzahlung anfechten und den ausbezahlten Scheckbetrag nach § 143 Abs. 1 InsO zur Masse ziehen kann.

ee) Zwischenergebnis

Nur dann, wenn ein Scheck des Insolvenzschuldners zu einem Zeitpunkt erfolgreich eingelöst worden ist, als der Schuldner sich bereits in der Krise befunden hat, kommt eine Anfechtung der Zahlung gemäß §§ 130 bzw. 131 in Betracht. In der Regel wird die Zahlung kongruent und somit nur unter den engen Voraussetzungen des § 130 InsO anfechtbar sein, denn die Zahlung mit einem Scheck stellt ein verkehrsübliches Zahlungsmittel dar, auf das der Gläubiger im Grundsatz einen Anspruch haben wird. Die Anfechtung einer solchen Scheckzahlung wird häufig schon deswegen scheitern, weil der Austausch von Leistung und Gegenleistung die Voraussetzungen eines Bargeschäfts erfüllen.

In der insolvenzrechtlichen Praxis werden häufig Fälle bekannt, in denen Scheckzahlungen gerade deswegen erfolgt sind, weil der Gläubiger mit der Durchführung von Zwangsvollstreckungsmaßnahmen oder einem Insolvenzantrag gedroht hat. Hier ist zu unterscheiden: Vor Beginn der Krise steht es dem Gläubiger frei,

---

213 BGH, Urt. v. 17. 11. 1958 – II ZR 224/58 – NJW 1959, 147 = BGHZ 28, 344 ff.
214 So auch ausdrücklich BGH, Urt. v. 21. 6. 2007 – IX ZR 231/04 – ZIP 2007, 1469 (1472).

den Schuldner unter dem Druck von Zwangsvollstreckungsmaßnahmen zur Leistung zu bewegen. Eine dann erfolgte Zahlung ist kongruent und nur unter den Voraussetzungen des § 130 InsO anfechtbar. Ab Beginn der Krise wird dieses Recht vom Grundsatz *par conditio creditorum* eingeschränkt. Im Wege der Einzelzwangsvollstreckung erlangte Scheckzahlungen sind dann inkongruent und möglicherweise gemäß § 131 InsO anfechtbar. Scheckzahlungen, die unter dem Druck eines Insolvenzantrages erlangt worden sind, sind immer inkongruent.

b) Anfechtbarkeit nach § 133 InsO

Neben der Deckungsanfechtung nach den §§ 130, 131 InsO kommt auch stets die Vorsatzanfechtung gemäß § 133 InsO in Betracht. Danach ist eine Rechtshandlung anfechtbar, die der Schuldner in den letzten zehn Jahren vor dem Eröffnungsantrag vorgenommen hat, wenn er dabei den Vorsatz hatte, andere Gläubiger zu benachteiligen und der andere Teil als dabei bevorzugter Gläubiger hiervon Kenntnis hatte. Der Tatbestand der Vorsatzanfechtung ist im Rahmen von Scheckzahlungen bei mehreren Fallkonstellationen von Bedeutung: Bei Einlösung eines Schecks vor Beginn der Krise und damit außerhalb des Anwendungsbereiches der §§ 130, 131 InsO ist sie die einzige Möglichkeit des Insolvenzverwalters, den ausbezahlten Scheckbetrag doch noch zur Masse zu ziehen. Aber auch bei einer Scheckzahlung in der Krise kann die Vorsatzanfechtung relevant werden, denn bei Kongruenz wird die Scheckzahlung häufig ein Bargeschäft darstellen und die Anfechtung nach § 130 InsO gemäß § 142 InsO ausgeschlossen sein. In diesen Fällen kommt es dann auf das Vorliegen der Voraussetzungen der Vorsatzanfechtung an. Im Übrigen tritt die Möglichkeit der Anfechtung nach § 133 InsO neben die Möglichkeit der Deckungsanfechtung und wird neben dieser kaum selbständige Bedeutung haben, da ihre Voraussetzungen in der Regel enger und schwieriger zu beweisen sind.

aa) Rechtshandlung des Schuldners

Überprüft man die Rechthandlung der Scheckeinlösung auf ihre Anfechtbarkeit nach § 133 InsO, so ist dabei zunächst zu bedenken, dass § 133 InsO nicht nur irgendeine Rechtshandlung (etwa die eines Gläubigers) voraussetzt, sondern explizit eine Rechtshandlung des Schuldners fordert. Eine solche liegt mit der erfüllungshalber erfolgenden Ausstellung und Hingabe des Schecks durch den Schuldner in der Regel vor, zumindest dann, wenn sie von einem entsprechenden Willen getragen ist.

Das Vorliegen einer willensgetragenen Rechthandlung des Schuldners kann allerdings in Fällen zweifelhaft sein, in denen dieser die Scheckzahlung im Rahmen einer Zwangssituation vorgenommen hat. Zu unterscheiden ist dabei zwischen dem Fall, dass er den Scheck im Rahmen der Durchführung von Zwangsvollstreckungsmaßnahmen begeben hat, und dem Fall, dass er den Scheck aus Anlass einer Drohung des Gläubigers mit Stellen des Insolvenzantrages gegen den Schuldner begeben hat. Diese Fälle scheinen auf den ersten Blick ähnlich gelagert zu sein.

Dennoch entspricht es ständiger höchstrichterlicher Rechtsprechung, dass eine Zahlung[215] des Schuldners im Rahmen der Durchführung von Zwangsvollstreckungsmaßnahmen dann keine willensgetragene Rechtshandlung darstellt, wenn der Schuldner lediglich die Wahl zwischen der Zahlung oder der Duldung von sofortigen Zwangsvollstreckungsmaßnahmen hat.[216] Im umgekehrten Fall allerdings, wenn der Schuldner noch darüber entscheiden kann, ob er die geforderte Leistung erbringt oder verweigert – zum Beispiel bei der angedrohten und erst demnächst zu erwartenden Zwangsvollstreckung[217] – liegt eine Rechtshandlung im Sinne von § 129 InsO vor.[218] Es kommt also darauf an, ob der Schuldner noch die Möglichkeit hat, über den betreffenden Zahlungsbetrag nach seinem Belieben zu verfügen.[219] Diese Unterscheidung beruht auf dem Umstand, dass die Anfechtungsnorm des § 133 InsO nur bestimmte *Verhaltensweisen des Schuldners* missbilligt, nicht aber die Vornahme von Zwangsvollstreckungshandlungen *durch Gläubiger* in den letzten zehn Jahren vor dem Insolvenzantrag.[220] Während die §§ 130, 131 InsO nämlich bereits in der Krise zu einer Gleichbehandlung der Gläubiger führen sollen, gilt im Rahmen des § 133 InsO das Prioritätsprinzip und damit im Grundsatz der Vorrang desjenigen Gläubigers, der sein Recht zuerst erworben hat.[221] Anfechtungsgrund ist damit nicht in erster Linie die Ungleichbehandlung der Gläubiger, sondern das hierzu führende vorsätzliche Verhalten des späteren Insolvenzschuldners.

Setzt ein Gläubiger also vor Beginn dieses Dreimonatszeitraums mit Hilfe staatlicher Zwangsmittel seinen Anspruch durch, dann „nimmt er damit eigene Rechte wahr, die auch nach Eröffnung des Insolvenzverfahrens Bestand haben".[222] Für Scheckzahlungen gilt damit Folgendes: Erlangt ein Gläubiger dadurch Befriedigung seiner Forderung, dass der Schuldner während der Zwangsvollstreckung einen Scheck auf ihn ausstellt und dem Vollzugsbeauftragten übergibt, weil es anderenfalls ohnehin zur Vollstreckung in die vorhandenen pfändbaren Werte kommen würde, so fehlt es bereits an einer Rechtshandlung des Schuldners und eine Anfechtbarkeit nach § 133 InsO kommt von vornherein nicht in Betracht.[223]

---

215 Dabei ergibt sich aus der zitierten Rechtsprechung, dass zwischen Barzahlung und Scheckzahlung in diesem Zusammenhang nicht zu unterscheiden ist, vgl. nur OLG Hamburg, Urt. v. 27.7.2007 – 1 U 66/06 – ZinsO 2007, 1350 (1351).
216 BGH, Urt. v. 10.2.2005 – IX ZR 211/02 – ZIP 2005, 494 ff. = BGHZ 162, 143 ff.; Urt. v. 27.5.2003 – IX ZR 169/02 – ZIP 2003, 1506 ff. = BGHZ 155, 75 (79); OLG München, Urt. v. 28.3.2007 – 20 U 4101/06 – OLGR München 2007, 533; OLG Hamburg, Urt. v. 27.7.2007 – 1 U 66/06 – ZinsO 2007, 1350 (1351); OLG Karlsruhe, Urt. v. 24.6.2008 – 8 U 198/07 – OLGR Karlsruhe 2008, 655 ff.
217 BGH, Urt. v. 27.5.2003 – IX ZR 169/02 – BGHZ 155, 75 ff.
218 OLG München, Urt. v. 28.3.2007 – 20 U 4101/06 – OLGR München 2007, 533.
219 OLG Hamburg, Urt. v. 27.7.2007 – 1 U 66/06 – ZinsO 2007, 1350 (1351).
220 BGH, Urt. v. 10.2.2005 – IX ZR 211/02 – ZIP 2005, 494 ff. = BGHZ 162, 143 ff.
221 *Henckel* in: Jaeger, InsO, § 133 Rn. 2.
222 BGH, Urt. v. 10.2.2005 – IX ZR 211/02 – ZIP 2005, 494 ff. = BGHZ 162, 143 ff.
223 Ebenso ausdrücklich für die Hingabe von Schecks im Rahmen eines Zwangsvollstreckungsverfahrens OLG Karlsruhe, Urt. v. 27.2.2007 – 8 U 201/06 – ZIP 2007, 2132 ff.

Beispielsfall 5

Einen solchen Fall hatte das OLG Karlsruhe im Februar 2007 zu entscheiden.[224] Verfahrensgegenstand war die Anfechtung von Sozialversicherungsbeiträgen, welche die Insolvenzschuldnerin in einem Zeitraum von 9 bis 14 Monaten vor Eröffnung des Insolvenzverfahrens an die AOK gezahlt hatte. Eine Anfechtung kam daher nur nach § 133 InsO in Betracht.

Es handelte sich um sieben Zahlungen per Scheck und eine Barzahlung. Der entscheidende Senat hat zu diesen Zahlungen ausgeführt, dass es sich dabei nicht um Rechtshandlungen der Schuldnerin gehandelt habe, da diese im Rahmen von Vollstreckungsmaßnahmen erfolgt seien. Die Barzahlung war dergestalt erfolgt, dass dem mit einem Vollstreckungsauftrag bei der Schuldnerin erschienenen Vollstreckungsbeamten der betreffende Betrag in bar übergeben und an die AOK überwiesen worden war. Dabei habe die Schuldnerin keine Wahl gehabt, als die geforderte Leistung sofort zu leisten oder aber die Vollstreckung durch die bereits anwesende Vollziehungsperson zu dulden. Entsprechendes gelte auch für die Scheckzahlungen. Der klagende Insolvenzverwalter hatte zwar im Prozess eingewandt, dass die Vollstreckungsbeamten in diesen Fällen keine direkte Vollstreckungsmöglichkeit gehabt hätten. Denn erst durch die vom Schuldner ausgefüllten und unterschriebenen Schecks konnten diese auf das Kontoguthaben zugreifen, während andernfalls ein Pfändungs- und Überweisungsbeschluss erforderlich gewesen wäre. Dem ist das Gericht aber mit der zutreffenden Erwägung entgegen getreten, dass diese Auffassung der Bedeutung einer Schuldtilgung mittels eigenen Schecks im heutigen überwiegend bargeldlosen Geschäftsverkehr nicht gerecht werde. Zwar stelle die Hingabe eines eigenen Schecks nur eine Leistung erfüllungshalber im Sinne des § 364 Abs. 2 BGB dar, wobei die Erfüllungswirkung erst mit dessen Einlösung durch Vorschrift eintrete. Dies ändere jedoch nichts daran, dass der Scheck im Rahmen einer Vollstreckung übergeben wurde, die bei Verweigerung des Schecks – wie bei Bargeld – unmittelbar zu einer Zwangsvollstreckung in im Geschäftslokal vorhandene Wertgegenstände oder – soweit pfändbar – Geschäftseinrichtungen der Insolvenzschuldnerin geführt hätte. Zumindest in Fällen, in denen die Insolvenzschuldnerin der sofortigen Einlösung des Schecks nicht widerspreche oder den Scheck nicht sperre, müsse die Hingabe eines eigenen Schecks – welche immerhin eine verkehrsübliche Bezahlung und damit eine kongruente Deckung darstelle – bei der Beantwortung der Frage des Vorhandenseins einer Rechtshandlung einer Barzahlung gleichgestellt werden.

Somit handelt es sich also bei der Hingabe eines Schecks im Rahmen einer Zwangsvollstreckung dann um keine Rechtshandlung, wenn die Situation anderenfalls unmittelbar in eine Zwangsvollstreckung in vorhandene Wertgegenstände münden würde.

Umgekehrt ist aber dann von einer freiwilligen Rechtshandlung des Schuldners im Sinne von § 133 InsO auszugehen, wenn dieser eine Leistung erbringt, um befürchtete Zwangsvollstreckungsmaßnahmen mit der weiteren Folge eines Insolvenzantrages zu vermeiden, denn dann kann die betreffende Leistung weder als Vollstreckungsmaßnahme angesehen noch einer solchen gleichgestellt werden.[225] In diesem Fall kommt eine Anfechtung gemäß § 133 InsO in Betracht. Insbesondere liegt dann eine Rechtshandlung des Schuldners vor, wenn dieser dem Gerichtsvollzieher einen Scheck ausstellt, obwohl bares Gut überhaupt nicht vorhan-

224 OLG Karlsruhe aaO.
225 BGH, Urt. v. 27. 5. 2003 – IX ZR 169/02 – BGHZ 155, 75 (79); Urt. v . 13. 5. 2004 – IX ZR 190/03 – ZIP 2004, 1512; Urt. v. 18. 12. 2003 – IX ZR 199/02 – BGHZ 157, 242 (246) = ZIP 2004, 319 (320); Urt. v. 17. 7. 2003 – IX ZR 215/02 – ZIP 2003, 1900 (1901).

den ist oder der Gerichtsvollzieher über keinen Durchsuchungsbeschluss verfügt, so dass ohne den Willen des Schuldners ohnehin keine Zwangsvollstreckungsmaßnahmen durchgeführt werden könnten.

Beispielsfall 6

In einem solchen Fall hatte das OLG Hamburg zu entscheiden.[226] Nachdem eine durch die Gläubigerin bzw. den beauftragten Gerichtsvollzieher im Juni 2004 durchgeführte Pfändung fruchtlos gewesen und damit die Vollstreckung ohne Erfolg durchgeführt worden war, war im Oktober 2004 erneut ein Gerichtsvollzieher mit einem Vollstreckungsauftrag bei der Schuldnerin erschienen. Diese hatte daraufhin einen Scheck über den geforderten Betrag ausgestellt, den die Gläubigerin erfolgreich einlösen konnte. Das Gericht hat hierzu ausgeführt, dass es keine Anhaltspunkte dafür gäbe, dass die Schuldnerin im vorliegenden Fall nicht mehr darüber entscheiden konnte, ob sie die angeforderten Leistungen erbringt oder verweigert. Es sei weder erkennbar, ob der Gerichtsvollzieher in der konkreten Situation über einen Durchsuchungsbeschluss verfügt habe und damit überhaupt gegen den Willen der Schuldnerin hätte Vollstreckungsmaßnahmen durchführen können, noch sei nach den gegebenen Umständen davon auszugehen, dass der Gerichtsvollzieher in den Geschäftsräumen der Schuldnerin pfändbares Gut vorgefunden hätte, in das er hätte vollstrecken können, nachdem die vorangegangene Pfändung im Juni 2004 bereits erfolglos gewesen war.

Das Gericht betont – in ausdrücklicher Abgrenzung zum oben dargestellten Urteil des OLG Karlsruhe[227] – dass sich die Schuldnerin im vorliegenden Fall nicht in der Zwangssituation befunden habe, nur noch die Wahl zu haben, Zahlung zu leisten oder die Vollstreckung zu dulden. Im Unterschied zu dem vor dem OLG Karlsruhe entschiedenen Fall seien hier nämlich keine pfändbaren Werte vorhanden gewesen.

Die Anfechtung einer im Rahmen von Zwangsvollstreckungsmaßnahmen erfolgenden Scheckzahlung nach § 133 InsO kommt also nur dann in Betracht, wenn es bei Unterbleiben der Zahlung nicht zu einer erfolgreichen Zwangsvollstreckung gekommen wäre, denn nur in diesem Fall liegt eine (freiwillige) Rechtshandlung des Schuldners vor.

bb) Benachteiligungsvorsatz des Schuldners und Beweisanzeichen hierfür

Erfolgt die Scheckhingabe nach den eben genannten Kriterien freiwillig und handelt es sich somit bei der Einlösung des Schecks um eine grundsätzlich anfechtbare Rechtshandlung im Sinne von § 133 InsO, so ist zu prüfen, ob die Gläubigerbenachteiligung vorsätzlich erfolgt ist. Hierfür genügt es nach ständiger Rechtsprechung, dass der Schuldner eine Benachteiligung seiner Gläubiger als mutmaßliche Folge seines Handelns erkannt, sie aber in Kauf genommen hat, ohne sich durch diese Vorstellung von seinem Handeln abhalten zu lassen.[228] Nicht erforderlich für die Annahme des Benachteiligungsvorsatzes ist, dass Schuldner und Gläubiger un-

---

226 OLG Hamburg, Urt. v. 27. 7. 2007 – 1 U 66/06 – ZInsO 2007, 1350 ff.
227 OLG Karlsruhe, Urt. v. 27. 2. 2007 – 8 U 201/06 – ZIP 2007, 2132 ff.
228 BGH, Urt. v. 10. 1. 2008 – IX ZR 33/07 – ZIP 2008, 467 ff.; Urt. v. 13. 4. 2006 – IX ZR 158/05 – ZIP 2006, 1261; Urt. v. 8. 12. 2005 – IX ZR 182/01 – ZIP 2006, 290; Urt. v. 22. 4. 2004 – IX ZR 370/00 – ZIP 2004, 1160 (1161); *Bork*, Handbuch des Insolvenzanfechtungsrechts, Kap. 5 Rn. 24; *Kreft* in: HK-InsO, § 133 Rn. 10; *Kirchhof* in: MünchKomm-InsO, § 133 Rn. 13; *Nerlich* in: Nerlich/Römermann, InsO, § 133 Rn. 23.

lauter zusammen gewirkt haben. Dies ist zum Teil von der Rechtsprechung nach Inkrafttreten der Insolvenzordnung noch angenommen worden.[229] Der Bundesgerichtshof[230] hat hierzu ausgeführt, dass dieses Erfordernis des unlauteren Zusammenwirkens auf die Fassung des § 30 KO zurückgehe, der seinem Wortlaut nach eine Benachteiligungsabsicht voraussetzte. Für § 133 InsO, der ausdrücklich einen Benachteiligungsvorsatz ausreichen lasse, greife diese Abgrenzungsregel aber insoweit zu kurz, als ein unlauteres Zusammenwirken zwischen Gläubiger und Schuldner nicht der einzige Fall sei, in dem der Schuldner die Benachteiligung der anderen Gläubiger billige. Soweit also aus der vorherigen Rechtsprechung eine entsprechende Einschränkung dahingehend zu entnehmen sei, dass die Anfechtung einer kongruente Deckung nur bei einem unlauteren Zusammenwirken zwischen Schuldner und Gläubiger in Betracht komme, gebe der Senat diese Auffassung jedenfalls für den Anwendungsbereich des § 133 InsO auf. Dieser Ansicht ist zuzustimmen. Schon aus der Gesetzesbegründung geht hervor, dass es einerseits auf das Bewusstsein und den Willen des Schuldners ankommt, seine übrigen Gläubiger zu benachteiligen und andererseits der Anfechtungsgegner hiervon Kenntnis gehabt haben muss.[231] Eine Verbindung beider Tatbestandsmerkmale dahingehend, dass beide zielgerichtet zusammengewirkt haben müssen, wird gerade nicht gefordert. Mit dem Bundesgerichtshof ist dabei außerdem zu berücksichtigen, dass durchaus Fallkonstellationen denkbar sind, in denen es dem Schuldner bei der betreffenden Leistung nicht in erster Linie auf die Erfüllung seiner Zahlungspflicht ankomme und die deswegen nicht als „unlauter zu qualifizieren" sind, weil sie auf einem besonderen Druck des sodann begünstigten Gläubigers beruhen.[232] Auch diese Fälle unterfallen aber § 133 InsO.

Der Nachweis des Benachteiligungsvorsatzes des Schuldners und die Kenntnis des Gläubigers hiervon, wird dem anfechtenden Insolvenzverwalter im Prozess nicht immer leicht gelingen. In diesem Zusammenhang kann es daher von Bedeutung sein, ob es sich bei der Scheckzahlung um eine kongruente oder eine inkongruente Deckung gehandelt hat. Denn das Vorliegen einer inkongruenten Deckung stellt stets (auch vor Beginn der Krise) ein starkes Beweisanzeichen für den Benachteiligungsvorsatz des Schuldners und die diesbezügliche Kenntnis seines Gläubigers dar.

(1) *Inkongruenz von Scheckzahlungen im Rahmen von Zwangsvollstreckungsmaßnahmen als Beweisanzeichen für den Benachteiligungsvorsatz*

Oben ist bereits ausgeführt worden, dass Scheckzahlungen, die bei Zwangsvollstreckungsmaßnahmen in der Krise erfolgt sind, inkongruent sind. Häufig sind solche Zahlungen daher nach Verfahrenseröffnung gemäß § 131 InsO anfechtbar. Die Inkongruenz derartiger Scheckzahlungen könnte deshalb auch ein Beweisan-

229 So etwa OLG Stuttgart, Urt. v. 13. 11. 2002 – 3 U 19/02 – ZIP 2002, 2264 ff.
230 BGH, Urt. v. 17. 7. 2003 – IX ZR 272/02 – ZIP 2003, 1799 ff. = DZWIR 2003, 519 ff.
231 Begr. RegE zu § 148, BT-Drucks. 12/2443, S. 160.
232 Vgl. BGH, Urt. v. 17. 7. 2003 – IX ZR 272/02 – ZIP 2003, 1799 ff. = DZWIR 2003, 519 ff.

zeichen im Rahmen der Vorsatzanfechtung darstellen. Allerdings kommt dies nur dann in Betracht, wenn die Scheckzahlung zwar im Rahmen von Zwangsvollstreckungsmaßnahmen, aber freiwillig erfolgt ist. Denn nur dann liegt eine Rechtshandlung des Schuldners vor. Gleichwohl kommt der Inkongruenz als Beweisanzeichen in einem solchen Fall nur eine geringe Bedeutung zu. Bei inkongruenten Deckungen in der Krise dürfte dem Insolvenzverwalter in der Regel bereits eine Anfechtung nach § 131 InsO gelingen, so dass es auf § 133 InsO dann gar nicht mehr ankommt.

Ist die Scheckzahlung des Schuldners im Rahmen einer Zwangsvollstreckung allerdings vor Beginn der Krise erfolgt, so ist diese kongruent, denn zu diesem Zeitpunkt stand es dem Gläubiger frei, sich staatlicher Hilfe zur Durchsetzung seiner Forderung zu bedienen.

(2) Inkongruenz von Scheckzahlungen bei Druck mit staatlichen Machtmitteln als Beweisanzeichen für den Benachteiligungsvorsatz

Im Gegensatz zur eben dargestellten im Rahmen von Zwangsmaßnahmen erlangten Deckung ist für Deckungen, die ein Gläubiger deswegen erhält, weil er dem Schuldner damit gedroht hat, Insolvenzantrag gegen ihn zu stellen, inzwischen anerkannt, dass diese stets und auch außerhalb der Krise inkongruent sind und so zu einer Beweiserleichterung im Rahmen der Vorsatzanfechtung führen.[233]

Beispielsfall 7

Der Bundesgerichtshof hatte im Jahr 2003 in einem Fall zu entscheiden, welcher die Anfechtung von Zahlungen der Insolvenzschuldnerin an die Innungskrankenkasse für ausstehende Arbeitnehmerbeiträge zum Gegenstand hatte.[234] Die Insolvenzschuldnerin hatte Zahlungen geleistet, nachdem die im späteren Anfechtungsprozess beklagte Innungskrankenkasse zuvor mehrfach gedroht hatte, Insolvenzantrag gegen die Schuldnerin zu stellen.

Der Bundesgerichtshof hat den Rechtsstreit an das Berufungsgericht zurückverwiesen, nachdem dieses die Anfechtungsklage des Insolvenzverwalters für Beträge abgewiesen hatte, die vor Beginn des Drei-Monats-Zeitraums des § 131 InsO geflossen waren.

Der entscheidende Senat hat in diesem Zusammenhang ausgeführt, dass das Berufungsgericht zu Unrecht offen gelassen habe, ob die Schuldnerin die Zahlungen mit Benachteiligungsvorsatz vorgenommen habe, denn es habe dabei die Inkongruenz der betreffenden Zahlungen nicht berücksichtigt. Die aus der Inkongruenz von Leistungen zur Abwendung eines Insolvenzantrages folgende Beweiserleichterung bei der Vorsatzanfechtung sei auch außerhalb der Drei-Monats-Frist anzuwenden. Die Beweislastregel des § 133 Abs. 1 S. 2 InsO verdränge etwaige Beweiserleichterungen bei der Beweiswürdigung nicht.

---

233 *Schoppmeyer* in: Bork, Handbuch des Insolvenzanfechtungsrechts, Kap. 8 Rn. 123; *Fischer* in: FS Kirchhof, S. 73 (81); *Kirchhof*, ZInsO 2004, 1168, 1170 f.; BGH, Urt. v. 2. 12. 1999 – IX ZR 412/98 – NJW 2000, 958; Urt. v. 7. 6. 2001 – IX ZR 134/00 – ZIP 2001, 1250 (1251); Urt. 20. 12. 2001 – IX ZR 159/00 – ZIP 2002, 228 (230); Urt. v. 20. 6. 2002 – IX ZR 177/99 – ZIP 2002, 1408 (1412); Urt. v. 17. 7. 2003 – IX ZR 272/02 – ZIP 2003, 1799; Urt. v. 11. 3. 2004 – IX ZR 160/02 – ZIP 2004, 1060 (1061); Urt. v. 22. 4. 2004 – IX ZR 370/00 – ZIP 2004, 1160 (1161); Urt. v. 13. 5. 2004 – IX ZR 128/01– ZIP 2004, 1370 (1372); Urt. v. 18. 12. 2003 – IX ZR 199/02 – WM, 2004, 299 ff. = BGHZ 157, 242 ff.

234 BGH, Urt. v. 18. 12. 2003 – IX ZR 199/02 – WM, 2004, 299 ff. = BGHZ 157, 242 ff.

Nimmt der Schuldner also mehr als drei Monate vor Stellen des Insolvenzantrages eine Zahlung per Scheck vor, weil sein Gläubiger für den Fall der Nichtzahlung mit einem Insolvenzantrag gedroht hat, so stellt die Inkongruenz dieser Leistung ein starkes Beweisanzeichen für seinen Vorsatz dar, die übrigen Gläubiger zu benachteiligen.

(3) Weitere Beweisanzeichen für den Benachteiligungsvorsatz

Neben einer Inkongruenz der Scheckzahlung des Schuldners kommen auch andere Beweisanzeichen für seinen Vorsatz, die übrigen Insolvenzgläubiger zu benachteiligen, in Betracht. So kann auch im Rahmen von *kongruenten* Scheckzahlungen der Umstand, dass der Schuldner zur Vermeidung einer unmittelbar bevorstehenden Zwangsmaßnahme leistet, ein starkes Beweisanzeichen für seinen Benachteiligungsvorsatz sein.

Beispielsfall 8

Das OLG München hatte einen Fall zu entscheiden, in welchem es um die Anfechtung von Scheckzahlungen ging, die das Finanzamt als Gläubiger in einem Zeitraum über fünf Jahre zur Begleichung von Steuerschulden vom späteren Insolvenzschuldner erhalten hatte.[235] Die Zahlungen waren dergestalt erfolgt, dass der Schuldner den Vollstreckungsbeamten des Finanzamtes bei deren Erscheinen die betreffenden Schecks ausstellte, obwohl durch sie mangels pfändbarer Objekte keine sofortige Zwangsvollstreckung drohte.

Zutreffend hat das Gericht daher angenommen, dass es sich bei der vorgenommenen Zahlung um eine Rechtshandlung des Schuldners handelte, denn dieser hätte über den betreffenden Betrag auch nach seinem Belieben anderweitig verfügen können. Die erlangte Deckung war dabei auch kongruent, weil die beglichenen Steuerzahlungen jeweils fällig waren und Zahlungen unter dem Druck von Zwangsvollstreckungsmaßnahmen außerhalb des Drei-Monats-Zeitraums grundsätzlich kongruent sind.[236]

Dennoch hat das Gericht in dem Umstand, dass der Schuldner zur Vermeidung bevorstehender Zwangsvollstreckungsmaßnahmen gehandelt hat, ein starkes Beweisanzeichen für den Benachteiligungsvorsatz des Schuldners gesehen. Indem dieser nämlich bewusst die vorhandenen Mittel nach „Gutdünken und Lästigkeitsgrad des jeweiligen Gläubigers" verteilt habe, um möglichst Nachteile (Vollstreckungsmaßnahmen oder Stellen des Insolvenzantrages) von sich abzuwenden und weil er wusste, dass die Mittel nicht mehr zur Befriedigung aller Gläubiger ausreichen würden, habe er nicht nur mit dem bloßen Ziel der Schuldtilgung, sondern mit Begünstigungsabsicht gehandelt.

Obwohl also Scheckzahlungen vor Beginn der Krise kongruent sind, ist in der Regel von einem Benachteiligungsvorsatz des Schuldners dann auszugehen, wenn er mit der Scheckhingabe bevorstehende Zwangsvollstreckungsmaßnahmen abwenden will.

---

235 OLG München, Urt. v. 28. 3. 2007 – 20 U 4101/06 – OLGR München 2007, 533–536.
236 Unter Verweis auf BGH, Urt. v. 27. 5. 2003 – IX ZR 169/02 – NJW, 2003, 3347f.; Urt. v. 13. 5. 2004 – IX ZR 190/03 ZIP 2004, 1512 (1513); Urt. v. 17. 7. 2003 – IX ZR 272/02 – NJW 2003, 3560; Urt. v. 8. 12. 2005 – IX ZR 182/01 – NJW 2006, 1348.

Ganz ähnlich sind Fälle gelagert, in denen der Schuldner vor der Krise mit seinen Zahlungen an die Vollstreckungsperson stets nur Teilbeträge der bestehenden Forderungen bedient.

Beispielsfall 9

So hatte der IX. Zivilsenat des Bundesgerichtshofes im Jahr 2003 in einem Fall zu entscheiden, in welchem der Schuldner zur Vermeidung einer unmittelbar bevorstehenden Zwangsvollstreckung Zahlungen geleistet hat.[237] Weil diese Leistungen allerdings früher als drei Monate vor dem Eröffnungsantrag erfolgt waren, hat der Bundesgerichtshof sie zutreffend als kongruente Deckung qualifiziert. In diesem Zusammenhang hat der entscheidende Senat ausgeführt, dass der die Einzelzwangsvollstreckung beherrschende Prioritätsgrundsatz nur für den von § 131 InsO erfassten Zeitraum der letzten drei Monate vor dem Eröffnungsantrag zugunsten der Gleichbehandlung der Gläubiger verdrängt sei. Auf das Beweisanzeichen einer inkongruenten Deckung konnte der Nachweis des Gläubigerbenachteiligungsvorsatzes im betreffenden Fall daher nicht gestützt werden. Das Gericht hat den Gläubigerbenachteiligungsvorsatz aber deswegen als gegeben angesehen, weil der Schuldner gewusst habe, dass sein Vermögen nicht ausreichte, um über bloße Teilzahlungen an einzelne Gläubiger hinaus alle Gläubiger befriedigen zu können. Indem der Schuldner dennoch Teilzahlungen an Gläubiger vorgenommen habe, um so zu verhindern, dass diese Insolvenzantrag stellen, habe er bewusst die Benachteiligung der Gläubiger im Allgemeinen in Kauf genommen.

Den dargestellten Fällen ist gemeinsam, dass der Schuldner seine Zahlung in erster Linie deswegen vornimmt, um seine Gläubiger hinzuhalten und die bevorstehende Insolvenz hinauszuzögern. Tritt dieses Motiv derart deutlich zu Tage, indem der Schuldner – wie das OLG München treffend formuliert hat – die Gläubiger nach „Gutdünken und Lästigkeitsgrad“[238] durch (Teil-)Zahlungen ruhig zu stellen versucht, spricht dies ebenso offensichtlich für den Benachteiligungsvorsatz des Schuldners wie eine Inkongruenz seiner Leistung.

cc) Kenntnis des anderen Teils

Über das Erfordernis des Benachteiligungsvorsatzes hinaus muss der Zahlungsempfänger den Gläubigerbenachteiligungsvorsatz des Schuldners auch gekannt haben, damit die betreffende Rechtshandlung nach § 133 Abs. 1 InsO anfechtbar ist. Nach § 133 Abs. 1 S. 2 InsO wird dessen Kenntnis vermutet, wenn er wusste, dass die Zahlungsunfähigkeit des Schuldners drohte und dass die Handlung die Gläubiger benachteiligte.

erneut **Beispielsfall 9:**

Der Bundesgerichtshof hat dies im bereits eben dargestellten Fall[239] bejaht, weil der Zahlungsempfänger bereits vor Entgegennahme der angefochtenen Zahlung vergeblich versucht hat, einen Scheck des Schuldners einzulösen. Darüber hinaus war es auch bei zuvor erfolgten Vollstreckungsversuchen des Gerichtsvollziehers nur zu schleppenden Teilzahlungen des Schuldners gekommen. Schließlich hat sich der Bundesgerichtshof auch darauf gestützt, dass es sich

237 BGH, Urt. v. 27. 5. 2003 – IX ZR 169/02 – BGHZ 155, 75 ff.
238 OLG München, Urt. v. 28. 3. 2007 – 20 U 4101/06 – OLGR München 2007, 533–536.
239 BGH, Urt. v. 27. 5. 2003 – IX ZR 169/02 – BGHZ 155, 75 ff.

> bei dem betreffenden Gläubiger um einen Sozialversicherungsträger und der betreffenden Verbindlichkeit um Sozialversicherungsbeiträge handelte. Aus dem Umstand, dass der Insolvenzschuldner selbst zur Begleichung dieser für die Existenz des Betriebes notwendigen Betriebskosten nicht in der Lage gewesen sei, habe der Gläubiger schließen müssen, dass es sich bei ihm nicht annähernd um den einzigen Gläubiger des Insolvenzschuldners handeln dürfte.

In Folgeentscheidungen ist der Bundesgerichtshof sogar noch weitergegangen.[240] Sofern der Insolvenzverwalter beweise, dass der Anfechtungsgegner Umstände kannte, die zwingend auf eine drohende Zahlungsunfähigkeit des Schuldners hindeuten, so greife § 133 Abs. 1 S. 2 InsO ebenfalls ein. Denn in einem solchen Fall sei widerleglich zu vermuten, dass der Gläubiger auch die drohende Zahlungsunfähigkeit und Benachteiligung der Gläubiger kenne. Diese Auffassung überzeugt. Da es sich bei der Kenntnis um eine subjektive Voraussetzung in der Sphäre des Anfechtungsgegners handelt, muss es dem Beweispflichtigen möglich sein, auf objektive Beweisanzeichen zurückzugreifen. Ist die Sachlage derart deutlich, dass die Umstände Zahlungsnöte des Schuldners überwiegend wahrscheinlich erscheinen lassen, so darf sich der potentielle Anfechtungsgegner nicht unwissend stellen oder die Augen vor den Tatsachen verschließen. Vielmehr muss es dann an ihm sein, darzulegen, warum er trotz alledem im konkreten Fall von Zahlungsschwierigkeiten und einer drohenden Benachteiligung der übrigen Gläubiger nichts gewusst haben will. Dies entspricht auch dem Rechtsgedanken, der hinter den §§ 130 Abs. 2, 131 Abs. 2 und 133 Abs. 1 S. 2 InsO steht.[241]

dd) Zwischenergebnis

Eine Anfechtbarkeit der Einlösung des Schecks nach § 133 Abs. 1 InsO kommt nach alledem also dann in Betracht, wenn sich die Hingabe des Schecks als eine Rechtshandlung des Schuldners darstellt, dieser sich durch die Möglichkeit, spätere Insolvenzgläubiger zu benachteiligen, nicht von der Hingabe des Schecks hat abhalten lassen und der Schecknehmer dies aufgrund der ihm bekannten Umstände zumindest wissen musste.

3. Anfechtung der Ausstellung des Schecks

Soeben ist die Anfechtbarkeit einer Scheckzahlung unter dem Gesichtspunkt der masseschmälernden Wirkung der Einlösung erörtert worden. Im Folgenden ist zu klären, inwieweit der Insolvenzverwalter die Folgen einer scheckrechtlichen Haftung des Insolvenzschuldners durch Anfechtung beseitigen kann. In diesem Fall ist die Rechtshandlung der Scheck*ausstellung* der Anknüpfungspunkt für die An-

---

240 BGH, Urt. v. 17. 7. 2003 – IX ZR 272/02 – NZI 2003, 597 (599); Urt. v. 17. 2. 2004 – IX ZR 318/01 – ZIP 2004, 669.

241 Vgl. Begr. Reg.-Entw., BT-Drucks. 12/2443, S. 158, wo ausgeführt wird, dass es dem Gläubiger durch die Regelung verwehrt bleiben solle, sich beim Empfang der Leistung über Tatsachen hinwegzusetzen, die den Verdacht des Eintritts der Krise nahe legen.

fechtung. Untersuchungsgegenstand ist also die Konstellation, dass der Schuldner einen Scheck ausgestellt und erfüllungshalber begeben hat, der Gläubiger den Scheck aber nicht erfolgreich einlösen konnte und es aufgrund der scheckrechtlichen Haftung zu einer Benachteiligung der übrigen Gläubiger kommt. Dies ist dann der Fall, wenn sich die verschärfte Haftung des Scheckausstellers realisiert hat, d.h. wenn der Schecknehmer vergeblich versucht hat, den Scheck einzulösen und die Voraussetzungen des Scheckregresses eingetreten sind (siehe dazu bereits oben Teil 2 II.1c)aa). Die Gläubigerbenachteiligung liegt dann entweder in der Durchsetzung des scheckrechtlichen Haftungsanspruches noch vor Verfahrenseröffnung und zwar in der Höhe, in welcher der durchgesetzte Anspruch über die ursprüngliche Forderung aus dem Valutaverhältnis hinausgeht. Oder aber der Schecknehmer konnte seine diesbezügliche Forderung vor Verfahrenseröffnung nicht mehr durchsetzen und meldet sie als Insolvenzforderung an. Dann liegt die Gläubigerbenachteiligung zum einen in der angemeldeten Forderung insoweit, als diese angemeldete Forderung die ursprüngliche Valutaforderung übersteigt und zum anderen in der erleichterten Durchsetzbarkeit seines Anmeldungsbegehrens im Wege des Scheckprozesses.

Liegt im Einzelfall die allgemeine Anfechtungsvoraussetzung einer Gläubigerbenachteiligung durch Ausstellung des Schecks vor, so richtet sich die Anfechtbarkeit im Übrigen danach, ob es sich bei der Hingabe des Schecks um eine kongruente oder eine inkongruente Deckung handelt und zu welchem Zeitpunkt die Haftungswirkung eingetreten ist.

a) *Anfechtbarkeit nach § 130 oder § 131 InsO gegenüber dem Schecknehmer*

Ist der scheckrechtliche Regressanspruch durch Vorlage des Schecks und Feststellung der Nichteinlösung gemäß der in Art. 40 ScheckG bestimmten Form innerhalb der letzten drei Monate vor Stellen des Insolvenzantrages gegen den Scheckaussteller entstanden, dann kommt die Deckungsanfechtung gemäß §§ 130 oder 131 InsO in Betracht.

Da die Hingabe eines eigenen Schecks nur eine Leistung erfüllungshalber darstellt, und für sich genommen noch nicht das Erlöschen des Valutaanspruchs zur Folge hat (diese tritt erst mit erfolgreicher Einlösung ein), kann hierin keine Befriedigung, sondern allenfalls eine Sicherung des zugrunde liegenden Anspruchs liegen[242]. Eine Sicherung räumt dem Gläubiger eine Rechtsposition ein, welche ihm die Durchsetzung seines Anspruchs, für den sie eingeräumt wird, erleichtern kann und sich von diesem Anspruch wesensmäßig unterscheidet.[243] Diese Voraussetzungen sind für die Hingabe eines Schecks zu bejahen.[244] Ein Gläubiger, der erfüllungshalber einen Scheck annimmt, kann sich aus diesem Scheck befriedigen (im sog. Scheckprozess, § 605a ZPO), wodurch ihm eine erleichterte und schnellere

242 *Kirchhof* in: MünchKomm-InsO, § 130 Rn. 7.
243 *Kirchhof* in: MünchKomm-InsO, § 130 Rn. 8; *Kreft* in: HK-InsO, § 131 Rn. 11; *de Bra* in: Braun, InsO, § 130 Rn. 9.
244 Ebenso: *Henckel* in: Jaeger, InsO, § 130 Rn. 39; zur KO: *Jaeger/Henckel*, KO, § 30 Rn. 143.

Rechtsdurchsetzung ermöglicht wird. Damit liegt also in der Hingabe eines Schecks eine Deckung im Sinne der §§ 130, 131 InsO, nämlich eine Sicherung des dem Valutaverhältnis zugrunde liegenden Anspruchs.

Ob diese Deckung kongruent oder inkongruent ist, richtet sich – wie oben ausgeführt – danach, ob die Hingabe des Schecks im Rahmen des normalen Geschäftsverkehrs oder aber unter dem Eindruck von Zwangsmitteln erfolgt ist. Inkongruenz liegt danach vor, wenn der Schuldner sich bereits in der Krise befindet und den Scheck im Rahmen der Durchführung oder aufgrund der Androhung von Zwangsvollstreckungsmaßnahmen ausstellt. Hat ein Gläubiger den Schuldner durch Drohung mit einem Insolvenzantrag zur Ausstellung des Schecks bewegt, so ist die Scheckhingabe stets inkongruent.

Beispielsfall 10

Der spätere Insolvenzschuldner I ist zahlungsunfähig und hat bereits Eigenantrag auf Eröffnung des Insolvenzverfahrens gegen sich gestellt. Als der Gerichtsvollzieher bei ihm erscheint, um wegen einer Forderung des Gläubigers G zu vollstrecken, stellt I ihm einen Scheck über 7.500 Euro aus. Nachdem G vergeblich versucht hat, den Scheck einzulösen, lässt er sich die Nichteinlösung von der bezogenen Bank ordnungsgemäß bescheinigen und verlangt von I 7.500 Euro aus dem Scheck zzgl. 15 Euro für die Kosten der Feststellung i.S.v. Art. 40 ScheckG zzgl. 25 Euro Provision.

Zahlt I daraufhin 7.540 Euro an G, so kann der Insolvenzverwalter nach Verfahrenseröffnung die Scheckausstellung gemäß § 131 Abs. 1 Nr. 1 InsO anfechten und die geflossene Zahlung zur Masse ziehen. Die Forderung des G aus dem der Scheckzahlung zugrunde liegenden Valutaverhältnis lebt daraufhin wieder auf und er kann sie zur Insolvenztabelle anmelden.

Kann G die 7.540 Euro vor Verfahrenseröffnung nicht mehr durchsetzen, so wird der Insolvenzverwalter die Scheckausstellung gleichwohl gemäß § 131 Abs. 1 Nr. 1 InsO anfechten müssen, um zu verhindern, dass G die – im Vergleich zur Valutaforderung höhere – Forderung aus dem Scheck erfolgreich zur Tabelle anmeldet. Im Bestreitensfall durch den Insolvenzverwalter könnte G sein Feststellungsbegehren zudem im für ihn vorteilhaften Scheckprozess leichter durchsetzen. Nach erfolgter Anfechtung kann G allerdings auch in diesem Fall nur die im Valutaverhältnis zugrunde liegende Forderung in Höhe von 7.500 Euro anmelden (soweit diese begründet ist).

Ist die Hingabe allerdings im gewöhnlichen Geschäftsverkehr und damit kongruent erfolgt, stellt sich weiter die Frage, ob auch im Falle eines nicht erfolgreich eingelösten Schecks und der daraufhin erfolgenden Realisierung des scheckrechtlichen Haftungsanspruches ein der Anfechtung entzogenes Bargeschäft liegen kann. Dies ist im Ergebnis allerdings zu verneinen. Zwar mag die Hingabe des Schecks kongruent gewesen sein. Aufgrund des über die Valutaforderung hinausgehenden Überschusses stellt sich der scheckrechtliche Haftungsanspruch aber nicht als gleichwertige Leistung im Sinne von § 142 InsO dar. Ein Anfechtungsausschluss gemäß § 142 InsO kommt daher hinsichtlich der Scheckausstellung nicht in Betracht.

Beispielsfall 11

Der spätere Insolvenzschuldner I hat bereits Eigenantrag auf Eröffnung des Insolvenzverfahrens gegen sich gestellt. Gleichwohl kauft er bei H eine Maschine für 15.000 Euro, die er sich gegen Hingabe eines entsprechenden Schecks auch sofort aushändigen lässt. H versucht vergeblich, den Scheck einzulösen und erfährt so von der Zahlungsunfähigkeit des I. Nach Feststellung der Zahlungsverweigerung durch die bezogene Bank verlangt H von I 15.000 Euro zzgl. 15 Euro Kosten zzgl. 50 Euro Provision. I hat zwischendurch seinerseits eine Kundenzahlung erhalten und erfüllt die Forderung des H in Höhe von 15.065 Euro bar. Der Insolvenzverwalter kann die Scheckausstellung nach Eröffnung des Insolvenzverfahrens gemäß § 130 Abs. 1 Nr. 2 InsO anfechten und den erhaltenen Betrag von H herausverlangen. Die Voraussetzungen eines Bargeschäfts liegen nicht vor. Hierfür hätte der Scheck erfolgreich eingelöst werden müssen oder eine Barzahlung in Höhe von 15.000 Euro hätte in unmittelbarer zeitlicher Nähe zur Übereignung der Maschine erfolgen müssen. H muss daher den vollen erhaltenen Betrag zur Masse erstatten und kann seinerseits die Kaufpreisforderung in Höhe von 15.000 Euro zur Tabelle anmelden.

Dies stellt im Vergleich zur erfolgreichen Scheckeinlösung eine Besonderheit dar: Während eine kongruente Scheckzahlung dort unter Umständen wegen Vorliegens der Bargeschäftsvoraussetzungen unanfechtbar ist, ist dies bei einer gescheiterten Scheckzahlung und daraufhin erfolgtem Vorgehen im Wege des Scheckregresses nicht möglich, selbst wenn dort die Scheckhingabe kongruent erfolgt ist.

b) *Anfechtbarkeit der Scheckausstellung nach § 133 InsO gegenüber dem Schecknehmer*

Insbesondere für den Zeitraum vor Beginn der Krise und damit vor dem von §§ 130, 131 InsO erfassten Zeitraum ist der Tatbestand der Vorsatzanfechtung für die Anfechtbarkeit der Scheckausstellung von Bedeutung. In Entsprechung zu den obigen Ausführungen setzt die Anfechtbarkeit nach § 133 InsO zunächst voraus, dass der Schuldner die gläubigerbenachteiligende Rechtshandlung selbst vorgenommen hat, es sich also um *seine* Rechtshandlung handelt. Hierfür ist erforderlich, dass der Schuldner den Scheck freiwillig ausgestellt und begeben hat (siehe dazu bereits siehe oben Teil 2 II.2.b)aa). Ist dies der Fall, so stellt sich weiter die Frage, ob der Schuldner bei Begebung des Schecks mit dem erforderlichen Vorsatz, seine übrigen Gläubiger zu benachteiligen, gehandelt hat und der Schecknehmer dies auch wusste. Die aus der Drohung des Gläubigers, Insolvenzantrag gegen den Schuldner zu stellen, resultierende Inkongruenz der Scheckhingabe kann hierfür ein starkes Beweisanzeichen sein. Im Übrigen wird es – in Übereinstimmung mit den bereits oben zur Einlösung eines Schecks gemachten Ausführungen (Teil 2 II.2b)cc) – als ausreichend anzusehen sein, wenn der Schuldner eine Benachteiligung der Gläubiger durch die besondere scheckrechtliche Haftung billigend in Kauf genommen hat. Davon dürfte jedenfalls dann auszugehen sein, wenn er ernsthaft damit rechnen musste, dass die Bank die Einlösung des Schecks verweigern würde und dieser Umstand ihn dennoch nicht von der Zahlung per Scheck abgehalten hat.

Beispielsfall 12

Der spätere Insolvenzschuldner I stellt seinem Gläubiger G am 3. 1. 2009 einen Scheck über 30.000 Euro aus, nachdem dieser ihm angedroht hat, Insolvenzantrag gegen ihn zu stellen. Die Einlösung des Schecks misslingt, weil die bezogene Bank die Zahlung verweigert. Daraufhin setzt G die Forderung aus dem Scheck zzgl. 15 Euro Kosten zzgl. 100 Euro Provision erfolgreich im Wege des Scheckprozesses durch. Am 4. 5. 2009 wird gegen I das Insolvenzverfahren eröffnet. Der Insolvenzverwalter kann die Scheckausstellung gemäß § 133 Abs. 1 InsO anfechten. Die Scheckhingabe war aufgrund der Drohung mit Stellen des Insolvenzantrages inkongruent, was auf die Gläubigerbenachteiligungsabsicht des I und die Kenntnis des G hiervon schließen lässt. G muss den im Scheckprozess erlangten Betrag von 30.115 Euro voll zur Masse erstatten und kann seinerseits nur die Ausgangsforderung in Höhe von 30.000 Euro zur Tabelle anmelden.

c) *Zwischenergebnis*

Die Anfechtbarkeit einer Scheckzahlung unter dem Gesichtspunkt der Scheckausstellung ist dann von Bedeutung, wenn ein Gläubiger den Scheck zwar nicht erfolgreich einlösen konnte, ihm aber aufgrund getroffener Feststellungen nach Art. 40 ScheckG ein scheckrechtlicher Regressanspruch zusteht. Die daraus resultierende und im Vergleich zur Valutaforderung höhere Regressforderung hat der Gläubiger möglicherweise schon vor Verfahrenseröffnung erfolgreich durchgesetzt und so die Gläubiger benachteiligt, oder es besteht immerhin die Gefahr, dass er sie zur Tabelle anmeldet. Weist außerdem das Valutaverhältnis Mängel auf, so besteht für die Masse die Gefahr, dass der Gläubiger seine Forderungsanmeldung gleichwohl im erleichterten Scheckprozess nach § 605a ZPO durchsetzt. Auch in diesem Fall muss der Insolvenzverwalter die Möglichkeit einer Anfechtung in Erwägung ziehen.

Für die Anfechtbarkeit nach §§ 130, 131 InsO gilt das zur Anfechtung einer Scheck*einlösung* gesagte grundsätzlich entsprechend, mit dem Unterschied, dass es für das Vorliegen der Anfechtungsvoraussetzungen auf den Zeitpunkt der Entstehung der Regressforderung ankommt. In der Regel wird die Scheckhingabe kongruent sein, sofern diese nicht ausnahmsweise unter dem Eindruck staatlicher Zwangsmaßnahmen erfolgt sind. Ein Anfechtungsausschluss gemäß § 142 InsO kommt in diesem Fall allerdings nicht in Betracht. Die Frage einer Anfechtbarkeit der Scheckausstellung gemäß § 133 InsO stellt sich insbesondere dann, wenn die scheckrechtliche Regressforderung bereits vor der Krise entstanden ist.

4. Anfechtungsgegner

a) *Der Schecknehmer als Anfechtungsgegner*

Die bisherigen Ausführungen bezogen sich allein auf die Anfechtungsmöglichkeit einer Scheckzahlung gegenüber dem Schecknehmer. Im Rahmen der Untersuchung der Anfechtbarkeit der *Ausstellung* des Schecks ergab sich dies bereits aus dem Umstand, dass es sich in einem solchen Fall lediglich um eine Zwei-Personen-

Konstellation handelt, somit allein der Schecknehmer als Anfechtungsgegner in Betracht kommt. Bei der *Einlösung* des Schecks handelt es sich allerdings um eine Drei-Personen-Konstellation, bestehend aus Scheckaussteller, Bank und Schecknehmer. Als Anfechtungsgegenstand wurde dabei zunächst die Einlösung des Schecks und die Auszahlung des Scheckbetrages an den Schecknehmer angesehen (siehe oben Teil 2 II.1b). Dass in diesem Zusammenhang der Schecknehmer Anfechtungsgegner ist, wurde bisher einfach unterstellt, soll im folgenden aber noch genauer begründet und untersucht werden. Zu überlegen ist nämlich, ob nicht (auch) die auszahlende Bank als Anfechtungsgegnerin in Betracht kommt. Was durch anfechtbare Handlung aus dem Vermögen des Gemeinschuldners veräußert, weggegeben oder aufgegeben worden ist, muss gemäß § 143 Abs. 1 InsO zur Insolvenzmasse zurückgewährt werden. Verpflichtet aus diesem Rückgewährverhältnis ist derjenige, der den entsprechenden Gegenstand erlangt hat.[245] Dies ist – wie erwähnt – in einer Zwei-Personen-Konstellation unproblematisch.

Wer allerdings in einem Dreipersonenverhältnis der Anfechtungsgegner ist, erschließt sich nicht auf den ersten Blick. Denn bei einer Scheckzahlung geschehen zwei Dinge: Die Bank erfüllt mit der Auszahlung ihre Pflicht gegenüber dem Scheckaussteller. Auch der Schecknehmer erhält die Zahlung *solvendi causa,* sein Anspruch gegen den Aussteller aus dem Valutaverhältnis erlischt damit. Dem Schecknehmer wird also mittelbar eine Zahlung des Scheckausstellers und späteren Gemeinschuldners zugewendet. Die Bank fungiert dabei als Mittelsmann. In einem solchen Fall der Zahlung auf Anweisung des späteren Gemeinschuldners ist – zum Teil mit unterschiedlicher Begründung[246] – anerkannt, dass ein direkter anfechtungsrechtlicher Durchgriff vom Insolvenzschuldner auf den Dritten (Leistungsempfänger) möglich ist.[247] Das Reichsgericht hat formuliert, dass es sich dabei um solche Rechtshandlungen des Gemeinschuldners handele, durch die er gegen Aufwendung von Bestandteilen seines Vermögens das Entgelt dafür in das Vermögen eines Dritten fließen lasse, ohne mit diesem äußerlich in unmittelbare Rechtsbeziehung zu treten[248]. Das Reichsgericht erreicht das gewünschte Ergebnis des Durchgriffs also im Grunde mithilfe der Fiktion, dass die Aufwendungen des Gemeinschuldners direkt zum Drittschuldner gelangen. Die weit überwiegende Auffassung beruft sich heute überzeugenderweise – in Parallele zum Bereiche-

245 *Zeuner* in: Leonhardt/Smid/Zeuner, InsO, § 143 Rn. 26; *Kirchhof* in: MünchKomm-InsO, § 143 Rn. 5; *Kreft* in: HK-InsO, § 129 Rn. 92; *Jaeger/Henckel,* KO § 29 Rn. 41, § 36 Rn. 7, § 37 Rn. 82; *Hirte* in: Uhlenbruck, InsO, § 143 Rn. 42; *Huber* in: Gottwald, Insolvenzrechts-Handbuch, § 51 Rn. 57; *Ehricke* in: Bork, Handbuch des Insolvenzanfechtungsrechts, Kap. 2 Rn. 20; *Nerlich* in: Nerlich/Römermann, InsO, § 143 Rn. 52; zur KO: BGH, Urt. v. 24. 10. 1973 – VIII ZR 82/72 – NJW 1974, 57; Urt. v. 16. 9. 1999 – IX ZR 204/98 – BGHZ 142, 284 (288).

246 Vgl. nur die Darstellung bei *Henckel* in: *Jaeger,* InsO, § 130 Rn. 45 ff.

247 Vgl. *Henckel* in: *Jaeger,* InsO, § 130 Rn. 47; *Kirchhof* in: MünchKomm-InsO, § 129 Rn. 49; *Huber* in: Gottwald, Insolvenzrechts-Handbuch, § 51 Rn. 59; *Kreft* in: HK-InsO, § 129 Rn. 89; *Ehricke* in: Bork, Handbuch des Insolvenzanfechtungsrechts, Kap. 2 Rn. 27; *Dauernheim* in: FK-InsO, § 129 Rn. 32 f.; *Hirte* in: Uhlenbruck, InsO, § 129 Rn. 83 ff.; bereits zur KO: BGH, Urt. v. 24. 9. 1962 – VIII ZR 18/62 – BGHZ 38, 44 (46) = NJW 1962, 2297; Urt. 23. 11. 1981 – VIII ZR 190/80 – ZIP 1982, 76 (77); Urt. v. 16. 6. 1999 – IX ZR 204/98 – NJW 1999, 3636.

248 RG, Urt. v. 29. 11. 1904 – VII 254/04 – RGZ 59, 195 (196 f.).

rungsrecht – auf die durch den Leistungsbegriff bestimmte Ordnung der Drei-Personen-Beziehung.[249]

Für den Fall der Scheckzahlung stellt sich diese Beziehung folgendermaßen dar: Indem die Bank an den Schecknehmer zahlt, erbringt sie eine Leistung an den späteren Insolvenzschuldner. Denn sie erfüllt dessen Forderung aus dem Kontokorrentvertrag, indem sie entweder ein Guthaben oder einen gewährten Kredit auszahlt. Gleichzeitig stellt die Zahlung der Bank auf den Scheck erkennbar eine Leistung des Schuldners an den Schecknehmer dar (zum Leistungsbegriff siehe noch ausführlich unten Teil 2 II.4.). Daraus ergibt sich zugleich, dass allein der Schecknehmer hier etwas – durch Leistung des späteren Insolvenzschuldners – auf Kosten der Haftungsmasse erlangt hat. Zwar hat auch die Bank etwas erlangt, nämlich die Befreiung von ihrer Verbindlichkeit. Allerdings liegt in diesem Verhältnis (Bank – Scheckaussteller) keine Leistung des späteren Insolvenzschuldners an die Bank vor, sondern umgekehrt eine Leistung der Bank an den späteren Gemeinschuldner. Die relevante Vermögensverschiebung – nämlich auf Kosten der Haftungsmasse – vollzieht sich im Verhältnis zwischen Scheckaussteller und Schecknehmer. Für eine Anfechtung gegenüber dem Schecknehmer spricht auch, dass nur so dem aus dem Bereicherungsrecht bekannten Aspekt der gerechten Verteilung des Insolvenzrisikos[250] genügt werden kann.[251] Nicht die Bank haftet dafür, dass der Scheckbetrag zur Masse gelangt, denn andernfalls würde ihr das Risiko auferlegt, ihren bereicherungsrechtlichen Erstattungsanspruch gegen den Schecknehmer nicht realisieren zu können. Vielmehr haftet der Schecknehmer, den sich der spätere Insolvenzschuldner als Vertragspartner selbst ausgesucht hat und dessen Insolvenzrisiko er damit gerechterweise auch zu tragen hat. Richtiger Anfechtungsgegner bezüglich der Auszahlung des Scheckbetrages ist somit jedenfalls der Schecknehmer.

b) Die bezogene Bank als Anfechtungsgegnerin

Aus der Verifizierung des Umstandes, dass der Schecknehmer Anfechtungsgegner ist, folgt jedoch noch nicht, ob daneben eine Anfechtung gegenüber der bezogenen Bank in Betracht kommt. Denn die Qualifikation einer Zuwendung als Leistung mag zwar hilfreich sein für die Antwort auf die Frage, wer eigentlich den ausbezahlten Scheckbetrag auf wessen Kosten erlangt hat, nämlich der Schecknehmer auf Kosten des Scheckausstellers. Ob aber vielleicht auch der Bank etwas anfechtbar auf Kosten der Haftungsmasse zugeflossen ist, erschließt sich daraus nicht.

---

249 BGH, Urt. v. 16. 9. 1999 – IX ZR 204/98 – NJW 1999, 3636; *Kirchhof* in: MünchKomm-InsO, § 129 Rn. 49; *Huber* in: Insolvenzrechts-Handbuch, § 46 Rn. 26 u. § 51 Rn. 59; *Dauernheim* in: FK-InsO, § 130 Rn. 14ff.; wohl auch *Hirte* in: Uhlenbruck, InsO, § 129 Rn. 83ff.
250 *Canaris*, FS Larenz, S. 799 (802f.); *Nobbe*, WM 2001, Sonderbeil. 4, 24.
251 Ebenso (allerdings nicht konkret zur Scheckzahlung, sondern allgemein zur Insolvenzanfechtung in Dreiecksverhältnissen): *Lüke*, ZIP 2001, 1 (7).

aa) Meinungsstand in Rechtsprechung und Literatur zum Angewiesenen als Anfechtungsgegner

Die dieser Thematik zugrunde liegende Problematik lässt sich im Wesentlichen auf die entscheidende Frage reduzieren, ob eine Anfechtung gegenüber dem Angewiesenen – hier also der Bank – neben einer Deckungsanfechtung gegenüber dem Anweisungsempfänger – hier dem Schecknehmer – möglich ist. (Dabei soll der Sonderfall der Vorsatzanfechtung an dieser Stelle zunächst außer Betracht bleiben, auf ihn wird unter Teil 2 II.4.b)cc) noch genauer einzugehen sein.)

Beispielsfall 13

Der Bundesgerichtshof hat dies in einer mit dem Fall der Scheckzahlung durchaus vergleichbaren Konstellation abgelehnt.[252] Im dort zu entscheidenden Fall hatte der spätere Gemeinschuldner als Verkäufer mit seinem Vertragspartner nachträglich vereinbart, dass dieser den Kaufpreis an einen Dritten zahlt. Der Bundesgerichtshof hat ausgeführt, in diesem Fall richte sich der Anfechtungsanspruch des Verwalters in der Regel ausschließlich gegen den Dritten, sofern für diesen die Zuwendung als Leistung des Gemeinschuldners erkennbar war (Leitsatz).

Als anfechtbare Rechtshandlung hat der Senat die Verrechnungsabrede angesehen. Mit der Erfüllung dieser Abrede habe allerdings allein der befriedigte Gläubiger einen wirtschaftlichen Wert aus dem Vermögen des Gemeinschuldners erhalten. Der Vertragspartner habe hingegen, indem er den Kaufvertrag durch Zahlung an den Dritten erfüllt habe, nicht weniger aufwenden müssen als im Falle der Leistung an den Gemeinschuldner. Anfechtungsrechtlich gesehen habe er daher lediglich als Mittelsperson gehandelt. Nach Sinn und Zweck von § 30 KO sei daher nur derjenige Anfechtungsgegner, der auf diese Weise im Ergebnis der Gläubigergesamtheit gegenüber bevorzugt wurde. Unerheblich sei dabei, dass sich der Rückgewähranspruch der Masse ohne die Zahlung gegen den Vertragspartner selbst richten würde, sofern die weiteren Voraussetzungen des § 30 Nr. 1, Var. 1 KO erfüllt wären. Denn der Vertragspartner müsste dann den Kaufpreis statt an die Gläubiger der Gemeinschuldnerin an die Masse leisten.

Zwar könne der Anfechtungsgegner den Rückgewähranspruch nicht dadurch vereiteln, dass er den Gegenstand an einen Dritten weitergebe. Darum gehe es jedoch im Streitfall nicht. Denn der Vorteil, den der Vertragspartner durch die Verrechnungsabrede erhalten habe, habe inhaltlich und in seinem wirtschaftlichen Wert dem entsprochen, was dem Gläubiger der Gemeinschuldnerin zugewendet worden sei. Weiter sei zu berücksichtigen, dass der Vertragspartner – wäre er trotz vertragsgemäßer Erfüllung der Kaufpreisverpflichtung dem Anspruch aus § 30 KO ausgesetzt – im Ergebnis zweimal zahlen müsste. Die Masse hätte demgegenüber außer der Leistung des Vertragspartners auch die Befreiung des Gläubigeranspruchs erhalten, welche der Vertragspartner getätigt habe. Dies stände nicht in Einklang mit Inhalt und Zweck des § 38 KO, der eine Massebereicherung verhindern solle.

Überträgt man diese Argumentation auf den Fall der Scheckzahlung, so bedeutet dies, dass wirtschaftlich betrachtet nichts anderes geschieht, als wenn der spätere Insolvenzschuldner den mit dem Scheck angewiesenen Betrag selbst von seinem Konto abheben und dem Schecknehmer zuwenden würde.[253] Auch in diesem Fall

---

252 BGH, Urt. v. 16. 9. 1999 – IX ZR 204/98 – NJW 1999, 3636.
253 Kritisch *Henckel* in: Jaeger, InsO, § 130 Rn. 45: dies sei „lediglich eine Faustformel, die das Ergebnis plausibel“ mache; vgl. zur Anweisung im Allgemeinen *Heile*, Die Anweisung im Konkurs des

würde sich der Anfechtungsanspruch grundsätzlich nur gegen den befriedigten Gläubiger richten.

Hierzu wird beispielsweise von *Henckel* ausgeführt, dass dies auch vor dem Hintergrund sinnvoll erscheine, dass andernfalls Schuldner des Gemeinschuldners aus Angst vor einer etwaigen Anfechtung ihre Schulden in der Krise des Gemeinschuldners nicht mehr tilgen würden.[254]

Auch *Heile* führt unter Verweis auf den Willen des Gesetzgebers aus, dass es rechtspolitisch unerwünscht sei, den Drittschuldner in der Krise seines Gläubigers an der Schulderfüllung zu hindern.[255] Zudem ändere sich durch den Konkurs (die Insolvenz) des Gläubigers für den Schuldner nichts, nur dass er statt an den Gemeinschuldner an den Konkursverwalter (Insolvenzverwalter) leisten müsse. Daher sei es auch nicht erforderlich gewesen, den Drittschuldner das Recht zuzubilligen, einen Antrag auf Verfahrenseröffnung zu stellen (§ 103 Abs. 2 KO = § 13 Abs. 1). Im Gegensatz zum Gläubiger sei für einen Schuldner eine Rücksichtnahme auf die Interessen der Gläubiger seines Gläubigers nicht angezeigt.

Im Ergebnis scheint es also der überwiegenden Auffassung zu entsprechen, dass die grundsätzlich mögliche Anfechtbarkeit der Anweisungsleistung gegenüber dem Anweisungsempfänger eine Anfechtung gegenüber dem Angewiesenen nach § 132 InsO ausschließt. Auch im Falle der Scheckzahlung würde danach die grundsätzlich mögliche Anfechtung gegenüber dem Schecknehmer eine Anfechtung gegenüber der Bank nach § 132 InsO ausschließen, jedenfalls insoweit, als die Bank nur als faktische Zahlstelle handelt und dabei für den späteren Gemeinschuldner an den Schecknehmer zahlt.

bb) Kritische Auseinandersetzung mit dem Meinungsstand in Rechtsprechung und Literatur zum Angewiesenen als Anfechtungsgegner

Die zu dieser Thematik vorhandenen Veröffentlichungen erschöpfen sich vielfach in der bloßen Feststellung, dass in Anweisungskonstellationen nicht der Angewiesene, sondern der Anweisungsempfänger der richtige Anfechtungsgegner sei.[256] Soweit derartigen Aussagen überhaupt eine Begründung folgt, mangelt es an einer einheitlichen Argumentationslinie.

Während die einen mit Sinn und Zweck des Anfechtungsrechts bzw. der Vorschrift des § 132 InsO im Speziellen argumentieren[257], berufen sich andere auf die Stellung des Angewiesenen als bloße Zahlstelle[258], um so im Grunde im Wege einer

Anweisenden, S. 76; *Berges*, KTS 1961, 65 und KTS 1962, 246; *Kuhn*, KTS 1963, 72ff.; BGH, Urt. v. 24. 9. 1962 – VIII ZR 18/62 – BGHZ 38,44 (46); RG, Urt. v. 29. 11. 1904 – VII 254/04 RGZ 59, 195 (196); Urt. v. 20. 12. 1912 – VII 406/12 – RGZ 81 144 (145).

254 *Henckel* in: Jaeger, InsO, § 130 Rn. 41.
255 *Heile*, Die Anweisung im Konkurs des Anweisenden, S. 70f.
256 *Kirchhof* in: MünchKomm-InsO, § 129 Rn. 49 u. 144.
257 So zum Beispiel *Henckel* in: Jaeger, InsO, § 130 Rn. 41 und 47.
258 So zum Beispiel *Kirchhof* in: MünchKomm-InsO, § 129 Rn. 49a.

„Fiktion“[259] den Angewiesenen aus der Dreiecks-Konstellation zu verbannen und diese künstlich zu einer Zwei-Personen-Konstellation umzufunktionieren. In diesem Zusammenhang sticht vor allem das genannte Urteil des Bundesgerichtshofs[260] hervor, das zwar im Ergebnis überzeugt, in der Begründung aber eine ausführliche Auseinandersetzung mit den einzelnen Bestandteilen des komplexen Vorgangs der Anweisungsleistung vermissen lässt.

So prüft der Bundesgerichtshof eine Anfechtbarkeit der Verrechnungsvereinbarung, lehnt sie aber deswegen ab, weil gegenüber dem Empfänger der Leistung eine Deckungsanfechtung nach § 30 Nr. 1 Var. 2 KO (§ 130 InsO) möglich sei, welche der Anfechtung nach § 30 Nr. 1 Var. 1 KO (§ 132 InsO) vorgehe.

Zutreffend weist *Lüke*[261] darauf hin, dass die vom Senat in diesem Zusammenhang zitierte Konkurrenzregel von *Henckel*[262] für den Fall entwickelt worden ist, dass dieselbe Rechtshandlung gegenüber demselben Anfechtungsgegner angefochten wird. Im zu entscheidenden Fall handelte es sich jedoch gerade um unterschiedliche Anfechtungsgegner und möglicherweise auch um unterschiedliche Rechtshandlungen. Weiter ist sich *Lüke* auch nicht sicher, ob der Bundesgerichtshof die anfechtbare Rechtshandlung in der Verrechnungsabrede sieht.[263] Im Ergebnis meint er jedenfalls, der Bundesgerichtshof sähe bei einer Leistung an einen Dritten wohl die Leistung und ihren Empfänger als einzigen Anfechtungsgegenstand und -gegner an und stütze sich dabei auf einen Vorrang der Deckungsanfechtung gegenüber anderen Anfechtungstatbeständen.[264] Für überzeugend hält er dies aus gutem Grund nicht.

Zwar ist zu berücksichtigen, dass die mit einer Verrechnungsvereinbarung entstehende Drei-Personen-Konstellation nicht genau derjenigen im Anweisungsrecht entspricht. Jedoch besteht, wie auch *Lüke* betont[265], die entscheidende Gemeinsamkeit einer mittelbaren Zuwendung. Die jeweils zu berücksichtigenden Wertungsgesichtspunkte stimmen überein, allein müssen bei der Anweisung noch die spezifischen Eigenheiten – wie etwa eine besondere Ausgestaltung des Deckungsverhältnisses – berücksichtigt werden. Der Gang von *Lükes* Untersuchung überzeugt insoweit, als er sich ausführlich mit der Frage auseinander setzt, was eigentlich Anfechtungsgegenstand ist, worin der daraus resultierende Nachteil liegt und wer einen entsprechenden Vorteil aus der Rechtshandlung gezogen hat.[266] Er differenziert zwischen einer Anfechtbarkeit der Verrechnungsabrede und einer Anfechtbarkeit der Zahlung. Eine Anfechtbarkeit der Verrechnungsabrede lehnt er deswegen ab, weil die in der Verrechnungsabrede liegende Ermächtigung und die damit verbundenen rechtlichen Vorteile nach Gebrauchmachen von der Ermächti-

---

259 So auch *Lüke*, ZIP 2001, 1 (7).
260 BGH, Urt. v. 16. 9. 1999 – IX ZR 204/98 – NJW 1999, 3636.
261 *Lüke*, ZIP 2001, 1 (3).
262 Vgl. *Jaeger/Henckel*, KO, § 30 Rn. 10.
263 *Lüke*, ZIP 2001, 1 (3).
264 *Lüke*, ZIP 2001, 1 (4 f.).
265 *Lüke*, ZIP 2001, 1 (2).
266 *Lüke*, ZIP 2001, 1 (2 f.).

gung nicht zurückgewährt werden können. Aus diesem Grund bleibt nach seiner Auffassung allein die Zahlung als anfechtbare Rechtshandlung. In Übereinstimmung mit der herrschenden Meinung sieht auch er hier den Empfänger der Leistung als Anfechtungsgegner und beruft sich dabei auf den Zweck der Anfechtung.

Dennoch trifft die Darstellung *Lükes* nicht alle Besonderheiten der Anweisungskonstellation und lässt sich nicht ohne weiteres auf den Fall der Scheckzahlung übertragen, wie im Folgenden noch zu zeigen sein wird. Zumindest aber wird deutlich, dass eine überzeugende Lösung der Problematik nur möglich ist, wenn zwischen allen in Betracht kommenden Rechtshandlungen unterschieden wird und diese jeweils getrennt auf ihre Anfechtbarkeit untersucht werden.

Auch *Heile* nimmt Bezug auf die einzelnen möglichen Anfechtungstatbestände und untersucht, inwieweit sie gegenüber dem Angewiesenen erfüllt sind.[267] Während er eine Anfechtbarkeit nach § 30 Nr. 1, 2. Hs. KO (heute in § 130 InsO aufgegangen und weiterentwickelt[268]) und § 30 Nr. 2 KO (heute in § 131 InsO aufgegangen und weiterentwickelt[269]) deswegen ablehnt, weil bereits der Wortlaut dieser Vorschriften (der Angewiesene ist kein Konkursgläubiger) dem entgegensteht, scheitert nach seiner Auffassung eine Anfechtung nach § 30 Nr. 1, 1. Hs. KO (heute in § 132 InsO aufgegangen und weiterentwickelt[270]) daran, dass die betreffende Forderung allein durch Anweisungserteilung dem Zugriff der Gläubigergemeinschaft noch nicht entzogen sei. Die Anweisungserteilung sei daher für sich allein noch nicht unmittelbar benachteiligend.

Dass sich auch für den Fall der Scheckzahlung bereits aus den einzelnen Anfechtungstatbeständen selbst ergibt, ob und inwieweit eine Anfechtung gegenüber der Bank in Betracht kommt, wird im folgenden zu zeigen sein. Dabei wird es weder erforderlich sein, bereits den Umstand zu berücksichtigen, dass (auch) eine Anfechtung gegenüber dem Anweisungsempfänger in Betracht kommt, noch ist es nötig, den Anweisungsempfänger ignorierend eine Zwei-Personen-Konstellation zu fingieren.

Der Gesamtvorgang der Scheckeinlösung lässt sich dabei in folgende Einzelvorgänge unterteilen: Nimmt die Bank einen eingereichten Scheck zur Einlösung entgegen, so prüft sie zunächst, ob er gedeckt ist. Ist er gedeckt – entweder durch ein entsprechendes Guthaben oder einen eingeräumten Kredit – so nimmt sie ihr Recht auf Vorschusszahlung in Anspruch und verrechnet den Anspruch mit dem Kontosaldo. Weist das Konto des Scheckausstellers dabei einen Negativsaldo auf, so beinhaltet dies gleichzeitig die Einräumung entsprechenden Kredits. Im Anschluss zahlt sie den Scheckbetrag an den Schecknehmer bar aus (oder schreibt ihn seinem Konto gut). Als mögliche anfechtbare Rechtshandlungen im Zusammenhang mit der Scheckzahlung ergeben sich damit die im Scheck liegende *Anweisung*,

---

267 *Heile*, die Anweisung im Konkurs des Anweisenden, S. 70ff.
268 *Kirchhof* in: MünchKomm-InsO, § 130 Rn. 2.
269 *Kirchhof* in: MünchKomm-InsO, § 131 Rn. 2.
270 *Kirchhof* in: MünchKomm-InsO, § 132 Rn. 2.

die *Auszahlung* des Scheckbetrages, die in diesem Zusammenhang möglicherweise erfolgende *Einräumung von Kredit* und die *Verrechnung* mit dem Kontosaldo.

Jede einzelne dieser Rechtshandlungen muss daher für sich auf eine etwaige Anfechtbarkeit untersucht werden.

(1) Anweisung als anfechtbare Rechtshandlung

Zunächst könnte die im Scheck enthaltene Anweisung an die Bank, den Scheckbetrag an den einreichenden Schecknehmer auszuzahlen, anfechtbar sein. Dabei stellt sich die Frage nach der Rechtsnatur der Anweisung. Diese war früher heftig umstritten und hat entscheidenden Einfluss auf die Wirkung der Eröffnung des Insolvenzverfahrens bzw. den Verlust der Verfügungsbefugnis bereits im Eröffnungsverfahren in Bezug auf die Anweisung.

Gemäß der sog. Doppelmandatstheorie des gemeinen Rechts, die später nur noch vereinzelt und insbesondere von *Kohler*[271] vertreten worden ist, handelt es sich bei einer Anweisung um einen Auftrag.[272] Der Angewiesene erhalte ein Zahlungsmandat, der Anweisungsempfänger ein Einziehungsmandat. Bereits aus den Gesetzesmaterialien ergibt sich jedoch, dass diese Theorie nicht übernommen werden sollte und daher für die heutige Rechtslage außer Betracht bleiben muss.[273]

Nach anderer Auffassung ist die Anweisung Vollmacht[274], und zwar im Falle der Zahlungsanweisung Inkassovollmacht. Hierbei handele es sich nicht – korrespondierend zur Doppelmandatstheorie – um eine doppelte, sondern nur um eine einfache Stellvertretung.[275] Auch diese Theorie überzeugt aber nicht, weil sie nicht hinreichend berücksichtigt, dass der Angewiesene im Gegensatz zum Vertreter mit eigener Rechtsmacht ausgestattet ist.[276]

Heute entspricht es überzeugender und wohl einhelliger Auffassung, dass die Anweisung weder Auftrag noch Vollmacht, sondern vielmehr Ermächtigung ist.[277] Dabei liegt in der Anweisung zum einen eine Ermächtigung des Anweisungsempfängers, gegenüber dem Angewiesenen eine Leistung zu erheben, die im Verhältnis zu diesem eigentlich dem Anweisenden gebührt[278] (deswegen besteht kein eigener Anspruch des Schecknehmers gegenüber der Bank aus dem Scheck, siehe oben Teil 1 IV). Zugleich wird der Angewiesene ermächtigt, „durch seine Leistung die obligatorische Rechtslage des Anweisenden zu verändern“, indem der Anweisende durch Leistung des Angewiesenen auf die Anweisung entweder eine Forde-

---

271 *Kohler*, Lehrbuch des bürgerlichen Rechts, S. 166.
272 Ebenso: *Thöl*, Das Handelsrecht, § 190 S. 777.
273 *Mugdan*, Band II, S. 962 = Prot. S. 8480.
274 *Lenel*, Iher. Jhrb. 36 (1896), 1 (113 f.); *Lent*, Die Anweisung als Vollmacht und im Konkurse, S. 33 f.
275 *Lenel*, Iher. Jhrb. 36 (1896), 1 (117).
276 Ebenso *Hüffer* in: MünchKomm-BGB, § 783 Rn. 33.
277 *Hüffer* in: MünchKomm-BGB, § 783 Rn. 33; *Larenz/Canaris*, Lehrbuch des Schuldrechts, Bd. 2/2, § 62 I 2; *Marburger* in: Staudinger-BGB, § 783 Rn. 17.
278 *Hüffer* in: MünchKomm-BGB, § 783 Rn. 32.

rung verliert (Anweisung auf Schuld) oder aber eine neue Verpflichtung begründet (Anweisung auf Kredit).[279]

Denkt man nun über eine Anfechtbarkeit der Rechtshandlung der Anweisung gegenüber der Bank nach, so kann sich diese nur auf die zugunsten der Bank enthaltene Ermächtigung beziehen.

Lüke lehnt eine separate Anfechtbarkeit dieser Ermächtigung ab.[280] Dieses Ergebnis stützt er auf zwei Überlegungen. Zum einen vergleicht er die Wirkung der Anfechtung mit der Lage, die entsteht, wenn von einer mit einem Willensmangel behafteten Vollmacht Gebrauch gemacht wird. Auch dort werde zunehmend vertreten, dass eine Anfechtung allenfalls im Verhältnis zum Dritten in Betracht komme. Eine Anfechtung der Verrechnungsabrede – also der in der Anweisung enthaltenen Ermächtigung – komme deswegen nach Zahlung nicht in Betracht. Zum anderen sei eine Rückgewähr der rechtlichen Vorteile einer Ermächtigung nach Gebrauchmachen von der Ermächtigung weder *in natura* noch im Wege des Wertersatzes möglich, weil mit der Ermächtigung kein wirtschaftlicher Wert verbunden sei.[281]

Diese Ausführungen überzeugen nur zum Teil. Zwar betont *Lüke* ausdrücklich die Unterschiede zwischen Ermächtigung und Bevollmächtigung, beachtet sie aber schlussendlich nicht. Hinsichtlich der Ermächtigung ist an dieser Stelle nicht entscheidend, ob die Anfechtung „im Verhältnis zum Dritten" erfolgen sollte. Gerade aus der Doppelnatur der Anweisung als Ermächtigung sowohl gegenüber dem Angewiesenen als auch dem Anweisungsempfänger folgt, dass bezüglich der Ermächtigung zwei getrennte Rechtsverhältnisse bestehen, nämlich das Verhältnis zwischen Anweisendem und Angewiesenem und das Verhältnis zwischen Anweisendem und Anweisungsempfänger. Bei einer Vollmacht hingegen handelt der Bevollmächtigte für den Vollmachtgeber und übt damit fremde Rechtsmacht aus. Im Gegensatz zur Anweisung lässt sich das Dreiecksverhältnis der Vollmacht diesbezüglich nicht in zwei separate Rechtsverhältnisse unterteilen. Viel eher ist daher ein Vergleich der abstrakten Konstellation der Ermächtigungen mit der konkret durch Ausführung der Anweisung entstehenden Lage der Leistungsbeziehungen angebracht (hierzu noch ausführlicher unten Teil 2 III.4). Die Ermächtigung des Angewiesenen durch den Anweisenden korrespondiert mit der Leistung an diesen im Rahmen der Anweisungsdurchführung. Die Ermächtigung des Anweisungsempfängers korrespondiert mit der Leistung des Anweisenden an ihn. Damit wird zugleich deutlich, dass es sich bei dem zweiten von *Lüke* vorgebrachten Argument wohl um das entscheidende handelt: Mit einer Ermächtigung selbst ist kein wirtschaftlicher Wert verbunden und damit auch kein Nachteil für die spätere Insol-

---

279 *Hüffe* in: MünchKomm-BGB, § 783 Rn. 32.
280 *Lüke*, ZIP 2001, 1 (6f.); seine Ausführungen beziehen sich allerdings auf die „Verrechnungsabrede" als anfechtbare Rechtshandlung. Aus seinen Ausführungen – insbesondere S. 5 – wird allerdings deutlich, dass diese aber der in der Anweisung enthaltenen Ermächtigung entspricht, insoweit greift er argumentativ auf die Struktur der Anweisung zurück. Er unterscheidet in diesem Zusammenhang zwischen der „Verrechnungsabrede" als Ermächtigung und der Zahlung als Ausführung derselben.
281 *Lüke*, ZIP 2001, 1 (7).

venzmasse. Sie stellt für sich genommen keine Verfügung über das Schuldnervermögen dar.

Auch *Heile* führt zutreffend aus, dass die Erteilung der Anweisung selbst noch nicht dazu führt, dass der Angewiesene etwas erlangt.[282] Hierzu bedarf es noch weiterer Vorgänge. Einen Wert erlangt die Anweisung daher erst mit ihrer Durchführung durch Leistung, also mit den weiteren in diesem Zusammenhang vorgenommenen und im Folgenden zu untersuchenden Rechtshandlungen. Eine Anfechtung der Anweisung selbst kommt daher nicht in Betracht.

(2) *Auszahlung als anfechtbare Rechtshandlung*

Allerdings könnte die Vornahme der Auszahlung (bzw. Übertragung von Buchgeld) gegenüber der bezogenen Bank anfechtbar sein.

Wie bereits ausgeführt, ist es zwar faktisch die bezogene Bank, welche die Auszahlung des Scheckbetrages an den Schecknehmer ausführt, jedoch handelt es sich dabei um eine Leistung des Scheckausstellers an den Schecknehmer. Das Deckungsverhältnis besteht somit zwischen Scheckaussteller und Schecknehmer. Soweit ein Deckungsverhältnis auch zwischen Bank und Scheckaussteller besteht, weil die Bank an den Scheckaussteller leistet, ist zu berücksichtigen, dass die Bank dabei Schuldnerin – entweder eines Guthabens oder eines eingeräumten Kredits – und nicht Gläubigerin des Scheckausstellers und damit des späteren Gemeinschuldners ist. Eine Anfechtung nach §§ 130 bzw. 131 InsO käme allerdings nur dann in Betracht, wenn die Vornahme der Auszahlung zur Deckung der Forderung eines Insolvenzgläubigers führen würde. In diesem Zusammenhang ist zwar streitig, ob die Bank nicht zumindest in dem Moment zur Gläubigerin des späteren Insolvenzschuldners wird, in welchem sie aufgrund des Schecks einen Anspruch auf Vorschusszahlung erhält.[283] Da dieser Anspruch aber durch die noch vor Auszahlung des Scheckbetrages erfolgende Lastschriftbuchung getilgt wird, ist die Bank im Moment der Scheckzahlung ohnehin nicht mehr Gläubigerin des späteren Insolvenzschuldners, sondern nach wie vor nur Schuldnerin des Guthabens bzw. des Kreditauszahlungsanspruchs.[284] Diese Auffassung führt somit letztlich zu dem gleichen Ergebnis wie die Gegenauffassung[285], nach der die Bank mit der Auszahlung unmittelbar eine Schuld gegenüber dem Scheckaussteller tilgt und damit nicht dessen Gläubigerin, sondern Schuldnerin ist. Mangels Gläubigereigenschaft scheidet daher eine Deckungsanfechtung gemäß § 130 bzw. § 131 InsO hinsichtlich der Auszahlung gegenüber der Bank aus.[286]

---

282 *Heile*, die Anweisung im Konkurs des Anweisenden, S. 73; ihm folgend: *Dauernheim* in: FK-InsO, § 130 Rn. 15.
283 Dafür etwa *Canaris*, Bankvertragsrecht, Rn. 343; dagegen, allerdings ohne nähere Begründung, *Dauernheim* in: FK-InsO, § 130 Rn. 18.
284 *Henckel* in: Jaeger, InsO, § 130 Rn. 40.
285 *Möschel*, JuS 1972, 298; *Heile*, Die Anweisung im Konkurs des Anweisenden, S. 124 ff.; *Ulmer*, AcP 126, 167 f.
286 Ebenso *Henckel* in: Jaeger, InsO, § 130 Rn. 40.

In Betracht käme allenfalls eine Anfechtung nach § 132 InsO. Allerdings ist mit der oben (Teil 2 II.4b)aa)) genannten herrschenden Meinung davon auszugehen, dass § 132 InsO seinem Sinn und Zweck nach nicht verhindern soll, dass Schuldner des späteren Gemeinschuldners in dessen Krise ihre Verbindlichkeit begleichen. *Henckel* formuliert in diesem Zusammenhang treffend, es sei nicht Rechtsgedanke des § 132, „dass die Geschäftstätigkeit des späteren Gemeinschuldners schon mit dem Ausbruch der Krise völlig lahm gelegt werden soll“.[287] Er vergleicht die Tilgung einer Forderung des Schuldners mit einer Bardeckung, weil der spätere Insolvenzschuldner seine Forderung verliere und dafür gleichzeitig den entsprechenden Gegenwert erhalte. Entscheidendes Argument dürfte allerdings sein, dass hier zwischen zwei Vorgängen unterschieden werden muss: Zum einen erfüllt die Bank mit der Auszahlung ihre Schuld gegenüber dem späteren Insolvenzschuldner. Dies ist erwünscht und von der Insolvenzordnung gebilligt, denn das Anfechtungsrecht soll nicht verhindern, dass der in der Krise Befindliche noch Forderungen realisiert und so die spätere Masse erhöht oder seine Insolvenz gar noch abwendet. Dann aber kommt eine Anfechtung dieser von der Rechtsordnung gebilligten Rechtshandlung gegenüber der Bank auch nicht deswegen in Betracht, weil die Leistung einem anderen Gläubiger und nicht der späteren Insolvenzmasse zufließt. Vielmehr ist hier nur die Deckungsanfechtung gegenüber demjenigen möglich, der den Leistungsgegenstand erhält, in diesem Fall also gegenüber dem Schecknehmer. Eine Anfechtung der Auszahlung gegenüber der Bank kommt aber nicht in Betracht.

(3) Einräumung von Kredit als anfechtbare Rechtshandlung

Sofern die Auszahlung des Scheckbetrages allerdings aus einem Kreditrahmen erfolgt, muss man darüber nachdenken, ob – wenn schon nicht die Auszahlung selbst als anfechtbare Rechtshandlung in Betracht kommt – zumindest eine mit der Auszahlung erfolgende (weitere) Einräumung von Kredit als eigene Rechtshandlung anfechtbar ist. Dabei ist zwischen der Auszahlung aus einem eingeräumten Kreditrahmen und der Auszahlung im Rahmen einer nur geduldeten Kontoüberziehung zu unterscheiden.

(a) Auszahlung aus einem eingeräumten Kreditrahmen

Bezüglich einer Auszahlung aus einem bereits zuvor eingeräumten Kreditrahmen ist zu berücksichtigen, dass die Bank hinsichtlich des betreffenden Kreditbetrages nach Eröffnung des Insolvenzverfahrens nur einfache Insolvenzgläubigerin ist.[288] Soweit also eine solche Auszahlung deswegen eine Gläubigerbenachteiligung darstellen kann, weil ein in Anspruch genommener Dispositionskredit in die Aktivmasse fällt (siehe dazu bereits oben Teil 2 II.1b)aa) (2) (a)i.), gilt dies nicht im Verhältnis zur Bank. Denn der Auszahlung dieses Kredits steht grundsätzlich kein Vorteil der Bank gegenüber. Sie erhält nichts, was sie gemäß § 143 InsO zur Masse zurückgewähren könnte.

---

287 *Henckel* in: Jaeger, InsO, § 130 Rn. 41.
288 *Bork*, Zahlungsverkehr in der Insolvenz, Rn. 419.

Auch unter dem Gesichtspunkt des sog. „Quotenschadens" – also der Erhöhung der zur Tabelle anzumeldenden Forderungen – ist eine Gläubigerbenachteiligung nicht denkbar. Denn die Annahme einer Gläubigerbenachteiligung in diesem Fall beruht gerade darauf, dass der ausbezahlte Betrag ansonsten in die Haftungsmasse gefallen wäre. In dem Falle hätte die entsprechende Forderung der Bank aber ebenfalls bestanden. Mangels Gläubigerbenachteiligung muss eine Anfechtung ihr gegenüber daher ausscheiden. Selbst wenn man eine Gläubigerbenachteiligung zum Vorteile der Bank deswegen annehmen wollte, weil diese sich den eingeräumten Kredit ungewöhnlich hoch hat besichern lassen, so käme auch dann nicht die Krediteinräumung/-auszahlung als Anfechtungsgegenstand in Betracht, sondern allenfalls die Besicherung selbst.

(b) Auszahlung im Rahmen einer nur geduldeten Kontoüberziehung

Eine Auszahlung im Rahmen einer nur geduldeten Kontoüberziehung, also über den eingeräumten Kreditrahmen hinaus, stellt – wie oben ausgeführt – im Verhältnis zum Schecknehmer keine Gläubigerbenachteiligung dar, weil die nur geduldete Kontoüberziehung nicht in die Masse fällt. Anders ist die Rechtslage aber im Verhältnis zur Bank. Mit der Einräumung und Auszahlung des Kredits hat die Bank eine zusätzliche Forderung erworben, die sie zur Tabelle anmelden kann und wodurch die anderen Gläubiger benachteiligt werden („Quotenschaden"). Hier würden die Insolvenzgläubiger also scheinbar– im Unterschied zum unter (a) beschriebenen Fall – besser dastehen, wenn die Bank die Überziehung nicht geduldet hätte. Dabei würde aber übersehen, dass diesem Nachteil für die Masse, dass die Bank hinsichtlich des Kreditbetrages als Insolvenzgläubigerin zu berücksichtigen ist, der Vorteil gegenüber steht, dass die Forderung des Schecknehmers – der sonst ebenfalls Insolvenzgläubiger gewesen wäre – erlischt. Eine Gläubigerbenachteiligung wäre damit auch in dieser Fallkonstellation allenfalls unter dem Gesichtspunkt denkbar, dass die Bank sich für den Kredit ungewöhnlich hohe Sicherheiten hat einräumen lassen. Jedoch gilt auch hier, dass dann die Besicherung Anfechtungsgegenstand wäre. Die Einräumung des Kredites im Zusammenhang mit der Scheckzahlung benachteiligt die übrigen Insolvenzgläubiger somit nicht und ist daher auch nicht anfechtbar.

cc) Vorsatzanfechtung gegenüber der den Scheck einlösenden Bank

Es hat sich gezeigt, dass eine Anfechtung gegenüber der Bank im Gegensatz zu einer Anfechtung gegenüber dem Schecknehmer grundsätzlich nicht in Betracht kommt. Während die Anfechtung der Rechtshandlungen der Einräumung von Kredit sowie der Verrechnung bereits daran scheitert, dass es – zumindest im Verhältnis zur Bank – an einer Gläubigerbenachteiligung fehlt, kommt eine Anfechtung der Auszahlung deswegen nicht in Betracht, weil – aus den dargestellten Gründen – von einem Vorrang der Deckungsanfechtung gegenüber dem Schecknehmer vor der Anfechtung gegenüber der Bank nach § 132 InsO auszugehen ist.

Fraglich ist, ob dieser Vorrang stets und ohne Ausnahme gelten kann.

(1) Vorsatzanfechtung gegen den Angewiesenen in Anweisungsverhältnissen

In der Literatur ist vereinzelt in Erwägung gezogen worden, von dem Grundsatz, dass eine insolvenzrechtliche Anfechtung im Rahmen von anweisungsrechtlichen Drei-Personen-Verhältnissen gegenüber dem Anweisungsempfänger zu erfolgen hat, insoweit abzuweichen, als unter bestimmten Voraussetzungen auch zusätzlich eine Anfechtung gegenüber dem Angewiesenen in Betracht kommen soll. Dies soll etwa dann der Fall sein, wenn die Zwischenperson nicht allein nach Art einer „Zahlung- und Verrechnungsstelle" eingeschaltet ist, nämlich dann, wenn sie sich an einer vorsätzlichen Gläubigerbenachteiligung beteiligt.[289]

Es ergibt sich also das Problem, ob das Vorliegen der Voraussetzungen von § 133 Abs. 1 InsO eine Durchbrechung des soeben herausgearbeiteten Grundsatzes, dass eine Anfechtung grundsätzlich nur gegenüber dem Schecknehmer, nicht aber gegenüber der den Scheck einlösenden Bank möglich ist, zu rechtfertigen vermag.

Beispielsfall 14

Der IX. Zivilsenat des Bundesgerichtshofs hat sich erstmals in einer Entscheidung aus dem Jahr 2007 dazu geäußert, ob der Angewiesene Anfechtungsgegner im Rahmen der Vorsatzanfechtung sein kann.[290]

Im dabei zu entscheidenden Fall hatte der (spätere) Insolvenzschuldner, ein Bewachungsunternehmen, Bewachungsdienstleistungen für die Beklagte vorgenommen. Hieraus stand ihm eine Forderung in Höhe von 10.144,75 Euro gegen die Beklagte zu. Nach Antrag auf Verfahrenseröffnung und Bestellung eines vorläufigen Insolvenzverwalters mit Zustimmungsvorbehalt nach § 21 Abs. 2 Nr. 2, Var. 2 InsO bezahlte die Beklagte – in Unkenntnis des Zustimmungsvorbehaltes – die Forderung auf Anweisung des Schuldners bei dessen bevollmächtigten Subunternehmer. Nach endgültiger Verfahrenseröffnung verlangte der Insolvenzverwalter von der Beklagtem Zahlung der 10.144,75 Euro.

Es handelte sich damit um eine typische Anweisungskonstellation: Die angewiesene Beklagte zahlte – auf Anweisung des Gemeinschuldners – an den Subunternehmer (Anweisungsempfänger). Damit lag in der Zahlung erkennbar eine Leistung der Beklagten an den Gemeinschuldner und eine Leistung des Gemeinschuldners an den Subunternehmer.

Die Vorinstanzen hatten die Zahlungsklage des Insolvenzverwalters mit der Begründung abgewiesen, dass die Beklagte durch die Zahlung an den Subunternehmer gemäß §§ 24 Abs. 1, 82 InsO von ihrer Verbindlichkeit frei geworden sei. Der BGH hat das angefochtene Urteil aufgehoben und an das Berufungsgericht zurückverwiesen.[291] Das Berufungsgericht hätte den Sachverhalt auch auf anfechtungsrechtliche Ansprüche hin untersuchen müssen.

Ein anfechtungsrechtlicher Rückgewähranspruch richte sich in einem solchen Fall zwar grundsätzlich „gegen den, der infolge der anfechtbaren Handlung den Gegenstand aus dem Vermögen des Schuldners erhalten hat". So würde sich also auch in diesem Fall der Rückgewähranspruch grundsätzlich gegen den Subunternehmer zu richten haben. Nach Auffassung des Senates komme eine Vorsatzanfechtung gegenüber dem Angewiesenen – im zu entschei-

---

289 *Kirchhof* in: MünchKomm-InsO, § 129 Rn. 49a.
290 BGH, Urt. v. 29. 11. 2007 – IX ZR 121/06 – ZIP 2008, 190ff. = BGHZ 174, 314.
291 BGH aaO.

denden Fall also gegen die Beklagte – bei der Ausführung einer nicht angenommenen Anweisung auf Schuld aber dann in Betracht, wenn der Schuldner mit Gläubigerbenachteiligungsabsicht gehandelt und der Angewiesene dies gewusst habe.[292] Das Senatsurteil vom 16. 9. 1999[293] stehe dem nicht entgegen. Zwar habe der Senat dort entschieden, dass allein der Zuwendungsempfänger Anfechtungsgegner sei, wenn der Schuldner eine Zwischenperson eingeschaltet habe, welche die Zuwendung für ihn bewirkt habe. Diese Entscheidung habe sich aber nur mit der Deckungsanfechtung nach § 30 Nr. 1 KO befasst, nicht aber mit der Vorsatzanfechtung.

Die Rechtslage habe sich mit Inkrafttreten der Insolvenzordnung nicht geändert, auch der Wortlaut des § 133 Abs. 1 InsO gebe für eine sachliche Änderung insoweit nichts her, die im Urteil von 1999 entwickelten Grundsätze hätten also weiterhin Bestand.

Sofern also die Voraussetzungen der Vorsatzanfechtung gemäß § 133 Abs. 1 InsO auch gegenüber dem Angewiesenen vorliegen, komme nicht nur eine Anfechtung gegenüber dem Anweisungsempfänger, sondern auch eine Anfechtung gegenüber dem Angewiesenen in Betracht. Sofern die Voraussetzungen beider Ansprüche erfüllt seien, ständen beide gleichstufig nebeneinander. Angewiesener und Anweisungsempfänger hafteten dann nach § 426 Abs. 1 BGB als Gesamtschuldner. Dem stehe auch nicht entgegen, dass der Angewiesene Gefahr laufe, zweimal zahlen zu müssen und dafür keine Kompensation zu erhalten. Dieses Ergebnis sei vom Gesetz gewollt und billig.

Auch *Heile*[294] hält eine Vorsatzanfechtung gegenüber dem Angewiesenen, der seine Schuld durch Leistung an den Gemeinschuldner erfüllt, für unproblematisch. Man dürfe ihm die Mitwirkung an „betrüglichen Kollusionen“[295] nicht nachsehen, denn einem Schuldner, der wisse, dass der Gemeinschuldner die Leistung beiseite schaffen wolle, könne zugemutet werden, sich durch Hinterlegung nach § 172 S. 2, Var. 1 BGB zu entlasten.[296]

Fraglich ist, ob dies auch im Rahmen von Scheckzahlungen gelten kann, denen zwar – wie bereits dargestellt – ein typisches Anweisungsverhältnis zugrunde liegt, die jedoch durchaus auch einige Besonderheiten bergen. Würde man den soeben dargestellten, vom Bundesgerichtshof entschiedenen Fall unmittelbar auf den Fall einer Scheckzahlung übertragen, so würde sich folgendes ergeben: Sofern die Bank eine Scheckanweisung des späteren Gemeinschuldners ausführt und dabei die Voraussetzungen des § 133 Abs. 1 InsO erfüllt sind, also der Schuldner den Scheck mit Gläubigerbenachteiligungsvorsatz hingegeben hat und die Bank dies wusste/wissen musste, käme eine Anfechtung nicht nur gegenüber dem Schecknehmer in Betracht, sondern auch – zusätzlich – gegenüber der auszahlenden Bank.

---

292 Unter zutr. Berufung auf Literatur zur Konkursordnung: *Jaeger/Henckel*, § 30 KO, Rn. 147; *Jaeger/Lent*, KO, § 31 Rn. 3; *Heile* die Anweisung im Konkurs des Anweisenden, S. 74; *Lent*, Die Anweisung als Vollmacht und im Konkurse, S. 179f. u. 184,

293 BGH, Urt. v. 8. 7.1999 – NJW 1999, 3332 = BGHZ 142, 184.

294 *Heile*, die Anweisung im Konkurs des Anweisenden, S. 74.

295 Wie bereits oben ausgeführt, ist ein solches kollusives Zusammenwirkung bei der Absichtsanfechtung nach der Neufassung in der Insolvenzordnung nicht mehr erforderlich, vgl. Teil 2 II.2.b)bb).

296 Ebenso: *Lent*, Die Anweisung als Vollmacht und im Konkurse, S. 179f.; *Hirsch*, Anweisung und Scheck im Konkurse des Ausstellers, S. 31.

Dabei bliebe aber unberücksichtigt, dass das Verhältnis zwischen Scheckaussteller und seiner Bank durch den Bank- und Scheckvertrag bestimmt wird. Der im Scheck liegenden Anweisung liegen weitergehende vertragliche Verpflichtungen zugrunde, deren Wesen es entspricht, dass die Bank aufgrund von Weisungen des Kontoinhabers Zahlungen direkt an dritte Personen vornimmt. Aufgrund dieser vertraglichen Verpflichtung kann sich die Bank der Zahlung auf den Scheck nicht ohne weiteres entziehen, denn zahlt sie nicht, obwohl sie hierzu vertraglich verpflichtet ist, so macht sie sich schadensersatzpflichtig[297].

Hat die Bank aber keine Wahl, als auf den Scheck zu zahlen, oder sich schadensersatzpflichtig zu machen, so kann ihr die Erfüllung der Zahlungspflicht nicht zum Vorwurf gemacht werden. Dies muss selbst dann gelten, wenn ihr bei Erfüllung der Zahlungspflicht bewusst war, dass ihr Handeln zugleich spätere Insolvenzgläubiger benachteiligen muss.

Eine Anfechtung gegenüber der Bank könnte allerdings in Anlehnung an das dargestellte Urteil des IX. Zivilsenats und die Ausführungen von *Heile* dann in Betracht kommen, wenn die Bank zur Einlösung des Schecks nicht verpflichtet war.

(2) *Einlöseverpflichtung der Bank trotz Ablauf der Vorlegungsfrist*

Fraglich ist zunächst, ob die Bank nach Ablauf der in Art. 29 Abs. 1 ScheckG genannten Vorlegungsfrist von acht Tagen nach Ausstellung[298] des Schecks noch zur Einlösung verpflichtet ist. Wäre sie es nicht, so wäre nach einer dennoch erfolgten Einlösung über eine Anfechtung gegenüber der Bank nachzudenken.

Der Gesetzeswortlaut ist dabei nicht eindeutig, in Art. 32 Abs. 2 ScheckG heißt es, der Bezogene (also die Bank) *kann* auch nach Ablauf der Vorlegungsfrist Zahlung leisten, wenn der Scheck nicht widerrufen ist. Ob der Bezogene dies auch *muss*, geht aus dem Wortlaut nicht hervor. Ein Fortbestand der Einlöseverpflichtung der bezogenen Bank gegenüber dem Scheckaussteller wird dennoch von der heute herrschenden Meinung bejaht.[299] Der Ablauf der Vorlegungsfrist ist zwar deswegen von Bedeutung, weil danach der Rückgriff gemäß Art. 40 ScheckG gegen den Aussteller und die Indossanten ausgeschlossen ist.[300] Auf die Gültigkeit der im Scheck enthaltenen Anweisung hat der Fristablauf jedoch keinen Einfluss.[301] Der Zweck des Art. 29 ScheckG erschöpft sich somit weitgehend darin, den Schecknehmer zu einer zeitnahen Einlösung des Schecks anzuhalten. Der Scheckaussteller

---

297 Vgl. *Baumbach/Hefermehl/Casper*, Art. 3 ScheckG, Rn. 6.
298 Maßgeblich ist dabei gemäß Art. 29 Abs. 4 ScheckG der im Scheck angegebene Ausstellungstag, nicht der tatsächliche.
299 *Hadding* in: MünchKomm-HGB, BankR, Rn. D 35; *Bülow*, Art. 29 ScheckG, Rn. 1; *Canaris*, Bankvertragsrecht, Rn. 692; *Nobbe* in: Schimansky/Bunte/Lwowski, Bankrechtshandbuch I, § 60 Rn. 136; *Baumbach/Hefermehl/Casper*, Art. 32 ScheckG Rn. 16; a.A. OLG Düsseldorf, WM 1976, 882 (887).
300 *Baumbach/Hefermehl/Casper*, Art. 29 ScheckG Rn. 5.
301 *Nobbe* in: Schimansky/Bunte/Lwowski, Bankrechthandbuch I, § 60 Rn. 136.

kann seine Bank daher nur dadurch von ihrer Einlöseverpflichtung befreien, dass er den Scheck widerruft.

Da die bezogene Bank somit auch nach Ablauf der Vorlegungsfrist zur Einlösung des Schecks aus dem Scheckvertrag verpflichtet bleibt, kann ihr die Erfüllung dieser Verpflichtung dann nicht als ein kollusives Zusammenwirken mit dem späteren Insolvenzschuldner vorgehalten werden.

(3) Keine Einlöseverpflichtung der Bank für Schecks im Rahmen einer nur geduldeten Kontoüberziehung

Als einzig möglicher Fall, in welchem die Bank zur Einlösung eines Schecks zwar berechtigt, aber nicht verpflichtet ist, bleibt damit derjenige der Einlösung im Rahmen einer geduldeten Kontoüberziehung. Denn gemäß Nr. 4 Scheckbedingungen (2000) ist die Bank zur Einlösung des Schecks in einem solchen Fall berechtigt, mangels Verpflichtung zur Erhöhung des eingeräumten Kreditrahmens besteht aber kein diesbezüglicher Anspruch des Scheckausstellers. Löst die Bank den Scheck somit freiwillig ein, kann sie nicht mit dem Einwand gehört werden, sie habe bei der Einlösung nur gemäß ihrer vertraglichen Verpflichtung gehandelt.

(4) Keine Vorsatzanfechtung gegenüber der Bank bei mangelnder Einlösungsverpflichtung im Rahmen einer nur geduldeten Kontoüberziehung

Ist die Bank deshalb nicht zur Einlösung des Schecks verpflichtet, weil die Einlösung im Rahmen einer nur geduldeten Kontoüberziehung erfolgen müsste, und löst sie den Scheck dennoch ein, so muss man nach dem oben gesagten eine Vorsatzanfechtung ihr gegenüber in Erwägung ziehen. Jedoch setzt die Anfechtbarkeit voraus, dass auch tatsächlich alle Voraussetzungen des § 133 InsO im Verhältnis zur Bank erfüllt sind.

Eine Rechtshandlung des Schuldners, wie es § 133 InsO voraussetzt, liegt in einem solchen Fall vor. Die Auszahlung beruht auf seiner Rechtshandlung, weil der Schuldner den Scheck ausgestellt und in den Rechtsverkehr gebracht hat.

Fraglich ist allerdings, warum in der Einlösung des Schecks in einem solchen Fall eine Benachteiligung der übrigen Insolvenzgläubiger liegen sollte. Denn immerhin ist bereits oben ausführlich darauf eingegangen worden, dass eine Kontoüberziehung über einen eingeräumten Kreditrahmen hinaus ohnehin nicht pfändbar ist und damit auch nicht in die Insolvenzmasse fällt.

Darin liegt ein entscheidender Unterschied zwischen dem Fall einer Scheckzahlung und dem oben dargestellten Anweisungsfall des BGH[302]: Während die Forderung hinsichtlich der erbrachten Bewachungsdienstleistungen nach Verfahrenseröffnung in die Masse gefallen wäre, wenn die Beklagte nicht an den Subunternehmer des Schuldners erfüllt hätte, wirkt sich die Auszahlung des Scheckbetrages aus einem Konto, das bereits über einen eingeräumten Kreditrahmen hinaus belastet ist, nicht negativ auf die Masse aus.

---

302 BGH, Urt. v. 29. 11. 2007 – IX ZR 121/06 – ZIP 2008, 190ff. = BGHZ 174, 314, siehe oben **Beispielsfall 14.**

Die Wirkung der Einlösung des Schecks könnte sich damit auf einen bloßen Gläubigeraustausch begrenzen, der für sich genommen nicht gläubigerbenachteiligend wäre. Tatsächlich erlischt mit Einlösung des Schecks durch die bezogene Bank die Forderung des Schecknehmers. Zugleich entsteht in gleicher Höhe (nämlich in Höhe des ausbezahlten Scheckbetrages) mit Duldung der Kontoüberziehung eine Kreditforderung zugunsten der Bank. Eine Schlechterstellung der übrigen Insolvenzgläubiger bewirkt dies nicht.

Die Entstehung dieser Kreditforderung der Bank würde die übrigen Insolvenzgläubiger allerdings dann benachteiligen, wenn die Bank über bessere Sicherheiten verfügen würde als der Schecknehmer. Denn während die Forderung des Schecknehmers aus dem Valutaverhältnis die Masse nur mit einer Insolvenzforderung belastet hätte, kann die Bank ihre Kreditforderung aufgrund dieser Sicherheiten möglicherweise voll realisieren. Allerdings wäre eine solche Benachteiligung nicht auf die Einlösung des Schecks zurückzuführen, sondern auf die Bestellung der betreffenden Sicherheiten. Anfechtungsgegenstand wäre also eine andere Rechtshandlung. Ohnehin sind zu Gunsten der Bank bestellte Sicherheiten häufig anfechtbar (vgl. zu den in den Allgemeinen Geschäftsbedingungen vereinbarten Sicherheiten zu Gunsten der Bank noch die Darstellung unter Teil 3 II.1.). Eine etwaige Anfechtung würde damit auch keine Durchbrechung des Grundsatzes darstellen, dass im Anweisungsverhältnis der Anweisungsempfänger Anfechtungsgegner ist, sondern es ginge lediglich um die Frage der Insolvenzfestigkeit der Sicherheiten der Bank.

Eine Anfechtung der Einlösung eines Schecks kommt somit auch gemäß § 133 InsO der Bank gegenüber nicht in Betracht.

c) Zwischenergebnis

Es hat sich gezeigt, dass eine Insolvenzanfechtung von Scheckzahlungen stets nur gegenüber dem Schecknehmer in Betracht kommt, nicht aber gegenüber der bezogenen Bank. Damit unterscheidet sich die Scheckzahlung von den Fällen, in denen Drittzahlungen auf Anweisung des Insolvenzschuldners möglicherweise nicht nur gegenüber dem Anweisungsempfänger, sondern unter den Voraussetzungen des § 133 InsO auch gegenüber dem Angewiesenen anfechtbar sind.

5. Ergebnis zur Anfechtbarkeit von Scheckzahlungen

Die Untersuchung von Scheckzahlungen des Insolvenzschuldners, welche dieser vorgenommen hat, bevor er durch einen Beschluss des Insolvenzgerichts im Eröffnungsverfahren oder durch die Verfahrenseröffnung seine Verfügungsbefugnis verloren hat, hat folgendes ergeben:

Gegenüber der bezogenen Bank ist die Anfechtung einer Scheckzahlung generell nicht möglich. Die Bank ist – solange die Geschäftsbeziehung zum späteren Insolvenzschuldner besteht und dieser noch vollumfänglich verfügungsbefugt ist, verpflichtet, Scheckverfügungen, die sich innerhalb eines Guthabens oder eines eingeräumten Kreditrahmens bewegen, auszuführen. Hierfür erlangt sie einen Aufwendungsersatzanspruch, den sie in das Kontokorrent einstellen kann.

Allerdings muss der Insolvenzverwalter stets die Anfechtung von Scheckzahlungen gegenüber dem Schecknehmer in Erwägung ziehen. Anfechtungsrechtlich ist dabei zwischen der Ausstellung und der Einlösung eines Schecks zu unterscheiden.

Eine Anfechtung der *Einlösung eines Schecks* kommt nur dann in Betracht, wenn der Saldo des bezogenen Kontos nach der Einlösung positiv oder neutral ist, oder aber zumindest innerhalb eines eingeräumten Kreditrahmens, denn nur dann hat die Einlösung eine Masseschmälerung verursacht. Ist die Scheckeinlösung innerhalb der letzten drei Monate vor Stellen des Insolvenzantrages erfolgt, so kommt häufig eine Anfechtung nach § 130 InsO in Betracht, da die Zahlung mit einem eigenen Scheck in der Regel eine kongruente Deckung darstellt. Ist die Scheckhingabe in engem zeitlichem Zusammenhang mit dem Grundgeschäft erfolgt, sind häufig zugleich die Voraussetzungen eines Bargeschäfts gemäß Art. 142 InsO erfüllt, so dass eine Anfechtung nach § 130 InsO dann ausgeschlossen ist und allenfalls eine Anfechtung unter den strengeren Voraussetzungen des § 133 InsO in Betracht kommt. Ist der spätere Insolvenzschuldner zur Scheckzahlung dadurch veranlasst worden, dass sein Gläubiger ihm damit gedroht hat, Insolvenzantrag gegen ihn zu stellen, dann ist die Scheckzahlung stets inkongruent. Entsprechendes gilt für Scheckzahlungen im Rahmen von Zwangsvollstreckungsmaßnahmen innerhalb der Krise. Solche inkongruenten Scheckzahlungen können gemäß § 131 InsO anfechtbar sein. Ein Anfechtungsausschluss gemäß § 142 InsO kommt für sie nicht in Betracht. Vor Beginn der Krise ist eine erfolgreiche Scheckzahlung allenfalls nach § 133 InsO anfechtbar. Ihre etwaige Inkongruenz kann dabei ein starkes Beweiszeichen für den erforderlichen Gläubigerbenachteiligungsvorsatz des Schuldners und die Kenntnis seines Gläubigers hiervon darstellen. Eine erfolgreiche Anfechtung durch den Insolvenzverwalter hat zur Folge, dass der Schecknehmer den eingezogenen Scheckbetrag zur Masse erstatten muss und dafür seine ursprüngliche Forderung aus dem Valutaverhältnis zur Tabelle anmelden kann.

Die Frage einer Anfechtbarkeit der *Ausstellung eines Schecks* wird nur dann relevant, wenn der Versuch des Schecknehmers, den Scheck einzulösen, misslungen ist. In diesem Fall besteht für die Masse die Gefahr, dass der Schecknehmer seine Forderung im Wege des Scheckprozesses nicht nur leichter, sondern auch erhöht um den scheckrechtlichen Regressanspruch durchsetzt oder zumindest zur Tabelle anmeldet. Die Anfechtung der Ausstellung setzt voraus, dass der Schecknehmer einen scheckrechtlichen Haftungsanspruch nach Art. 45 ScheckG gegen den Insolvenzschuldner erworben hat. Dies ist nur dann der Fall, wenn die Nichteinlösung des Schecks entsprechend der in Art. 40 ScheckG genannten Form festgestellt worden ist. Bei Schecks, die einen Betrag von 6.000 Euro nicht übersteigen wird diese Voraussetzung häufig nicht erfüllt sein, da diese im Wege des BSE-Verfahrens eingezogen werden und es damit in der Regel an der für die Feststellung nach Art. 40

ScheckG erforderlichen rechtzeitigen körperlichen Vorlegung bei der bezogenen Bank fehlt. Soweit die Voraussetzungen des scheckrechtlichen Haftungsanspruches innerhalb der Krise eingetreten sind, ist grundsätzlich über eine Anfechtung der Scheckausstellung nach § 130 InsO wegen kongruenter Sicherung nachzudenken. Ein Anfechtungsausschluss gemäß § 142 InsO kommt in dieser Konstellationen keinesfalls in Betracht, da der scheckrechtliche Haftungsanspruch stets über die Grundforderung hinausgeht und damit keine gleichwertige Gegenleistung darstellen kann. Ist die Scheckzahlung ausnahmsweise inkongruent, so ist § 131 InsO zu prüfen. Sofern der scheckrechtliche Haftungsanspruch und die aus ihm resultierende Benachteiligung der übrigen Insolvenzgläubiger vor Beginn des Dreimonatszeitraumes der §§ 130, 131 InsO entsteht, kommt lediglich eine Vorsatzanfechtung gemäß § 133 InsO in Betracht. Eine erfolgreiche Anfechtung der Scheckausstellung durch den Insolvenzverwalter führt dazu, dass der Schecknehmer einen bereits realisierten Regressanspruch aus Art. 45 ScheckG zur Masse zurückerstatten muss. Hat der Schecknehmer den Regressanspruch noch nicht realisiert, so erlischt er durch die Anfechtung. In beiden Fällen kann der Schecknehmer nach erfolgreicher Anfechtung der Scheckhingabe durch den Insolvenzverwalter lediglich die der Scheckzahlung zugrunde liegende Forderung aus dem Valutaverhältnis zur Tabelle anmelden.

III. Scheckzahlungen nach Anordnung eines allgemeinen Verfügungsverbotes

Die bisherigen Ausführungen betrafen zunächst den Fall der Scheckzahlung in einem Zeitraum, in welchem sich der Schuldner zwar möglicherweise schon in der Krise befindet, jedoch noch vollumfänglich verfügungsbefugt ist. Die dabei auftauchenden Probleme waren daher vor allem anfechtungsrechtlicher Natur. Es ging um die Frage, ob und inwieweit der Insolvenzverwalter nach Verfahrenseröffnung die zuvor erfolgten Scheckzahlungen oder etwaige befriedigte Scheckregressforderungen zur Masse zurückholen kann.

Ergreift das Insolvenzgericht jedoch im Eröffnungsverfahren Maßnahmen, um die spätere Insolvenzmasse zu sichern, so stellt sich die Sachlage völlig verändert dar. Der Erlass[303] eines allgemeinen Verfügungsverbotes nach den §§ 21 Abs. 2 Nr. 2 Hs. 1, 23, 24 InsO bewirkt entsprechend § 81 Abs. 1 S. 1 InsO, dass Verfügungen, die Vermögen betreffen, welches im Fall der Insolvenzeröffnung zur Insolvenzmasse gehören würde, absolut unwirksam sind[304], hat also insoweit dieselben Rechtsfolgen, wie die eigentliche Verfahrenseröffnung. Hier stellt sich die Frage, welche Auswirkungen dies auf die Fähigkeit des Schuldners hat, wirksam neue Schecks auszustellen oder inwieweit dadurch möglicherweise die Wirksamkeit bereits zuvor ausgestellter, aber noch nicht eingelöster Schecks betroffen ist.

303 Nicht erst die Zustellung, *Haarmeyer* in: MünchKomm-InsO, § 21 Rn. 56.
304 *Haarmeyer* in: MünchKomm-InsO, § 21 Rn. 54 f.

Um diese Frage zu beantworten, ist es erforderlich, sich zunächst die Rechtsnatur des Schecks ins Gedächtnis zu rufen. Nicht nur die im Scheck enthaltene Anweisung zeichnet sich durch eine Doppelnatur („doppelte Ermächtigung“, siehe dazu bereits oben Teil 2 II.4.b)bb)(1)) aus, sondern auch der Scheck insgesamt[305]: Er enthält nicht nur eine Anweisung des Ausstellers an die bezogene Bank, den betreffenden Scheckbetrag an den Schecknehmer auszubezahlen, sondern beinhaltet zugleich die auftragsrechtliche Weisung im Rahmen des Scheckvertrages[306], den Scheck einzulösen. Verliert der Schuldner nun seine Verfügungsbefugnis – entweder durch eine entsprechende Anordnung durch das Insolvenzgericht im Eröffnungsverfahren oder aber automatisch mit der endgültigen Verfahrenseröffnung-, so stellt sich die Frage, inwieweit dies die im Scheck enthaltene Anweisung (dazu unter 1.) sowie die auftragsrechtliche Weisung (dazu unter 2.) beeinflusst.

1. Auswirkungen des Verlusts der Verfügungsbefugnis auf die im Scheck enthaltene Anweisung

Ob der Verlust der Verfügungsbefugnis die Unwirksamkeit bereits erteilter, aber noch nicht ausgeführter Anweisungen des Schuldners nach sich zieht, war bereits unter Geltung des gemeinen Rechts und später der Konkursordnung heftig umstritten und ist es auch heute für die Insolvenzordnung noch. Der hierzu vertretene Meinungsstand lässt sich trotz in Einzelheiten abweichender Unterarten der verschiedenen Auffassungen im Wesentlichen in zwei Gruppen unterteilen, die sog. Erlöschenstheorie und die sog. Bestandstheorie.

a) *Erlöschenstheorie*

Nach der Erlöschenstheorie erlischt die Anweisung mit Eröffnung des Insolvenzverfahrens bzw. mit Erlass eines Verfügungsverbotes im Eröffnungsverfahren.

Sie geht unter anderem auf *Seuffert*[307] und *von Tuhr*[308] zurück, die ihre Auffassung allerdings unterschiedlich begründen. Nach *Seuffert* ergibt sich das Erlöschen der Anweisung unmittelbar aus § 23 KO (= §§ 115 Abs. 1, 116 InsO). Diese Vorschrift, nach der Aufträge und Geschäftsbesorgungsverträge mit Eröffnung des Verfahrens erlöschen, sofern sie sich nicht auf konkurs- (bzw. insolvenz-)freies Vermögen beziehen, ist nach seiner Auffassung auf die Anweisung direkt anwendbar. Seine Auffassung einer direkten Anwendbarkeit von § 23 KO gründet auf der bereits dargestellten Doppelmandatstheorie (vgl. oben Teil 2 II.4b)bb)(1)), gemäß der es sich bei einer Anweisung um zwei Aufträge handelt. *Von Tuhr* betont demgegenüber, einer Anweisung fehle das einem Auftrag eigentümliche verpflichtende Moment. Gleichwohl wirke der Vollzug einer Anweisung ebenso wie eine aufgrund eines

---

305 *Canaris*, Bankvertragsrecht, Rn. 686.
306 Bei diesem handelt es sich um einen Geschäftsbesorgungsvertrag, siehe bereits oben Teil 1 III.1.
307 *Seuffert*, Deutsches Konkursprozessrecht, § 27, S. 174 Fn. 7.
308 *Von Tuhr*, Zur Lehre von der Anweisung, Iher. Jhrb. 48, 1 (26ff.).

Auftrages erlaubte Handlung unmittelbar auf das Vermögen des Gemeinschuldners zurück, so dass zumindest eine analoge Anwendung von § 23 KO geboten sei.[309] Die Anweisung erlösche daher analog § 23 KO (entspr. heute §§ 115 Abs. 1, 116 InsO).

Etwas anders argumentiert *Hellmann*[310], dessen Auffassung derjenigen der heutigen Vertreter der Erlöschenstheorie am nächsten kommt. Er meint, die Anweisung verliere mit dem Erlöschen des ihr zugrunde liegenden Kausalverhältnisses ihren Sinn und erlösche daher gemeinsam mit diesem. Sofern also das Kausalverhältnis nach § 23 KO erlösche, erlösche auch die Anweisung, sofern das Kausalverhältnis fortbestehe, bestehe auch die Anweisung fort.

Das *neuere Schrifttum* zu Anweisungen im Überweisungs- und sonstigen Anweisungsverkehr greift zum Teil zur Begründung eines Erlöschens der Anweisung auf eine ähnliche Argumentation zurück[311], zum Teil argumentiert man jedoch auch völlig anders.

Zu beachten ist in diesem Zusammenhang, dass ein Teil der Literatur sich noch auf den Überweisungsauftrag als Prototyp bankrechtlicher Anweisungen bezieht. Das Recht der Überweisung ist allerdings mit dem Überweisungsgesetz vom 21. 7. 1999[312] neu geregelt worden. Mit § 676a BGB wurde ein eigenständiger Überweisungsvertrag geschaffen. Während der Überweisungsauftrag also vor der Gesetzesänderung eine Anweisung darstellte, handelt es sich bei einer Überweisung nach neuem Recht um einen Vertrag. Das Einreichen der Überweisung des Kunden bei seiner Bank stellt nunmehr ein Angebot auf Abschluss eines solchen Überweisungsvertrages dar. Gemäß dem mit dem Überweisungsgesetz ebenfalls neu geschaffenen § 116 S. 3 InsO bleibt ein Überweisungsvertrag auch nach Insolvenzeröffnung bestehen, d.h. aufgrund ausdrücklicher Regelung in der Insolvenzordnung stellt sich die Frage eines Erlöschens oder Fortbestandes einer in der Überweisung enthaltenen Anweisung nicht mehr[313]. Diese Vorschrift gilt allerdings nur für bereits bestehende Überweisungsverträge, d. h. solche, auf deren Abschluss der Insolvenzschuldner bereits vor Verlust der Verfügungsbefugnis ein Angebot an seine Bank gerichtet hat und welches die Bank – auch konkludent – bereits angenommen hat. Für noch nicht zustande gekommene Überweisungsverträge gilt die Vorschrift nicht und der Schuldner kann nach Verlust seiner Verfügungsbefugnis neue Überweisungsverträge auch nicht mehr abschließen.[314]

Eine analoge Anwendung der Vorschrift des § 116 S. 3 InsO auf Anweisungen kommt allerdings nicht in Betracht.[315] Für Anweisungen, wie etwa die scheck- oder wechselrechtliche, bleibt es somit bei der Problematik, ob diese mit Verlust der Verfügungsbefugnis oder Insol-

---

309 *Von Tuhr*, Zur Lehre von der Anweisung, Iher. Jhrb. 48, 1 (26).
310 *Hellmann*, Konkursrecht, S. 291 f.
311 Ebenso: *Häsemeyer*, Insolvenzrecht, Rn. 20.80; *Kübler*, BB 1976, 805; *Lorenz* in: Staudinger-BGB, § 812 Rn. 51; *Lieb* in: MünchKomm-BGB, § 812 Rn. 82; *Uhlenbruck* in: Uhlenbruck, InsO, § 82 Rn. 26; *Stierle*, Der Bereicherungsausgleich bei fehlerhaften Banküberweisungen, S. 164f.; *Tintelnot* in: Kübler/Prütting/Bork, §§ 115, 116 InsO Rn. 24; *Meyer*, Der Bereicherungsausgleich in Dreiecksverhältnissen, S. 131.
312 BGBl. I 1999 Nr. 39 v. 26. 7. 1999.
313 *Ott* in: MünchKomm-InsO, § 116 Rn. 52.
314 *Obermüller*, Insolvenzrecht in der Bankpraxis, Rn. 3.23; *Ott* in: MünchKomm-InsO, § 116 Rn. 52.
315 *Ott* in: MünchKomm-InsO, § 116 Rn. 53; *Bülow*, WM 2000, 58 f.

venzeröffnung fortbestehen oder erlöschen. Damit ist die zum früheren Überweisungsrecht verfasste Literatur für sie nach wie vor aktuell.

In neuerer Zeit argumentiert man zumeist nicht mehr mit einer direkten oder analogen Anwendung von § 23 KO bzw. §§ 115, 116 InsO auf die Anweisung. Grund hierfür dürfte die vorherrschende Lehre sein, dass es sich bei einer Anweisung um eine Doppelermächtigung handelt und es ihr insoweit an jeglichem verpflichtenden Element fehlt. Dennoch greift man zum Teil auf § 23 KO bzw. §§ 115, 116 InsO zurück, indem man sich darauf beruft, dass nach diesen Vorschriften zwar nicht die Anweisung, aber das der Anweisung zugrunde liegende Rechtsverhältnis durch die Verfahrenseröffnung erlösche. Die Anweisung erlösche dann als Folge dieser Unwirksamkeit ebenfalls.

So führt etwa *Meyer-Cording*[316] aus, die einzelne Anweisung sei nur eine Weisung zur Konkretisierung des Inhalts des mit der Bank geschlossenen Geschäftsbesorgungsvertrages, der mit Beendigung des Dienstverhältnisses die notwendige Rechtsgrundlage entzogen sei. Diese Feststellung betrifft allerdings erst das eröffnete Verfahren, denn erst mit Verfahrenseröffnung erlischt auch der Geschäftsbesorgungsvertrag (§§ 115, 116 InsO).

Andere gehen in ihrer Argumentation noch etwas weiter. Auch *Canaris*[317] nimmt zunächst Bezug auf das der Anweisung zugrunde liegende Deckungsverhältnis und führt aus, dass dessen mit Verfahrenseröffnung eintretende Unwirksamkeit auch zur Unwirksamkeit der Anweisung führe. Zur Begründung führt er aus, dass die Anweisung zwar hinsichtlich ihrer Entstehung vom Kausalverhältnis abstrakt sei, nicht aber in ihrem Fortbestand (§ 168 S. 1 BGB analog). Im Unterschied zu anderen Vertretern der Erlöschenstheorie knüpft er aber auch an den Umstand an, dass der Gemeinschuldner seine Verfügungsbefugnis verliert. Die Anweisung könne nach Erlass eines Verfügungsverbotes im Eröffnungsverfahren bzw. mit Verfahrenseröffnung keine Wirkung gegenüber der Masse entfalten, weil deren rechtliches Schicksal gemäß §§ 7, 8 Abs. 1 KO (bzw. nach heute geltender Rechtslage gemäß §§ 80ff. InsO) vom Verwalter bestimmt werde und eine Wirkung gegenüber dem konkursfreien Vermögen nicht gewollt sei. Insoweit wendet er sich zugleich gegen Stimmen, die meinen, die Anweisung sei zwar unwirksam gegenüber der Masse, beziehe sich aber zumindest auf das haftungsfreie Vermögen des Schuldners[318].

Ähnlich argumentiert *Tintelnot*. Er führt zur neuen Rechtslage nach Inkrafttreten der Insolvenzordnung aus, dass ein Fortbestand der Anweisung mit Eröffnung des Insolvenzverfahrens sich nicht mit ihrer Rechtsnatur als abstrakte Ermächtigung vereinbaren lasse. So sei etwa die Vorschrift des § 117 InsO, welche nur die Unwirksamkeit von Vollmachten mit Verfahrenseröffnung ausspreche, insoweit un-

316 *Meyer-Cording*, Das Recht der Banküberweisung, S. 112 unter Berufung auf *Michaelis*, Scheckgesetz, § 3 Anm. 12.
317 *Canaris*, Bankvertragsrecht, Rn. 503/504a.
318 So etwa zur scheckrechtlichen Anweisung: *Ott/Vuia* in: MünchKomm-InsO, § 82 Rn. 30; *Uhlenbruck* in: Uhlenbruck, InsO, § 82 Rn. 26.

vollständig, als dass vielmehr jegliche vom Schuldner ausgesprochenen Ermächtigungen mit Verfahrenseröffnung erlöschen.[319] Jedoch ergebe sich diese Unwirksamkeit ohnehin bereits aus §§ 80, 81 InsO, weil ein vom Schuldner Ermächtigter keine weiterreichenden Befugnisse haben könne als dieser.[320] Auch *Tintelnot* nimmt also das Erlöschen der Verfügungsbefugnis des Schuldners zum Anlass für Annahme des Erlöschens der Anweisung.

Während der Bundesgerichtshof zunächst noch die Bestandstheorie vertreten hat[321], scheint er sich nun der Erlöschenstheorie angeschlossen zu haben, wie in einem Urteil aus dem Jahr 1976[322] zum Ausdruck kommt:

Beispielsfall 15

Im betreffenden Fall hatte die Bank einen auf ihren Kunden gezogenen, von diesem angenommenen und bei der Bank zahlbar gestellten Wechsel eingelöst, nachdem über das Vermögen des Kunden das Konkursverfahren eröffnet worden war. Der Bundesgerichtshof stimmt der Ansicht des Berufungsgerichts zu, dass der Auftrag zur Einlösung des Wechsels nach § 23 KO erloschen sei und es damit der Bank an einer wirksamen Anweisung ihres früheren Kunden gefehlt habe.[323] Der im Domizilvermerk liegende Zahlungsauftrag des Gemeinschuldners könne nicht losgelöst von dem Geschäftsbesorgungsverhältnis – dem nach § 23 KO mit Konkurseröffnung erloschenen Bankvertrag – betrachtet werden, innerhalb dessen er ausgestellt worden sei.

Auch das Landgericht Gera[324] ist in einem Fall der Scheckeinlösung, nachdem gegen den Aussteller die Eröffnung des Gesamtvollstreckungsverfahrens beantragt und ein allgemeines Verfügungsverbot angeordnet worden war, davon ausgegangen, der betreffende Scheck sei unwirksam geworden. Die Anweisung stelle sich als Form der Einziehung einer Forderung dar, habe damit Verfügungscharakter und sei unwirksam.

b) Bestandstheorie

Nach der Bestandstheorie hat ein etwaiges Erlöschen des Kausalverhältnisses durch Eröffnung des Insolvenzverfahrens oder den Verlust der Verfügungsbefugnis im Eröffnungsverfahren keinerlei Auswirkungen auf den Fortbestand der Anweisung.[325] Die Vorschrift des § 23 KO (entspr. §§ 115, 116 InsO) sei daher weder

---

319 *Tintelnot* in: Kübler/Prütting/Bork, §§ 115, 116 Rn. 24, § 117 Rn. 7 unter Berufung auf *Häsemeyer*, Insolvenzrecht, Rn. 20.69 und *Marotzke* in: Leipold, Insolvenzrecht im Umbruch, S. 183 (195).
320 *Tintelnot* in: Kübler/Prütting/Bork, § 117 Rn. 7.
321 So BGH, Urt. v. 29. 4. 1974 – VIII ZR 200/72 – NJW 1974, 1336, noch in einem *obiter dictum* zum Wechsel unter Hinweis darauf, dass die wechselrechtliche Anweisung weder einen Auftrag noch einen Geschäftsbesorgungsvertrag darstelle und daher infolge des Konkurses nicht gemäß § 23 KO (entspr. §§ 115, 116 InsO) hinfällig werde.
322 BGH, Urt. v. 1. 7. 1976 – VII ZR 333/75 – BGHZ 67, 75.
323 BGH aaO.
324 LG Gera, Urt. v. 1. 12. 1999 – 1 S 219/99 – NZI 2001, 100 ff.
325 *Lent* in: *Jaeger*, KO 8. Aufl., § 8, Anm. 2 u. § 23 Anm. 17 m. w. N. aus der älteren Literatur; *Jaeger*, Lehrbuch des Deutschen Konkursrechts, S. 45.; unter Berufung auf *Jaeger* vgl. außerdem: *Mentzel/Kuhn/Uhlenbruck*, KO, § 23, Rn. 13; *Hirsch*, Anweisung und Scheck im Konkurse des Ausstellers,

direkt noch analog anzuwenden. Diese Theorie geht zurück auf *Jaeger*[326]. Von Extrempositionen[327] abgesehen vertreten die Verfechter dieser Theorie im Wesentlichen die Auffassung, dass zwar die Anweisung in der Insolvenz fortbestehe, eine darauf erfolgte Zahlung an einen Dritten[328] zum Zwecke der Erfüllung aber den Insolvenzgläubigern gegenüber ebenso unwirksam sei, als wenn die Leistung an den Insolvenzschuldner selbst erfolgt wäre. Sie stellen also die Leistung auf Anweisung an den Anweisungsempfänger und die Leistung an den Insolvenzschuldner selbst gleich[329], so dass sich der Schutz des gutgläubigen Angewiesenen unter Geltung der Konkursordnung unmittelbar aus § 8 Abs. 2 und 3 KO ergab und heute entsprechend aus § 82 InsO folgt. Die Anweisung sei – entgegen der Auffassung der Vertreter der Erlöschenstheorie – gerade nicht von dem ihr zugrunde liegenden Rechtsverhältnis abhängig, sondern vielmehr abstrakt.[330] Zum Teil wird daher angenommen, der Verwalter sei deswegen nach § 117 KO (entspr. heute 148 InsO) verpflichtet, die Anweisung zu widerrufen.[331]

c) *Meinungsstand zum Scheck*

Im Rahmen dieses Theorienstreites nimmt der Scheck eine Sonderstellung ein. Ein Teil der Vertreter der Erlöschenstheorie wendet diese auch konsequent auf den Scheck an und meint daher, dass die im Scheck enthaltene Anweisung mit Verlust der Verfügungsbefugnis im Eröffnungsverfahren bzw. mit Verfahrenseröffnung erlischt.[332]

Etwa *Michaelis*[333] vertritt zur Scheckanweisung die Erlöschenstheorie.[334] Er betont, Ausgangspunkt seiner Überlegungen sei nicht die Frage nach der Wirksamkeit des einzelnen Schecks, also der darin enthaltenen einzelnen Anweisung, sondern vielmehr der Bestand des die generelle Einlösungsverpflichtung der Bank begründenden Scheckvertrages, der sich nach § 23 Abs. 1 bzw. 2 KO (= §§ 115 Abs. 1, 116

S. 12; *Marburger* in: Staudinger-BGB, § 791, Rn. 3; *Heckelmann/Wilhelmi* in: Erman, BGB, § 791 Rn. 2; *Sprau* in: Palandt, BGB, § 791, Rn. 1; *Heile*, Die Anweisung im Konkurs des Anweisenden, S. 27; *Reuther*, Der Scheckvertrag, S. 53; *Marburger* in: Staudinger-BGB, § 791 Rn. 3.

326 *Jaeger*, Lehrbuch des Deutschen Konkursrechts, S. 45.

327 So meint etwa *Staub/Stranz* (WG, Art. 9, Rn. 17), dass der Angewiesene selbst in Kenntnis des Konkurses gemäß § 787 Abs. 1 BGB mit befreiender Wirkung an den Anweisungsempfänger leisten könne.

328 Und daher auch die Anweisungsleistung als ein Unterfall der Leistung an einen Dritten.

329 Vgl. *Lent* in: Jaeger, KO 8. Aufl., § 8 Anm. 12 f.

330 *Hassold*, Zur Leistung im Dreipersonenverhältnis, S. 144; *Marburger* in: Staudinger-BGB, § 791 Rn. 3.

331 *Hassold*, Zur Leistung im Dreipersonenverhältnis, S. 144; *Lent* in: Jaeger, KO 8. Aufl., § 23 Rn. 18; kritisch: *Jaeger/Henckel*, KO, § 8 Rn. 10.

332 Unklar *Casper* (*Baumbach/Hefermehl/Casper*, Art. 3 ScheckG), der zunächst unter Berufung auf das zum Wechsel ergangene Urteil des BGH v. 1. 7. 1976 – VII ZR 333/75 – BGHZ 67, 75 ausführt, die im Scheck enthaltene Anweisung werde mit Insolvenz des Ausstellers unwirksam (Rn. 9), dann aber unter Berufung auf Vertreter der Bestandstheorie meint, der Scheck werde in der Insolvenz seines Ausstellers im Gegensatz zum Scheckvertrag nicht gegenstandslos (Rn. 13).

333 *Michaelis*, Scheckgesetz, § 3 Anm. 12.

334 U.a. unter Berufung auf *Reuther*, Der Scheckvertrag, S. 52.

InsO) richte. Auch *Ulmer*[335] folgt dem und führt aus, die Scheckanweisung verliere mit Erlöschen des scheckrechtlichen Geschäftsbesorgungsvertrages durch den Konkurs (bzw. die Insolvenz) ihre Grundlage.

Breit spricht sich ebenfalls für ein Erlöschen des Schecks nach § 23 KO aus, betont aber dabei, dass es sich bei der von der Bank vorgenommenen Scheckzahlung nach seiner Auffassung nicht um die Erfüllung von Guthabenforderungen des Scheckausstellers handele, sondern um selbständige Aufwendungen im Rahmen des Girovertrages.[336] Die Bank leiste daher nicht mit der Scheckzahlung eine eigentlich zur Masse zu erfüllende Verbindlichkeit an den Gemeinschuldner, sondern tätige lediglich in gleicher Weise Aufwendungen wie jeder andere Geschäftsbesorger. Da sie demzufolge nicht ihre Schuld mindere, sondern vielmehr eine Gegenforderung erwerbe, sei § 8 KO (entspr. § 82 InsO) auf Scheckzahlungen im Giroverkehr überhaupt nicht anwendbar.

Auch *Canaris*[337] ist der Meinung, die Scheckanweisung erlösche mit Verfahrenseröffnung *ipso iure* ebenso wie der Scheckvertrag, da sie dieselbe Doppelnatur als Ermächtigung und Weisung habe, wie der Überweisungsvertrag und die Analogie zu § 168 S. 1 BGB auch hier passe.

Andere Vertreter der Erlöschenstheorie haben sich bezüglich der Scheckanweisung der Bestandstheorie angeschlossen.[338] Nach ihrer Auffassung sei der Scheck aufgrund seiner Abstraktheit, d.h. seiner Unabhängigkeit vom zugrunde liegenden Rechtsverhältnis, anders zu behandeln, als etwa die in einem Überweisungs*auftrag* (vor der Gesetzesänderung 1999) enthaltene Anweisung. Er bleibe daher auch nach Eröffnung des Insolvenzverfahrens wirksam. Sie stimmen also im Falle des Schecks mit den Vertretern der Bestandstheorie überein.

d) Erlöschen der Scheckanweisung

Aus insolvenzrechtlicher Sicht scheinen sich bei der Betrachtung der beiden Theorien auf den ersten Blick keine wesentlichen Unterschiede zu ergeben. Ob die Bank bei Zahlung auf den Scheck von ihrer Guthabenschuld gegenüber dem Scheckaussteller bzw. der Masse frei wird oder nicht oder ob sie einen Aufwendungsersatzanspruch gegen die Masse erlangt, hängt von ihrer Kenntnis von der Verfügungsbeschränkung bzw. der Verfahrenseröffnung ab. Nach allen Auffassungen gelangen dabei die Vorschriften der §§ 80ff. InsO zur Anwendung.

Wird die Bank allerdings nicht frei bzw. erlangt sie keinen Aufwendungsersatzanspruch, stellt sich die Frage, ob sie den ausbezahlten Scheckbetrag vom Scheckaus-

335 *Ulmer*, Das Recht der Wertpapiere, S. 320.
336 *Breit*, ZHR 64, 512.
337 *Canaris*, Bankvertragsrecht, Rn. 818.
338 So etwa *Ott* in: MünchKomm-InsO, § 116 Rn. 47; *Uhlenbruck* in: Uhlenbruck, InsO, § 82 Rn. 26; *Smid* in: Leonhardt/Smid/Zeuner, InsO, § 82 Rn. 15; *Heile*, Die Anweisung im Konkurs des Anweisenden, S. 136; wohl auch: *Lüke* in: Kübler/Prütting/Bork, § 82 Rn. 27; *Kuleisa* in: HambKomm-InsO, § 82 Rn. 12.

steller oder vom Zahlungsempfänger zurückfordern kann. Dies ist ein bereicherungsrechtliches Problem, für dessen Beurteilung es auf das Bestehen bzw. Nichtbestehen eines Anweisungsverhältnisses zwischen Scheckaussteller und Bank ankommt, wie später noch zu zeigen sein wird. Daher ist an dieser Stelle einerseits zu klären, inwieweit die Erlöschens- oder Bestandstheorie zur Anweisung im Allgemeinen zu überzeugen vermag, und andererseits, ob der Scheck möglicherweise anders zu behandeln ist als andere Anweisungen.

aa) Die Anweisung im Allgemeinen

Bereits oben ist ausgeführt worden, dass die Anweisung nach ihrer Rechtsnatur eine Doppelermächtigung beinhaltet. Der Anweisungsempfänger wird ermächtigt, die Leistung beim Angewiesenen im eigenen Namen zu erheben. Der Angewiesene wird ermächtigt, auf Rechnung des Anweisenden an den Anweisungsempfänger zu leisten.

(1) Kein Erlöschen der Anweisung analog §§ 116 S. 1, 115 Abs. 1 InsO

Zweifelhaft ist zunächst, ob mit den früheren Vertretern der Erlöschenstheorie davon auszugehen ist, dass eine Anweisung mit Eröffnung des Insolvenzverfahrens gemäß § 23 KO bzw. nach heutigem Recht gemäß §§ 116 S. 1, 115 Abs. 1 InsO entweder in direkter oder analoger Anwendung erlischt.

Dem steht allerdings entgegen, dass diese Vorschriften weder direkt noch analog auf die Anweisung passen. Denn die Anweisung selbst begründet weder ein Auftrags- noch ein Geschäftsbesorgungsverhältnis und ist für den Angewiesenen für sich genommen auch nicht verbindlich.[339] Eine etwaige Verpflichtung ergibt sich allenfalls aus dem zu Grunde liegenden Deckungsverhältnis, das seinerseits nach §§ 115, 116 InsO unwirksam sein kann.

(2) Erlöschen der Anweisung analog §§ 168 S. 1 BGB, 117 InsO als Folge des Erlöschens des zugrunde liegenden Rechtsverhältnisses gemäß §§ 116 S. 1, 115 Abs. 1 InsO

Hiervon zu unterscheiden ist die Frage, ob möglicherweise das Erlöschen eines der Anweisung zugrunde liegenden Geschäftsbesorgungsvertrages nach §§ 116 S. 1, 115 Abs. 1 InsO sich auf die Wirksamkeit der Anweisung durchschlägt. Beruht die Ermächtigung des Angewiesenen nicht allein auf der Anweisung selbst, sondern ist sie durch ein hiervon zu unterscheidendes Rechtverhältnis besonders ausgestaltet, so kann sie nicht unabhängig von diesem betrachtet werden. Vielmehr ist die Anweisung akzessorisch zu dem bestehenden Grundverhältnis.

In diesem Zusammenhang bietet sich zunächst durchaus ein Rückgriff auf den Rechtsgedanken des § 168 S. 1 BGB an. Nach dieser Vorschrift bestimmt sich das Erlöschen einer Vollmacht aus dem ihrer Erteilung zugrunde liegenden Rechtsverhältnis. Seit Inkrafttreten der Insolvenzordnung ergibt sich dies auch aus § 117

339 *Marburger* in: Staudinger-BGB, § 783 Rn. 22.

InsO, wo normiert ist, dass eine vom Schuldner erteilte Vollmacht, die sich auf das zur Insolvenzmasse gehörende Vermögen bezieht, durch die Eröffnung des Insolvenzverfahrens erlischt. Der Gesetzgeber hat hierzu ausgeführt, dass sich die Unwirksamkeit einer Vollmacht in der Regel ohnehin schon aus § 168 S. 1 BGB ergebe, nämlich dann, wenn die Vollmacht zur Durchführung eines Auftrags oder einer Geschäftsbesorgung erteilt worden sei.[340] In dem Fall habe § 117 InsO (= § 135 RegE) somit nur klarstellende Bedeutung. Einer Übertragbarkeit der in §§ 168 BGB und 117 InsO enthaltenen Rechtsgedanken scheint allerdings auf den ersten Blick entgegen zu stehen, dass es sich bei einer Anweisung gerade nicht um eine Vollmacht, sondern um eine (Doppel-)Ermächtigung handelt. Denn der Angewiesene ist – im Gegensatz zum Bevollmächtigten – mit eigener Rechtsmacht ausgestattet. Allerdings betreffen die §§ 168 BGB und 117 InsO gerade nicht die Wirkung einer Vollmacht, sondern lediglich ihren Bestand. Darin sind aber Vollmacht und Ermächtigung einander durchaus vergleichbar. Erlischt also das der Anweisung zugrunde liegende Rechtsverhältnis mit Eröffnung des Insolvenzverfahrens, so erlischt damit analog §§ 168 S. 1 BGB und 117 InsO auch die Anweisung.

Beruht die Ermächtigung im betreffenden Fall jedoch allein auf der Anweisung und nicht auf einem übergeordneten Rechtsverhältnis, so erscheint fraglich, ob dann die Anweisung trotz eines Verlusts der Verfügungsbefugnis durch die Verfahrenseröffnung oder eine entsprechende insolvenzgerichtliche Anordnung im Eröffnungsverfahren bestehen bleibt. Bei Betrachtung dieser Frage wird zugleich deutlich, dass in der zu dieser Thematik verfügbaren Literatur oft nur auf die Situation im eröffneten Verfahren, nicht aber im Eröffnungsverfahren eingegangen wird. Gerade im Eröffnungsverfahren aber kann sich eine etwaige Unwirksamkeit der Anweisung zumindest nicht aus der Unwirksamkeit des Deckungsverhältnisses ergeben. Der Erlass eines vorläufigen Verfügungsverbotes im Eröffnungsverfahren hat auf ein bestehendes Deckungsverhältnis nämlich zunächst keine Auswirkungen. Es lässt sich demnach zwar statuieren, dass jedenfalls dann, wenn einer Anweisung ein besonders ausgestaltetes Deckungsverhältnis zugrunde liegt und dieses Deckungsverhältnis durch Eröffnung des Insolvenzverfahrens unwirksam wird, sich diese Unwirksamkeit auf die Anweisung durchschlägt.

Allerdings stellt sich weiter die Frage, was mit einer isolierten, also einer unabhängig von einem etwaigen anderen Rechtsverhältnis erteilten Anweisung geschieht. Für das eröffnete Verfahren ergibt sich die Unwirksamkeit einer solchen isolierten Anweisung zwar nicht aus einer entsprechenden Anwendung des § 168 S. 1 BGB, aber aus einer solchen des § 117 InsO. Zu dieser Vorschrift hat der Gesetzgeber ausdrücklich ausgeführt, dass sie – in Abgrenzung zu § 168 S. 1 BGB – insbesondere in den Fällen Bedeutung erlange, in denen das der Vollmacht zugrunde liegende Rechtsverhältnis entweder von vornherein unwirksam sei oder ganz fehle (sog. isolierte Vollmacht).[341] Überträgt man diesen Rechtsgedanken auf die in einer Anwei-

340 Begr. RegE BT-Drucks. 12/2443, zu § 135 RegE, S. 151 f.
341 Begr. RegE aaO.

sung enthaltenen Ermächtigungen, so müssen auch sie mit Eröffnung des Insolvenzverfahrens erlöschen und damit dann auch die isolierte Anweisung.

(3) *Erlöschen der Anweisung mit Verlust der Verfügungsbefugnis*

Zweifelhaft ist allerdings die Rechtslage im Eröffnungsverfahren. Nach den bisherigen Ausführungen würde ein Verlust der Verfügungsbefugnis des Anweisenden im Eröffnungsverfahren zunächst keinen Einfluss auf ihre Wirksamkeit haben. Eine Unwirksamkeit kann sich weder aus § 168 S. 1 BGB analog ergeben, weil der Verlust der Verfügungsbefugnis das etwaige zugrunde liegende Rechtsverhältnis nicht berührt, noch aus § 117 InsO, denn diese Vorschrift betrifft nur das bereits eröffnete Verfahren.

Möglicherweise lässt aber bereits der Verlust der Verfügungsbefugnis selbst die Wirksamkeit einer bereits erteilten Anweisung entfallen. Dann wäre ein Rückgriff auf die Argumentation über eine entsprechende Anwendung der §§ 168 BGB bzw. 117 InsO jedenfalls – so überzeugend er im Übrigen auch sein mag – obsolet. Die Unwirksamkeit der Anweisung würde sich dann sowohl für das Eröffnungsverfahren als auch für die endgültige Verfahrenseröffnung unmittelbar aus dem Verlust der Verfügungsbefugnis ergeben.

Dies erkennt auch *Canaris* und führt hinsichtlich des Überweisungsauftrages (zum früheren Recht) aus – nachdem er zunächst für das bereits eröffnete Verfahren ebenfalls mit § 168 S. 1 BGB analog argumentiert hat –, dass ein allgemeines Verfügungsverbot zwar den Bestand des Girovertrages unberührt lasse, gleichwohl aber zur Unwirksamkeit bereits erteilter, aber noch nicht durchgeführter wie auch neuer Überweisungsaufträge führe. Diese würden nämlich aufgrund ihres zumindest verfügungsähnlichen Charakters die Verfügungsmacht des Überweisenden voraussetzen.[342] Auch *Lorenz* stellt fest, dass für die Unwirksamkeit der Anweisung mit Eröffnung des Insolvenzverfahrens nicht das Erlöschen des Deckungsverhältnisses maßgeblich sei, sondern die dem Gemeinschuldner fehlende Verfügungsbefugnis.[343] Dieser Argumentation kann indes nur gefolgt werden, wenn einer Anweisung auch tatsächlich – wie *Canaris* ausdrücklich meint und *Lorenz* wohl ohne es zu erwähnen zumindest voraussetzt – ein verfügungsähnlicher Charakter zuzusprechen ist.

In diesem Zusammenhang wird erneut der Charakter der Anweisung als Doppelermächtigung relevant. Bereits oben (Teil 2 II.1c)aa)(1)) bei der Untersuchung der Frage, ob eine Anweisung der insolvenzrechtlichen Anfechtung unterliegt, ist ausgeführt worden, dass die in der Anweisung enthaltene Ermächtigung keine Verfügung darstellt. Allerdings ist sie eine Ermächtigung „zur Verfügung", indem sie dem Ermächtigten eine gewisse Verfügungsbefugnis hinsichtlich der Rechtsverhältnisse des Anweisenden einräumt. Dem Ermächtigten wird durch sie Verfü-

342 *Canaris*, Bankvertragsrecht, Rn. 504a.
343 *Lorenz* in: Staudinger-BGB, § 812 Rn. 51.

gungsbefugnis über einen fremden Verfügungsgegenstand eingeräumt.[344] Die Besonderheit einer Verfügungsermächtigung besteht darin, dass die Verfügungsbefugnis des Ermächtigten dauerhaft von der Rechtsmacht des Ermächtigenden abgeleitet ist. Gemäß § 185 BGB ist eine Verfügung, die ein Nichtberechtigter über einen Gegenstand trifft, wirksam, wenn sie mit Einwilligung des Berechtigten erfolgt. Zu diesem gesetzlich geregelten Fall der Verfügungsermächtigung – der in Rechtsprechung und Literatur als gesetzliche Grundlage der Verfügungsermächtigung angesehen wird[345] – ist anerkannt, dass dann, wenn der Berechtigte seine Verfügungsmacht verliert bevor der Berechtigte das Verfügungsgeschäft abgeschlossen hat, grundsätzlich auch die Ermächtigung erlischt[346]. Verliert also der Anweisende seine Verfügungsbefugnis, so hat dies für die in der Anweisung enthaltene (doppelte) Verfügungsermächtigung zur Folge, dass diese gemeinsam mit der Verfügungsbefugnis des Anweisenden erlischt.

Fraglich ist, ob der Zeitpunkt des Verlustes der Verfügungsmacht dabei von besonderer Bedeutung ist und möglicherweise zu unterschiedlichen Rechtsfolgen führt. Möglich ist zum einen, dass die Anweisungsurkunde zunächst nur dem Anweisungsempfänger ausgehändigt wird und der Anweisende dann bereits seine Verfügungsmacht verliert, bevor der Anweisungsempfänger die Urkunde dem Angewiesenen vorlegt. Zum anderen kommt aber ein Verlust der Verfügungsbefugnis erst im Zeitraum nach Vorlage der Anweisung beim Angewiesenen aber noch vor Ausführung der Anweisung in Betracht.

Die Gewährung der Rechtsmacht durch die in der Anweisung enthaltenen Ermächtigungen gegenüber dem Anweisungsempfänger und dem Angewiesenen sind rechtsgeschäftliche Willenserklärungen.[347] Sie werden daher erst mit ihrem Zugang wirksam. Die Ermächtigung des Anweisungsempfängers wird demzufolge mit Übergabe der Anweisungsurkunde wirksam. Die Ermächtigung gegenüber dem Angewiesenen wird hingegen erst bei ihrer Vorlage wirksam, da die Erklärung ihm erst in diesem Moment zugeht.

Ist die Anweisung also vor Verlust der Verfügungsbefugnis zwar durch Übergabe an den Anweisungsempfänger in den Rechtsverkehr gelangt, aber noch nicht dem Angewiesenen vorgelegt, so erlischt mit Verlust der Verfügungsbefugnis die gegenüber dem Anweisungsempfänger bereits wirksam erteilte Ermächtigung. Die Ermächtigung gegenüber dem Angewiesenen ist mangels Zugangs ohnehin noch nicht wirksam geworden und kann daher nicht erlöschen. Ist die Anweisungsurkunde hingegen vor Verlust der Verfügungsbefugnis bereits vorgelegt und damit die Ermächtigung auch gegenüber dem Anweisenden wirksam geworden, erlischt auch sie mit Verlust der Verfügungsbefugnis. Im Ergebnis wirkt sich der genaue

344 Vgl. allgemein zur Verfügungsermächtigung: *Doris*, Die rechtsgeschäftliche Ermächtigung, S. 77.
345 BGH, Urt. v. 28. 10. 1988 – V ZR 14/87 – BGHZ 106, 1 ff.; *Gursky* in: Staudinger-BGB, § 185 Rn. 23; *Schramm* in: MünchKomm-BGB, § 185 Rn. 31 ff.; *Flume*, Das Rechtsgeschäft, § 57, S. 903.
346 Vgl. statt vieler nur *Schramm* in: MünchKomm-BGB, § 185 Rn. 34.
347 *Doris*, Die rechtsgeschäftliche Ermächtigung, S. 20.

Zeitpunkt des Verlustes der Verfügungsbefugnis vor Ausführung der Anweisung daher nicht aus. Die in ihr enthaltenen Ermächtigungen werden jedenfalls – soweit sie überhaupt schon wirksam waren – *ex nunc* unwirksam. Mit Erlöschen der Ermächtigungen ist die Anweisung sinnentleert und erlischt damit ebenfalls.

Jedenfalls für die Anweisung im Allgemeinen ist daher der Erlöschenstheorie zu folgen und es gilt der Grundsatz, dass die Anweisung mit Verlust der Verfügungsbefugnis des Anweisenden – unabhängig ob dieser aufgrund einer Anordnung im Eröffnungsverfahren oder durch endgültige Eröffnung des Insolvenzverfahrens erfolgt – unwirksam wird.

bb) Der Scheck im Besonderen

Für den Scheck gilt Entsprechendes: Verliert der Scheckaussteller im Eröffnungsverfahren seine Verfügungsbefugnis, dann wird die im Scheck enthaltene Ermächtigung gegenüber dem Schecknehmer, den Scheckbetrag bei der Bank des Schuldners auf dessen Rechnung zu erheben, unwirksam. Zwischen Bank und Scheckaussteller besteht zwar weiterhin der abgeschlossene Scheckvertrag. Eine Ermächtigung, den im betreffenden Scheck genannten Betrag zu Lasten des Ausstellerkontos auszuzahlen, ist aber entweder – wenn der Scheck noch nicht bei der Bank eingereicht worden ist – mangels Zugangs noch nicht wirksam geworden, oder aber – wenn der Scheck zwar eingereicht, aber noch nicht endgültig eingelöst ist – mit Verlust der Verfügungsbefugnis des Ausstellers wieder erloschen. In jedem Fall aber ist die im Scheck enthaltene Anweisung unwirksam.

Für das eröffnete Verfahren ergibt sich die Unwirksamkeit der Scheckanweisung nicht nur aus dem Verlust der Verfügungsbefugnis, sondern auch gleichzeitig und kumulativ aus dem Erlöschen des Scheckvertrages. Dieser liegt dem Rechtsverhältnis zwischen dem Aussteller und seiner Bank zugrunde und bestimmt damit die Rechtsbeziehung zwischen dem Anweisenden und dem Angewiesenen. Dabei legt er der angewiesenen Bank die Pflicht auf, Schecks innerhalb des Verfügungsrahmens des Kunden einzulösen. Deswegen beinhaltet der Scheck also nicht nur eine Anweisung, sondern eine (verpflichtende) Weisung im Sinne von § 665 BGB.[348] Entfällt dieses Rechtsverhältnis und damit auch die Verpflichtung der Bank zur Einlösung des Schecks mit Verfahrenseröffnung, so zieht dies analog § 168 S. 1 BGB bzw. § 117 InsO auch die Unwirksamkeit der im Scheck enthaltenen Ermächtigung nach sich. Insbesondere vor dem Hintergrund, dass der Sinn des § 117 InsO gerade darin liegt, die Unwirksamkeit der von § 168 S. 1 BGB nicht erfassten isolierten Vollmachten festzuschreiben, ist eine von anderen Anweisungen abweichende Behandlung des Schecks mit dem Argument, dass dieser abstrakt sei, nicht überzeugend.[349]

---

348 So auch *Canaris*, Bankvertragsrecht, Rn. 323 für den Überweisungsauftrag, der deshalb von einer Doppelnatur auch in dieser Hinsicht spricht.
349 So aber *Obermüller*, Insolvenzrecht in der Bankpraxis, Rn. 3.206; *Baumbach/Hefermehl/Casper*, Art. 3 ScheckG Rn. 13; *Bork*, Zahlungsverkehr in der Insolvenz, Rn. 439.

e) Zwischenergebnis

Nach alledem bewirkt also sowohl der Verlust der Verfügungsbefugnis des Scheckausstellers im Eröffnungsverfahren, als auch der Verlust der Verfügungsbefugnis im Zuge der endgültigen Eröffnung des Insolvenzverfahrens gegen ihn das Erlöschen der im Scheck enthaltenen Anweisung.

2. Auswirkungen des Verlustes der Verfügungsbefugnis auf die im Scheck enthaltene geschäftsbesorgungsrechtliche Weisung

Fraglich ist weiter, welche Auswirkungen der Verlust der Verfügungsbefugnis – entweder durch Anordnung des Insolvenzgerichtes im Eröffnungsverfahren oder aber automatisch mit der endgültigen Eröffnung des Insolvenzverfahrens – auf die im Scheck enthaltene auftrags- bzw. geschäftsbesorgungsrechtliche Weisung hat.

Dies ist insbesondere für die Beantwortung der Frage relevant, ob die Bank einen Aufwendungsersatzanspruch für die Einlösung eines Schecks erlangen kann, wenn dessen Aussteller seine Verfügungsbefugnis verloren hat. Der Aufwendungsersatzanspruch der Bank für den ausbezahlten Scheckbetrag ergibt sich aus §§ 675 Abs. 1, 670 BGB. Danach erhält der Geschäftsbesorger diejenigen Aufwendungen ersetzt, die er den Umständen nach für erforderlich halten durfte. Ob dies der Fall ist, richtet sich in erster Linie nach den Weisungen des Geschäftsherrn.[350] Nur wenn und soweit dem Geschäftsbesorger auch die Kompetenz zu eigenmächtigen Entscheidungen eingeräumt ist, kommt es nämlich darauf an, ob dieser etwaige Aufwendungen selbst für erforderlich halten durfte.[351] Von einer solchen Entscheidungskompetenz der Bank ist allerdings nicht auszugehen. Sie nimmt die Zahlungen im Rahmen des Scheckvertrages stets nur auf den jeweiligen Scheck und damit auf die einzelne Weisung hin vor. Der Aufwendungsersatzanspruch der Bank setzt damit eine wirksame Weisung voraus.[352]

In Äquivalenz zu der bereits zuvor dargestellten Problematik im Rahmen der Anweisung stellt sich somit auch für die auftrags-/geschäftsbesorgungsrechtliche Weisung die Frage, ob diese möglicherweise mit Verlust der Verfügungsbefugnis des Geschäftsherrn, also des Scheckausstellers, unwirksam wird.

Die Unwirksamkeit der Weisung könnte sich aus § 81 Abs. 1 S. 1 InsO ergeben, der sowohl für den Verlust der Verfügungsbefugnis im Eröffnungsverfahren (über § 21 Abs. 2 Nr. 2 Hs. 1, 23, 24 InsO) als auch mit der endgültigen Verfahrenseröffnung die Unwirksamkeit von danach erfolgenden Verfügungen des Schuldners normiert. Fraglich ist allerdings, ob die im Scheck enthaltene Weisung unter diese Vorschrift fällt. Ihrer Rechtsnatur nach stellt sich die auftrags- bzw. geschäftsbesorgungsrechtliche Weisung in der Regel als einseitige empfangsbedürftige Wil-

350 *Martinek* in: Staudinger-BGB, § 670 Rn. 12.
351 *Martinek* in: Staudinger-BGB, § 670 Rn. 12f.
352 Vgl. auch *Koller,* NJW 1981, 2433 (2434).

lenserklärung dar, nämlich dann, wenn sie auf Änderung des Vertragsinhaltes gerichtet ist.[353] Handelt es sich demgegenüber um eine „bloße Konkretisierung des Vertragsinhaltes", so ist die Weisung nur eine geschäftsähnliche Handlung.[354] Da die Rahmenbedingungen für Scheckzahlungen im Scheckvertrag bereits umfassend geregelt sind, dürfte der einzelne Scheck sich eher als Konkretisierung denn als Modifizierung des Vertragsinhaltes darstellen. Für § 81 InsO ist anerkannt, dass in dessen Regelungsgehalt nicht nur Verfügungen im materiell-rechtlichen Sinne fallen[355], sondern auch rechtsgeschäftsähnliche Handlungen, sofern sie zu einer Schmälerung der (späteren) Insolvenzmasse führen oder zumindest störend in den Aufgabenbereich des (vorläufigen) Insolvenzverwalters eingreifen können.[356] In Entsprechung zu den bereits zur Anweisung gemachten Ausführungen (vgl. Teil 2 II.1.d)) vermag die Weisung für sich allein allerdings noch keine Masseschmälerung zu begründen. Die Masse wird nicht durch die Weisung selbst, sondern allenfalls durch die daraufhin erfolgende Durchführung der Bank (nämlich die Einlösung des Schecks) und den dadurch entstehenden Aufwendungsersatzanspruch geschmälert. Eine Anwendbarkeit des § 81 InsO auf die Weisung erscheint daher zumindest zweifelhaft.

Eine grundsätzliche Unwirksamkeit der Weisung könnte sich jedoch aus der allgemeineren Vorschrift des § 80 Abs. 1 InsO ergeben. Danach geht mit Eröffnung des Insolvenzverfahrens das Recht des Schuldners, das zur Insolvenzmasse gehörende Vermögen zu verwalten, auf den Insolvenzverwalter über. Im Eröffnungsverfahren gilt gemäß § 22 Abs. 1 InsO mit Erlass eines allgemeinen Verfügungsverbotes Entsprechendes für den vorläufigen Verwalter. Vor Eröffnung des Insolvenzverfahrens bestehen der Bankvertrag und der damit verbundene Scheckvertrag zunächst fort. Weisungen hinsichtlich dieses Geschäftsverhältnisses kann der mit einem Verfügungsverbot belegte Schuldner jedoch selbst nicht mehr wirksam erteilen. Das Weisungsrecht unterfällt dem Aufgabenbereich des vorläufigen Insolvenzverwalters und nur dieser kann wirksame Weisungen erteilen. Daraus ergibt sich, dass der Erlass eines allgemeinen Verfügungsverbotes gegen den Schuldner der Wirksamkeit von ihm erteilter Weisungen entgegensteht.

Wie bereits bei der Anweisung problematisiert, erscheint auch für die Weisung fraglich, ob es für die Frage ihrer Wirksamkeit oder Unwirksamkeit auf den Zeitpunkt des Erlasses des Verfügungsverbotes ankommt.

Auf Weisungen als rechtsgeschäftsähnliche Handlungen sind die Vorschriften über Willenserklärungen zumindest entsprechend anwendbar.[357] Daraus ergibt sich, dass eine Weisung entspr. § 130 Abs. 1 BGB erst dann wirksam wird, wenn sie

---

353 *Martinek* in: Staudinger-BGB, § 665 Rn. 6, 8.

354 *Martinek* in: Staudinger-BGB, § 665 Rn. 8.

355 *Ott/Vuia* in: MünchKomm-InsO, § 81 Rn. 4.

356 *Ott/Vuia* in: MünchKomm-InsO, § 81 Rn. 5; *Kroth* in: Braun, InsO, § 81 Rn. 3; *Lüke* in: Kübler/Prütting/Bork, InsO, § 81 Rn. 5; *Kayser* in: HK-InsO, § 81 Rn. 5; *Windel* in: Jaeger/Henckel, § 81 Rn. 5.

357 *Canaris*, Bankvertragsrecht, Rn. 321; *Seiler* in: MünchKomm-BGB, § 665 Rn. 5.

dem Geschäftsbesorger – also der Bank – zugeht. Der Schecknehmer fungiert in diesem Zusammenhang als Bote.[358] Geht also eine Weisung des Schuldners dem Geschäftsbesorger zu, nachdem der Schuldner bereits seine Verfügungsbefugnis verloren hat, so wird die Weisung nicht mehr wirksam. Da es auf den Zeitpunkt des Zugangs ankommt, gilt dies selbst dann, wenn der Scheckaussteller seine Weisung durch Übergabe des Schecks an den Schecknehmer bereits auf den Weg gebracht hat, bevor das Verfügungsverbot gegen ihn ergangen ist.[359]

Zweifelhaft ist allerdings die Rechtslage bei einem Scheck, der vor Verlust der Verfügungsbefugnis ausgestellt und auch bei der Bank eingereicht worden ist, wenn die Zahlung auf den Scheck erst nach Verlust der Verfügungsbefugnis des Ausstellers erfolgt ist. Hier hat zunächst eine wirksame Weisung vorgelegen, denn diese ist noch vor Verlust der Verfügungsbefugnis zugegangen. Man könnte darüber nachdenken – ähnlich dem Grundsatz, dass die Verfügungsbefugnis auch noch im Zeitpunkt der Verfügung vorliegen muss[360] – aus dem Übergang der Verwaltungs- und Verfügungsbefugnis auf den Verwalter auf die nachträgliche Unwirksamkeit der Weisung zu schließen. Zwar handelt es sich bei einer Weisung gerade nicht um eine Verfügung, doch setzt diese gleichwohl die Verwaltungsbefugnis im Rahmen des betreffenden Geschäftsbesorgungsverhältnisses voraus. Daher ist – wie bei der Anweisung – auch bei der geschäftsbesorgungsrechtlichen Weisung davon auszugehen, dass diese mit Verlust der Verfügungsbefugnis selbst dann, wenn sie bereits zugegangen ist, nachträglich (*ex nunc*) unwirksam wird. Nach Verfahrenseröffnung folgt die Unwirksamkeit erteilter Weisungen bereits aus der strengen Akzessorietät[361] der Weisung mit dem Scheckvertrag. Denn dieser erlischt mit Eröffnung des Insolvenzverfahrens gemäß §§ 115 Abs. 1, 116 InsO (hierzu noch genauer unten Teil 2 IV.1).

Auch für die geschäftsbesorgungsrechtliche Weisung, welche der vom Insolvenzschuldner ausgestellte Scheck enthält, ergibt sich somit der Grundsatz, dass der Verlust der Verfügungsbefugnis im Eröffnungsverfahren bzw. die Verfahrenseröffnung selbst zu ihrer Unwirksamkeit führt.

3. Probleme aufgrund des Erlöschens von Weisung und Anweisung

Steht damit fest, dass der Erlass eines Verfügungsverbotes im Eröffnungsverfahren bzw. die Verfahrenseröffnung gegen den Scheckaussteller zum Erlöschen der im Scheck enthaltenen Anweisung und auch der geschäftsbesorgungsrechtlichen Weisung führt, so stellt sich die Frage, welche Auswirkungen dies im Übrigen hat.

---

358 *Canaris*, Bankvertragsrecht, Rn. 686.
359 Dem steht auch § 130 Abs. 2 BGB nicht entgegen, denn der Verlust der Geschäftsfähigkeit ist mit dem Verlust der Verfügungsbefugnis nicht gleichzusetzen.
360 Vgl. allein *Ott/Vuia* in: MünchKomm-InsO, § 81 Rn. 11 m. w. N.
361 *Canaris*, Bankvertragsrecht, Rn. 818.

Zunächst erscheint problematisch, ob die bezogene Bank – wenn sie einen solchen unwirksamen Scheck einlöst – einen Anspruch auf Aufwendungsersatz gegen den Scheckaussteller erlangt. Selbst wenn dem so sein sollte, ist weiter fraglich, ob und inwieweit dieser Aufwendungsersatzanspruch im Insolvenzverfahren gegen den Scheckaussteller überhaupt realisierbar ist. Für den Schecknehmer hingegen ist zweifelhaft, ob er den erhaltenen Scheckbetrag möglicherweise an die Bank zurückgewähren oder aber an den Scheckaussteller bzw. nach Eröffnung des Insolvenzverfahrens gegen diesen an die Masse auskehren muss. Besteht ein entsprechender Anspruch der Bank oder der Masse gegen den Schecknehmer, wird dieser sich außerdem fragen, ob sein Anspruch aus dem Valutaverhältnis mit der Scheckzahlung erloschen ist oder ob er nach wie vor Erfüllung des der Scheckzahlung zugrunde liegenden Anspruchs verlangen kann. Um diese Fragen beantworten zu können, ist es notwendig, sich die bei einer Scheckzahlung vorliegende Dreieckskonstellation genau vor Augen zu führen:

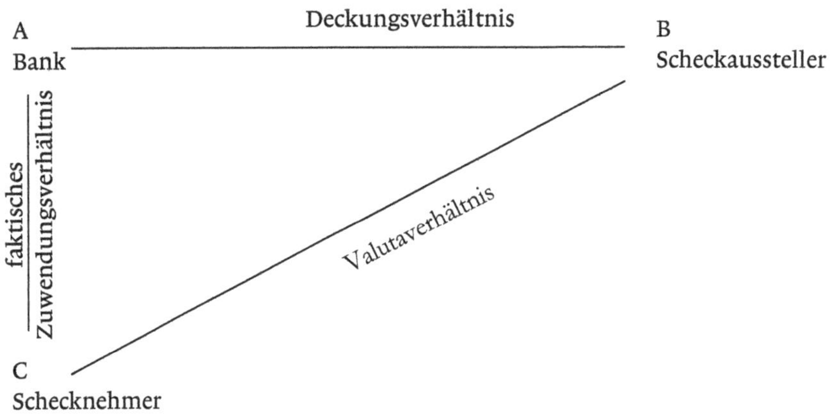

Liegt einer Scheckzahlung eine wirksame *geschäftsbesorgungsrechtliche Weisung* zugrunde, so erlangt die bezogene Bank (A) aufgrund einer von ihr vorgenommenen Zahlung auf den Scheck an den Schecknehmer (C) gemäß §§ 675 Abs. 1, 670 BGB einen Aufwendungsersatzanspruch gegen den Scheckaussteller (B) in Höhe eben des ausbezahlten Betrages. Fehlt es jedoch an einer wirksamen Weisung durch den Scheckaussteller (B), weil dieser seine Verfügungsbefugnis verloren hat oder der Scheckvertrag mit Eröffnung des Verfahrens erloschen ist, so hat die Bank (A) grundsätzlich auch keinen Aufwendungsersatzanspruch, denn ein solcher setzt eine wirksame Weisung voraus[362]. In Betracht kommt dann allerdings die Anwendung von Gutglaubensvorschriften zu ihren Gunsten. In diesem Zusammenhang geht es also um die Frage, ob die Bank aufgrund ihrer Zahlung auf den Scheck das Konto des (späteren) Insolvenzschuldners belasten darf oder nicht.

---

362 Siehe oben Teil 1 V.3.

Zugleich führt die aufgrund der unwirksamen *Anweisung* erfolgte Zuwendung der Bank (A) an den Schecknehmer (C) zur Störung des gesamten Dreiecksverhältnisses, wie im Folgenden noch genauer zu erörtern sein wird. Die Ansprüche zwischen den Beteiligten sind in diesem Zusammenhang vor allem bereicherungsrechtlicher Natur, werden aber zugleich auch von den spezialgesetzlichen Regelungen der Insolvenzordnung bestimmt und modifiziert. Hier geht es um die Frage, inwieweit die mit Auszahlung bzw. Gutschrift des Scheckbetrages erfolgende faktische Zuwendung der bezogenen Bank an den Schecknehmer Herausgabeansprüche der bezogenen Bank oder der Insolvenzmasse nach sich zieht. Da die vorliegende bereicherungsrechtliche Dreieckskonstellation der Rückabwicklung von Leistungen aufgrund unwirksamer Anweisung auch außerhalb des Insolvenzverfahrens bereits zahlreiche Probleme birgt, soll diese zunächst in einer vorangestellten Untersuchung erörtert werden (im Folgenden unter 4.). In das entstehende Gerüst fügen sich dann im Anschluss die insolvenzrechtlichen Sonderregelungen im Rahmen der verschiedenen möglichen Fallkonstellationen ein (dazu im Folgenden unter 5.).

4. Bereicherungsrechtliche Konstellation

Ist die in einem Scheck enthaltene Anweisung durch den Scheckaussteller – aus welchen Gründen auch immer – unwirksam, so müssen Bereicherungsansprüche zwischen allen drei Beteiligten in Erwägung gezogen werden.

Vor dem Hintergrund, dass in den Fällen einer Leistung aufgrund einer Anweisung[363] der Angewiesene (A) nach dem Leistungsbegriff des Bereicherungsrechts mit der Zuwendung an den Anweisungsempfänger (C) eine eigene Leistung an den Anweisenden (B) erbringt und gleichzeitig auch eine Leistung des Anweisenden (B) an den Anweisungsempfänger (C)[364] vorliegt, vollzieht sich ein etwaiger Bereicherungsausgleich im Grundsatz innerhalb der jeweiligen Leistungsbeziehungen[365], um zu gewährleisten, dass Einwendungen und Aufrechnungsmöglichkeiten innerhalb der jeweiligen Leistungsverhältnisse erhalten bleiben[366] und jede Partei nur das Risiko der Zahlungsunfähigkeit derjenigen Person trägt, die er sich als Vertragspartner ausgewählt hat[367]:

---

363 Um eine solche handelt es sich bei der Zahlung mit einem Scheck, siehe oben Teil 2 II.4b)cc)(1). und BGH, Urt. 26. 9. 1995 – XI ZR 159/94 – WM 1995, 1950 = ZIP 1995, 1745; *Hadding*, FS Kümpel, 168 ff.

364 St. Rspr., vgl. bereits BGH, Urt. v. 31. 10. 1963 – VII ZR 283/61 – BGHZ 40, 272 (277) = NJW 1964, 399; Urt. v. 18. 10. 1973 – VII ZR 8/73 – BGHZ 61, 289 (291) = NJW 1974, 39 m. w. N.; *Kümpel*, WM 2001, 2273 (2274); konkret für den Scheck: *Baumbach/Hefermehl/Casper*, Art. 3 ScheckG Rn. 8.

365 BGH, Urt. v. 31. 5. 1976 – VII ZR 218/74 – NJW 1976, 1448; Urt. v. 18. 10. 1973 – VII ZR 8/73 – BGHZ 61, 289 (291); Urt. v. 24. 2. 1972 – VII ZR 207/70 – BGHZ 58, 184, 188 = NJW 72, 864; *Canaris*, FS Larenz, S. 799 (803 f.); *Nobbe* WM 2001, Sonderbeil. 4, 24.

366 *Schwintowski/Schäfer*, Bankrecht, § 9 Rn. 125; *Kümpel*, WM 2001, 2273 (2274).

367 *Canaris*, FS Larenz, S. 799 (802 f.); *Nobbe* WM 2001, Sonderbeil. 4, 24.

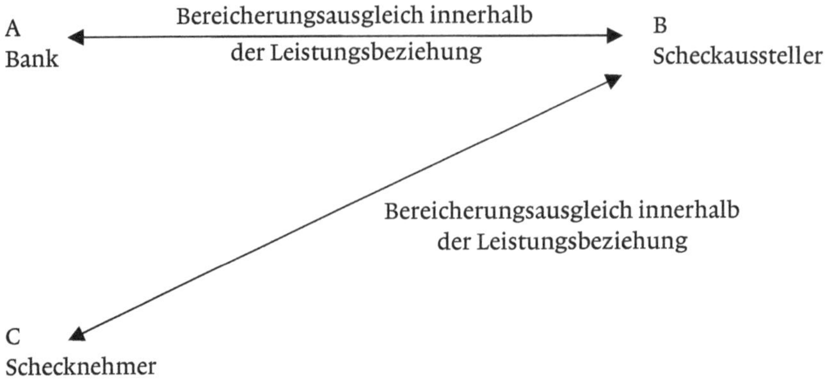

Grundvoraussetzung für eine Rückabwicklung innerhalb der Leistungsbeziehungen ist, dass Leistungsbeziehungen überhaupt bestehen. Eine Leistung im bereicherungsrechtlichen Sinne – eine solche ist im Folgenden auch gemeint, wenn – ohne weiteren Zusatz – von einer „Leistung" die Rede ist – ist eine bewusste und zweckgerichtete Mehrung fremden Vermögens[368] und ist damit zu unterscheiden von der Leistung im faktischen Sinne[369], also der rein tatsächlichen Zuwendung. Bei einem „intakten" scheckrechtlichen Dreiecksverhältnis erfolgt durch Auszahlung bzw. Gutschrift des Scheckbetrages eine Leistung der Bank an ihren Kunden, mit dem Zweck der Erfüllung einer Verbindlichkeit aus dem Giroverhältnis, simultan eine Leistung des den Scheck ausstellenden Bankkunden an den Schecknehmer, mit dem Zweck die Schuld aus dem Valutaverhältnis zu tilgen, und parallel eine rein faktische und damit grundsätzlich bereicherungsrechtlich irrelevante Leistung der Bank an den Schecknehmer.

Die Unwirksamkeit einer scheckrechtlichen Anweisung stellt einen Mangel im Deckungsverhältnis dar. Wie ein solcher Mangel im Deckungsverhältnis zu behandeln ist, dazu hat der Bundesgerichtshof verschiedene Kriterien entwickelt. Zwar hat er dabei immer wieder betont, dass sich bei der bereicherungsrechtlichen Behandlung von Vorgängen, an denen mehr als zwei Personen beteiligt sind, jede schematische Lösung verbiete[370], doch lassen sich im Falle des Anweisungsmangels durchaus einheitliche Kriterien herausarbeiten und im Wesentlichen vier Fallkonstellationen unterscheiden[371]: Es kann von vornherein an einer wirksamen Anweisung gefehlt haben, diese kann zwar zunächst wirksam entäußert, aber

---

368 Heute allgemeine Auffassung, vgl. nur die Nachweise bei *Lieb* in: MünchKomm-BGB, § 812 Rn. 26.
369 Vgl. hierzu *Kümpel*, WM 2001, 2273 (2274).
370 Vgl. BGH, Urt. v. 30. 5. 1968 – VII ZR 2/66 – BGHZ 50, 227 (229); Urt. v. 24. 2. 1972 – VII ZR 207/70 – BGHZ 58, 184 (187); Urt. v. 18. 10. 1973 – VII ZR 8/73 – BGHZ 61, 289 (292).
371 So weist auch *Nobbe* (WM 2001, Sonderbeil. 4, 24) darauf hin, dass die Unsicherheit, auf welcher der Vorbehalt des Verbots einer schematischen Lösung beruht, jedenfalls für den Bereich des Zahlungsverkehrs überwunden sei und der für entsprechende Streitigkeiten zuständige XI. Zivilsenat des Bundesgerichtshofs daher auf diesen Vorbehalt bewusst verzichte.

nachträglich unwirksam geworden sein und der Anweisungsempfänger kann hiervon jeweils in Kenntnis oder in Unkenntnis gewesen sein.

a) Anfängliches Fehlen einer wirksamen Anweisung bei Kenntnis des Anweisungsempfängers

In den Fällen, in denen es an einer wirksamen Anweisung von Anfang an fehlt, mangelt es damit zugleich auch an einer Leistungsbeziehung im Verhältnis zwischen B und C, denn die (faktische) Leistung des A an C ist dem B in diesem Falle nicht als dessen Leistung zurechenbar, da B sie nicht veranlasst hat. Der Kunde (B) muss im Zahlungsverkehr davor geschützt werden, von Zahlungen seiner Bank (A) an Dritte (C) beeinträchtigt zu werden, die er nicht angewiesen oder hat anweisen lassen.[372] In einem derartigen Fall versucht die Bank erfolglos, an ihren Kunden zu leisten. Ein Bereicherungsausgleich vollzieht sich daher unmittelbar im Verhältnis zwischen Bank (A) und Zahlungsempfänger (C). So hat der Bundesgerichtshof im Falle der Einlösung eines – wie der Schecknehmer wusste – vom Scheckgeber nicht unterzeichneten Schecks einen unmittelbaren Bereicherungsanspruch der Bank gegen den Zahlungsempfänger bejaht[373], ebenso bei einer Überweisung von Geld an einen falschen Empfänger[374]. Ob es sich bei diesem Kondiktionsanspruch von A gegen C um einen solchen wegen Bereicherung „durch Leistung“[375], und damit um eine Leistungskondiktion, oder wegen Bereicherung „in sonstiger Weise“[376] und damit um eine Eingriffskondiktion handelt, hat der Bundesgerichtshof zunächst offen gelassen[377], später aber zutreffend[378] eine Eingriffskondiktion bejaht[379].

Grafisch stellt sich der Bereicherungsausgleich im Falle des anfänglichen Fehlens einer wirksamen Anweisung bei Kenntnis des Anweisungsempfängers hiervon wie folgt dar:

372 *Nobbe*, WM 2001, Sonderbeil. 4, 25.
373 BGH, Urt. v. 31. 5. 1976 – VII ZR 218/74 – NJW 1976, 1448.
374 BGH, Urt. v. 31. 5. 1976 – VII ZR 260/75 – NJW 1976, 1449, der Empfänger wusste hier, dass der Überweisungsbetrag nicht für ihn bestimmt war.
375 So etwa: *Lieb* in: MünchKomm-BGB, § 812 Rn. 60; *Flume*, NJW 1987, 635; *Wilhelm*, AcP 175, 313 Fn. 26.
376 *Larenz/Canaris*, Schuldrecht BT2/2, § 70 VI. 4, 251; *Kümpel*, WM 2001, 2273 (2277); *Nobbe*, WM 2001, Sonderbeil. 4, S. 25.
377 BGH, Urt. v. 31. 5. 1976 – VII ZR 218/74 – NJW 1976, 1448 (1449).
378 Es wäre widersprüchlich, zunächst eine Leistung im bereicherungsrechtlichen Sinne von A an C abzulehnen, dann aber einen Anspruch A gegen C aus Leistungskondiktion zu befürworten.
379 BGH, Urt. v. 20. 3. 2001 – XI ZR 157/00 – WM 2001, 954 (956) = BGHZ 147, 145; Urt. v. 21. 6. 2005 – XI ZR 152/04 – NJW 2005, 3213–3215.

b) *Anfängliches Fehlen einer wirksamen Anweisung bei Unkenntnis des Anweisungsempfängers*

Ob im Falle der Unkenntnis des Zahlungsempfängers vom Anweisungsmangel anders zu entscheiden wäre – der Bank also keine Direktkondiktion zu gewähren –, hat der Bundesgerichtshof in diesem Zusammenhang zunächst ebenfalls offen gelassen[380], später aber in Übereinstimmung mit der ganz herrschenden Lehre[381] und der übrigen Rechtsprechung[382] festgestellt, dass es an dieser Stelle nicht darauf ankäme, ob sich die Zahlung der Bank aus Sicht des Empfängers als Leistung des (vermeintlich) Anweisenden darstelle.[383] Die Direktkondiktion steht dem vermeintlich Angewiesenen im Falle des anfänglichen Anweisungsmangels also unabhängig von einer etwaigen Kenntnis des Zahlungsempfängers hiervon zu.

Nur zum Teil ist, etwa von *Wieling*[384] und *Pfister*[385], vertreten worden, dass bei der Qualifikation der Zuwendung von A an C als Leistung des B auf den sog. Empfängerhorizont abzustellen sei. Demzufolge komme eine Direktkondiktion des A gegen C nur bei Bösgläubigkeit des C hinsichtlich des Anweisungsmangels in Be-

380 BGH, Urt. v. 31. 5. 1976 – VII ZR 218/74 – NJW 1976, 1448 (1449 f.).
381 *Wilhelm*, JuS 1973, 4; *ders.*, AcP 175, 313; *Köndgen*, FS Esser, S. 69 f.; *Schimansky* in: Schimansky/Bunte/Lwowski, Bankrechtshandbuch I, § 50 Rn. 4; *Nobbe* in: Schimansky/Bunte/Lwowski, Bankrechtshandbuch I, § 60 Rn. 210; *Canaris*, Bankvertragsrecht, Rn. 736; *Canaris*, WM 1980, 354 (364); *ders.*, JZ 1987, 201 f.; *Baumbach/Hopt*, HGB, BankGesch (7) C/18; *Lieb* in: MünchKomm-BGB, § 812 Rn. 52 ff.; *Lorenz* in: Staudinger-BGB, § 812 Rn. 51; *Baumbach/Hefermehl/Casper*, Art. 3 ScheckG Rn. 9; *Reuter/Martinek*, Ungerechtfertigte Bereicherung, S. 427 ff.; vgl. auch die Nachweise bei *Canaris*, FS Larenz, S. 790 (801), Fn. 10.
382 OLG Düsseldorf, Urt. v. 18. 3. 1975 – 23 U 146/74 – WM 1975, 875; OLG Hamm, Urt. v. 30. 10. 2002 – 31 U 70/02 – ZIP 2003, 662.
383 BGH, Urt. v. 20. 3. 2001 – XI ZR 157/00 – WM 2001, 954 (956) = BGHZ 147, 145 (Unterzeichnung eines Schecks durch vollmachtlosen Vertreter bei Unkenntnis des Schecknehmers); Urt. 5. 11. 2002 – BGHZ 152, 307 – BGHZ 152, 307 (Zahlung aufgrund nicht zurechenbarer Scheinanweisung); Urt. v. 21. 6. 2005 – XI ZR 152/04 – NJW 2005, 3213 (Verfälschung eines Überweisungsauftrages durch die angewiesene Bank und Gutgläubigkeit des Zahlungsempfängers).
384 *Wieling*, JuS 1978, 801 (807 f.).
385 *Pfister* JR 1969, 47 (48).

tracht. Sei C hingegen gutgläubig, so liege nach seiner maßgeblichen Sicht eine Leistung von A an B und von B an C vor, so dass die Rückabwicklung ebenfalls innerhalb dieser Leistungsbeziehungen erfolgen müsse. Diese Auffassung vermag allerdings deshalb nicht zu überzeugen, weil nach den Grundsätzen der Rechtscheinslehre Grundvoraussetzung für den Schutz eines gutgläubigen Vertragspartners ist, dass dem anderen die den Rechtsschein hervorrufende Tatsache auch zurechenbar ist.[386] Fehlt es aber an einer wirksamen Anweisung des B, dann hat er schon keine Ursache dafür gesetzt, aufgrund der ihm die Zuwendung an C zugerechnet werden könnte. Zutreffend hat hierzu auch der Bundesgerichtshof ausgeführt, dass ohne eine wirksame Anweisung eine Zahlung dem vermeintlich Anweisenden nicht als dessen Leistung zugerechnet werden könne.[387] Auch der so genannte Empfängerhorizont vermöge eine fehlende Zweckbestimmung des vermeintlich Anweisenden nicht zu ersetzen, wenn dieser nicht in zurechenbarer Weise den Rechtsschein einer entsprechenden Anweisung hervorgerufen habe.[388]

Es kann daher hier auf einen guten Glauben bzw. auf Kenntnis oder Unkenntnis des C nicht ankommen, dem A steht in jedem Fall der anfänglich fehlenden Anweisung eine Direktkondiktion gegen C zu. Im Ergebnis besteht insoweit nach der hier vertretenen Auffassung Übereinstimmung mit den Fällen unter a) und es ergibt sich auch hier das folgende Bild:

386 So auch *Lieb* in: MünchKomm-BGB, § 812 Rn. 59; i.E. zustimmend: BGH, Urt. v. 20. 3. 2001 – XI ZR 157/00 – WM 2001, 954 (956); OLG Bamberg, Urt. v. 23. 2. 2000 – 8 U 53/99 – NJW-RR 2001, 129; vgl. weiter BGH, Urt. 24. 4. 2001 – VI ZR 36/00 – WM 2001, 1454 (1456); *Schnauder*, NJW 1999, 2841 f.; *Nobbe*, WM 2001, Sonderbeil. 4, 25.

387 BGH, Urt. v. 21. 6. 2005 – XI ZR 152/04 – NJW 2005, 3213 unter Hinweis auf Urt. v. 20. 3. 2001 – XI ZR 157/00 – BGHZ 147, 145 (151); Urt. v. 5. 11. 2002 – XI ZR 381/01 – BGHZ 152, 307 (312); Urt. v. 3. 2. 2004 – XI ZR 125/03 – WM 2004, 671 (672) = BGHZ 158, 1.

388 BGH, Urt. v. 21. 6. 2005 – XI ZR 152/04 – NJW 2005.

c) Nachträgliche Unwirksamkeit einer zunächst wirksamen Anweisung bei Kenntnis des Anweisungsempfängers

Die Zahlung aufgrund einer zunächst wirksam erteilten, dann aber widerrufenen oder nicht richtig ausgeführten Anweisung ist dem Anweisenden grundsätzlich als dessen Leistung zuzurechnen. Dies gilt allerdings dann nicht, wenn der Anweisungsempfänger die Weisungswidrigkeit der Ausführung kannte[389] oder aber sich in Kenntnis aller Umstände bewusst unwissend stellt und daher nach Treu und Glauben zu behandeln ist, als hätte er die weisungswidrige Ausführung gekannt[390].

Wird eine zunächst wirksam erteilte Anweisung erst nachträglich unwirksam, so steht dem (vermeintlich) Angewiesenen daher ein unmittelbarer Bereicherungsanspruch gegen den Anweisungsempfänger zu, sofern dieser von der Unwirksamkeit der Anweisung wusste. Hierbei handelt es sich somit um den einzigen Fall, in dem die Sicht des Anweisungsempfängers relevant ist[391]: kennt er den Anweisungsmangel, so stellt sich das Erlangte nicht als eine Leistung des (vermeintlich) Anweisenden, sondern als Fehlleistung des (vermeintlich) Angewiesenen dar[392]. Im Übrigen ergeben sich keine Unterscheide zu den unter a) und b) dargestellten Fällen:

389 *Nobbe,* WM 2001, Sonderbeil. 4, 27; BGH, Urt. v. 31. 5. 1976 – VII ZR 260/75 – BGHZ 66, 372 (377); Urt. 1. 7. 1976 – VII ZR 333/75 – BGHZ 67, 75 (78); Urt. 16. 6. 1983 – VII ZR 370/82 – BGHZ 87, 393 (398).

390 BGH, Urt. v. 25. 9. 1986 – VII ZR 349/85 – WM 1986, 1381 (1382).

391 Vgl. *Kümpel* WM 2001, 2273 (2278).

392 *Nobbe,* WM 2001, Sonderbeil. 4, 26; BGH, Urt. 16. 6. 1983 – VII ZR 370/82 – BGHZ 87, 393 (398); Urt. v. 25. 9. 1986 – VII ZR 349/85 – ZIP 1986, 1375.

d) Nachträgliche Unwirksamkeit einer zunächst wirksamen Anweisung bei Unkenntnis des Anweisungsempfängers

Nur in dem Fall, in dem eine zunächst wirksam erteilte Anweisung nachträglich unwirksam wird und der Anweisungsempfänger hiervon keine Kenntnis hat[393], bleibt es bei dem Grundsatz der Rückabwicklung im Rahmen der Leistungsbeziehungen und dem Angewiesenen steht ein Anspruch aus Leistungskondiktion gegen den Anweisenden zu, während eine Direktkondiktion gegen den Anweisungsempfänger hier nicht in Betracht kommt. Im Verhältnis zwischen B und C wird in der Regel Erfüllung der Schuld aus dem Valutaverhältnis und damit der bezweckte Leistungserfolg eintreten, so dass ein Bereicherungsanspruch hier ausscheidet. Grund hierfür ist, dass die faktische Leistung des A an C dem B in einem solchen Falle als dessen Leistung zuzurechnen ist, denn die nachträgliche Unwirksamkeit der Anweisung betrifft bei Unkenntnis des C allein das Verhältnis zwischen A und B.[394]

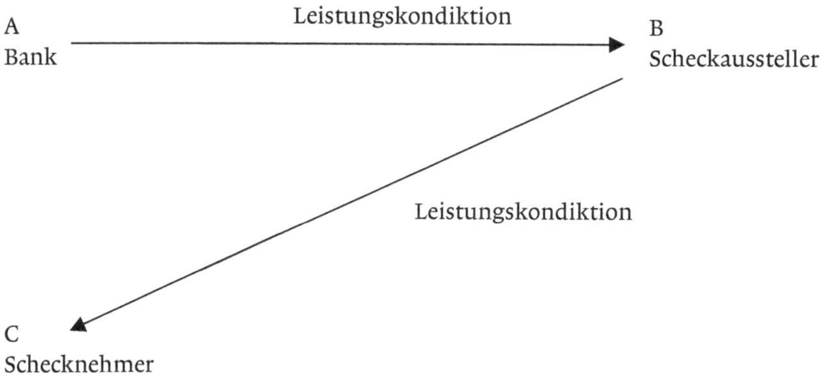

Der Bundesgerichtshof hat im Falle der Einlösung eines widerrufenen Schecks (der Scheckinhaber hatte von dem Widerruf keine Kenntnis) ausgeführt, dass der Scheckaussteller mit Übergabe des Schecks die für einen späteren Bereicherungsausgleich maßgeblichen Leistungsbeziehungen bestimme.[395] Auch in Fällen von nach Widerruf[396] bzw. Änderung[397] durch den Bankkunden von der Bank weiter unverändert ausgeführten Daueraufträgen hat der Bundesgerichtshof ausgeführt,

---

393 Hinsichtlich der Kenntnis des C wäre B als von A in Anspruch genommener im Prozess beweispflichtig, da die direkte Inanspruchnahme von C eine Ausnahme vom Grundsatz der Rückabwicklung im Rahmen der Deckungsverhältnisse darstellt, vgl. *Nobbe*, WM 2001, Sonderbeil. 4, 27.

394 Vgl. *v. Caemmerer*, JZ 1962, 385 (387); *Nobbe*, WM 2001, Sonderbeil. 4, 26; BGH, Urt. 18. 10. 1973 – VII ZR 8/73 – BGHZ 61, 289 (293); Urt. 9. 5. 1983 – II ZR 241/82 – BGHZ 87, 246 (249); Urt. 16. 6. 1983 – VII ZR 370/82 – BGHZ 87, 393 (397); Urt. 19. 1. 1984 – VII ZR 110/83 – BGHZ 89, 376 (382).

395 BGH, Urt. v. 18. 10. 1973 – VII ZR 8/73 – BGHZ 61, 289ff. = NJW 1974, 39 (40).

396 BGH, Urt. 9. 5. 1983 – II ZR 241/82 – BGHZ 87, 246.

397 BGH, Urt. v. 3. 5. 1984 – VII ZR 166/83 – NJW 1984, 2205.

dass sich die Gutschrift in einem solchen Fall für den Empfänger als Leistung des Bankkunden darstelle.

e) *Zusammenfassung*

Nach dem eben gesagten hat die Unwirksamkeit einer Anweisung somit – in Abweichung vom bereicherungsrechtlichen Grundsatz der Rückabwicklung innerhalb der Leistungsbeziehungen – in der Regel einen direkten Kondiktionsanspruch des Angewiesenen (A) gegen den Anweisungsempfänger (C) zur Folge. Nur dann, wenn eine zunächst wirksame Anweisung nachträglich unwirksam wird und der Anweisungsempfänger hiervon keine Kenntnis hat, bleibt es bei der Rückabwicklung innerhalb der Leistungsbeziehungen und es kommen Ansprüche aus Leistungskondiktion des Angewiesenen (A) gegen den Anweisenden (B) und des Anweisenden (B) gegen den Anweisungsempfänger (C) in Betracht.

5. Die verschiedenen Fallkonstellationen bei Einlösung eines Schecks nach Verlust der Verfügungsbefugnis im Eröffnungsverfahren

Hat die bisherige Untersuchung zunächst ergeben, dass der Verlust der Verfügungsbefugnis des Scheckausstellers im Eröffnungsverfahren (wie auch im eröffneten Verfahren) zur Unwirksamkeit der Scheckanweisung führt, und ist soeben gezeigt worden, dass eine aufgrund unwirksamer Anweisung erfolgte Zuwendung unter Umständen bereicherungsrechtliche Rückgewähransprüche auslöst, so stellt sich im folgenden die Frage, wie sich diese Ergebnisse in die Besonderheiten des insolvenzrechtlichen Eröffnungsverfahren einfügen. Dabei ist auch zu berücksichtigen, dass der Bank unter Umständen trotz grundsätzlicher Unwirksamkeit der geschäftsbesorgungsrechtlichen Weisung Aufwendungsersatzansprüche aufgrund der Einlösung des Schecks zustehen. Dies richtet sich unter anderem danach, ob die Bank bei Einlösung des Schecks in Kenntnis oder Unkenntnis des gegen den Aussteller ergangenen Verfügungsverbotes handelt und ob das Konto des Scheckausstellers bei Einlösung des Schecks einen kreditorischen oder einen debitorischen Saldo aufweist.

a) *Kenntnis der Bank vom Verfügungsverbot*

Sofern die Bank positive Kenntnis von dem gegen ihren Kunden ergangenen Verfügungsverbot hat, darf sie einen von ihm ausgestellten Scheck nicht einlösen. Tut sie es dennoch, so macht sie sich unter Umständen schadensersatzpflichtig.[398] Aus diesem Grund dürfte eine Einlösung trotz Kenntnis des Verfügungsverbotes in der Praxis auch nur versehentlich vorkommen.

---

398 Vgl. aber LG Kiel, Urt. v. 4. 3. 1981 – 10 O 91/80 – ZIP 1981, 501 ff., das im betreffenden Fall einen Schadensersatzanspruch gegen die Bank abgelehnt hat, obwohl diese einen Überweisungsauftrag nach Anordnung eines Verfügungsverbotes ausgeführt hat, weil sich dieser bereits in der elektronischen Datenverarbeitung befand.

aa) Kenntnisstand der Bank

Zunächst stellt sich die Frage, wann von einer „Kenntnis der Bank“ auszugehen ist, denn nicht jeder einzelne Bankmitarbeiter wird präsentes Wissen über die Verfügungsbefugnis jedes einzelnen Bankkunden haben.

Nach der wohl überwiegenden Auffassung in Rechtsprechung und Literatur genügt für die „Kenntnis der Bank“ vom Verfügungsverbot (wie auch der Verfahrenseröffnung) die Kenntnis irgendeines Organs der Bank, selbst wenn dieses mit dem konkreten Vorgang – in diesem Fall der Einlösung des Schecks – nicht befasst ist.[399] Dabei müsse sich die Bank die Kenntnisse jedes ihrer Bediensteten zurechnen lassen, welche dieser bei der Wahrnehmung seiner Befugnisse für die Bank gewonnen hat.[400] Die Bank könne sich daher nicht darauf berufen, dass der unmittelbar handelnde Sachbearbeiter keine Kenntnis gehabt habe.[401] Zum Teil wird daher angenommen, dass selbst die Benachrichtigung einer Bankfiliale oder der Rechtsabteilung die Kenntnis der Bank für alle bei ihr vorhandenen Kundenkonten begründe, selbst wenn diese in verschiedenen Städten geführt werden.[402] Es sei Sache der Bank, durch entsprechende Organisationsmaßnahmen für eine umgehende Weitergabe derartiger Kenntnisse zu sorgen.[403]

Nach anderer Ansicht schadet die Kenntnis einer anderen Stelle der Bank dann nicht, wenn diese normalerweise nicht in den organisatorischen Ablauf einzuschalten ist.[404] Da eine andere Stelle aber jedenfalls verpflichtet sei, ihr Wissen unverzüglich weiterzuleiten[405], müsse sich die Bank zumindest das Wissen zurechnen lassen, das bei sachgerechter Organisation dokumentiert und verfügbar sei und zu dessen Nutzung unter Berücksichtigung der geschäftlichen Bedeutung des Vorgangs Anlass bestehe.[406]

Vor dem Hintergrund, dass heute auch die ortsübergreifende Vernetzung von Datenbanken keine sonderlichen Schwierigkeiten bereitet, sind die Anforderungen an die Organisationsstruktur einer Bank durchaus hoch anzusetzen. Erlangt ein

---

399 *Schimansky* in: Schimansky/Bunte/Lwowski, Bankrechtshandbuch I, § 50 Rn. 17; *Ott/Vuia*, MünchKomm-InsO, § 82 Rn. 14; *Lüke* in: Kübler/Prütting/Bork, InsO, § 82 Rn. 22; *Assies/Ristelhuber/Weis*, Die Kundeninsolvenz in der Bankpraxis, Rn. 427; BGH, Urt. v. 12. 11. 1998 – IX ZR 145/98 – BGHZ 140, 54, 61 = NJW 1999, 284; Urt. v. 8. 12. 1989 – V ZR 246/87 – BGHZ 109, 327, 331.
400 *Schimansky* in: Schimansky/Bunte/Lwowski, Bankrechtshandbuch I, § 50 Rn. 17.
401 BGH, Urt. 1. 3. 1984 – IX ZR 34/83 – ZIP 1984, 809; Urt. 1. 6. 1989 – III ZR 261/87 – WM 1989, 1364 (1368); LG Dortmund, Urt. 10. 10. 1996 – 2 O 221/96 – ZIP 1997, 206; *Wittkowski* in: Nerlich/Römermann, InsO, § 82 Rn. 19; zweifelnd *Uhlenbruck* in: Uhlenbruck, InsO, § 82 Rn. 13.
402 *Schimansky* in: Schimansky/Bunte/Lwowski, Bankrechtshandbuch I, § 50 Rn. 17.
403 OLG Celle, Urt. v. 22. 4. 1998 – 3 U 168/97 – ZIP 1998, 1232 f.; *Uhlenbruck* in: Uhlenbruck, InsO, § 82 Rn. 13.
404 *Obermüller*, Insolvenzrecht in der Bankpraxis, Rn. 3.33 b; BGH, Urt. v. 1. 3. 1984 – IX ZR 34/83 – ZIP 1984, 809; Urt. v. 1. 6. 1989 – III ZR 261/87 – WM 1989, 1364 (1368).
405 *Obermüller*, Insolvenzrecht in der Bankpraxis, Rn. 3.33 b unter Berufung auf OLG Celle, Urt. v. 22. 4. 1998 – 3 U 168/97 – ZIP 1998, 1232; BGH, Urt. v. 13. 10. 2000 – V ZR 349/99 – WM 2000, 2515.
406 BGH, Urt. v. 15. 4. 1997 – XI ZR 105/96 – WM 1997, 1093; *Obermüller*, Insolvenzrecht in der Bankpraxis, Rn. 3.33 b.

Organ im Rahmen seines Aufgabenbereiches (private Kenntniserlangung dürfte demgegenüber nicht ausreichend sein) Kenntnis von dem gegen einen Kunden ergangenen Verfügungsverbot oder der Eröffnung des Insolvenzverfahrens gegen ihn, so muss es diese Kenntnis daher in der Regel unverzüglich an alle anderen Organe weiterleiten. Die Bank muss im Rahmen ihrer innerbetrieblichen Organisation einen schnellen Informationsfluss sicherstellen. Etwas anderes kann nur im Einzelfall gelten, etwa wenn eine Verschwiegenheitspflicht dem entgegensteht.[407]

bb) Aufwendungsersatzanspruch der Bank

Ein Aufwendungsersatzanspruch der Bank für eine vorgenommene Auszahlung kommt grundsätzlich nur dann in Betracht, wenn dieser eine wirksame geschäftsbesorgungsrechtliche Weisung zugrunde liegt. Gerade dies ist aber beim Verlust der Verfügungsbefugnis im Eröffnungsverfahren nicht der Fall. Denn die Weisung ist – wie oben ausgeführt – entweder überhaupt nicht wirksam entstanden, weil sie vor Verlust der Verfügungsbefugnis noch nicht zugegangen ist, oder aber zumindest nachträglich unwirksam geworden, weil sie vor Verlust der Verfügungsbefugnis zwar zugegangen, aber noch nicht ausgeführt worden ist. Dies gilt unabhängig davon, ob der Scheck innerhalb der Vorlegungsfrist gemäß Art. 32 Abs. 1 ScheckG vorgelegt wurde oder nicht. Zwar ist der Scheck innerhalb der Vorlegungsfrist unwiderruflich (Art. 32 Abs. 1 ScheckG), dies betrifft allerdings nur das Verhältnis zwischen Scheckaussteller und Schecknehmer. Ein Anspruch auf Einlösung durch die Bank, aus dem sich ein unzerstörbarer Anspruch auf Aufwendungsersatz der Bank ergeben könnte, wird hierdurch nicht begründet.[408] Auch ein gutgläubiger Erwerb eines Aufwendungsersatzanspruches durch die Bank kommt hier naturgemäß nicht in Betracht, weil die Bank bei Einlösung des Schecks in Kenntnis des Verfügungsverbotes gerade nicht gutgläubig gehandelt hat.

In einem solchen Fall der trotz Kenntnis vom Verfügungsverbot erfolgenden Scheckeinlösung erlangt die Bank also keinen Aufwendungsersatzanspruch, den sie in das Kontokorrent einstellen und verrechnen könnte (vgl. zu dem Fall, dass die Bank den Scheck in Unkenntnis des Verfügungsverbotes eingelöst hat aber noch unten Teil 2 III.5.b)(aa)). Ein etwaiger positiver Kontosaldo des späteren Insolvenzschuldners wird damit ebensowenig gemindert, wie ein bereits bestehender negativer Saldo weiter erhöht wird. Der Insolvenzverwalter kann daher Auszahlung des gesamten Kontoguthabens verlangen. Bei negativem Kontosaldo erwirbt die Bank mangels Aufwendungsersatzanspruches keine Insolvenzforderung für ihre Zahlung auf den Scheck.

---

407 *Schimansky* in: Schimansky/Bunte/Lwowski, Bankrechtshandbuch I, § 50 Rn. 17; vgl. auch *Obermüller*, Insolvenzrecht in der Bankpraxis, Rn. 3.33 b.
408 *Obermüller*, Insolvenzrecht in der Bankpraxis, Rn. 3.209.

cc) Übertragung der bereicherungsrechtlichen Grundsätze auf den Fall des Verfügungsverbotes im Eröffnungsverfahren

In Betracht kommen lediglich bereicherungsrechtliche Ansprüche zwischen den Beteiligten. Dabei werden die soeben dargestellten Grundsätze zur Rückabwicklung von Zuwendungen, die aufgrund unwirksamer Anweisungen erfolgt sind, relevant. Jedenfalls der erst nach Erlass des Verfügungsverbotes ausgestellte Scheck stellt eine von Anfang an unwirksame Anweisung dar (zur Behandlung einer solchen anfänglich unwirksamen Anweisung siehe bereits oben Teil 2 III.4a)).

Fraglich ist allerdings, wie es mit dem vor Verlust der Verfügungsbefugnis ausgestellten, aber erst nachher eingelösten Scheck aussieht. Bei Übertragung der eben dargestellten Grundsätze auf den vorliegenden Fall der Scheckzahlung, bedeutet dies, dass zu klären ist, ob die Zahlung auf eine durch gerichtliches Verfügungsverbot im Eröffnungsverfahren erloschene Scheckanweisung wie die Zahlung auf eine von Beginn an unwirksame Anweisung zu behandeln ist, oder wie eine Zahlung auf eine nachträglich unwirksame oder geänderte Anweisung.

Würde man die durch ein insolvenzrechtliches Verfügungsverbot erloschene Scheckanweisung behandeln, wie eine *anfänglich unwirksame* Anweisung, dann stände der Bank (A) gegen den Schecknehmer (C) die Direktkondiktion zu. Dies würde unabhängig davon gelten, ob der Schecknehmer Kenntnis von dem Verfügungsverbot hatte.

Behandelte man die durch ein insolvenzrechtliches Verfügungsverbot erloschene Scheckanweisung hingegen wie eine *nachträglich unwirksame* Anweisung, so würde dies dazu führen, dass es auf die Kenntnis des Schecknehmers vom Verfügungsverbot bei Einlösung des Schecks ankäme. Einer Direktkondiktion der Bank (A) wäre der Schecknehmer (C) daher nur dann ausgesetzt, wenn er bei Einlösung des Schecks keine positive Kenntnis vom Verfügungsverbot des Ausstellers (B) hatte. Positive Kenntnis des Schecknehmers hingegen würde zu einem Bereicherungsausgleich innerhalb der Leistungsbeziehungen und damit im Verhältnis zwischen der Bank (A) und dem Scheckaussteller (B) sowie zwischen dem Scheckaussteller (B) und dem Schecknehmer (C) führen.

(1) Rechtsprechung zum Verlust der Verfügungsbefugnis im Eröffnungsverfahren

An obergerichtlicher Rechtsprechung zu dieser Problematik im Eröffnungsverfahren fehlt es bisher. Das *Landgericht Gera*[409] hat im Falle eines nach Anordnung eines allgemeinen Veräußerungsverbotes eingelösten Schecks entschieden, dass der Bank gegen den Schecknehmer eine Direktkondiktion zustehe – und zwar unabhängig von dessen Kenntnis von dem Verfügungsverbot. Dieser Fall sei so zu lösen wie der einer durch Eröffnung des Insolvenzverfahrens unwirksam gewordenen Anweisung.[410] Auch im eröffneten Verfahren sei eine Direktkondiktion unabhängig von

409 LG Gera, Urt. v. 1. 12. 1999 – 1 S 219/99 – NZI 2001, 100.
410 LG Gera aaO unter zutr. Berufung auf *Canaris*, Bankvertragsrecht, Rn. 504 a, 501.

einer etwaigen Bösgläubigkeit des Zahlungsempfängers begründet, da es von vornherein an einer wirksamen Anweisung fehle. Das Landgericht stellt im Wesentlichen darauf ab, dass die Zahlung an den Gläubiger im Valutaverhältnis keine Erfüllungswirkung gemäß § 362 BGB habe. Hätte die Bank mit Erfüllungswirkung an den Gläubiger des späteren Gemeinschuldners geleistet, wäre der Anspruch des Gläubigers im Valutaverhältnis erloschen. Ein etwaiger Mangel im Valutaverhältnis führe dann zu einem Bereicherungsausgleich dort, während ein etwaiger Mangel im Deckungsverhältnis dort, also zwischen Bank und Gemeinschuldner, zu bereinigen sei. Entfalte die Zahlung der Bank demgegenüber – wie im zu entscheidenden Fall – keine Erfüllungswirkung im Valutaverhältnis, komme lediglich eine Direktkondiktion der Bank gegen den Zahlungsempfänger in Betracht, da in diesem Fall der (spätere) Gemeinschuldner nichts erlangt habe, nämlich keine Befreiung von der Verbindlichkeit aus dem Valutaverhältnis.

(2) Rechtsprechung zum Verlust der Verfügungsbefugnis durch Eröffnung des Insolvenzverfahrens

Der *Bundesgerichtshof*[411] hat im Jahr 1976 im entsprechenden Falle der Einlösung eines mit Eröffnung des Konkurses unwirksam gewordenen Wechsels entschieden. Dabei hat der entscheidende Senat zwar festgestellt, dass es an einer wirksamen Anweisung fehle, jedoch ausdrücklich offen gelassen, ob ein solcher Fall wie derjenige der widerrufenen oder der von vornherein unwirksamen Anweisung zu behandeln sei. Im dort zu entscheidenden Fall hatte der Zahlungsempfänger Kenntnis von der Unwirksamkeit der Anweisung, so dass der Bank in jedem Fall eine Direktkondiktion zu gewähren war.

(3) Meinungsstand in der Literatur

Canaris[412] meint zu dieser Problematik, dass die Anweisung nicht lediglich wegen eines Mangels im Deckungsverhältnis unwirksam sei, sondern es darüber hinaus auch im Valutaverhältnis an einer wirksamen Tilgungsbestimmung fehle. Es fehle daher an einer dem vermeintlich Anweisenden zurechenbaren Leistung, so dass mangels vorrangig zu berücksichtigender Leistungsbeziehung eine Direktkondiktion der Bank gegen den Zahlungsempfänger – unabhängig von dessen Kenntnis – gegeben sei.

Auch *Meyer* ist der Auffassung, dass es im Falle des Konkurses des Anweisenden nicht auf die Sichtweise des Anweisungsempfängers ankomme.[413] Er begründet dies mit dem Sinn, den die Berücksichtigung der Empfängersicht bei einer erst nachträglich erloschenen Anweisung habe. Dort solle das Vertrauen des Empfängers auf das Vorliegen einer Leistung seines Schuldners in der Weise geschützt werden, dass dieser den von der Bank erhaltenen Betrag behalten könne. Ein solcher Vertrauensschutz werde dem Anweisungsempfänger aber bei Konkurs des

---

411 BGH, Urt. v. 1. 7. 1976 – VII ZR 333/75 – BGHZ 67, 75.
412 *Canaris,* Bankvertragsrecht, Rn. 433, 503, 504 a (zum Überweisungsauftrag).
413 *Meyer,* Der Bereicherungsausgleich in Dreiecksverhältnissen, S. 132 f.

Anweisenden niemals zuteil, da er zumindest einem Kondiktionsanspruch der Masse ausgesetzt wäre.

Lieb diskutiert die Frage der bereicherungsrechtlichen Rückabwicklung bei einer durch Insolvenz verursachten Unwirksamkeit einer Anweisung im Rahmen der Rechtsfolgen des Widerrufs von Anweisungen.[414] Allerdings ist es nach seiner Auffassung ohnehin unerheblich, ob eine Anweisung nur widerrufen, oder von vornherein unwirksam sei, denn die Rückabwicklung müsse stets im Wege der Direktkondiktion und nicht übers Dreieck erfolgen.[415] Lediglich bei einem nur gegenüber der Bank, nicht aber gegenüber dem Schecknehmer widerrufenen Scheck, sei ausnahmsweise von einem „stärkeren Vertrauenstatbestand" auszugehen, der es rechtfertige, eine Rückabwicklung übers Dreieck vorzunehmen.[416] Die Gutgläubigkeit des Anweisungsempfängers hält *Lieb* aber im Falle der Insolvenz des Anweisenden aufgrund von § 81 InsO nicht schützenswert[417], so dass auch er letztlich zum gleichen Ergebnis wie *Canaris* und die oben dargestellte Rechtsprechung kommen dürfte.

Die Ausführungen von *Ott/Vuia* beschränken sich im Wesentlichen auf die Aussage, dass einer Bank, die einen Überweisungsauftrag nach Insolvenz des Überweisenden ausführe ein direkter Kondiktionsanspruch gegen den Überweisungsempfänger zustehe „wenn dieser die Zahlung der Bank nicht als Leistung des vermeintlichen Auftraggebers verstehen durfte".[418] Der Umstand, dass der Überweisende die Überweisung veranlasst habe, rechtfertige es jedoch nicht, diesen Fall so zu behandeln, wie denjenigen einer widerrufenen Anweisung. Denn der Überweisende habe nicht den Rechtsschein einer wirksamen Überweisung gesetzt, eine solche habe nämlich nie vorgelegen. Diese auf den ersten Blick möglicherweise widersprüchlich erscheinende Auffassung erklärt sich daher, dass *Ott/Vuia* die Bestandstheorie vertreten und die Frage der Unwirksamkeit von Anweisungen im Rahmen einer Insolvenz sich somit für sie nur dann stellt, wenn die Anweisung erst nach Eröffnung des Insolvenzverfahrens erteilt wird. Konsequenterweise gehen sie dann auch im Rahmen ihrer Ausführungen zur Insolvenz des Scheckausstellers nur auf die Beziehung zwischen Scheckaussteller und Bank ein.[419]

Auch in der übrigen Literatur wird – wie bei *Ott/Vuia* – bezüglich vor Verlust der Verfügungsbefugnis erteilter, aber noch nicht ausgeführter Anweisungen meist in erster Linie auf das Verhältnis zwischen dem Scheckaussteller und der bezogenen Bank eingegangen, nicht aber auf das Verhältnis zwischen der Bank und dem Schecknehmer und etwaige in diesem Zusammenhang auftretende bereicherungsrechtliche Fragen.[420]

---

414 *Lieb* in: MünchKomm-BGB, § 812 Rn. 93 ff.
415 *Lieb* in: MünchKomm-BGB, § 812 Rn. 71 u. 80.
416 *Lieb* in: MünchKomm-BGB, § 812 Rn. 87 f.
417 *Lieb* in: MünchKomm-BGB, § 812 Rn. 93.
418 *Ott/Vuia* in: MünchKomm-InsO, § 82 Rn. 21 ff.
419 *Ott/Vuia* in: MünchKomm-InsO, § 82 Rn. 30 f.
420 Dies ist etwa festzustellen bei: *Braun*, InsO, § 82 Rn. 11 ff.; *Obermüller*, Insolvenzrecht in der Bankpraxis, Rn. 3.20 a ff.; *Assies/Ristelhuber/Weis*, Die Kundeninsolvenz in der Bankpraxis, Rn. 434.

(4) Stellungnahme

Die Beantwortung der Frage, zwischen welchen Beteiligten ein Bereicherungsausgleich stattzufinden hat, hängt – wie auch in den übrigen Anweisungsfällen – davon ab, ob die auf eine solche erloschene Scheckanweisung erfolgte Zahlung dem Scheckaussteller als dessen Leistung zuzurechnen ist. Denn wie oben dargestellt, beruht die ausnahmsweise erfolgende Berücksichtigung der Unkenntnis des Anweisungsempfängers in den Fällen der erst nachträglich unwirksam gewordenen Anweisung gerade auf dem Umstand, dass sich die faktische Zuwendung an den Anweisungsempfänger (C) für diesen als Leistung des (vermeintlich) Anweisenden (B) darstellt. Wenn der Anweisende (B) seine Anweisung zunächst in den Rechtsverkehr entäußert hat, ist ihm der dadurch entstehende Rechtsschein des (Fort-) Bestands der Anweisung zuzurechnen.

Für eine Anweisung, welche der Insolvenzschuldner erst erteilt hat, nachdem er bereits nicht mehr über sein Vermögen verfügen darf – aufgrund entsprechender Anordnung des Insolvenzgerichts im Eröffnungsverfahren oder nach endgültiger Verfahrenseröffnung –, ist die Rechtslage demnach eindeutig: Diese Anweisung ist von Anfang an unwirksam, so dass ohne Weiteres die Grundsätze zu Anwendung gelangen, welche oben für die anfänglich unwirksame Anweisung entwickelt worden sind. Danach steht der bezogenen Bank stets ein direkter Kondiktionsanspruch gegen den Anweisungsempfänger zu, unabhängig von dessen Kenntnis oder Unkenntnis vom Mangel der Verfügungsbefugnis des Anweisenden und der daraus resultierenden Unwirksamkeit der Anweisung.

Zweifel bestehen hingegen bei einer Anweisung, die der (spätere) Insolvenzschuldner zunächst wirksam erteilt hat, dann allerdings noch vor ihrer Ausführung unwirksam geworden ist. Hier schiene es zunächst nahe liegend, die darauf erfolgende Zuwendung der angewiesenen Bank an den Anweisungsempfänger dem Insolvenzschuldner zuzurechnen. Aus insolvenzrechtlicher Sicht ist allerdings zu berücksichtigen, dass der spätere Insolvenzschuldner zwar in diesem Fall zunächst tatsächlich angewiesen hat und der Anweisungsempfänger aufgrund der im Valutaverhältnis bestehenden Schuld auch davon ausgehen konnte, dass mit dieser Zahlung der Anweisende leistet (jedenfalls dann, wenn der Anweisungsempfänger nicht seinerseits Kenntnis von dem Verlust der Verfügungsbefugnis hatte). Jedoch ist die Anweisung durch Verlust der Verfügungsbefugnis aufgrund der spezialgesetzlichen Regelungen der Insolvenzordnung unwirksam geworden. Der gute Glaube des Anweisungsempfängers kann hier nur insoweit geschützt werden, als dem nicht die Besonderheiten der Insolvenzordnung entgegenstehen.

Der Verlust der Verfügungsbefugnis des Insolvenzschuldners durch Eröffnung des Insolvenzverfahrens gegen ihn wirkt gegen jedermann[421] und auch bei einer Verfügungsbeschränkung nach § 21 Abs. 2 Nr. 2 InsO handelt es sich wegen des Ver-

421 *Ott/Vuia* in: MünchKomm-InsO, § 81 Rn. 13; *Wittkowski* in: Nerlich/Römermann, § InsO, § 81 Rn. 13; *Lüke* in: Kübler/Prütting/Bork, § 81 Rn. 14; *Uhlenbruck* in: Uhlenbruck, InsO, § 81 Rn. 7.

weises auf §§ 81, 82 InsO um ein absolutes Verfügungsverbot[422], dass gegenüber jedermann wirkt und die uneingeschränkte Unwirksamkeit jeder Verfügung zur Folge hat[423]. Sinn der Verfügungsbeschränkung ist der Schutz der Masse vor nachteiligen Eingriffen.[424] Dies bedeutet, dass es dem Insolvenzschuldner verwehrt ist, eine für die Masse nachteilige Verfügung vorzunehmen. Nachteilig und damit unwirksam ist auch die vollständige Tilgung einer Forderung, die nach Eröffnung des Insolvenzverfahrens nur eine Insolvenzforderung wäre.[425] Der Insolvenzschuldner kann daher seine Schuld gegenüber dem Schecknehmer aus dem sie verbindenden Valutaverhältnis nicht mehr tilgen, weder durch die Zahlung der Bank auf die (unwirksame) Scheckanweisung noch durch eine davon unabhängige Zahlung durch den Gemeinschuldner selbst (dies wäre andernfalls aufgrund der Wirkung des Schecks als „Leistung erfüllungshalber“ jederzeit möglich).

Ist dem Schuldner aber jegliche Verfügungsmacht über die Masse bzw. im Eröffnungsverfahren über das Vermögen, das nach Eröffnung zur Masse gehören würde, entzogen, so kann eine auf Veranlassung seiner (unwirksamen) Anweisung erfolgende Zuwendung nicht der Masse bzw. dem vorläufigen Verwalter zugerechnet werden. Eine Zahlung auf eine nichtige Anweisung hat keine Tilgungswirkung nach § 362 BGB.[426] Es fehlt an einer wirksamen Tilgungsbestimmung für die Zuwendung, diese führt nicht zur Erfüllung der Schuld im Valutaverhältnis. Im Verhältnis zwischen Scheckaussteller (B) und Schecknehmer (C) besteht somit auch keine wirksame Leistungsbeziehung. Das Verfügungsverbot hat folglich nicht nur im Verhältnis zwischen A und B Auswirkungen, indem es dort zur Unwirksamkeit der Anweisung führt, sondern auch im Verhältnis zwischen B und C, indem dort keine Erfüllung eintreten kann.

Auch im Verhältnis zwischen Bank (A) und Scheckaussteller (B) bzw. vorläufigem Verwalter hat die Unwirksamkeit der scheckrechtlichen Anweisung zur Folge, dass keine Leistung vorliegt. Denn der Zweck, welcher der vermeintlichen Leistung zugrunde liegt – die Ausführung der Anweisung –, ist gemeinsam mit der Anweisung erloschen.

Zusammengefasst sprechen mehrere Gründe dafür, eine Zahlung der Bank auf eine im Eröffnungsverfahren durch ein Verfügungsverbot unwirksam gewordene Scheckanweisung so zu behandeln, wie den der Zahlung auf eine von Anfang an fehlende Anweisung: Zum einen fehlt es sowohl im Verhältnis zwischen Bank und Scheckaussteller als auch im Verhältnis zwischen Scheckaussteller und Schecknehmer an einer wirksamen Leistung durch die Scheckzahlung. Eine vor der Eingriffskondiktion vorrangig zu berücksichtigende Leistungsbeziehung liegt damit schon gar nicht vor. Zum anderen – und dies ist letztlich eine unmittelbare Folge

---

422 *Pape* in: Kübler/Prütting/Bork, InsO, § 24 Rn. 1; *Mönning* in: Nerlich/Römermann, InsO, § 24 Rn. 8.
423 *Thiemann* in: Leonhardt/Smid/Zeuner, InsO, § 21 Rn. 36.
424 *Thiemann* aaO.
425 *Haarmeyer* in: MünchKomm-InsO, § 21 Rn. 54.
426 OLG Köln, B. v. 5. 2. 2007 – 13 U 200/06 (zit. n. juris).

aus dem Fehlen der Leistung – kann die Zuwendung des Scheckbetrages durch die bezogene Bank an den Schecknehmer im Valutaverhältnis keine Erfüllung bewirken.

Zahlt die Bank somit auf einen Scheck, der wegen Verlustes der Verfügungsbefugnis des Scheckausstellers im Eröffnungsverfahren oder mit der endgültigen Verfahrenseröffnung unwirksam geworden ist, dann steht ihr grundsätzlich ein direkter Kondiktionsanspruch gegen den Schecknehmer zu, und zwar unabhängig von dessen etwaiger Kenntnis vom Verlust der Verfügungsbefugnis.

dd) Konsequenzen des Verlustes der Verfügungsbefugnis des Scheckausstellers und der Kenntnis der bezogenen Bank hiervon für die Einlösung eines Schecks

Löst der Schecknehmer einen vom späteren Insolvenzschuldner ausgestellten Scheck ein, nachdem gegen diesen bereits ein allgemeines Verfügungsverbot erlassen worden ist, und hat die bezogene Bank Kenntnis (oder zumindest fahrlässige Unkenntnis) von diesem Verfügungsverbot, so stellt sich die Rechtslage im Einzelnen wie folgt dar:

Weist das Konto des in seiner Verfügungsmacht beschränkten Ausstellers einen Habensaldo auf, dann erlangt die Bank mangels wirksamer Anweisung keinen Aufwendungsersatzanspruch und auch keine sonstigen Ansprüche gegen den Scheckaussteller, die sie mit dem Kontosaldo verrechnen dürfte. Sie muss daher die vermeintlich vorgenommene Auszahlung aus dem Guthaben gegebenenfalls erneut vornehmen, nämlich an den späteren Insolvenzschuldner bzw. die Insolvenzmasse. Weist das Konto des Schuldners im Eröffnungsverfahren hingegen ein Debet auf und löst die Bank einen Scheck dennoch ein, so kann sie sich hinsichtlich des ausbezahlten Scheckbetrages ebenfalls nur an den Schecknehmer halten. Mangels wirksamer Anweisung erlangt sie keinen Aufwendungsersatzanspruch gegen ihren Kunden, den sie in das Kontokorrent einstellen dürfte. Selbst wenn der Bank für einen etwaigen Dispositionskredit Sicherheiten bestellt worden sind, darf sie diese für eine Erhöhung des Dispositionskredites aufgrund dieser Scheckzahlung nicht in Anspruch nehmen. Denn der spätere Insolvenzschuldner hat den Dispositionskredit mangels Verfügungsbefugnis überhaupt nicht wirksam abgerufen.

Die bezogene Bank kann allerdings in beiden Fallkonstellationen die erbrachte Scheckzahlung im Wege der Direktkondiktion gemäß § 812 Abs. 1 S. 1, 2. Alt. BGB vom Schecknehmer zurückfordern. Die Vorschrift des § 814 BGB, nach der das in Kenntnis der Nichtschuld geleistete nicht zurückgefordert werden kann, kommt hier nicht zur Anwendung[427], denn § 814 BGB erfasst nur Fälle der Leistungskondiktion[428]. Vorliegend handelt es sich aber um einen Fall der Nichtleistungskon-

427 *Nobbe* in: *Schimansky/Bunte/Lwowski*, Bankrechtshandbuch I, § 60 Rn. 176; vgl. zum parallelen Fall der unwirksamen Überweisung: BGH, Urt. v. 21. 6. 2005 – XI ZR 152/04 – NJW 2005, 3213–3215; *Schimansky* in: Schimansky/Bunte/Lwowski, Bankrechtshandbuch I, § 50 Rn. 22.

428 *Lorenz* in: Staudinger-BGB, § 814 Rn. 3; BGH, Urt. v. 20. 3. 1986 – II ZR 75/85 – WM 1986, 1324 (1325); Urt. v. 31. 5. 1994 – VI ZR 12/94 – WM 1994, 1420 (1421 f.).

diktion. Die Zahlung der Bank an den Schecknehmer kann weder dem Aussteller als dessen Leistung zugerechnet werden und entfaltet demnach im Valutaverhältnis auch keine Erfüllungswirkung, noch handelt es sich bei der Zahlung um eine Leistung der Bank an den Schecknehmer (siehe dazu bereits oben Teil 2 III.4a)). Dem Schecknehmer könnte zwar gegenüber der Bank der Schutz des § 818 Abs. 3 BGB zu Gute kommen, es sei denn er haftet nach § 819 BGB verschärft, was ab Kenntniserlangung von der Verfügungsbeschränkung und infolgedessen des Anweisungsmangels der Fall ist. Allerdings werden die Voraussetzungen einer Entreicherung im Fall der Erlangung von Buch- oder Bargeld in den seltensten Fällen gegeben sein.

ee) Rechtsfolgen für das Valutaverhältnis

Ist der Schecknehmer somit in der Regel einem Bereicherungsanspruch der Bank ausgesetzt, so stellt sich für ihn die Frage, wie sich die aus seiner Sicht letztlich missglückte Scheckeinlösung auf das Valutaverhältnis auswirkt. Da die Zuwendung der Bank an ihn keine Leistung des Scheckausstellers darstellt, hat sie nicht zum Erlöschen der Valutaschuld geführt. Dem Schecknehmer steht damit nach wie vor seine Forderung aus dem Valutaverhältnis zu, die er nach Verfahrenseröffnung als einfache Insolvenzforderung geltend machen kann.

b) Keine Kenntnis der Bank vom Verfügungsverbot

Anders stellt sich die Rechtslage allerdings dann dar, wenn die Bank in Unkenntnis von dem gemäß §§ 21 Abs. 2 Nr. 2 Hs. 1, 23, 24 InsO gegen ihren Kunden ergangenen Verfügungsverbot einen von diesem ausgestellten Scheck einlöst. Denn in diesem Fall sind sowohl insolvenz- als auch allgemeinbürgerlichrechtliche Gutglaubensvorschriften zu Gunsten der Bank zu berücksichtigen. Auch hier scheint zunächst fraglich, ob der Bank für die vorgenommene Auszahlung möglicherweise ein Aufwendungsersatzanspruch gegen ihren Kunden zusteht. Soweit ein solcher nicht besteht oder die Kosten der Bank nicht deckt, stellt sich daneben die Frage, ob und inwieweit bereicherungsrechtliche Ansprüche entweder gegen den Scheckaussteller, die spätere Insolvenzmasse oder auch den Schecknehmer bestehen. Im Einzelnen ist dabei danach zu unterscheiden, welchen Saldo das bezogene Konto im Zeitpunkt der Scheckeinlösung aufweist.

aa) Aufwendungsersatzanspruch der Bank

Bezüglich der Frage nach einem Aufwendungsersatzanspruch der bezogenen Bank für die vorgenommene Auszahlung des Scheckbetrages ist auch hier zunächst relevant, dass es an einer wirksamen geschäftsbesorgungsrechtlichen Weisung fehlt. Ein Aufwendungsersatzanspruch der Bank kann sich daher jedenfalls nicht unmittelbar aus § 670 BGB ergeben.

Zu berücksichtigen ist aber, dass die Bank in der hier untersuchten Fallkonstellation gutgläubig hinsichtlich des gegen ihren Kunden ergangenen Verfügungsverbotes ist. Gemäß §§ 675 Abs. 1, 674 BGB gilt ein in anderer Weise als durch Widerruf erloschener Geschäftsbesorgungsvertrag zugunsten des zur Geschäftsbesorgung Bestellten solange als fortbestehend, bis dieser von dem Erlöschen Kenntnis erlangt oder das Erlöschen kennen muss. Voraussetzung ist, dass der Geschäftsbesorgungsvertrag wirksam bestanden hat.[429] Ein Aufwendungsersatzanspruch der Bank könnte sich also aus diesen Vorschriften ergeben.[430] Allerdings ist der dem Scheck zu Grunde liegende Geschäftsbesorgungsvertrag – der Scheckvertrag – nicht erloschen, denn der Erlass eines Verfügungsverbotes im Eröffnungsverfahren hat auf die Wirksamkeit bestehender Geschäftsbesorgungsverträge zunächst keinen Einfluss. Jedoch ist die geschäftsbesorgungsrechtliche Weisung unwirksam. Wenn aber § 674 BGB selbst den guten Glauben an das Fortbestehen eines Auftrages bzw. Geschäftsbesorgungsvertrages schützt, dann doch erst recht *per argumentum a maiore ad minus* den guten Glauben an das Fortbestehen der Befugnis zur Erteilung von Weisungen im Rahmen eines solchen Vertrages. Hierfür spricht insbesondere auch der Zweck des § 674 BGB, dem Beauftragten/Geschäftsbesorger Ersatz seiner gutgläubig getätigten Aufwendungen zu gewähren.[431] Dass die Bank grundsätzlich keinen Ersatzanspruch nach Einlösung des Schecks erlangen kann, beruht hier allein auf der Unwirksamkeit der Weisung. Diese ist mit Verlust der Verfügungsbefugnis des weisungsberechtigten Schuldners unwirksam geworden bzw. hat unter Umständen – nämlich dann, wenn sie vor Verlust der Verfügungsbefugnis noch nicht einmal zugegangen war – nie wirksam bestanden. Der Geschäftsbesorgungsvertrag hingegen besteht weiter, nur steht die Weisungsbefugnis nun nicht mehr dem Schuldner, sondern dem vorläufigen Insolvenzverwalter zu.

Eine entsprechende Anwendung des § 674 BGB führt dazu, dass die auf dem Geschäftsbesorgungsvertrag beruhende Weisungsbefugnis des Schuldners zugunsten der Bank als fortbestehend gilt. Zahlt sie also nach Verlust der Verfügungsbefugnis und damit des Verlusts der Weisungsbefugnis des Schuldners auf einen von diesem ausgestellten Scheck, so erwirbt sie über §§ 675 Abs. 1, 674 BGB einen Aufwendungsersatzanspruch nach § 675 Abs. 1, 670 BGB gegen den Scheckaussteller. Dies gilt allerdings nur dann, wenn sie von dem gegen diesen ergangenen Verfügungsverbot weder positive Kenntnis hatte noch haben musste, d. h. infolge Fahrlässigkeit nicht hatte. Hier gilt der bürgerlich-rechtliche Fahrlässigkeitsmaßstab des § 122 Abs. 2 BGB[432] und die Beweislast liegt beim Insolvenzverwalter[433].

Exkurs:

Hatte die Bank zwar keine Kenntnis vom Verlust der Verfügungsbefugnis des Scheckausstellers, hätte sie aber Kenntnis haben müssen, so erwirbt sie keinen Aufwendungsersatzan-

---

429 BGH, Urt. v. 22. 1. 1964 – V ZR 37/62 – BGHZ 41, 23 (30) = NJW 1964, 1316 (1319) (zum Testamentsvollstreckeramt); *Seiler* in: MünchKomm-BGB, § 674 Rn. 2.

430 Eine Anwendung der §§ 116, 115 Abs. 3 InsO kommt demgegenüber nicht in Betracht, weil diese Normen bei der vorläufigen Insolvenzverwaltung nicht gelten, vgl. *Ott/Vuia* in: MünchKomm-InsO, § 115 Rn. 10; *Marotzke* in: HK-InsO, § 115 Rn. 18; *Wegener* in: FK-InsO, § 115 Rn. 7.

431 Vgl. Motive Bd. II, zu § 603, S. 554; *Martinek* in: Staudinger-BGB, § 674 Rn. 1.

432 *Seiler* in: MünchKomm-BGB, § 674 Rn. 4.

433 Vgl. *Seiler* in: MünchKomm-BGB, § 674 Rn. 4; *Martinek* in: Staudinger-BGB, § 674 Rn. 13.

spruch und die Rechtslage stellt sich für sie ebenso dar, wie im Falle positiver Kenntnis (dazu bereits oben Teil 2 III.5a)bb)). Fraglich ist indes, wann von einer solchen *fahrlässigen Unkenntnis* auszugehen ist. Insbesondere scheint zweifelhaft, ob die Bank die Obliegenheit hat, sich über die Verfügungsbefugnis ihrer Scheck ausstellenden Kunden auf dem Laufenden zu halten. An Rechtsprechung zu dieser Frage fehlt es bisher, denn ein Aufwendungsersatzanspruch ist für die Bank nur von zweifelhaftem Wert, da sie ihn lediglich als Insolvenzforderung geltend machen könnte. In der Regel wird sie daher ohnehin versuchen, den ausbezahlten Scheckbetrag vom Schecknehmer zurück zu fordern.

Fahrlässigkeit der Bank dürfte jedenfalls dann anzunehmen sein, wenn sie trotz bereits erfolgter amtlicher Veröffentlichung der Verfügungsbeschränkung eine Zahlung auf den Scheck vornimmt.

Im Falle einer späteren Verfahrenseröffnung kann sie diesen Anspruch dann – sofern keine besonderen Sicherheiten bestellt sind[434] – als einfache Insolvenzforderung geltend machen.[435] Ob es auf einen auf diese Weise gutgläubig erworbenen Aufwendungsersatzanspruch allerdings überhaupt ankommt, hängt vom Saldo des bezogenen Kontos ab.

bb) Rechtslage bei positivem Kontosaldo

Ist die Bank nicht nur gutgläubig, sondern weist das Konto des Scheckausstellers bei der Einlösung des Schecks auch einen positiven Saldo auf, so sind die §§ 24 Abs. 1, 82 InsO zu berücksichtigen, die im Rahmen ihres Anwendungsbereiches die allgemeinen Vorschriften (insbesondere § 674 BGB) verdrängen. Nach §§ 24 Abs. 1, 82 InsO wird ein Drittschuldner, der auf seine Verbindlichkeit nach Erlass des Verfügungsverbotes an den Schuldner geleistet hat, dann von dieser – eigentlich zur Insolvenzmasse zu erfüllenden – Verbindlichkeit frei, wenn er von dem Verfügungsverbot zum Zeitpunkt der Leistung keine Kenntnis hatte. Möglicherweise wird die Bank also als Schuldnerin bzgl. des Guthabenanspruchs des Scheckausstellers nach diesen Vorschriften von ihrer Guthabenschuld frei. Dies stellt zwar für die Bank keinen Aufwendungsersatzanspruch im eigentlichen Sinne dar, führt aber letztlich für sie sogar zu einem besseren Ergebnis. Denn sie erlangt nicht nur eine Insolvenzforderung, sondern sie könnte ihre getätigten Aufwendungen auch vollumfänglich realisieren.

Bereits unter Geltung der Konkursordnung hat man sich zum Teil für einen Schutz der trotz Erlasses eines Verfügungsverbotes gutgläubig leistenden Bank nach § 8 Abs. 3 KO, dessen Regelungsgehalt § 82 InsO im Wesentlichen entspricht, ausgesprochen.[436] Zum Teil hat man allerdings auch einen Gutglaubensschutz aus der analogen Anwendung der §§ 136, 135 Abs. 2, 407 BGB hergeleitet. Da diese Ansicht allerdings auf der Annahme der damals herrschenden Lehre[437] beruhte,

---

434 Das Verfügungsverbot steht der Einbeziehung des Aufwendungsersatzanspruches unter Deckung von nicht akzessorischen Sicherheiten und Pfandrechten nicht entgegen, sofern diese Sicherheiten schon vor Erlass des Verbots unanfechtbar bestellt wurden, BGH, Urt. v. 26. 1. 1983 – VIII ZR 257/81 – ZIP 1983, 334.

435 *Obermüller*, Insolvenzrecht in der Bankpraxis, Rn. 3.201.

436 So etwa *Canaris*, Bankvertragsrecht, Rn. 504a; *Jaeger/Henckel*, KO, § 8 Rn. 42.

437 Vgl. nur *Kilger/Schmidt*, KO, § 106 Rn. 3 m.w.N.

das Veräußerungsverbot gemäß § 106 KO bewirke lediglich eine relative Unwirksamkeit von Verfügungen des Schuldners, kommt ein Schutz der Bank über diese Normen nach heutiger Rechtslage jedenfalls nicht mehr in Betracht. Denn nachdem der Gesetzgeber für das Verfügungsverbot im Eröffnungsverfahren mit § 24 Abs. 1 InsO die entsprechende Anwendung der §§ 81, 82 InsO angeordnet hat, folgt daraus, dass das Verfügungsverbot nicht nur relativ, sondern absolut wirken soll.[438]

(1) Leistung an den Schuldner zur Erfüllung einer Verbindlichkeit

Die Norm des § 82 InsO scheint auf den ersten Blick den Fall zu erfassen, dass der Schuldner bei seiner Bank ein Guthabenkonto unterhält – die Bank also hinsichtlich seines Kontos Schuldnerin ist – und ein darauf gezogener Scheck in Unkenntnis des Verfügungsverbotes eingelöst wird. Zweifel hinsichtlich der Anwendbarkeit können sich allerdings aus dem Umstand ergeben, dass in § 82 InsO die Rede von einer *Leistung* an den Schuldner ist, es aber – wie bereits herausgearbeitet worden ist – aufgrund der Unwirksamkeit der Anweisung an einer wirksamen Leistungsbeziehung zwischen Bank und Scheckaussteller gerade fehlt.

So will dann etwa *Ott* in einem solchen Fall den § 82 InsO nicht anwenden, denn wenn es von vornherein an einer wirksamen Anweisung zur Leistung fehle, dann könne diese auch nicht dem späteren Insolvenzschuldner bzw. der Masse zugerechnet werden.[439] In Übereinstimmung mit dem Bundesgerichtshof[440] ist diese Auffassung allerdings abzulehnen. Der Gutglaubensschutz des § 82 InsO dient dem Drittschuldner, der gutgläubig seine Verbindlichkeiten gegenüber dem (späteren) Insolvenzschuldner erfüllen will und dabei naturgemäß wenig Veranlassung hat, sich Gedanken über dessen Vermögensverhältnisse zu machen.[441] Entscheidend für die Anwendbarkeit des § 82 InsO ist daher der Umstand, dass die Bank die Zahlung an den Anweisungsempfänger gutgläubig und nur deswegen vornimmt, weil sie gegenüber dem (späteren) Insolvenzschuldner auch tatsächlich verpflichtet ist.[442]

Auch die Voraussetzung, dass der Drittschuldner – vorliegend die Bank – die Leistung zur Erfüllung einer Verbindlichkeit erbringt, die eigentlich zur Masse zu erfüllen wäre, ist erfüllt. Denn nach der endgültigen Verfahrenseröffnung wäre das Guthabenkonto mit dem entsprechenden Auszahlungsanspruch Teil der Insolvenzmasse.

---

438 Allg. Ansicht, vgl. nur *Pape* in: Kübler/Prütting/Bork, § 24 Rn. 1.
439 *Ott* in: MünchKomm-InsO, § 82 Rn. 22.
440 BGH, Urt. v. 15. 12. 2005 – IX ZR 227/04 – ZIP 2006, 138 ff.
441 So auch *Windel* in: Jaeger, InsO, § 82 Rn. 14.
442 Ebenso wohl *Windel* in: Jaeger, InsO, § 82 Rn. 19, der zwar die Bestandstheorie vertritt, jedoch § 82 InsO auf die nach Verfahrenseröffnung ergangene – und damit auch nach seiner Ansicht dann unwirksame – Anweisung anwenden will und in diesem Zusammenhang von einer *Leistung* an den Angewiesenen spricht, obwohl eine solche – streng genommen – eben gerade nicht vorliegt.

(2) *Kenntnisstand der Bank*

Die Vorschrift des § 82 S. 1 InsO schützt die Bank dann nicht, wenn sie positive Kenntnis von der gegen den Scheckaussteller ergangenen Verfügungsbeschränkung hat. Fahrlässige – auch grob fahrlässige – Unkenntnis schließt den Schutz des § 82 S. 1 InsO hingegen nicht aus.[443] (Zum Begriff der Kenntnis, insbesondere zur Zurechnung der Kenntnis einzelner Organe oder Bediensteter der Bank, siehe bereits oben Teil 2 III.5a)aa).)

Die Unkenntnis der Bank von dem Verfügungsverbot wird vor der öffentlichen Bekanntmachung gemäß §§ 21, 24, 82 InsO vermutet. Weder darf aus dem Umstand, dass die Bank von dem Insolvenzantrag wusste, auf Kenntnis von der Verfügungsbeschränkung geschlossen werden[444], noch hat die Bank aufgrund dessen eine besondere Pflicht, die Bonität ihres Kunden zu überprüfen[445]. Nach der öffentlichen Bekanntmachung trägt die Bank allerdings die Beweislast für ihre Unkenntnis.[446]

Zweifelhaft ist, welche Art der Bekanntmachung die Voraussetzungen einer „öffentlichen Bekanntmachung" im Sinne von § 82 InsO erfüllt und damit eine Vermutung der Kenntnis der Bank bewirkt. Nach dem § 9 Abs. 1 InsO n. F. erfolgt die öffentliche Bekanntmachung seit dem 1. 7. 2007 durch eine zentrale und länderübergreifende Veröffentlichung im Internet[447] und gilt als bewirkt, sobald nach dem Tag der Veröffentlichung zwei weitere Tage verstrichen sind. Jedenfalls sie erfüllt die Voraussetzungen des § 82 InsO.[448] Fraglich ist allerdings, ob auch eine Veröffentlichung nach § 9 Abs. 2 InsO ausreichend ist. Danach kann das Insolvenzgericht weitere Veröffentlichungen veranlassen, soweit dies landesrechtlich bestimmt ist. Der Bundesgerichtshof hat dies abgelehnt und dazu ausgeführt, dass die Vermutungswirkung nach § 82 S. 2 InsO lediglich der dem Regelfall entsprechenden Bekanntmachung[449] zukomme.[450] Diese Auffassung überzeugt insbesondere vor dem Hintergrund, dass die Regelveröffentlichung den größten Adressatenkreis erreicht. Daneben kommt auch die Einzelzustellung in Betracht, die für den Empfänger unter Umständen eine noch vor der Regelveröffentlichung liegende Kenntnis bewirkt.[451] Eine dadurch bedingte positive Kenntnis der Bank schließt den Gutglaubensschutz nach § 82 InsO ohnehin aus. Erlangt die Bank somit zwar nicht durch die Veröffentlichung auf der genannten Website, aber durch eine unter Umständen zeitlich vorgeschaltete Veröffentlichung nach § 9 Abs. 2 InsO tatsächlich Kenntnis von der Verfügungsbeschränkung des Scheckausstellers (hierfür ist

---

443 *Hess*, InsO, § 82 Rn. 16; *Ott* in: MünchKomm-InsO, § 82, Rn. 13; *Kroth* in: Braun, InsO, § 82 Rn. 9.
444 *Obermüller*, Insolvenzrecht in der Bankpraxis, Rn. 3.200.
445 BGH, Urt. v. 15. 11. 1999 – II ZR 98/98 – ZIP 2000, 146.
446 Vgl. BGH, Urt. v. 12. 11. 1998 – IX ZR 145/98 – BGHZ 140, 60.
447 Unter http://www.insolvenzbekanntmachungen.de.
448 So auch *Kroth* in: Braun, InsO, § 82 Rn. 9.
449 Zum Zeitpunkt der Entscheidung war dies noch die Veröffentlichung im Amtsblatt.
450 BGH, Urt. v. 15. 12. 2005 – IX ZR 227/04 – ZIP 2006, 138 f.; diese Entscheidung erging zwar noch zum § 9 InsO a. F., doch dürfte sich die Auffassung des BGH auch mit der neuen Rechtslage nicht geändert haben.
451 *Ganter* in: MünchKomm-InsO, § 9 Rn. 28; *Uhlenbruck* in: Uhlenbruck, InsO, § 9 Rn. 5.

dann nicht die Bank, sondern der Insolvenzverwalter beweispflichtig), so schließt auch dies den Gutglaubensschutz gemäß § 82 InsO zugunsten der Bank aus.[452]

(3) Rechtsfolge der §§ 24 Abs. 1 i. V. m. 82 InsO im Deckungsverhältnis

Hat die Bank demnach keine Kenntnis davon, dass gegen den Schecknehmer ein Verfügungsverbot ergangen ist und zahlt sie den Scheckbetrag an den Schecknehmer aus einem Guthaben aus, so darf sie die Auszahlung mit dem Guthaben verrechnen, weil sie in Höhe des Scheckbetrages von ihrer Guthabenschuld frei geworden ist.

(4) Daneben keine Anfechtbarkeit der Scheckeinlösung gegenüber der Bank

Wird die Bank bei einer in Unkenntnis des Verfügungsverbotes vorgenommenen Auszahlung gemäß §§ 24 Abs. 1 i. V. m. 82 InsO von ihrer Guthabenschuld frei, stellt sich die Frage, ob daneben möglicherweise eine Anfechtung gemäß § 133 InsO ihr gegenüber in Betracht kommt. Die Bank wäre dann möglicherweise entgegen § 82 InsO doch aus § 143 Abs. 1 InsO verpflichtet, das an den Scheckeinreicher ausbezahlte Guthaben zur Masse zu erstatten. Anlass zu dieser Überlegung bietet das bereits oben (Teil 2 II.4b)cc)(1)) dargestellte Urteil des Bundesgerichtshofs[453]:

Erneut **Beispielsfall 14**

Dem (späteren) Insolvenzschuldner stand gegen die Beklagte eine Forderung für erbrachte Bewachungsdienstleistungen zu. Nach Antrag auf Verfahrenseröffnung und Bestellung eines vorläufigen Insolvenzverwalters mit Zustimmungsvorbehalt nach § 21 Abs. 2 Nr. 2, Var. 2 InsO bezahlte die Beklagte – in Unkenntnis des Zustimmungsvorbehaltes – die Forderung auf Anweisung des Schuldners bei dessen bevollmächtigten Subunternehmer.

Das LG Stralsund[454] hatte die Klage des Insolvenzverwalters auf Begleichung der nach dessen Auffassung nicht erloschenen Forderung abgewiesen, das OLG Rostock[455] hatte diese Entscheidung bestätigt. Die Forderung sei durch Erfüllung erloschen, da die Beklagte bei Zahlung an den Subunternehmer des Insolvenzschuldners keine Kenntnis von der Verfügungsbeschränkung gehabt habe. Der Bundesgerichtshof hat die Berufungsentscheidung aufgehoben und die Sache an das OLG Rostock zurückverwiesen. Das Berufungsgericht habe die Klage nicht abweisen dürfen, ohne den Sachverhalt auch auf anfechtungsrechtliche Ansprüche zu untersuchen. Es sei nicht auszuschließen, dass die Voraussetzungen der Vorsatzanfechtung gemäß § 133 InsO gegenüber der Beklagten erfüllt seien. (Vgl. zur weiteren Begründung bereits die ausführliche Darstellung oben Teil 2 II.4b)cc)(1).)

Der Bundesgerichtshof hält es demnach für möglich, dass trotz Vorliegens der Voraussetzungen der §§ 24 Abs. 1 i. V. m. 82 InsO zu Gunsten eines Drittschuldners eine Anfechtung diesem gegenüber in Betracht kommt, jedenfalls dann, wenn zugleich die Voraussetzungen des § 133 InsO erfüllt sind.

---

452 Vgl. BGH Urt. v. 15. 12. 2005 – IX ZR 227/04 – ZIP 2006, 138 (141).
453 BGH, Urt. v. 29. 11. 2007 – IX ZR 121/06 – NJW 2008, 1067 ff. = BGHZ 174, 14 ff.
454 LG Stralsund, Urt. v. 6. 12. 2005 – 3 O 50/05 (zit. n. juris).
455 OLG Rostock, Urt. v. 19. 6. 2006 – 3 U 6/06 – ZIP 2006, 1684 ff.

Fraglich ist allerdings, ob eine solche Fallkonstellation – der Angewiesene wird gemäß § 82 InsO mangels Kenntnis von einer Verfügungsbeschränkung von seiner Schuld frei, wirkt aber zugleich mit dem Anweisenden kollusiv zusammen und erfüllt die Voraussetzungen des § 133 InsO – überhaupt für den Fall der Scheckeinlösung denkbar ist.

Tatsächlich scheint es möglich, dass die Bank bei Einlösung eines Schecks von der gegen ihren Kunden ergangenen Verfügungsbeschränkung keine Kenntnis hat, jedoch weiß, dass dieser sich in Zahlungsschwierigkeiten befindet und eine Befriedigung des den Scheck einlösenden Gläubigers andere Gläubiger benachteiligen wird. Allerdings ist bereits oben (Teil 2 II.4b)cc)(1)) ausgeführt worden, dass eine Anfechtung der Scheckeinlösung gemäß § 133 InsO gegenüber der einlösenden Bank nicht in Betracht kommt, weil die Bank zur Einlösung verpflichtet war, und ihr ein vertragstreues Verhalten nicht zum Nachteil gereichen darf. Zwar ist die Bank nach Erlass eines Verfügungsverbotes bzw. einer Verfügungsbeschränkung nicht zur Einlösung von Schecks verpflichtet, die der spätere Insolvenzschuldner ausgestellt hat. Denn die darin enthaltene Anweisung ist nichtig. Allerdings hat die Bank hiervon – bei Vorliegen der Voraussetzungen des § 82 InsO – keine Kenntnis. Auch in diesem Fall kann ihr dann die Einlösung – aus ihrer Sicht Erfüllung der vertraglichen Pflicht – nicht zum Vorwurf gemacht werden. Denn so lange die Bank mit der Scheckeinlösung ihre vertragliche Verpflichtung erfüllen will, ist eine daneben vorhandene Kenntnis, dass dies einer vorsätzlichen Benachteiligung der übrigen Gläubiger des Scheckausstellers Vorschub leisten wird, unbeachtlich.

Da somit im Falle einer Scheckeinlösung die einlösende Bank niemals zugleich die Voraussetzungen des § 82 InsO und des § 133 InsO erfüllen wird, ist eine Anfechtung nach § 133 InsO bei Einlösung eines Schecks nach Erlass eine Verfügungsverbotes gegen den Scheckaussteller abzulehnen.

(5) *Rechtsfolge für das Valutaverhältnis*

Die Vorschrift des § 82 InsO dient allein dem Schutz des gutgläubig Leistenden, so dass sie sich auch lediglich im Deckungsverhältnis – also im Verhältnis zwischen Bank und Scheckaussteller – auswirkt.

Im Valutaverhältnis – also im Verhältnis zwischen Scheckaussteller und Schecknehmer – bleibt es dabei, dass mangels wirksamer Anweisung die faktische Zuwendung der Bank an den Schecknehmer keine Leistung des Scheckausstellers darstellt. Dies führt zu dem Problem, dass der Schecknehmer den ausbezahlten Scheckbetrag zwar auf Kosten des Scheckausstellers erlangt hat, diese Zuwendung aber keine Leistung des Ausstellers darstellt und mangels wirksamer Tilgungsbestimmung auch nicht zur Erfüllung der Valutaschuld führen kann. Gleichzeitig besteht aber der Anspruch des Schecknehmers aus dem Valutaverhältnis gegen den Scheckaussteller fort, die Stundung dieses Anspruchs ist mit dem (gescheiterten) Versuch, Befriedigung aus dem Scheck zu erlangen, entfallen. Infolgedessen stehen sich der Anspruch des verfügungsbeschränkten Scheckausstellers auf Rückzahlung des ausbezahlten Scheckbetrages gegen den Schecknehmer aus § 816 Abs. 2 BGB und der Anspruch des Schecknehmers gegen den Scheckaussteller aus dem Valutaverhältnis gegenüber.

Für den Schecknehmer stellt sich damit die Frage, ob er gegen den Anspruch des Ausstellers (im Eröffnungsverfahren) bzw. der Masse (nach Verfahrenseröffnung) mit seiner nach wie vor mangels Erfüllung nicht erloschenen Forderung aus dem Valutaverhältnis aufrechnen kann. Dies wäre für ihn deswegen von Vorteil, weil er so seinen Anspruch aus dem Valutaverhältnis letztlich voll realisieren könnte, indem er den ausbezahlten Scheckbetrag behält. Er müsste dann seine Forderung nicht im nachfolgenden Insolvenzverfahren geltend machen und sich dort nur mit einer Quote zufrieden geben. Die Voraussetzungen einer Aufrechnung gemäß §§ 387ff. BGB liegen zunächst vor: Der Schecknehmer und der Scheckaussteller schulden einander gleichartige, nämlich auf Zahlung gerichtete Leistungen, die jeweils auch fällig sind.

Gegen die Möglichkeit einer Aufrechung könnte allerdings § 96 Abs. 1 Nr. 3 InsO sprechen. Danach ist eine Aufrechnung dann unzulässig, wenn ein Insolvenzgläubiger die Möglichkeit der Aufrechnung durch eine anfechtbare Rechtshandlung erlangt hat. Umstritten ist zwar, ob § 96 Abs. 1 Nr. 3 InsO überhaupt Aufrechnungen *vor* Eröffnung des Insolvenzverfahrens erfasst. Überzeugenderweise und in Übereinstimmung mit der ganz herrschenden Meinung in Rechtsprechung[456] und Literatur[457] ist dies aber anzunehmen. Dass § 96 Abs. 1 Nr. 3 InsO nicht nur den Fall der Aufrechnung nach Verfahrenseröffnung, sondern auch bereits die Aufrechnung in der Krise erfasst, ergibt sich bereits aus der Begründung zum Gesetzesentwurf. Dort wird ausdrücklich ausgeführt, eine schon vor Eröffnung des Insolvenzverfahrens erklärte Aufrechnung werde mit der Eröffnung nach § 107 Abs. 1 Nr. 3 RegE (entspr. § 96 Abs. 1 Nr. 3 InsO) rückwirkend unwirksam, während eine Aufrechnungserklärung nach Verfahrenseröffnung von vornherein keine Wirkung entfalte.[458] Hätte der Schecknehmer die Möglichkeit der Aufrechnung gegen den Bereicherungsanspruch des Scheckausstellers also durch eine anfechtbare Rechtshandlung erlangt, wäre ihm eine Aufrechnung verwehrt.

Erlangt ist die Aufrechnungslage in dem Moment, in dem sich beide Forderungen, also die Forderung des Schecknehmers aus dem Valutaverhältnis und die Forderung des Schuldners aus § 816 Abs. 2 BGB, aufrechenbar gegenüber stehen. Dies ist mit erfolgreicher Einlösung des Schecks bei der Bank der Fall. Denn in diesem

---

456 BGH, Urt. v. 9. 10. 2003 – IX ZR 28/03 – ZIP 2003, 2370 (2371); Urt. v. 11. 11. 2004 – IX ZR 237/03 – ZIP 2005, 181 (182); Urt. v. 2. 6. 2005 – IX ZR 235/04 – ZIP 2005, 1334f.; Urt. v. 28. 9. 2006 – IX ZR 136/05 – BGHZ 169, 158; Urt. v. 12. 7. 2007 – IX ZR 120/04 – ZIP 2007, 1467 (1468); OLG Rostock, Urt. v. 11. 8. 2003 – 3 U 55/03 – ZIP 2003, 1903 (1906); OLG Düsseldorf, Urt. v. 6. 7. 2005 – 18 U 28/05 – ZIP 2005, 2121 (2122).

457 *Windel* in: Jaeger, InsO, § 96 Rn. 49; *Kayser* in: HK-InsO, § 96 Rn. 5; *Häsemeyer* in: Kölner Schrift, S. 645 (657); *Lüke* in: Kübler/Prütting/Bork, § 96 Rn. 54; *Gottwald* in: Gottwald, Insolvenzrechts-Handbuch, § 45 Rn. 97; *Henkel*, EWiR § 96 InsO 2/06, 53 f.; *Paulus*, ZIP 1997, 569 (577); *Brandes* in: MünchKomm-InsO, § 96 Rn. 37; *Smid* in: Leonhardt/Smid/Zeuner, InsO, § 96 Rn. 14.

458 Begr. RegE zu § 108, BT-Drucks. 12/2443, S. 141.

Moment vermindert sich das Guthaben des Schuldners bei seiner Bank und er erwirbt den Bereicherungsanspruch gegen den Schecknehmer. Zugleich endet die Stundung im Valutaverhältnis, denn die Einlösung des Schecks hat nicht zur Erfüllung der hier bestehenden Schuld des Scheckausstellers geführt.

Es stellt sich somit die Frage, ob die Einlösung des Schecks in diesem Fall anfechtbar ist. Inwieweit dies der Fall ist, richtet sich nach den §§ 129ff. InsO. Es kommt daher darauf an, ob die mit Einlösung des Schecks entstandene Aufrechnungslage zu einer kongruenten oder einer inkongruenten Deckung der Forderung des Schecknehmers aus dem Valutaverhältnis geführt hat. Auf den ersten Blick ist man geneigt, diese Frage nach den gleichen Kriterien zu beantworten, wie bei der Anfechtung einer Scheckeinlösung vor Erlass eines allgemeinen Verfügungsverbotes gegen den Scheckaussteller. Dann wäre grundsätzlich – da Scheckzahlungen verkehrsüblich sind – von einer kongruenten Deckung auszugehen. Doch ist hier Vorsicht geboten. Im Gegensatz zur Scheckeinlösung vor Erlass eines allgemeinen Verfügungsverbotes ist hier auf einen Scheck gezahlt worden, der nicht nur unwirksam ist, sondern dabei auch noch so zu behandeln ist, als wäre er von Anfang an unwirksam gewesen (siehe zur ausführlichen Begründung bereits Teil 2 III.5a)cc)(4)). Auf die so erlangte Zuwendung auf Kosten des Scheckausstellers hatte der Schecknehmer daher keinen Anspruch, sie ist inkongruent. Die Entstehung der Aufrechnungslage ist also anhand des § 131 InsO auf ihre Anfechtbarkeit zu überprüfen. Dabei ist auf den ersten Blick ersichtlich, dass die Aufrechnungslage in dieser Fallkonstellation stets anfechtbar entstanden ist, denn bei Einlösung eines Schecks nach Erlass eines allgemeinen Verfügungsverbotes sind die Voraussetzungen des § 131 Abs. 1 Nr. 1 InsO ohne Weiteres erfüllt. Auf etwaige subjektive Voraussetzungen beim Schecknehmer zum Zeitpunkt der Einlösung, wie etwa die Kenntnis von dem Eröffnungsantrag oder dem allgemeinen Verfügungsverbot kommt es damit nicht an. Daraus ergibt sich, dass eine Aufrechnung des Schecknehmers mit seiner Forderung gegen den Schuldner aus dem Valutaverhältnis nach Erlass eines Verfügungsverbotes und auch im eröffneten Verfahren nach § 96 Abs. 1 Nr. 3 InsO i.V.m. § 131 Abs. 1 Nr. 1 InsO stets unwirksam ist.

Zusammenfassend bleibt somit festzuhalten, dass die Einlösung eines Schecks des Insolvenzschuldners, nachdem gegen ihn bereits ein Verfügungsverbot ergangen ist, nicht zur Erfüllung der Forderung des Schecknehmers im Valutaverhältnis führt. Vielmehr ist der Schecknehmer einem Bereicherungsanspruch der Masse aus § 816 Abs. 2 BGB ausgesetzt, dem er sich auch nicht durch Aufrechnung mit der Valutaforderung entziehen kann. Eine etwaige Aufrechnung würde nämlich mit der Eröffnung des Insolvenzverfahrens gegen den Scheckaussteller gemäß § 96 Abs. 1 Nr. 3 InsO unwirksam.

cc) Rechtslage bei negativem Kontosaldo

Anders stellt sich die Rechtslage für den Fall dar, dass das bezogene Konto bei Auszahlung des Scheckbetrages einen debitorischen Saldo aufweist.

(1) Kein Gutglaubensschutz der Bank gemäß § 82 InsO

Auch hier könnte man zunächst überlegen, ob die gutgläubige Bank mit der Auszahlung „zur Erfüllung einer Verbindlichkeit" leistet. Vereinzelt ist erwogen worden, § 82 InsO auch auf Auszahlungen auf Rechnung debitorischer Konten anzuwenden.[459] Dieser Gedanke scheint auf den ersten Blick auch plausibel, ist doch oben ausgeführt worden, dass jedenfalls der mit Abruf eines eingeräumten Dispositionskredites entstehende Auszahlungsanspruch pfändbar und damit nach Verfahrenseröffnung auch Teil der Masse ist (siehe oben Teil 2 II.1b)aa)(2)(a)i.). Mit Vornahme der Auszahlung im Rahmen eines Dispositionskredites will die Bank einen entsprechenden Anspruch des Scheckausstellers erfüllen. Allerdings setzt die Entstehung eines solchen in die Insolvenzmasse fallenden Anspruchs zwingend voraus, dass der Schuldner den Dispositionskredit zuvor auch wirksam abruft. Dem steht hier aber entgegen, dass ihm dies nach Verlust der Verfügungsbefugnis nicht mehr möglich ist. Die Bank ist in diesem Moment tatsächlich keine Schuldnerin des Scheckausstellers, sondern glaubt dies nur. Demzufolge kommt ein Gutglaubensschutz der Bank über § 82 InsO nicht in Betracht. Die Bank erlangt daher im Falle ihrer Gutgläubigkeit allenfalls den oben erwähnte Aufwendungsersatzanspruch (siehe oben Teil 2 III.5b)aa)). entsprechend §§ 675 Abs. 1, 674, 670 BGB, den sie im Falle der späteren Verfahrenseröffnung als einfache Insolvenzforderung geltend machen kann.

(2) Rechtsfolgen für das Valutaverhältnis

Fraglich ist, wie sich die Rechtslage im Valutaverhältnis darstellt, wenn die gutgläubige Bank einen wegen Erlasses eines Verfügungsverbotes gegen den Aussteller unwirksamen Scheck auf ein debitorisches Konto einlöst.

Soweit die Bank gutgläubig einen Aufwendungsersatzanspruch erwirbt, wirkt die Fiktion des § 674 BGB nur relativ im Verhältnis zwischen Scheckaussteller und Bank und fingiert zudem nur den Fortbestand der Weisung, nicht aber der Anweisung. Da es demzufolge im Verhältnis zwischen Scheckaussteller und Schecknehmer an einer gültigen Leistungsbeziehung fehlt, denn die Zahlung der Bank an den Schecknehmer ist dem Scheckaussteller mangels gültiger Anweisung nicht als dessen Leistung zuzurechnen, stellt sich auch hier die Frage nach einem Bereicherungsausgleich. Mangels wirksamer Leistung und mangels wirksamer Tilgungsbestimmung im Verhältnis zwischen Scheckaussteller und Schecknehmer führt die Auszahlung des Scheckbetrages durch die Bank an den Schecknehmer nicht dazu, dass die Forderung aus dem Valutaverhältnis erlischt. Damit sind die Voraussetzungen für eine bereicherungsrechtliche Durchgriffskondiktion (§ 812 Abs. 1 S. 1, 2. Alt. BGB) der Bank gegen den Schecknehmer gegeben. Soweit die Bank nach den eben genannten Voraussetzungen einen Teil ihrer getätigten Aufwendungen gemäß § 674 BGB realisieren kann, indem sie diese als Insolvenzforderung geltend macht, ist der Schecknehmer allerdings nicht auf ihre Kosten bereichert. Auf Kos-

---

459 *Bork*, Zahlungsverkehr in der Insolvenz, Rn. 179.

ten der Bank besteht diese Bereicherung in der Höhe, in der diese ihren Aufwendungsersatzanspruch nicht gegenüber dem Scheckaussteller realisieren kann, also in Höhe des ausbezahlten Scheckbetrages abzüglich der später realisierbaren Insolvenzquote.

Sind die Voraussetzungen des § 674 BGB nicht erfüllt und erlangt die Bank deswegen keinen Aufwendungsersatzanspruch gegen den Scheckaussteller, so kann sie den vollen ausbezahlten Betrag im Wege der Direktkondiktion gegenüber dem Schecknehmer geltend machen. Hieran wird sie in der Regel – jedenfalls dann, wenn der Schecknehmer solvent ist – ein größeres Interesse haben, als an der Quote im Insolvenzverfahren gegen den Scheckaussteller. Aufgrund dieses Umstandes, dass die Direktkondiktion gegen den Schecknehmer für die Bank in der Regel einen höheren Wert hat als der Aufwendungsersatzanspruch gegen den späteren Insolvenzschuldner, stellt sich die Frage, ob die Bank im Falle ihrer Gutgläubigkeit tatsächlich auf den Anspruch gegen den späteren Insolvenzschuldner verwiesen werden kann. Der Schecknehmer könnte sich dann nämlich gegenüber der Bank darauf berufen, dass der Bank der Anspruch aus § 674 BGB gegen den (insolventen) Scheckaussteller zustehe. Dann aber würde die Bank im Ergebnis schlechter stehen, als im Falle ihrer Bösgläubigkeit.[460] Aus diesem Grund muss man der Bank hinsichtlich des Aufwendungsersatzanspruches in diesem Fall wohl ein Wahlrecht zugestehen. Die Bank kann also selbst entscheiden, ob sie ihren gutgläubig erworben Aufwendungsersatzanspruch im Insolvenzverfahren gegen den Scheckaussteller anmeldet und nur die Differenz gegen den Schecknehmer geltend macht, oder ob sie den vollen ausbezahlten Betrag im Wege der Direktkondiktion vom Schecknehmer zurückfordert.

6. Ergebnis zu den verschiedenen Fallkonstellationen bei Einlösung eines Schecks im Eröffnungsverfahren nach Erlass eines Verfügungsverbotes gegen den Scheckaussteller

Die Untersuchung hat gezeigt, dass der Verlust der Verfügungsbefugnis des Scheckausstellers zur Folge hat, dass sowohl die im Scheck enthaltene Anweisung als auch die geschäftsbesorgungsrechtliche Weisung erlöschen.

Das Erlöschen der Anweisung wirkt sich insbesondere im Valutaverhältnis aus. Eine auf den Scheck erfolgende Zahlung ist dem Aussteller nicht als dessen Leistung zuzurechnen und kann damit im Valutaverhältnis keine Erfüllungswirkung entfalten. Das Fehlen einer geschäftsbesorgungsrechtlichen Weisung hingegen hindert grundsätzlich die Entstehung eines Aufwendungsersatzanspruches der Bank.

460 Soweit ersichtlich ist auf diesen Widerspruch weder in der Rechtsprechung noch in der Literatur bisher eingegangen worden.

Hinsichtlich der weiteren Auswirkungen der Verfügungsverbotes ist danach zu unterscheiden, ob das bezogene Konto bei Einlösung des Schecks einen positiven oder negativen Saldo aufweist und ob die Bank dabei hinsichtlich des Erlasses des Verfügungsverbotes gut- oder bösgläubig ist.

Ist die Bank bösgläubig und weist das bezogene Konto bei Einlösung des Schecks einen kreditorischen Saldo auf, so wird sie von ihrer Guthabenschuld nicht frei. Der Insolvenzverwalter kann daher nach der endgültigen Verfahrenseröffnung eine entsprechende Zahlung an die Masse fordern. Den für den Scheck ausbezahlten Betrag kann die Bank im Wege der Direktkondiktion vom Schecknehmer zurückfordern, sofern dieser sich nicht erfolgreich auf Entreicherung berufen kann. Die Einlösung des Schecks auf ein debitorisch geführtes Konto führt bei Bösgläubigkeit der Bank ebenfalls zu einem Bereicherungsanspruch gegen den Schecknehmer.

Ist die Bank bei Einlösung des Schecks gutgläubig, hat sie also keine Kenntnis davon, dass gegen ihren Kunden ein Verfügungsverbot ergangen ist, so wird sie nach §§ 24 Abs. 1, 82 InsO von einer etwaigen Guthabenschuld frei.

Im Valutaverhältnis zwischen Scheckaussteller und Schecknehmer führt die Zuwendung des Scheckbetrages durch die Bank selbst dann nicht zur Erfüllung, wenn die Bank gemäß §§ 24 Abs. 1, 82 InsO von ihrer Guthabenschuld frei wird. Denn mangels wirksamer Tilgungsbestimmung liegt gleichwohl keine Leistung des Scheckausstellers an den Schecknehmer vor. Der Scheckaussteller – bzw. nach Eröffnung des Insolvenzverfahrens gegen diesen der Insolvenzverwalter – kann daher aus § 816 Abs. 2 BGB vom Schecknehmer Herausgabe des Scheckbetrages verlangen. Gegen diesen Herausgabeanspruch kann der Schecknehmer mit seiner Forderung aus dem Valutaverhältnis nicht insolvenzwirksam aufrechnen, weil er die Aufrechnungslage gemäß § 131 Abs. 1 Nr. 1 InsO anfechtbar erlangt hat und eine Aufrechnung demzufolge mit Verfahrenseröffnung gemäß § 96 Abs. 1 Nr. 3 InsO unwirksam wird.

Ist die Bank zwar gutgläubig, weist das Konto aber einen debitorischen Saldo auf, dann erlangt die Bank für die mit der Auszahlung getätigten Aufwendungen einen Ersatzanspruch, den sie im Falle der späteren Verfahrenseröffnung als einfache Insolvenzforderung geltend machen kann. Soweit die Aufwendungen der Bank damit nicht gedeckt sind oder sie auf eine Geltendmachung verzichtet, kann sie den ausbezahlten Scheckbetrag auch im Wege der Direktkondiktion vom Scheckeinreicher zurückfordern.

Dem Schecknehmer steht in jedem Fall sein Anspruch aus dem Valutaverhältnis zu, den er nach Verfahrenseröffnung als einfache Insolvenzforderung geltend machen kann.

IV. Scheckzahlungen nach Eröffnung des Insolvenzverfahrens

Wird ein Scheck erst eingelöst, nachdem gegen den Scheckaussteller das Insolvenzverfahren eröffnet worden ist, so ist die Rechtslage derjenigen der Einlösung eines Schecks nach Anordnung eines allgemeinen Verfügungsverbotes im Eröffnungsverfahren zum Teil ähnlich. Gemäß § 80 Abs. 1 InsO verliert der Scheckaussteller mit Eröffnung des Insolvenzverfahrens seine Verfügungsbefugnis, diese geht auf den Insolvenzverwalter über. Daneben hat die Verfahrenseröffnung aber auch Auswirkungen auf die bestehenden Vertragsverhältnisse, die im Folgenden genauer untersucht werden sollen.

1. Auswirkungen der Verfahrenseröffnung auf die einzelnen Rechtsverhältnisse

Gemäß §§ 115, 116 InsO erlöschen bestehende Geschäftsbesorgungsverträge mit Eröffnung des Insolvenzverfahrens. Dies hat zur Folge, dass der Scheckvertrag[461] gemeinsam mit dem Girovertrag[462] seine Gültigkeit verliert. Mit Erlöschen des Scheckvertrages endet dann grundsätzlich die Verpflichtung der Bank gegenüber ihrem Kunden, die von ihm ausgestellten und auf die Bank gezogenen Schecks einzulösen, es sei denn, die Bank ist ausnahmsweise gemäß § 115 Abs. 2 InsO hierzu verpflichtet. Etwaige bereits ausgestellte Schecks werden – soweit sie nicht bereits durch den Erlass eines Verfügungsverbotes im Eröffnungsverfahren unwirksam geworden sind – mit Verfahrenseröffnung unwirksam. Auf die im Scheck enthaltene geschäftsbesorgungsrechtliche Weisung wirkt sich die Verfahrenseröffnung dahingehend aus, dass diese mit dem ihr zu Grunde liegenden Geschäftsbesorgungsvertrag – dem Scheckvertrag – erlischt. Insoweit ergibt sich hier ein Unterschied zur Rechtslage im Eröffnungsverfahren. Dort ergab sich das Erlöschen der geschäftsbesorgungsrechtlichen Weisung nicht aus einem Erlöschen des zu Grunde liegenden Rechtsverhältnisses – denn dieses war nach wie vor wirksam –, sondern unmittelbar aus dem Verlust der Verfügungsbefugnis (vgl. Teil 2 III.2). Auch die Verfahrenseröffnung und das damit einhergehende Erlöschen der geschäftsbesorgungsrechtlichen Weisung führt damit für die Bank dazu, dass diese grundsätzlich keinen Aufwendungsersatz für den ausbezahlten Scheckbetrag beanspruchen kann, jedenfalls insoweit, als zu ihren Gunsten keine Gutglaubensvorschriften greifen. Gleichzeitig erlischt auch die im einzelnen Scheck enthaltene Zahlungsanweisung.[463] Dies wiederum bewirkt, dass die Scheckzahlung dem In-

461 *Nobbe* in: Schimansky/Bunte/Lwowski, Bankrechtshandbuch I, § 60 Rn. 44; *Baumbach/Hefermehl/Casper*, Art. 3 ScheckG Rn. 13; *Canaris*, Bankvertragsrecht, Rn. 818; *Meyer-Cording*, Das Recht der Banküberweisung, 1951, S. 112; *Windel* in: Jaeger, InsO, § 82 Rn. 35.

462 *Ott/Vuia* in: MünchKomm-InsO, § 82 Rn. 30; *Lüke* in: Kübler/Prütting/Bork, InsO, § 82 Rn. 27; zur KO: *Canaris*, Bankvertragsrecht, Rn. 818; *Jaeger/Henckel*, KO, § 8 Rn. 42.

463 Str., siehe die Darstellung des Streitstandes mit Stellungnahme oben Teil 2 III.1.

solvenzschuldner nicht als dessen Leistung zugerechnet werden kann und damit nicht zu einer Erfüllung der Schuld aus dem Valutaverhältnis führt.

Welche Rechtsfolge die nach Eröffnung des Insolvenzverfahrens erfolgte Einlösung eines vom Insolvenzschuldner ausgestellten Schecks im Einzelnen hat, hängt davon ab, ob die Bank nach § 115 Abs. 2 InsO ausnahmsweise zur Einlösung berechtigt war, ob der Bank die Eröffnung des Insolvenzverfahrens im Zeitpunkt der Einlösung bekannt war oder nicht und ob das Konto des Schuldners ein Guthaben oder ein Debet aufwies. Darauf, ob ein Scheck vor oder nach Insolvenzeröffnung ausgestellt wurde, kommt es demgegenüber nicht an, da er jedenfalls (anfänglich oder nachträglich) unwirksam ist.

2. Kenntnis der Bank von der Eröffnung des Insolvenzverfahrens

Sofern die Bank Kenntnis von der Eröffnung des Insolvenzverfahrens gegen ihren Kunden hat, darf sie die von diesem ausgestellten Schecks nicht mehr einlösen. Dies wird sie in der Regel auch nicht tun, denn in einem solchen Fall erwirbt sie für die Einlösung des Schecks grundsätzlich keinen Aufwendungsersatzanspruch[464]. Dies beruht auf dem Umstand, dass der Einlösung kein wirksamer Geschäftsbesorgungsvertrag und demzufolge auch keine wirksame Weisung zugrunde liegt. Beides setzt der Aufwendungsersatzanspruch gemäß §§ 675 Abs. 1, 670 BGB jedoch voraus (siehe oben Teil 2 III.2.).

a) Aufwendungsersatzanspruch

Von dem Grundsatz, dass die Bank mangels wirksamen Scheckvertrages und mangels wirksamer Anweisung keinen Aufwendungsersatzanspruch erlangen kann, gibt es im Falle ihrer Kenntnis von der Eröffnung des Insolvenzverfahrens zwei Ausnahmen.[465]

Zum einen muss die Bank gemäß §§ 116, 115 Abs. 2 InsO ihre Pflichten aus dem Scheckvertrag trotz Eröffnung des Insolvenzverfahrens fortführen, wenn mit einem etwaigen Aufschub Gefahr verbunden ist, bis der Insolvenzverwalter anderweitig Fürsorge treffen kann. Gefahr ist mit dem Aufschub jedenfalls dann verbunden, wenn der Masse durch die Verzögerung objektiv Nachteile entstehen und der Insolvenzverwalter dies selbst nicht rechtzeitig verhindern kann.[466] Dabei ist es unerheblich, ob dem Geschäftsbesorger die Verfahrenseröffnung bekannt war und ob sich das besorgte Geschäft später für die Masse tatsächlich als vorteilhaft er-

---

464 Ebenso im Ergebnis *Obermüller*, Insolvenzrecht in der Bankpraxis, Rn. 3.209; *Windel* in: Jaeger, InsO, § 82 Rn. 35; *Heile*, Die Anweisung im Konkurs des Anweisenden, S. 137; a.A. *Schreiber*, ZHR 66, 361 ff.

465 Das Verfahren der kartengarantierten Eurocheques wurde zum 31. 12. 2001 eingestellt und ist daher nicht mehr relevant.

466 *Kroth* in: Braun, InsO, § 115 Rn. 7.

weist[467]. Geschäftsbesorgungsverträge und damit auch der Scheckvertrag gelten insoweit als fortbestehend. Voraussetzung für die Anwendbarkeit der §§ 116, 115 Abs. 2 InsO auf den Fall der Scheckzahlung ist somit, dass der Masse bei Unterbleiben der Zahlung Nachteile entstehen. Problematisch ist allerdings, wann ein solcher Fall nach § 115 Abs. 2 InsO vorliegt und inwieweit die Bank dies überhaupt zu beurteilen vermag. Gerade im Bereich der Scheckzahlungen erscheint es zwar möglich, dass eine Zahlung im Interesse der Masse liegt – etwa dann, wenn ansonsten Versicherungsschutz entfällt –, allerdings dürfte die Bank in der Regel keine Kenntnis darüber haben, wie die Rechtsbeziehung zwischen Scheckaussteller und Schecknehmer im Valutaverhältnis im Einzelnen ausgestaltet ist und welche Nachteile der Masse durch eine Nichtzahlung drohen. Unsicherheiten der Bank über das Vorliegen der Voraussetzungen der §§ 116, 115 Abs. 2 InsO müssen daher zu Lasten der Masse und nicht zu Lasten der Bank gehen, d. h. im Zweifel braucht die Bank den Scheck nicht einzulösen. Sollte die Bank allerdings im Einzelfall tatsächlich entsprechende Kenntnisse haben, so muss sie den Scheck einlösen. Sie wird dann mit ihren Ersatz- und Vergütungsansprüchen Massegläubigerin.[468] Mit dieser Masseforderung kann die Bank gegen ein etwaiges Guthaben des Gemeinschuldners aufrechnen; § 96 InsO steht dem nicht entgegen.[469] Die Bank kann die Masse im Rahmen ihrer Notgeschäftsführungsbefugnisse wirksam berechtigen und verpflichten[470], so dass der in diesem Zusammenhang ausbezahlte Scheckbetrag eine Leistung des Insolvenzschuldners bzw. der Masse darstellt. Diese führt somit zur Erfüllung und damit zum Erlöschen der Schuld aus dem Valutaverhältnis.

Die zweite Ausnahme betrifft bestätigte Schecks. Zwar können Schecks grundsätzlich nicht bestätigt werden, etwas anderes gilt jedoch für Bundesbankschecks gemäß § 23 Abs. 1 BBankG. Nach dieser Vorschrift darf die Deutsche Bundesbank einen auf sie gezogenen Scheck bestätigen, wenn sie für diesen Deckung erhalten hat. Sie verpflichtet sich damit dem Inhaber gegenüber zur Einlösung und haftet gegenüber dem Aussteller und dem Indossanten.[471] Einen solchen Scheck muss die Deutsche Bundesbank auch nach Insolvenzeröffnung einlösen (§ 23 Abs. 2 BBankG). Mit der Einlösung wird die Deutsche Bundesbank von ihrer Schuld gegenüber den Insolvenzgläubigern frei.[472] Ist die Vorlegungsfrist – gemäß § 23 Abs. 3 BBankG acht Tage vom Tage der Ausstellung an gerechnet – allerdings abgelaufen, kann der Insolvenzverwalter den Scheck widerrufen und die bei der Bundesbank eingezahlte Deckung zur Masse einziehen.[473]

---

467 *Kießner* in: Nerlich/Römermann, InsO, § 115 Rn. 10; *Kroth* in: Braun, InsO, § 115 Rn. 7.
468 *Berscheid* in: Uhlenbruck, InsO, § 115, 116 Rn. 14; vgl. auch *Obermüller*, Insolvenzrecht in der Bankpraxis, Rn. 3.209; *Baumbach/Hefermehl/Casper*, Art. 3 ScheckG Rn. 13.
469 *Obermüller*, Insolvenzrecht in der Bankpraxis, Rn. 3.209.
470 *Ott/Vuia* in: MünchKomm-InsO, § 115 Rn. 16; *Tintelnot in:* Kübler/Prütting/Bork, §§ 115, 116 Rn. 12; *Berscheid* in: Uhlenbruck, InsO, §§ 115, 116 Rn. 14; *Kießner* in: Nerlich/Römermann, InsO, § 115 Rn. 10.
471 *Baumbach/Hefermehl/Casper*, Art. 4 ScheckG Rn. 11.
472 *Obermüller*, Insolvenzrecht in der Bankpraxis, Rn. 3.218.
473 *Obermüller*, Insolvenzrecht in der Bankpraxis, Rn. 3.218.

b) *Rechtslage bei positivem Kontosaldo*

Liegt keine der genannten Ausnahmen vor, so bleibt es für die bösgläubige Bank dabei, dass sie für den ausbezahlten Scheckbetrag keinen Aufwendungsersatz vom Insolvenzschuldner bzw. der Masse beanspruchen kann. Demzufolge ist ihr auch eine entsprechende Verrechnung mit dem Kontoguthaben verwehrt, sie muss das Guthaben daher auch insoweit an die Masse auskehren, als sie es bereits vermeintlich auf den eingereichten Scheck ausbezahlt hat. Die Bank kann sich dann nur an den Schecknehmer halten. Wie bereits oben zum Verlust der Verfügungsbefugnis im Eröffnungsverfahren dargestellt, steht ihr in einem solchen Fall eine Direktkondiktion nach § 812 Abs. 1 S. 1, 2. Alt. BGB gegen ihn zu. Sofern der Empfänger nicht aufgrund etwaiger Kenntnis von der Verfahrenseröffnung nach § 819 BGB verschärft haftet, kann dieser sich möglicherweise zu Lasten der Bank auf Entreicherung nach § 818 Abs. 3 BGB berufen. Dem Schecknehmer steht weiterhin seine Forderung aus dem Valutaverhältnis gegen den Scheckaussteller zu, da diese – ebenso wie im äquivalenten Fall im Eröffnungsverfahren – mangels Leistung nicht erfüllt worden ist. Mit der Forderung aus dem Valutaverhältnis ist er einfacher Insolvenzgläubiger.

c) *Rechtslage bei negativem Kontosaldo*

Entsprechendes gilt für den Fall der Einlösung auf ein Konto des Insolvenzschuldners, das einen Debetsaldo aufweist. Die bösgläubige Bank hat aufgrund der Zahlung auf den Scheck keine Ansprüche gegen den Scheckaussteller bzw. die Masse, sondern muss sich an den Schecknehmer halten, der sich seinerseits gegenüber der Bank unter Umständen auf Entreicherung berufen kann. Der Schecknehmer kann weiterhin seine Forderung aus dem Valutaverhältnis gegen den Scheckaussteller geltend machen – nun als einfache Insolvenzforderung.

3. Keine Kenntnis der Bank von der Eröffnung des Insolvenzverfahrens

Anders stellt sich die Rechtslage dar, wenn die Bank keine Kenntnis von der Eröffnung des Insolvenzverfahrens hat. Die Folgen der Einlösung eines Schecks sind in diesem Fall – je nachdem, ob das bezogene Konto einen Guthaben- oder ein Debetsaldo aufweist – unterschiedlich.

a) *Aufwendungsersatzanspruch*

Während die gutgläubige Bank im Eröffnungsverfahren unter Umständen Aufwendungsersatz aufgrund entsprechender Anwendung der §§ 675 Abs. 1, 674 BGB beanspruchen konnte, weil danach die mit Verlust der Verfügungsbefugnis erloschene geschäftsbesorgungsrechtliche Weisung zu ihren Gunsten als fortbestehend fingiert wurde, bedarf sie eines solchen Schutzes über die allgemein zivilrechtlichen Vorschriften im eröffneten Verfahren nicht.

Im eröffneten Verfahren beruht die Unwirksamkeit der geschäftsbesorgungsrechtlichen Weisung zwar unmittelbar auf ihrer Akzessorietät zum Geschäftsbesorgungsvertrag (hier des Scheckvertrages), so dass grundsätzlich sogar eine direkte Anwendung der §§ 675 Abs. 1, 674 BGB in Betracht käme. Allerdings werden die §§ 675 Abs. 1, 674 BGB im eröffneten Verfahren von den §§ 116, 115 Abs. 3 InsO verdrängt. Diese Normen entsprechen inhaltlich im Wesentlichen dem früheren § 23 KO[474], der eine entsprechende Anwendung des § 674 BGB anordnete. Die damals über den Verweis auf § 674 BGB erreichte Rechtsfolge ist nunmehr unmittelbar in § 115 Abs. 3 InsO geregelt. Für die Bank führt diese insolvenzrechtliche Regelung also unter Umständen zum gutgläubigen Erwerb eines Aufwendungsersatzanspruches. Ob es auf diesen geschäftsbesorgungsrechtlichen Anspruch allerdings ankommt, ist von dem Saldostand des bezogenen Kontos abhängig.

b) Rechtslage bei positivem Kontosaldo

Weist das Konto des Scheckausstellers bei Einlösung des Schecks nach Insolvenzeröffnung ein Guthaben auf, so kommt es auf einen etwaigen Aufwendungsersatzanspruch nach den §§ 116, 115 Abs. 3 InsO nicht an. Denn hier gilt § 82 InsO. Wie im Eröffnungsverfahren[475], in welchem diese Vorschrift über § 24 Abs.1 InsO anzuwenden ist, schützt diese Norm den Drittschuldner (hier also die bezogene Bank), indem dieser von seiner Verbindlichkeit befreit wird, wenn er zur Zeit der Leistung keine positive Kenntnis von der Verfahrenseröffnung hatte. Entsprechend der Sachlage im Eröffnungsverfahren wird die Bank damit – sofern ihr die Verfahrenseröffnung nicht positiv bekannt war[476] – von ihrer Guthabenschuld gegenüber dem Scheckaussteller als Inhaber des betreffenden Kontos frei.[477]

Dabei ergibt sich aus § 82 InsO, dass bei einer Scheckeinlösung vor der öffentlichen Bekanntmachung der Eröffnung des Insolvenzverfahrens der Insolvenzverwalter beweispflichtig hinsichtlich der Kenntnis der Bank ist. Nur bei Einlösung nach der Bekanntmachung muss die Bank ihre Unkenntnis beweisen. Fahrlässige Unkenntnis steht der Kenntnis nicht gleich.[478] Auch eine entsprechende Anwendung von § 130 Abs. 2 InsO, wonach der Kenntnis der Zahlungsunfähigkeit oder des Eröffnungsantrages die Kenntnis von Umständen gleichsteht, die zwingend auf die Zahlungsunfähigkeit schließen lassen, kommt nicht in Betracht.[479] Denn diese Vorschrift beruht auf dem Bestreben, die Anfechtung von Rechtshandlungen vor Verfahrenseröffnung zu erleichtern[480] und stellt insoweit eine Sonderregelung dar, die nicht auf andere Sachverhalte übertragen werden kann.

---

474 So auch ausdrücklich die Begründung zu § 133 RegE (BT-Drucks. 12/2443, S. 151), in der darauf hingewiesen wird, dass die Regelungen der Konkursordnung über das Erlöschen von Aufträgen und Geschäftsbesorgungsverträgen inhaltlich unverändert übernommen werden sollten; vgl. auch *Ott/Vuia* in: MünchKomm-InsO, § 115 Rn. 2.
475 Vgl. dazu die Ausführungen unter Teil 2 II.5.b)bb)(3).
476 Zur Zurechnung der Kenntnis von Organen und Angestellten der Bank vgl. oben Teil 2 III.5.a)aa).
477 *Obermüller*, Insolvenzrecht in der Bankpraxis, Rn. 3.212.
478 *Ott/Vuia* in: MünchKomm-InsO, § 82 Rn. 13; *Kroth* in: Braun, InsO, § 82 Rn. 9.
479 Ebenso: *Obermüller*, Insolvenzrecht in der Bankpraxis, Rn. 3.212.
480 So auch die allgemeine Begr. zum RegE, BT-Drucks. 12/2443, S. 85.

Da somit die Zahlung der Bank an den Schecknehmer gegenüber dem Schuldner bzw. der Masse wirksam ist, obwohl der Schecknehmer mangels wirksamer Anweisung Nichtberechtigter ist, sieht dieser sich einem Bereicherungsanspruch der Masse aus § 816 Abs. 2 BGB in eben der Höhe des ausbezahlten Betrages ausgesetzt. Eine Aufrechnung des Schecknehmers gegenüber diesem Bereicherungsanspruch mit seinem – mangels Erfüllung noch bestehenden – Anspruch aus dem Valutaverhältnis kommt nicht in Betracht. Gemäß § 96 Abs. 1 Nr. 1 InsO ist die Aufrechnung dann unzulässig, wenn ein Insolvenzgläubiger erst nach der Eröffnung des Insolvenzverfahrens etwas zur Insolvenzmasse schuldig geworden ist.[481] So liegt der Fall hier: der Anspruch der Masse beruht auf der nach Verfahrenseröffnung erfolgten Einlösung des Schecks durch den Schecknehmer. Demzufolge muss dieser den erhaltenen Geldbetrag vollumfänglich herausgeben, seinen Anspruch aus dem Valutaverhältnis kann er lediglich als Insolvenzforderung geltend machen.

c) *Rechtslage bei negativem Kontosaldo*

Weist das Konto des Insolvenzschuldners bei Einlösung des Schecks durch seine Bank ein Debetsaldo auf, so kommen die bereits genannten §§ 116, 115 Abs. 3 InsO zur Anwendung. Danach gilt ein Geschäftsbesorgungsvertrag auch hinsichtlich des Vergütungsanspruches zugunsten des Geschäftsbesorgers als fortbestehend, solange dieser von der Eröffnung des Insolvenzverfahrens schuldlos keine Kenntnis hat.[482] Daher wird der Auftrag zur Einlösung von Schecks zugunsten der Bank fingiert, wenn diese das Erlöschen des Auftrages weder kannte, noch kennen musste.[483]

> Auch für das eröffnete Verfahren ist von einer fahrlässigen Unkenntnis der bezogenen Bank dann auszugehen, wenn die Einlösung des Schecks nach der öffentlichen Bekanntmachung der Eröffnung des Insolvenzverfahrens erfolgt ist (vgl. zum entsprechenden Fall im Eröffnungsverfahren oben Teil 2 III.5b)aa)).

Hinsichtlich des Vergütungsanspruches ist die Bank gemäß § 115 Abs. 3 a.E. InsO Insolvenzgläubigerin. Etwas anderes gilt allenfalls dann, wenn ihr für im Rahmen des Geschäftsbesorgungsverhältnisses entstehende Forderungen unanfechtbare Sicherheiten bestellt worden sind.

Zu berücksichtigen ist, dass diese Fiktion des Fortbestehens des Geschäftsbesorgungsvertrages nicht das Verhältnis zwischen Scheckaussteller und Schecknehmer betrifft. Die Scheckanweisung ist unabhängig davon mit Eröffnung des Insolvenzverfahrens erloschen. Für den Schecknehmer als Zahlungsempfänger stellt die Zahlung mangels ihr zugrunde liegender wirksamer Anweisung keine Leistung des Scheckausstellers auf die Schuld aus dem Valutaverhältnis dar, so dass diese

---

481 Vgl. zur entsprechenden Rechtslage unter Geltung der Konkursordnung *Meyer*, Der Bereicherungsausgleich in Dreiecksverhältnissen, S. 132.
482 Insoweit enthält § 115 Abs. 3 InsO denselben Rechtsgedanken wie § 674 BGB, vgl. *Seiler* in: MünchKomm-BGB, § 674 Rn. 10.
483 *Canaris*, Bankvertragsrecht, Rn. 502.

daher nicht erlischt. Damit stellt sich – wie auch im parallelen Fall im Eröffnungsverfahren – die Frage nach einem Bereicherungsausgleich. Damit die Bank nicht schlechter steht, als im Falle ihrer Kenntnis von der Verfahrenseröffnung, muss ihr in Höhe des nicht gegenüber der Masse zu realisierenden Ersatzanspruches eine Direktkondiktion aus § 812 Abs. 1 S. 1, 2. Alt. BGB gegen den Schecknehmer zustehen. Diesem bliebe dann nur ein Betrag in Höhe der Quote, die der Höhe entsprechen wird, die ihm auch ohnehin für seine Forderung aus dem Valutaverhältnis zustehen würde. Ein Bereicherungsanspruch der Masse gegen den Schecknehmer dürfte damit auch hier ausscheiden.

4. Ergebnis zu den verschiedenen Fallkonstellationen bei Scheckzahlungen nach Eröffnung des Insolvenzverfahrens

Die Eröffnung des Insolvenzverfahrens wirkt sich nach alledem auf Scheckzahlungen des Insolvenzschuldners wie folgt aus:

Mit Eröffnung des Insolvenzverfahrens erlöschen sowohl der Scheckvertrag als auch der ihm zugrunde liegende Girovertrag. Die Bank ist grundsätzlich nicht mehr verpflichtet, auf sie gezogene, vom Insolvenzschuldner ausgestellte Schecks einzulösen. Die im Scheck enthaltene geschäftsbesorgungsrechtliche Weisung erlischt akzessorisch mit dem zugrunde liegenden Scheckvertrag, so dass die Bank grundsätzlich keinen Aufwendungsersatzanspruch erlangt, wenn sie den Scheck entgegen ihrer Verpflichtung einlöst. Etwas anderes gilt nur dann, wenn sie ausnahmsweise Kenntnis davon hat, dass der Masse durch die Nichteinlösung objektiv Nachteile entstehen. Dann muss die Bank den Scheck gemäß §§ 116, 115 Abs. 2 InsO einlösen und ist mit ihrem daraus entstehenden Aufwendungsersatzanspruch Massegläubigerin. Nur in diesem Fall liegt in der Auszahlung des Scheckbetrages eine Leistung des Scheckausstellers und der Schecknehmer erlangt insolvenzfest Befriedigung seiner Valutaforderung. Etwaige Unsicherheiten der Bank über das Vorliegen der Voraussetzungen der §§ 116, 115 Abs. 2 InsO gehen zu Lasten der Masse.

Auch die im Scheck enthaltene Zahlungsanweisung erlischt, so dass eine etwaige Zahlung der Bank auf den Scheck dem Scheckaussteller nicht als dessen Leistung zuzurechnen ist. Die Bank hat dann einen Anspruch gegen den Schecknehmer aus § 812 Abs. 1 S. 1, 2. Alt. BGB auf Herausgabe des ausbezahlten Scheckbetrages. Dem Schecknehmer steht – mangels Leistung des Scheckausstellers – nach wie vor seine Forderung aus dem Valutaverhältnis zu, die er als einfache Insolvenzforderung geltend machen kann.

Hatte die Bank allerdings keine positive Kenntnis von der Verfahrenseröffnung gegen den Scheckaussteller, so wird sie bei Auszahlung aus einem kreditorischen Kontosaldo gemäß § 82 InsO von ihrer Guthabenschuld frei. In diesem Fall steht der Masse ein Bereicherungsanspruch gemäß § 816 Abs. 2 BGB auf Herausgabe des erhaltenen Scheckbetrages gegen den Schecknehmer zu. Wies das bezogene Konto zum Zeitpunkt der Scheckeinlösung einen debitorischen Saldo auf, so erwirbt die Bank gutgläubig einen Aufwendungsersatzanspruch für den ausbezahlten Scheckbetrag, den sie als einfache Insolvenzforderung geltend machen kann. In Höhe des Differenzbetrages zwischen Insolvenzforderung und ausbezahlten Scheckbetrag steht der Bank außerdem ein Bereicherungsanspruch gegen den Schecknehmer zu. Wahlweise kann die Bank auch den vollen Betrag vom Schecknehmer herausverlangen. Der Schecknehmer kann seinerseits seine Forderung aus dem Valutaverhältnis in jedem Fall nur als einfache Insolvenzforderung geltend machen.

V. Zusammenfassung der Ergebnisse zu Scheckzahlungen in der Insolvenz der Scheckausstellers

Die vorangegangene Untersuchung hat für Scheckzahlungen des Insolvenzschuldners folgendes ergeben:

Scheckzahlungen, welche der Insolvenzschuldner vorgenommen hat, bevor er durch einen Beschluss des Insolvenzgerichts im Eröffnungsverfahren oder durch die Verfahrenseröffnung seine Verfügungsbefugnis verloren hat, sind unter Umständen anfechtbar. Eine Anfechtung gegenüber der bezogenen Bank ist dabei generell nicht möglich. Eine Anfechtung von Scheckzahlungen gegenüber dem Schecknehmer kommt unter zwei verschiedenen Gesichtspunkten in Betracht. Zum einen kann die Rechtshandlung der Scheckeinlösung anfechtbar sein. Die Gläubigerbenachteiligung liegt in diesem Fall in der Verringerung der Aktivmasse durch Belastung des bezogenen Kontos. Zum anderen kommt eine Anfechtung der Rechtshandlung der Scheckausstellung in Betracht. In diesem Fall müssen die Gläubiger dadurch benachteiligt sein, dass der Schecknehmer aufgrund eines missglückten Einlöseversuches einen scheckrechtlichen Regressanspruch erworben hat und unter den erleichterten Bedingungen des Scheckprozesses entweder bereits erfolgreich durchgesetzt hat oder zur Tabelle anmelden kann. Eine erfolgreiche Anfechtung durch den Insolvenzverwalter führt dazu, dass der Schecknehmer etwaige bereits erhaltene Zahlungen aus dem Scheck zur Masse zurückgewähren muss und im Gegenzug seine Forderung aus dem Valutaverhältnis zur Insolvenztabelle anmelden kann.

Die Rechtslage für Scheckzahlungen des Insolvenzschuldners nach Erlass eines Verfügungsverbotes im Eröffnungsverfahren und nach der endgültigen Verfahrenseröffnung stimmt zunächst im Wesentlichen überein: Vom Insolvenzschuldner ausgestellte Schecks werden mit Verlust seiner Verfügungsbefugnis unwirksam, denn sowohl die im Scheck enthaltene Zahlungsanweisung als auch die geschäftsbesorgungsrechtliche Weisung erlöschen. Dies hat zur Folge, dass eine auf den Scheck erfolgende Zahlung dem Insolvenzschuldner grundsätzlich nicht als dessen Leistung zuzurechnen ist und im Valutaverhältnis keine Erfüllungswirkung entfaltet. Die bezogene Bank erwirbt grundsätzlich keinen Aufwendungsersatzanspruch, kann aber den ausbezahlten Scheckbetrag vom Schecknehmer im Wege der Direktkondiktion herausverlangen. Wusste die Bank allerdings nicht, dass der Scheck aufgrund des Verlustes der Verfügungsbefugnis des Scheckausstellers unwirksam ist, so wird sie bei Einlösung auf ein Guthabenkonto von ihrer Guthabenschuld in Höhe des ausbezahlten Betrages frei. In diesem Fall steht dem Insolvenzschuldner bzw. der Masse ein Bereicherungsanspruch aus § 816 Abs. 2 BGB gegen den Schecknehmer auf Herausgabe des erhaltenen Scheckbetrages zu. Gegen diesen Anspruch kann der Schecknehmer nicht mit seiner Forderung aus dem Valutaverhältnis aufrechnen, diese kann er nur als einfache Insolvenzforderung geltend machen. Bei Einlösung eines unwirksamen Schecks auf ein debitorisches Konto erwirbt die Bank für die mit der Auszahlung getätigten Aufwendungen gutgläubig einen Ersatzanspruch, den sie als einfache Insolvenzforderung geltend machen kann. Soweit die Aufwendungen der Bank damit nicht gedeckt sind oder sie auf eine Geltendmachung verzichtet, kann sie den ausbezahlten Scheckbetrag auch im Wege der Direktkondiktion vom Scheckeinreicher zurückfordern. Der Schecknehmer kann seinen Anspruch aus dem Valutaverhältnis als einfache Insolvenzforderung geltend machen.

Im Unterschied zum Eröffnungsverfahren ergeben sich für Scheckzahlungen im eröffneten Verfahren folgende Besonderheiten: Sowohl der Scheckvertrag als auch der ihm zugrunde liegende Girovertrag erlöschen mit Eröffnung des Insolvenzverfahrens. Allerdings kann die Bank ausnahmsweise gemäß §§ 116, 115 Abs. 2 InsO verpflichtet sein, einen – eigentlich unwirksamen – Scheck einlösen, nämlich dann, wenn die Bank weiß, dass eine Nichteinlösung objektive Nachteile für die Insolvenzmasse zur Folge hätte. Mit ihrem daraus entstehenden Aufwendungsersatzanspruch ist die Bank Massegläubigerin. Nur in diesem Fall liegt in der Auszahlung des Scheckbetrages eine Leistung des Scheckausstellers und der Schecknehmer erlangt insolvenzfest Befriedigung seiner Valutaforderung.

Teil 3
Scheckzahlungen in der Insolvenz des Scheckeinreichers

I. Mögliche Fallkonstellationen

Während im vorherigen Teil dieser Arbeit die Fallkonstellation untersucht worden ist, dass gegen den Aussteller eines Schecks das Insolvenzverfahren eröffnet wird, sollen im Folgenden die Probleme erörtert werden, die auftreten können, wenn der den Scheck zur Einlösung einreichende Schecknehmer in Insolvenz geht.

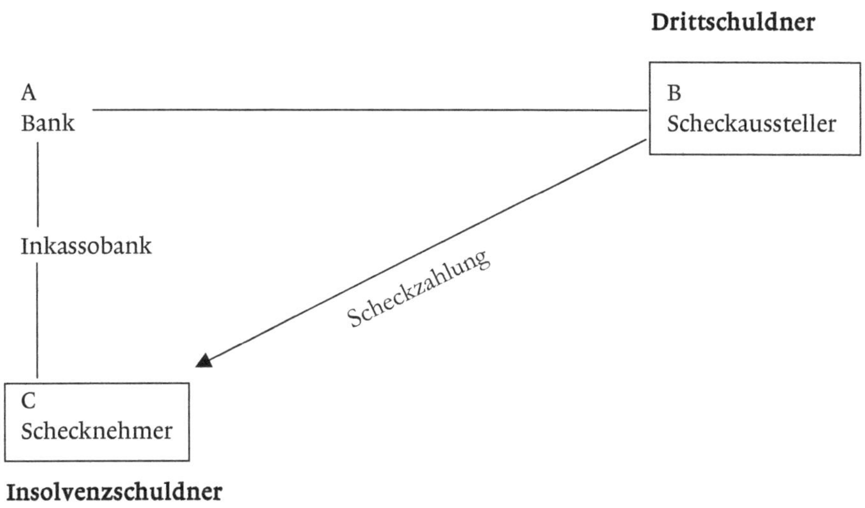

Für den Schecknehmer stellt sich die Frage, inwieweit er einen von seinem Schuldner erhaltenen Scheck einlösen kann und darf. Aus Sicht der Bank, bei welcher der Schecknehmer den Scheck einreicht, ist hingegen fraglich, ob sie für ihren Kunden Schecks einziehen und diesem den betreffenden Betrag auszahlen oder ihn insolvenzfest mit einem bestehenden Kontokorrentsaldo verrechnen darf. Der Scheckaussteller wird wissen wollen, ob er trotz Hingabe eines Schecks zur Erfüllung seiner Verbindlichkeiten möglicherweise damit rechnen muss, nach Eröffnung des Insolvenzverfahrens gegen den Schecknehmer erneut in Anspruch genommen zu werden. Die Antworten auf diese Fragen werden unterschiedlich ausfallen, je nachdem, in welchem Verfahrensstadium der Schecknehmer sich zum Zeitpunkt der Ausstellung bzw. Einlösung des Schecks befunden hat.

Soweit es um Scheckzahlungen geht, die stattgefunden haben, bevor gegen den Schecknehmer ein vorläufiges Verfügungsverbot ergangen oder das Insolvenzverfahren gegen ihn endgültig eröffnet worden ist, werden Untersuchungsgegenstand vor allem insolvenzanfechtungsrechtliche Probleme sein (dazu unter II.). Hier liegt ein wesentlicher Schwerpunkt auf der Frage der Insolvenzfestigkeit von Kontokorrentverrechnungen, die für Gutschriften aus Scheckinkassoverfahren einige Besonderheiten birgt.

Im Anschluss wird auf die Rechtslage einzugehen sein, die besteht, wenn eine Scheckzahlung erst erfolgt, nachdem gegen den Schecknehmer zwar noch nicht das Insolvenzverfahren eröffnet worden, jedoch bereits ein allgemeines Verfügungsverbot ergangen ist (dazu unter III). Im Verhältnis zur Bank, welche den Scheck zum Einzug für den späteren Insolvenzschuldner hereinnimmt, wird es auch hier in erster Linie um anfechtungsrechtliche Fragen gehen. Daneben stellt sich allerdings das Problem, ob die Einlösung eines Schecks durch den späteren Insolvenzschuldner, nachdem bereits ein Verfügungsverbot gegen ihn ergangen ist, im Valutaverhältnis zur Erfüllung führen kann oder ob der Scheckaussteller befürchten muss, nach Verfahrenseröffnung erneut – diesmal vom Insolvenzverwalter – in Anspruch genommen zu werden.

Schließlich ist zu erörtern, wie sich die endgültige Verfahrenseröffnung auf den Einzug von Schecks durch den Insolvenzschuldner auswirkt (dazu unter IV). Dabei stellt sich die Frage, inwieweit die Bank Scheckbeträge, die sie für den Insolvenzschuldner nach Verfahrenseröffnung eingezogen hat, behalten und mit etwaigen Forderungen gegen ihn verrechnen darf. Für den Schecknehmer stellt sich erneut die Frage, inwieweit er durch die Scheckzahlung von seiner Valutaschuld frei geworden ist.

II. Anfechtungsrechtliche Probleme im Zusammenhang mit der Insolvenz des Scheckeinreichers

Erhält der spätere Insolvenzschuldner von einem Drittschuldner einen Scheck zur Tilgung einer bestehenden Verbindlichkeit, wird er diesen Scheck schnellstmöglich einzulösen versuchen und zu diesem Zwecke bei seiner Bank einreichen. Solange das Insolvenzverfahren noch nicht eröffnet ist und das Gericht im Eröffnungsverfahren noch kein vorläufiges Verfügungsverbot erlassen hat, ist er uneingeschränkt befugt, über sein Vermögen zu verfügen und demzufolge auch berechtigt, seiner Bank Aufträge zum Einzug von Schecks zu erteilen.[484]

In diesem Zusammenhang können sich aber aus mehreren Gesichtspunkten insolvenzanfechtungsrechtliche Fragestellungen ergeben. Welche dies im Einzelnen sind, ist eng mit dem zeitlichen Ablauf des Scheckeinzugverfahrens verbunden,

484 *Obermüller,* Insolvenzrecht in der Bankpraxis, Rn. 3.236; vgl. zum genauen Verfahren des Scheckinkassos bereits die Ausführungen oben Teil 1 V.

das sich in folgende Einzelvorgänge unterteilt: Mit Einreichung des Schecks zum Einzug bestellt der Scheckeinreicher seiner Bank zunächst diverse Sicherheiten. Dies ergibt sich aus den Allgemeinen Geschäftsbedingungen, auf deren relevante Klauseln unten noch genauer einzugehen sein wird. Hier stellt sich die Frage, ob die Sicherheiten, welche die Bank mit Erteilung des Inkassoauftrages bei Einreichung des Schecks erlangt, insolvenzfest sind, oder ob der Verwalter sie nach der Eröffnung des Insolvenzverfahrens gegen den Scheckeinreicher anfechten kann (dazu unter 1.).

Zieht die Bank den Scheck für den Schecknehmer erfolgreich ein, so ist sie aus §§ 675, 670 BGB verpflichtet, ihm den eingezogenen Betrag herauszugeben. Diesen Herausgabeanspruch erfüllt die Bank im Regelfall dadurch, dass sie den eingezogenen Scheckbetrag mit dem bestehenden Kontosaldo des Schecknehmers verrechnet. In diesem Fall stellt sich die Frage, ob die spätere Eröffnung des Insolvenzverfahrens sich auf die Kontokorrentverrechnung auswirkt. Die Verrechnungslage könnte nämlich anfechtbar entstanden sein und daher mit Verfahrenseröffnung gemäß § 96 Abs. 1 Nr. 3 InsO automatisch unwirksam werden (dazu unter 2.). Auch in diesem Zusammenhang spielen möglicherweise die zuvor mit Scheckeinreichung bestellten Sicherheiten eine Rolle.

1. Anfechtbarkeit der mit Hereinnahme des Schecks zur Einziehung erfolgenden Bestellung von Sicherheiten

Die Frage, ob die mit Hereinnahme eines Schecks zur Einziehung erfolgende Bestellung von Sicherheiten zugunsten der Bank anfechtbar ist, stellt sich nicht zwingend. Ihre Relevanz richtet sich vielmehr nach der konkreten Fallkonstellation:

In der Regel wird die Bank den zum Einzug eingereichten Scheck bei der bezogenen Bank erfolgreich einlösen können. Die vorläufig erteilte Gutschrift des Scheckbetrages wird damit endgültig, so dass der Scheck samt der zugrunde liegenden Forderung und etwaigen in diesem Zusammenhang bestellten Sicherheiten erlischt[485]. Die Frage einer Anfechtbarkeit der Sicherheiten stellt sich in diesem Fall nur dann, wenn die Bank mit der Verrechnung des eingezogenen Scheckbetrages ihre Sicherheiten realisiert hat, worauf sogleich im Rahmen der Ausführungen zur Anfechtbarkeit von Kontokorrentverrechnungen noch genauer einzugehen sein wird (siehe unten Teil 3 II.2a)bb)(1)(c)ii.).

Misslingt die Einlösung des Schecks allerdings, so bleiben etwaige am Scheck bestellte Sicherheiten (vorbehaltlich des Vorliegens der Sicherungsbedingungen) zunächst bestehen. Diese Sicherheiten kann die Bank dann noch vor Verfahrenseröffnung realisieren, muss sie aber möglicherweise nach erfolgreicher Anfechtung

---

485 Vgl. zu diesem Fall nur AG Wetzlar, Urt. v. 31. 10. 1986 – 3 C 487/86 – WM 1986, 1532 (1533).

durch den Insolvenzverwalter zur Masse zurückerstatten. Hat die Bank etwa ein Pfandrecht am Scheck vor Verfahrenseröffnung noch nicht realisiert, so steht ihr – sofern es nicht erfolgreich angefochten wird – ein Recht auf abgesonderte Befriedigung nach § 50 Abs. 1 InsO zu. Entsprechendes gilt über § 51 Nr. 1 InsO für die Sicherungsübereignung/-zession, sofern diese nicht erfolgreich angefochten werden.

a) Inkongruenz AGB-mäßiger Sicherheitenbestellung

Die Allgemeinen Geschäftsbedingungen der privaten Kreditinstitute (AGB-Banken), der Postbank (AGB-Postbank) und der Spar-, Girokassen und Kommunalbanken (AGB-Sparkassen) enthalten mehrere, größtenteils identische Bestimmungen über die Vereinbarung von Sicherheiten. Relevant für das Scheckinkassoverfahren sind dabei insbesondere die Vereinbarung von Sicherungseigentum sowie die Bestellung eines Pfandrechts an zum Einzug eingereichten Schecks und die Abtretung der dem eingereichten Scheck zugrunde liegenden Forderung.

Ob es sich bei der Bestellung derartiger Sicherheiten um eine kongruente oder eine inkongruente Sicherung handelt, ist umstritten. Zwar scheint diese Frage zumindest für den Zeitraum mehr als drei Monate vor Stellen des Insolvenzantrages ohne Belang, kommt dann doch ohnehin allenfalls eine Anfechtung der Sicherheitenbestellung nach § 133 InsO, nicht aber gemäß §§ 130, 131 InsO in Betracht. Jedoch ist bereits mehrfach ausgeführt worden, dass die Frage, ob eine Deckung kongruent oder inkongruent ist, auch im Rahmen der Prüfung einer Anfechtung wegen vorsätzlicher Benachteiligung von Bedeutung ist (vgl. nur oben Teil 2 II.2b)bb)).

aa) Pfandrecht gemäß Nr. 14 Abs. 1 AGB-Banken
(Nr. 14 Abs. 1 AGB-Postbank/21 AGB-Sparkassen)

Die Klausel Nr. 14 Abs. 1 AGB-Banken enthält zunächst die Vereinbarung eines Pfandrechtes zugunsten der Bank an den Wertpapieren und Sachen, an denen sie im bankmäßigen Geschäftsverkehr Besitz erlangt sowie an den Ansprüchen, die dem Kunden gegen die Bank aus der bankmäßigen Geschäftsverbindung zustehen. Nr. 14 Abs. 1 AGB-Postbanken und Nr. 21 Abs. 1 AGB-Sparkassen enthalten entsprechende Regelungen.

Dies bedeutet, dass der Schecknehmer der Inkassobank mit Erteilung des Inkassomandates ein Pfandrecht an dem eingereichten Scheck bestellt, zumindest in der Höhe, in welcher Ansprüche der Bank bestehen[486]. Das Pfandrecht entsteht im Zeitpunkt der Einreichung.[487] Nach erfolgreichem Einzug des Schecks durch die Inkassobank ist der Scheck wertlos und ein etwaiges Pfandrecht erlischt. Da in diesem Moment allerdings der Anspruch des Schecknehmers auf Herausgabe des Scheckerlöses entsteht (zumindest dann, wenn sich die Einziehung des Schecks

486 OLG Köln, Urt. 29. 9. 1995 – 26 U 11/95 – NJW-RR 1996, 1330 (1331); BGH, Urt. v. 26. 3. 1952 – II ZR 53/51 – NJW 1952, 819 (820).
487 Vgl. OLG Köln, Urt. 29. 9. 1995 – 26 U 11/95 – NJW-RR 1996, 1330 (1332).

nicht als Pfandrechtsverwertung durch die Inkassobank darstellt, siehe dazu noch im Folgenden noch unter 2.a)bb)(c)), erwirbt die Inkassobank im Zeitpunkt der Scheckeinlösung ein Pfandrecht an diesem Herausgabeanspruch in der Höhe, in welcher ihr Ansprüche aus der bankgeschäftsmäßigen Verbindung gegen den Schecknehmer zustehen.

Der Bundesgerichtshof vertritt in ständiger Rechtsprechung die Auffassung, dass es sich bei der Bestellung dieser Pfandrechte um eine inkongruente Deckung im Sinne des § 131 InsO handelt.[488] Denn die in den AGB getroffene Vereinbarung lasse zunächst offen und stelle in das Belieben der Beteiligten, welche Gegenstände im Einzelfall von der Sicherungsvereinbarung umfasst werden.[489] Der Anspruch der Bank beschränke sich nicht von vornherein auf eine bestimmte Sicherheit.[490] Für eine kongruente Deckung sei es jedoch erforderlich, dass die Vereinbarung auf „bestimmte, sogleich wenigstens identifizierbare Gegenstände" gerichtet sein müsse[491], so dass die Bank mit der Bestellung derartiger Sicherheiten eine inkongruente Deckung erlange. Dieser Auffassung wird von weiten Teilen der Literatur gefolgt.[492]

Nur vereinzelt wird angenommen, die Bestellung des AGB-Pfandrechts führe zu einer kongruenten Deckung, weil Nr. 14 Abs. 1 AGB-Banken (Nr. 14 Abs. 1 AGB-Postbank/21 AGB-Sparkassen) das Bezugsobjekt der Sicherung hinreichend genau festlege.[493] So beruft sich etwa *Eckhardt* in diesem Zusammenhang auf den Umstand, dass die betreffenden Regelungen andernfalls dem sachenrechtlichen Bestimmtheitsgebot nicht gerecht werden und damit ihren primären Zweck schon gar nicht erfüllen könnten. Aus diesem Grund könne die Bank ihr Pfandrecht auch i.S.v. § 131 InsO für sich „beanspruchen", weil sie sich außerhalb der kritischen Phase die später erworbene Sicherheit ausbedungen habe. Der Sicherheitenerwerb sei zudem deswegen „unverdächtig" und entspreche damit vor Eintritt der Krise erfolgten Dispositionen, weil das Pfandrecht nur dann entstehe, wenn sowohl die Hereinnahme der Kundenwerte als auch der Erwerb der zu sichernden Forderung in der bankmäßigen Geschäftsverbindung begründet sei.[494]

Dies überzeugt indes bereits im Überlegungsansatz nicht, weil *Eckhardt* die Unterschiede zwischen sachenrechtlichem Bestimmtheitsgebot und dem Bestimmtheitserfordernis für das Vorliegen einer kongruenten Deckung nicht hinreichend

---

488 BGH, Urt. v. 7. 3. 2002 – IX ZR 223/01 – ZIP 2002, 812 = BGHZ 150, 122; Urt. v. 29. 11. 2007 – IX ZR 30/07 – BGHZ 174, 297 = ZIP 2008, 183.
489 BGH, Urt. v. 8. 3. 2007 – IX ZR 127/05 – ZIP 2007, 924 ff.
490 Vgl. auch *Obermüller*, Insolvenzrecht in der Bankpraxis, Rn. 6.103 c; *Smid*, Kreditsicherheiten in der Insolvenz, § 9 Rn. 69 ff.
491 BGH, Urt. v. 7. 3. 2002 – IX ZR 223/01 – BGHZ 150, 122 = ZIP 2002, 812; Bestätigung in BGH, Urt. v. 29. 11. 2007 – IX ZR 30/07 – BGHZ 174, 297 = ZIP 2008, 183.
492 *Kirchhof* in: MünchKomm-InsO, § 131 Rn. 39; *Schoppmeyer* in: Kübler/Prütting/Bork, InsO, § 131 Rn. 93.
493 *Eckhard*, ZIP 1999, 1417 (1419); *Huth*, Kreditsicherungsrecht im Lichte der neuen Insolvenzordnung, S. 65; *Wischemeyer*, Die Insolvenzanfechtung der Rückführung debitorischer Konten durch Einstellung von Gutschriften in der Krise, S. 33 f.
494 *Eckhard*, ZIP 1999, 1417 (1419).

berücksichtigt. Für die dingliche Einigung darüber, ein Pfandrecht an einer zukünftigen Forderung zu bestellen, genügt es, dass diese Forderung bestimmbar ist.[495] Demgegenüber ist dies für die Gewährung einer kongruenten Sicherung nicht ausreichend. Eine Sicherung ist vielmehr nur dann kongruent im Sinne von § 130 InsO, wenn sie bereits im Zeitpunkt ihrer Vereinbarung[496] sowohl hinsichtlich des zu sichernden Anspruchs, als auch des Sicherungsmittels und des Zeitpunkts der Besicherung hinreichend bestimmt ist.[497] Da ein solches Pfandrecht nach Nr. 14 Abs. 1 AGB-Banken (Nr. 14 Abs. 1 AGB-Postbank/21 AGB-Sparkassen) an einem zum Inkasso eingereichten Scheck sich erst mit Einreichung des betreffenden Schecks auf einem bestimmten Pfandgegenstand konkretisiert[498], handelt es sich hierbei um eine inkongruente Sicherung[499], die anfechtbar sein kann.

bb) Sicherungseigentum gemäß Nr. 15 Abs. 1 AGB-Banken (Nr. 15 Abs. 1 AGB-Postbank/Nr. 25 Abs. 1 AGB-Sparkassen)

Gemäß Nr. 15 Abs. 1 AGB-Banken erwirbt die Bank an den ihr zum Einzug eingereichten Schecks im Zeitpunkt der Einreichung Sicherungseigentum. Das Sicherungseigentum dient dabei gemäß Nr. 15 Abs. 4 AGB-Banken der Sicherung aller Ansprüche, die der Bank gegen den Kunden bei Einreichung aus seinen Kontokorrentkonten zustehen oder die infolge einer Rückbelastung entstehen. Die Nr. 15 AGB-Postbank enthält in Abs. 1 und Abs. 4 entsprechende Regelungen. Im Unterschied hierzu enthält Nr. 25 Abs. 1 AGB-Sparkassen zwar ebenfalls eine Regelung, in welcher vereinbart wird, dass die Bank mit Einreichung von Schecks zum Einzug Sicherungseigentum erwirbt. Das Sicherungseigentum dient dabei allerdings nur der Sicherung der Ansprüche der Bank für den Fall, dass der Scheck nicht eingelöst wird und der Sparkasse aufgrund der Vorausverfügung des Kunden im Hinblick auf das Einzugsgeschäft Ansprüche gegen den Kunden zustehen. Gesichert ist damit nur die vorläufige Gutschrift, nicht aber etwaige andere Ansprüche der Sparkasse[500].

Auch zur Regelung der Nr. 15 Abs. 1 AGB-Banken, wonach die Bank an den ihr zum Einzug eingereichten Schecks im Zeitpunkt der Einreichung Sicherungseigentum erwirbt, vertritt der Bundesgerichtshof die Auffassung, dass es sich hierbei um eine inkongruente Sicherung handelt.[501] Zwar hat sich der Bundesgerichtshof – soweit ersichtlich – in seiner bisherigen Rechtsprechung noch in keinem Einzelfall mit der Regelung der Nr. 15 Abs. 1 AGB-Banken (Nr. 15 Abs. 1 AGB-Postbank/ Nr. 25 Abs. 1 AGB-Sparkassen) auseinander gesetzt. Die Entscheidungen betrafen

495 *Bassenge* in: Palandt, BGB, § 1204 Rn. 11.
496 Vgl. BGH, Urt. v. 12. 11. 1992 – IX ZR 236/91 – NJW-RR 1993, 238 (240).
497 *Kirchhof* in: MünchKomm-InsO, § 131 Rn. 20.
498 Trotz der vorherigen Vereinbarung in den AGB tritt deren Wirkung gemäß § 140 Abs. 1 InsO frühestens mit Besitzerlangung am Pfandgegenstand ein, vgl. auch BGH, Urt. v. 8. 3. 2007 – IX ZR 127/05 – ZIP 2007, 924; Urt. v. 20. 3. 2003 – IX ZR 166/02 – WM 2003, 896 (897); Urt. v. 22. 7. 2004 – IX ZR 183/03 – ZIP 2004, 1819 (1821).
499 BGH, Urt. v. 8. 3. 2007 – IX ZR 127/05 – ZIP 2007, 924.
500 Vgl. hierzu auch *Nobbe* in: Schimansky/Bunte/Lwowski, Bankrechtshandbuch I, § 61 Rn. 14.
501 BGH, Urt. v. 29. 11. 2007 – IX ZR 30/07 – BGHZ 174, 297 ff. = ZIP 2008, 183 ff.

entweder die soeben erläuterte Nr. 14 Abs. 1 AGB-Banken oder die im Folgenden noch darzustellende Nr. 15 Abs. 2 AGB-Banken. Dennoch hat der Bundesgerichtshof in einem *obiter dictum* erklärt, dass die Regelungen der Nr. 13–15 AGB-Banken sämtlich inkongruente Deckungen zum Gegenstand hätten.[502] Dieser Auffassung ist auch für Nr. 15 Abs. 1 AGB-Banken (Nr. 15 Abs. 1 AGB-Postbank/Nr. 25 Abs. 1 AGB-Sparkassen) zuzustimmen, denn auch hier ist die vorweggenommene Einigung bzgl. der Sicherungsübereignung zukünftig eingereichter Schecks zwar aus sachenrechtlicher Sicht hinreichend bestimmt (bestimmbar), nicht aber aus insolvenzrechtlicher Sicht. Welche Schecks im Einzelfall von dieser Vereinbarung umfasst sind, entscheidet sich erst im Moment ihrer Einreichung zum Inkasso. Soweit *Eckardt* in diesem Zusammenhang ebenfalls die gegenteilige Auffassung vertritt[503], kann auf die obigen Ausführungen verwiesen werden (Teil 3 II.1a)aa)).

cc) Sicherungszession gemäß Nr. 15 Abs. 2 AGB-Banken (Nr. 15 Abs. 2 AGB-Postbank/Nr. 25 Abs. 2 AGB-Sparkassen)

Zu Nr. 15 Abs. 2 AGB-Banken (Nr. 15 Abs. 2 AGB-Postbank/Nr. 25 Abs. 2 AGB-Sparkassen), der bestimmt, dass die Bank mit Erwerb des Eigentums an Schecks auch die dem Scheck zugrunde liegende Forderung erwirbt, hat der Bundesgerichtshof entschieden, dass zu dieser Vereinbarung nichts anderes gelte, als für Nr. 14 Abs. 1 AGB-Banken.[504] Auch bei der Vorausabtretung einer Forderung trete die Wirkung der Abtretung gemäß § 140 Abs. 1 InsO frühestens mit dem Entstehen der Forderung ein.[505] Da die Abtretung im Falle des Nr. 15 Abs. 2 AGB-Banken (Nr. 15 Abs. 2 AGB-Postbank/Nr. 25 Abs. 2 AGB-Sparkassen) erst zum Zeitpunkt der Scheckeinreichung erfolge, sei dieser Zeitpunkt maßgebend. Eine pauschale Einigung dahin, sämtliche Forderungen, die künftig zum Einzug eingereichten Schecks zu Grunde liegen, sollten abgetreten werden, sei nicht geeignet, eine kongruente Sicherheit im Voraus zu begründen.[506] Dabei könnte man durchaus darüber nachdenken, ob mit Einreichung des Schecks zum Inkasso durch den Schuldner eine neue Verpflichtung zur Abtretung der dem Scheck zu Grunde liegenden Forderung begründet wird. Zutreffend hat der Bundesgerichtshof jedoch auch dies abgelehnt.[507] Dies überzeugt, denn eine *neue* (konkludente) Vereinbarung zur Sicherungsabtretung lässt sich einem gewöhnlichen Inkassoauftrag nicht entnehmen. Der Schuldner erklärt allenfalls, dass der Inkassoauftrag auf der Grundlage der geltenden AGB und damit unter Einschluss der dort erfolgten Sicherungsvereinbarung zustande kommen soll. Damit handelt es sich auch bei der Sicherungszession gemäß Nr. 15 Abs. 2 AGB-Banken (Nr. 15 Abs. 2 AGB-Postbank/Nr. 25 Abs. 2 AGB-Sparkassen) um eine inkongruente Sicherung.

---

502 BGH aaO.
503 *Eckhard*, ZIP 1999, 1417.
504 BGH, Urt. v. 8. 3. 2007 – IX ZR 127/05 – ZIP 2007, 924 ff.
505 Unter Hinweis auf BGH, Urt. v. 20. 3. 2003 – IX ZR 166/02 – WM 2003, 896 (897); Urt. v. 22. 7. 2004 – IX ZR 183/03 – ZIP 2004, 1819 (1821).
506 BGH, Urt. v. 8. 3. 2007 – IX ZR 127/05 – ZIP 2007, 924 ff.
507 BGH aaO.

b) Anfechtbarkeit gemäß § 131 InsO

Handelt es sich somit bei den genannten Sicherheiten sämtlich um inkongruente Deckungen, so kommt eine Anfechtung der Bestellung dieser Sicherheiten nach § 131 InsO in Betracht. Für den Fall, dass der spätere Insolvenzschuldner den Scheck im letzten Monat vor Antragstellung auf Eröffnung des Insolvenzverfahrens bei der Bank eingereicht hat, greift die Anfechtung nach § 131 Abs. 1 Nr. 1 InsO ohne weiteres durch. Gleiches gilt nach § 131 Abs. 1 Nr. 2 InsO für eine Einreichung innerhalb des zweiten und dritten Monats vor dem Eröffnungsantrag, wenn der spätere Insolvenzschuldner zu diesem Zeitpunkt bereits zahlungsunfähig war. War er hingegen bei Einreichung des Schecks im zweiten oder dritten Monat vor Stellen des Insolvenzantrages noch nicht zahlungsunfähig, so wird die sich aus der Inkongruenz der Sicherheitenbestellung ergebende Beweiserleichterung relevant, nach der zu vermuten steht, dass die Bank wusste, dass die Bestellung derartiger Sicherheiten die übrigen Gläubiger benachteiligen würde. Auch in diesem Fall dürfte somit in der Regel die Anfechtung nach § 131 Abs. 1 Nr. 3 InsO durchgreifen.

c) Anfechtbarkeit gemäß § 133 InsO

Daneben kommt eine Anfechtung der Sicherheitenbestellung wegen vorsätzlicher Benachteiligung in Betracht, sofern die spezielleren Voraussetzungen des § 133 Abs. 1 InsO erfüllt sind. Dieser Anfechtungstatbestand wird bei Scheckeinreichungen innerhalb des Dreimonatszeitraumes neben § 131 InsO jedoch in der Regel kaum relevant werden, da bei Vorliegen der Voraussetzungen des § 133 Abs. 1 InsO im Zeitraum bis zu drei Monaten vor Stellen des Insolvenzantrages stets auch gleichzeitig § 131 InsO erfüllt ist.

Von Bedeutung ist die Frage der Anfechtbarkeit der Sicherheiten nach § 133 InsO allerdings dann, wenn der spätere Insolvenzschuldner den betreffenden Scheck vor Beginn des Dreimonatszeitraumes einreicht. Die Vorsatzanfechtung setzt voraus, dass der den Scheck einreichende spätere Insolvenzschuldner mit der Bestellung der in den AGB vereinbarten Sicherheiten seine übrigen Insolvenzgläubiger benachteiligen wollte und die Bank hiervon Kenntnis hatte. In diesem Zusammenhang kommt erneut die Indizwirkung inkongruenter Deckungen zum Tragen: Handelt es sich nämlich nach dem zuvor Gesagten bei den genannten Sicherheiten stets um inkongruente Sicherungen, so spricht dies dafür, dass der den Scheck einreichende Schuldner – wie es § 133 InsO voraussetzt – bei Bestellung dieser Sicherheiten mit Einreichung des Schecks mit dem Vorsatz gehandelt hat, seine übrigen Gläubiger zu benachteiligen. Zugleich besteht auch die widerlegliche Vermutung, dass die Bank Kenntnis von diesem Benachteiligungsvorsatz bzw. den ihn begründenden Umständen hatte. Denn die Inkongruenz einer erlangten Deckung stellt immer ein starkes Beweisanzeichen für die Benachteiligungsabsicht des Schuldners und die Kenntnis des Gläubigers hiervon dar.[508] Es ist dann an

508 BGH, Urt. v. 8. 12. 2005 – IX ZR 182/01 – NJW 2006, 1348ff.; Urt. v. 18. 12. 2003 – IX ZR 199/02 – BGHZ 157, 242 = ZIP 2004, 319; Urt. v. 17. 7. 2003 – IX ZR 272/02 – ZIP 2003, 1799 (1801); Urt. v. 21. 1. 1999 – IX ZR 329/97 – ZIP 1999, 406 (407); Urt. v. 2. 12. 1999 – IX ZR 412/98 –

der Bank zu beweisen, dass ihr die Benachteiligungsabsicht des Scheckeinreichers unbekannt war. Maßgeblicher Zeitpunkt für das Vorliegen der Voraussetzungen im Sinne von § 140 InsO ist dabei der Moment der Entstehung der Sicherheit und somit der Moment der Einreichung des Schecks.[509] Aufgrund der genannten Beweiserleichterung wird die mit Hereinnahme eines Schecks zum Inkasso erfolgende Sicherheitenbestellung zugunsten der Bank damit häufig gemäß § 133 Abs. 1 InsO anfechtbar sein.

d) Zwischenergebnis

Festzuhalten bleibt, dass die im Rahmen des Scheckeinzugverfahrens entsprechend den AGB erfolgende Bestellung von Sicherheiten stets inkongruent ist. Soweit der Schecknehmer einen Scheck somit innerhalb der letzten drei Monate vor Eröffnung des Insolvenzverfahrens zum Inkasso eingereicht hat, werden die Sicherheiten in der Regel gemäß § 131 InsO anfechtbar sein. Für die Einreichung von Schecks vor Beginn des Dreimonatszeitraumes führt die Indizwirkung der Inkongruenz häufig zur Anfechtbarkeit der Sicherheiten gemäß § 133 InsO. Demnach werden die Anfechtungsvoraussetzungen für die genannten AGB-Sicherheiten regelmäßig vorliegen, was für die im Folgenden zu beantwortende Frage der Insolvenzfestigkeit einer vorgenommenen Verrechnung des eingezogenen Scheckbetrages von besonderer Bedeutung ist.

2. Insolvenzfestigkeit einer Verrechnung des Scheckerlöses mit dem schuldnerischen Kontosaldo

Neben der soeben erörterten Problematik der Insolvenzfestigkeit von AGB-Sicherheiten ist für die Insolvenzgläubiger insbesondere von Interesse, ob und inwieweit die mit Einlösung erfolgende Kontogutschrift (und Verrechnung) insolvenzfest ist.[510] Die Bank stellt den Scheckbetrag in das Kontokorrent des Schuldners ein (eine zunächst nur unter Vorbehalt erfolgende Gutschrift wird mit der erfolgreichen Einziehung bei der bezogenen Bank endgültig) und verrechnet ihn mit dem bestehenden Saldo. Befindet sich das Konto des Scheckeinreichers zum Zeitpunkt der Verrechnung im kreditorischen Bereich, so erhöht sich der Saldo entsprechend. Nach Eröffnung des Insolvenzverfahrens steht dem Insolvenzverwalter ein An-

ZIP 2000, 82 (83); OLG Hamburg, Urt. v. 27. 7. 2007 – 1 U 66/06 – ZInsO 2007, 1350; OLG Brandenburg, Urt. v. 25. 7. 2007 – 7 U 195/06; vgl. außerdem bereits unter Geltung der KO: BGH, Urt. v. 30. 9. 1993 – IX ZR 227/92 – BGHZ 123, 320 (326); Urt. v. 19. 3. 1998 – IX ZR 22/97 – BGHZ 138, 291 (308); Urt. v. 30. 1. 1997 – IX ZR 89/96 – ZIP 1997, 513 (515); Urt. v. 20. 11. 2001 – IX TR 159/00 – ZIP 2002, 228 (229 f.).

509 *Kirchhof* in: MünchKomm-InsO, § 140 Rn. 15; vgl. bereits unter Geltung der KO: OLG Köln, Urt. v. 29. 9. 1995 – 26 U 11/95 – NJW-RR 1996, 1330; BGH, Urt. v. 30. 4. 1992 – IX ZR 176/91 – ZIP 1992, 778 ff. = BGHZ 118, 171; *Canaris*, Bankvertragsrecht, Rn. 824; *ders.* in: FS 100 Jahre KO, 73 (85 f.); *Jaeger/Henckel*, KO, § 30 Rn. 275.

510 Vgl. dazu, dass beim Scheckinkasso eine Anfechtbarkeit sowohl der Hereinnahme des Schecks, als auch der anschließenden Verrechnung des Erlöses mit dem Kontokorrent in Betracht kommt: BGH, Urt. v. 30. 4. 1992 – IX ZR 176/91 – BGHZ 118, 171 ff. = ZIP 1992, 778 ff.

spruch auf Herausgabe des Kontoguthabens zu, jedenfalls insoweit, als die Bank daran keine insolvenzfesten Sicherheiten erlangt hat, und er kann das Guthaben zur Befriedigung der Gläubiger verwerten. Weist der Kontosaldo des Scheckeinreichers allerdings zum Zeitpunkt der Verrechnung einen debitorischen Saldo auf und bestehen somit in Höhe dieses negativen Saldos Verbindlichkeiten gegenüber der Bank, so führt die Verrechnung des eingegangenen Scheckbetrages zu einer zumindest teilweisen Rückführung des Saldos und damit einer Tilgung von Forderungen der Bank und steht der Gläubigergesamtheit damit nicht zur Befriedigung zur Verfügung. Ob eine solche durch Verrechnung von eingehenden Gutschriften mit einem debitorischen Kontosaldo erlangte Befriedigung der Bank insolvenzfest ist, ist seit langem eine viel diskutierte Frage in Rechtsprechung und Literatur. Sie soll im Folgenden mit besonderer Aufmerksamkeit für die Besonderheiten von Gutschriften im Rahmen des Scheckeinzugverfahrens erörtert werden.

a) Unwirksamkeit der Verrechnung des Scheckerlöses mit einem debitorischen Kontosaldo gemäß § 96 Abs. 1 Nr. 3 InsO

Gemäß § 96 Abs. 1 Nr. 3 InsO ist eine Aufrechnung unzulässig, wenn ein Gläubiger die Möglichkeit der Aufrechnung durch eine anfechtbare Rechtshandlung erlangt hat. In diesem Fall wird eine vor der Verfahrenseröffnung erklärte Aufrechnung unwirksam.[511] Eine erst nach Verfahrenseröffnung erklärte Aufrechnung bleibt von vornherein wirkungslos.[512] Somit könnte die Verrechnung des eingezogenen Scheckbetrages mit dem debitorischen Kontosaldo des Scheckeinreichers nach dieser Vorschrift unwirksam sein.

aa) Anwendbarkeit von § 96 Abs. 1 Nr. 3 InsO auf Kontokorrentverrechnungen

Fraglich ist zunächst, ob § 96 Abs. 1 Nr. 3 InsO auf Kontokorrentverrechnungen überhaupt Anwendung findet, denn immerhin wird in der Norm ausdrücklich der Begriff der „Aufrechnung“ und nicht der „Verrechnung“ gebraucht. Während der Bundesgerichtshof zwar stets anerkannt hat, dass auch „Verrechnungen“ von § 96 Abs. 1 Nr. 3 InsO erfasst werden[513], hat er dennoch in einem Fall von Kontokorrentverrechnung keine automatische Unwirksamkeit der Verrechnung angenommen, sondern die Anfechtbarkeit gemäß §§ 129 ff. InsO geprüft und einen Anspruch des Insolvenzverwalters aus § 143 InsO bejaht[514]. In jüngeren Entscheidungen geht der Bundesgerichtshof allerdings ausdrücklich davon aus, dass Kontokor-

---

511 *Brandes* in: MünchKomm-InsO, § 96 Rn. 37; BGH, Urt. 9. 10. 2003 – IX ZR 28/02 – NZI 2004, 82; BGH, Urt. v. 22. 7. 2004 – IX ZR 270/03 – NZI 2004, 620; BGH, B. v. 2. 6. 2005 – IX ZB 235/04 – NZI 2005, 499; BGH, Urt. v. 28. 9. 2006 – IX ZR 136/05 – NZI 2007, 31; a. A.: *Gerhard*, KTS 2004, 195, 200 f.; *Ries*, ZInsO 2004, 1231 (1234); *ders.*, ZInsO 2005, 848 (849); *Zenker*, NZI 2006, 16, die sich gegen die automatische Unwirksamkeit aussprechen und meinen, die bereits vor Verfahrenseröffnung erklärte Aufrechnung müsse angefochten werden.

512 Begr. RegE zu § 108, BT-Drucks. 12/2443 S. 141.

513 Zu Verrechnungsvereinbarungen im Rahmen von Kaufverträgen bereits: BGH, Urt. v. 22. 7. 2004 – IX ZR 270/03 – NZI 2004, 620; BGH, Urt. v. 2. 6. 2005 – IX ZR 263/03 – NZI 2005, 553 ff.

514 BGH, Urt. v. 2. 6. 2005 – IX ZR 181/03 – WM 2005, 1790 f.

rentverrechnungen in den Anwendungsbereich des § 96 Abs. 1 Nr. 3 InsO fallen.[515] Eine Anfechtung der Verrechnung finde daneben nicht statt, der Insolvenzverwalter könne sich unmittelbar auf die Unwirksamkeit der Verrechnung berufen.[516] Auch in der Literatur spricht man sich für eine Anwendbarkeit des § 96 Abs. 1 Nr. 3 InsO auf Kontokorrentverrechnungen aus.[517] Während die Anwendung der Aufrechnungsregelungen auf Kontokorrentverrechnungen unter Geltung der Konkursordnung noch umstritten war[518], stellt § 94 InsO die auf Gesetz beruhende Möglichkeit zur Aufrechnung und die vertraglich vereinbarte Aufrechnungsmöglichkeit ausdrücklich gleich. Daher können keine Zweifel mehr daran bestehen, dass auch die antizipierte Verrechnungsvereinbarung des Kontokorrentvertrages den Regelungen der §§ 94ff. InsO und damit insbesondere § 96 Abs. 1 Nr. 3 InsO unterfällt.[519] Sofern die Bank also die Möglichkeit der Verrechnung des Scheckerlöses mit dem schuldnerischen Kontosaldo durch eine anfechtbare Rechtshandlung erlangt hat, wird diese gemäß § 96 Abs. 1 Nr. 3 InsO mit Verfahrenseröffnung unwirksam.

bb) Anfechtbare Erlangung der Aufrechnungsmöglichkeit

Fraglich ist, in welchen Fällen die Bank die Verrechnungslage „durch eine anfechtbare Rechtshandlung" erlangt. Die Regelung des § 96 Abs. 1 Nr. 3 beruht nach der Gesetzesbegründung darauf, dass das Vertrauen eines Gläubigers in eine Aufrechnungslage, die anfechtbar entstanden ist, nicht schützenswert ist.[520] Es geht also um die anfechtbare Entstehung der Aufrechnungslage. In diesem Zusammenhang scheint zunächst zweifelhaft, auf welchen Zeitpunkt es bei der Prüfung der Anfechtbarkeit ankommt. Weiter ist zu untersuchen, inwieweit und nach welchen Anfechtungstatbeständen die Verrechnungslage anfechtbar entstanden sein könnte. Dies hängt wiederum davon ab, ob die Verrechnung zu einer kongruenten oder einer inkongruenten Deckung der Forderungen der Bank führt, und ob sich der Scheckeinreicher zum anfechtungsrelevanten Zeitpunkt bereits in der Krise befunden hat oder nicht.

---

515 BGH, Urt. v. 17. 7. 2008 – IX ZR 148/07 – ZIP 2008, 1593ff.; BGH, Urt. v. 28. 2. 2008 – IX ZR 177/05 – ZIP 2008, 650f.

516 Vgl. nur BGH, Urt. v. 17. 7. 2008 – IX ZR 148/07 – ZIP 2008, 1593ff. unter zutr. Hinweis auf Urt. v. 29. 6. 2004 – IX ZR 195/03 – BGHZ 159, 388 (393); Urt. v. 11. 11. 2004 – IX ZR 237/03 – ZIP 2005, 181 (182); Urt. v. 28. 2. 2008 – IX ZR 177/05 – ZIP 2008, 650; Urt. v. 26. 6. 2008 – IX ZR 144/05 – NZI 2008, 539ff.

517 *Bork*, FS Kirchhof, S. 57, S. 63; *ders.*, Zahlungsverkehr in der Insolvenz, Rn. 127; *Heublein* ZIP 2000, 161 (163f.); *Jacoby* in: Bork, Handbuch des Insolvenzanfechtungsrechts, Kap. 16 Rn. 9; *Fischer* WM 2008, 1; *Göb*, Girokontokorrentkredite in der Kundeninsolvenz, S. 73; *Kroth* in: Braun, InsO, § 96 Rn. 13; *Windel* in: Jaeger, InsO, § 96 Rn. 76; *Brandes* in: MünchKomm-InsO, § 96 Rn. 32ff.; *Steinhoff*, ZIP 2000, 1141 (1143).

518 Vgl. die Nachweise bei *Steinhoff*, ZIP 2000, 1141 (1143).

519 *Steinhoff*, ZIP 2000, 1141 (1143) unter zutr. Hinweis auf *Heublein*, ZIP 2000, 162 (163); *Dampf*, KTS 1998, 145 (154); *Häsemeyer* in: Kölner Schrift zur InsO, S. 645, Rn. 4, 39.

520 Begr. RegE zu § 108, BT-Drucks. 12/2443, S. 141.

(1) Anfechtungsrechtlich relevanter Zeitpunkt im Sinne des § 140 InsO

Die Vorschrift des § 96 Abs. 1 Nr. 3 InsO stellt auf die anfechtbare Entstehung einer Verrechnungslage ab. Überprüft wird, ob die Rechtshandlung, durch welche die Verrechnungslage zur Entstehung gelangt, ihrerseits nach den §§ 129ff. InsO anfechtbar wäre. Daraus ergibt sich, dass es bei der Frage nach dem für das Vorliegen der Anfechtungsvoraussetzungen relevanten Zeitpunkt auf die betreffende Rechtshandlung ankommt. Hierzu normiert § 140 Abs. 1 InsO, dass eine Rechtshandlung als in dem Zeitpunkt vorgenommen gilt, in welchem ihre rechtlichen Wirkungen eintreten. Bezogen auf § 96 Abs. 1 Nr. 3 InsO kommt es somit auf den Zeitpunkt an, in dem die Verrechnungslage (anfechtbar) entsteht.

Wann dies allerdings bei einer durch Scheckeinzug entstehenden Verrechnungslage der Fall ist, erschließt sich nicht auf den ersten Blick.[521] Zu berücksichtigen ist nämlich, dass gemäß Nr. 9 AGB-Banken (Nr. 9 Abs. 1 AGB-Sparkassen/Nr. 9 Abs. 2 AGB-Postbank) eine Gutschrift des Gegenwertes von Schecks, die noch vor der Einlösung erfolgt (was der Regelfall ist[522]), unter dem Vorbehalt ihrer Einlösung erfolgt. Erhält die Bank den Betrag nicht, weil der Scheck nicht eingelöst wird, so macht sie die zunächst nur vorläufig erfolgte Gutschrift wieder rückgängig. Man könnte also entweder auf den Zeitpunkt der Einreichung des Schecks bei der Inkassobank, auf die Erteilung der Vorbehaltsgutschrift durch die Inkassobank oder aber auf den Zeitpunkt der Einlösung des Schecks bei der bezogenen Bank und damit das endgültige Wirksamwerden der Gutschrift abstellen. Die praktische Konsequenz des Abstellens auf den Zeitpunkt der Vorbehaltsgutschrift wäre, dass es sowohl für die Kenntnis der Bank von der Zahlungsunfähigkeit des Scheckeinreichers als auch für die Frage, ob dieser sich bereits in der Krise befunden hat, auf diesen frühen Zeitpunkt ankäme. Würde die Bank hernach – also etwa bei Einlösung des Schecks durch die bezogene Bank – von Zahlungsschwierigkeiten des Einreichers erfahren, könnte sie unter Umständen gleichwohl eine insolvenzfeste Verrechnung vornehmen. Würde man hingegen auf den Zeitpunkt der Einlösung des Schecks und damit auf das endgültige Wirksamwerden der Vorbehaltsgutschrift abstellen, so käme es auf etwaige zwischenzeitlich erlangte Kenntnisse der Bank oder einen zwischenzeitlichen Eintritt der Krise des Scheckeinreichers an. Vorteilhaft für den Schutz der Insolvenzmasse wäre daher jedenfalls ein Abstellen auf den späten Zeitpunkt der endgültigen Scheckeinlösung.

(a) Meinungsstand unter Geltung der Konkursordnung

Auf welchen Zeitpunkt für eine Anfechtung der im Scheckinkassoverfahren erfolgenden Verrechnungen abzustellen ist, war bereits unter Geltung der Konkursordnung umstritten.

---

521 Auf diesen Umstand ist bereits oben in Teil 2 II.1.c)bb) hingewiesen worden.
522 *Nobbe* in: Schimansky/Bunte/Lwowski, Bankrechtshandbuch I, § 60 Rn. 197; BGH, Urt. v. 6. 5. 1997 – XI ZR 135/96 – ZIP 1997, 1148f. = BGHZ 135, 307 (311); Urt. v. 6. 5. 1997 – XI ZR 208/96 – ZIP 1997, 1146ff. = BGHZ 135, 316 (320); OLG Saarbrücken, Urt. v. 17. 2. 1998 – 7 U 760/97 – ZIP 1998, 1267 (1268).

Der Bundesgerichtshof hat in einem Urteil aus dem Jahr 1992[523] – soweit ersichtlich handelt es sich dabei nach wie vor um die neueste Entscheidung zu dieser Problematik – angenommen, dass es allein auf den Zeitpunkt der endgültigen Einlösung des Schecks und damit die endgültige Wirksamkeit der Gutschrift ankomme:

Beispielsfall 16

Der Konkursverwalter verlangt von der Hausbank des Konkursschuldners die Rückgewähr zweier mit dem debitorischen Kontosaldo des Konkursschuldners verrechneter Scheckgutschriften.

Die beklagte Bank hatte dem Schuldner einen Kontokorrentkredit über 350.000 DM eingeräumt, welchen dieser seit dem Jahr 1987 durchweg deutlich, zum Teil um das Doppelte, überschritten hatte. Am 11. 4. 1989 reichte der Schuldner vormittags zwei Kundenschecks über insgesamt 152.305,85 DM und nach Geschäftsschluss einen weiteren Scheck über 77.025,19 DM bei der Beklagten zur Einziehung ein. Die beiden ersten Schecks wurden am 11. 4. 1989, der letztgenannte Scheck einen Tag später unter dem Vorbehalt des Zahlungseingangs gebucht. Buchungen zu Lasten des Kontos des späteren Konkursschuldners nahm die Beklagte ab dem 11. 4. 1989 nicht mehr vor, zum 13. 4. 1989 kündigte sie sämtliche Kredite. Kurze Zeit später, noch im selben Monat, stellte der Schuldner Konkursantrag.

Das Berufungsgericht hatte die Voraussetzungen einer Anfechtung nach § 30 Nr. 1 Fallgruppe 2 KO bejaht. Dabei war das Gericht, wie der BGH genauer ausführt und begründet[524], unzutreffend davon ausgegangen, dass der Schuldner bereits am 11. 4. 1989 seine Zahlungen eingestellt hatte. Als anfechtungsrechtlich relevanten Zeitpunkt hatte das Berufungsgericht dabei den Zeitpunkt der Hereinnahme der Schecks bzw. der Gutschrift angesehen. Den Zeitpunkt, in dem die Schecks tatsächlich von der bezogenen Bank eingelöst worden waren, hatte das Berufungsgericht überhaupt nicht festgestellt. Gerade auf diesen Zeitpunkt komme es aber für die Anfechtbarkeit der Verrechnungslage an. Denn die Verrechnungslage entstehe erst in dem Moment, in dem der Scheck endgültig eingelöst sei. Dies sei aber in dem Moment, in dem die Bank den Scheckbetrag ihrem Kunden (vorläufig) gutschreibe, noch nicht der Fall, sondern erst, wenn das Ausstellerkonto erfolgreich belastet worden sei. Dies beruhe insbesondere auf dem Umstand, dass die Buchung unter der aufschiebenden Bedingung der buchmäßigen Deckung erfolge.

Demgegenüber hat etwa *Canaris* unter Geltung der Konkursordnung die Auffassung vertreten, es sei auf den Zeitpunkt des Erwerbs der AGB-Sicherungsrechte und damit in aller Regel auf den Zeitpunkt der Einreichung des Schecks abzustellen.[525] Werde der Scheck vor Beginn der Krise eingereicht, so erwerbe die Bank ein konkursfestes Absonderungsrecht und könne daher den Gegenwert ohne weiteres zur Abdeckung des Debetsaldos verwenden. Dies gelte selbst dann, wenn die Einlösung oder die Gutschrift auf den Scheck erst nach Konkurseröffnung erfolge, weil die Bank dann lediglich ihr Absonderungsrecht durch Verrechnung verwirkliche.[526] Werde der Scheck erst nach Ausbruch der Krise, aber noch vor Konkurseröffnung eingelöst, so sei die Rechtslage ähnlich wie bei der Giroüberweisung und

---

523 BGH, Urt. v. 30. 4. 1992 – IX ZR 176/91 – BGHZ 118, 171 ff. = ZIP 1992, 778 ff.
524 BGH aaO.
525 *Canaris* in: FS 100 Jahre KO, S. 73 (85).
526 *Canaris* in: FS 100 Jahre KO, S. 73 (86).

die Bank könne aufrechnen. Dem stehe der Umstand, dass die Gutschrift nach Auffassung von *Canaris* aufschiebend[527] bedingt sei, nicht entgegen, weil nach § 54 Abs. 1 KO die Aufrechnung auch gegenüber einer aufschiebend bedingten Forderung des Gemeinschuldners möglich sei.[528] Die Konkursanfechtung sei zulässig, weil die Bank das Absonderungsrecht erst nach Ausbruch der Krise erlangt habe. Auch hier komme es für den guten Glauben der Bank auf den Zeitpunkt der Einreichung des Schecks an, da die Bank in diesem Moment ihr Absonderungsrecht erwerbe.

(b) Meinungsstand unter Geltung der Insolvenzordnung

Nach Inkrafttreten der Insolvenzordnung wird nun zum Teil, insbesondere von *Windel*[529], *Wischemeyer*[530] und *Göb*[531], vertreten, dass die bisherige vorherrschende Auffassung nicht mehr haltbar sei. Entscheidender Zeitpunkt sei nicht derjenige, in welchem der Scheck erfolgreich eingelöst werde, sondern der Moment der Vorbehaltsgutschrift. Die Vertreter dieser Auffassung berufen sich dabei auf § 140 Abs. 3 InsO, für den es im Rahmen der Konkursordnung an einer Entsprechung fehlte[532]. Nach dieser Norm bleibt bei der Anfechtung einer bedingten oder befristeten Rechtshandlung der Eintritt der Bedingung außer Betracht. Daher sei für das Vorliegen der Anfechtungsvoraussetzungen der Zeitpunkt entscheidend, in dem die Bank ihrem Kunden die Vorbehaltsgutschrift erteile.

Demgegenüber vertritt ein Teil der Literatur nach wie vor die Meinung, dass es bei einem unter Vorbehalt eingelösten Scheck nicht auf den Zeitpunkt der Gutschrift, sondern auf den Zeitpunkt ankomme, in welchem sich die bezogene Bank Deckung verschaffe.[533] *Henckel*[534] und *Eckert*[535] verweisen zur Begründung auf das oben genannte Urteil des Bundesgerichtshofs von 1992[536]. *Kirchhof* führt an, dass es sich bei der vorläufigen Gutschrift noch nicht um einen bedingten Erwerb des Erlöses, sondern um eine Kreditgewährung handele.[537]

---

527 Die herrschende Meinung ging auch unter Geltung der Konkursordnung davon aus, dass es sich bei der vorläufigen Gutschrift um eine *auflösend* bedingte handelte, vgl. nur BGH, Urt. v. 12. 5. 1980 – VIII ZR 170/79 – NJW 1980, 1964 und zum heutigen Recht *Nobbe* in: Schimansky/Bunte/Lwowski, Bankrechtshandbuch I, § 60 Rn. 201.

528 Unter Hinweis auf *Lent* in: Jaeger, KO 8. Aufl., § 54 Rn. 11.

529 *Windel* in: Jaeger, InsO, § 96 Rn. 93.

530 *Wischemeyer,* Die Insolvenzanfechtung der Rückführung debitorischer Konten durch Einstellung von Gutschriften in der Krise, S. 17.

531 *Göb,* Girokontokorrentkredite in der Kundeninsolvenz, S. 8.

532 Begr. RegE zu § 159, BT-Drucks. 12/2443, S. 166 f.

533 *Henckel* in: Jaeger, InsO, § 140 Rn. 28; *Eckert,* Probleme der Bestimmung des für die Insolvenzanfechtung relevanten Zeitpunktes nach § 140 InsO, S. 47 f.; *Kirchhof* in: MünchKomm-InsO, § 140 Rn. 51 a; *Rogge* in: HambKomm-InsO, § 140 Rn. 11.

534 *Henckel* in: Jaeger, InsO, § 140 Rn. 28.

535 *Eckert,* Probleme der Bestimmung des für die Insolvenzanfechtung relevanten Zeitpunktes nach § 140 InsO, S. 47 f.

536 BGH, Urt. v. 30. 4. 1992 – IX ZR 176/91 – BGHZ 118, 171 ff. = ZIP 1992, 778 ff.

537 *Kirchhof* in: MünchKomm-InsO, § 140 Rn. 51 a.

(c) Zeitpunkt der endgültigen Deckung durch die bezogene Bank als relevanter Zeitpunkt

Während sich also immerhin ein Teil der Literatur auf einen eindeutigen Zeitpunkt für das Vorliegen der Anfechtungsvoraussetzungen festlegt, beschränken andere sich auf die Aussage, dass es beim Scheckinkasso auf den Zeitpunkt ankomme, in dem die Verrechnungslage entstehe.[538] An der Richtigkeit dieser bereits vor Inkrafttreten der Insolvenzordnung geltenden Aussage[539] bestehen keine Zweifel. Doch ist sie wenig aussagekräftig, ergibt sich daraus doch nicht die Antwort auf die eigentliche Frage, wann die Aufrechnungslage beim Scheckinkasso entsteht und inwieweit dabei § 140 Abs. 3 InsO zu berücksichtigen ist.

Die Lösung des Problems hängt davon ab, wie man die im Rahmen eines Scheckinkassos erfolgende „Verrechnung" dogmatisch einordnet.

i. „Verrechnung" als buchungstechnischer Vorgang zur Realisierung von Sicherheiten

Sieht man in der „Verrechnung" keine Verrechnung im eigentlichen Sinne, sondern lediglich einen buchungstechnischen Vorgang zur Realisierung eines zuvor erlangten Sicherungsrechtes[540], so muss man tatsächlich auf den Zeitpunkt der Hereinnahme des Schecks zum Einzug und damit des Sicherheitenerwerbs abstellen. Dies ist durchaus möglich, denn wie oben ausgeführt geht die Hereinnahme eines Schecks zum Inkasso stets mit der Bestellung diverser Sicherheiten einher. Man könnte also vertreten, dass die Bank mit dem Einzug des Scheckbetrages das Pfandrecht realisiert, welches der Schecknehmer ihr mit Einreichung des Schecks zum Inkasso am Scheck bestellt hat. Allerdings geht es bei der Frage der Anfechtbarkeit dann nicht um die Anfechtbarkeit einer Verrechnung (eine Verrechnung liegt schon gar nicht vor), sondern um die Anfechtbarkeit der Pfandrechtsbestellung. Die Bank kann dieses Pfandrecht nur dann insolvenzfest realisieren, wenn die Bestellung ihrerseits unanfechtbar ist.

Beispielsfall 17

Diesen Unterschied zwischen Anfechtbarkeit der Sicherheiten und Anfechtbarkeit der Verrechnung hat das OLG Köln in einer noch unter Geltung der Konkursordnung im Jahr 1995 ergangenen Entscheidung herausgearbeitet.[541] Der Geschäftsführer der Gemeinschuldnerin hatte in der Woche vor Stellen der Insolvenzantrages mehrere Schecks zur Gutschrift auf das debitorisch geführte Konto der Gemeinschuldnerin bei der beklagten Bank eingereicht. Der spätere Konkursverwalter verlangte Erstattung der eingezogenen und verrechneten Beträge und berief sich dabei unter anderem auf die Anfechtbarkeit der Verrechnungen.

Das Gericht hat zunächst ausgeführt, dass es für die Anfechtbarkeit der Verrechnung der streitgegenständlichen Kundenschecks grundsätzlich auf den Zeitpunkt der Entstehung der

538 So etwa *Dauernheim* in: FK-InsO, § 140 Rn. 9; *Hirte* in: Uhlenbruck, § 140 Rn. 5.
539 Vgl. BGH, Urt. v. 30. 4. 1992 – IX ZR 176/91 – BGHZ 118, 171 ff. = ZIP 1992, 778 ff.
540 Vgl. BGH aaO unter Hinweis auf BGH, Urt. v. 1. 7. 1985 – II ZR 155/84 – ZIP 1985, 1057 f. = BGHZ 95, 149 (153).
541 OLG Köln, Urt. v. 29. 9. 1995 – 26 U 11/95 – NJW-RR 1996, 1330.

Verrechnungslage und damit auf den Zeitpunkt der Endgültigkeit der Belastungsbuchungen auf dem Ausstellerkonto ankomme.[542]

Allerdings könne dieser Zeitpunkt im betreffenden Fall dahinstehen, weil die beklagte Bank bereits zuvor konkursfeste Sicherheiten erworben habe. Sie habe nämlich beweisen können, dass sie zum Zeitpunkt der Einreichung der Schecks gutgläubig hinsichtlich der Benachteiligung anderer Gläubiger war, so dass die mit Einreichung der Schecks erworbenen Sicherungsrechte unanfechtbar waren. Diese Sicherungsrechte hätten ihr somit ein Absonderungsrecht nach § 48 KO verschafft, von denen sie durch die Einziehung der Forderungen Gebrauch machen konnte. Mit Eingang des Inkassoerlöses seien ihre gesicherten Forderungen erloschen, ohne dass es hierzu einer kontokorrentmäßigen Verrechnung bedurft habe. Gutschrift und Saldierung hätten somit lediglich die „buchungstechnische Erledigung dieses Vorganges" dargestellt.

Ist das Pfandrecht anfechtbar, was unter Geltung der Insolvenzordnung nach dem oben (Teil 3 II.1.) gesagten regelmäßig der Fall sein wird, und ficht der Insolvenzverwalter es auch an, so entfällt rückwirkend die Qualifikation der Buchung als „buchungstechnische Erledigung dieses Vorgangs [scil. des Gebrauchmachens vom Absonderungsrecht durch Verwertung des Pfandrechtes]"[543]. In diesem Fall liegt dann eine echte Kontokorrentverrechnung vor, so dass sich im Anschluss die Frage stellt, ob die Verrechnungslage anfechtbar entstanden ist und auf welchen Zeitpunkt es dabei ankommt.

ii. Fehlende Gläubigerbenachteiligung bei Realisierung unanfechtbarer Sicherheiten durch Verrechnung

Entsprechendes gilt, wenn man darüber nachdenkt, eine anfechtbare Entstehung der Verrechnungslage im Falle des Scheckinkassos deswegen auszuschließen, weil es – aufgrund des vorherigen Erwerbs von Sicherheiten, die nun lediglich realisiert werden – an einer Gläubigerbenachteiligung fehle. Hat die Bank unanfechtbare Sicherheiten erlangt und realisiert, sei es das Pfandrecht am Scheck oder auch ein Pfandrecht am Anspruch auf Herausgabe des eingezogenen Scheckbetragen, so fehlt es schon an einer Deckung *aufgrund* der Gutschrift. Vielmehr muss auch hier angenommen werden, dass die Realisierung der Sicherheiten zu einer teilweisen Tilgung der Schuld des Kontoinhabers gegenüber der Bank führt, welche diese natürlich im Rahmen der Kontokorrentaufstellung berücksichtigen muss. Ob man darin nun eine rein „buchungstechnische Erledigung" sehen will oder sich auf den Umstand stützt, dass es an einer Gläubigerbenachteiligung fehlt, mag dahingestellt bleiben. Die Realisierung einer *unanfechtbar* erlangten Sicherheit ist ihrerseits nicht anfechtbar und die daraufhin vorgenommene Verrechnung jedenfalls insolvenzfest.

Werden die Sicherheiten hingegen erfolgreich angefochten – erneut sei betont, dass dies regelmäßig der Fall sein wird -, so kommt es für die Frage, ob der einge-

---

542 Unter Hinweis auf BGH, Urt. v. 30. 4. 1992 – IX ZR 176/91 – BGHZ 118, 171 ff. = ZIP 1992, 778 ff.
543 BGH, Urt. v. 30. 4. 1992 – IX ZR 176/91 – BGHZ 118, 171 ff. = ZIP 1992, 778 ff.

zogene Scheckbetrag nach Verfahrenseröffnung an die Masse auszukehren ist, allein auf die Wirksamkeit der Kontokorrentverrechnung an.

iii. Zeitpunkt der Einreichung als der für die Verrechnung anfechtungsrechtlich relevante Zeitpunkt bei unanfechtbarer Sicherheitenbestellung

Festzuhalten bleibt somit zunächst, dass der Zeitpunkt der Einreichung des Schecks maßgeblich im Sinne von § 140 Abs. 1 InsO für die Anfechtbarkeit der mit Erteilung des Inkassoauftrages bestellten Sicherheiten ist. Sofern die Bank die Sicherheiten unanfechtbar erworben hat, kommt ein Anspruch der Masse auf Auskehr des eingezogenen Scheckbetrages nicht in Betracht. Denn ein solcher Anspruch könnte sich allenfalls daraus ergeben, dass eine Verrechnung dieses Betrages mit dem Kontosaldo gemäß § 96 Abs. 1 Nr. 3 InsO unwirksam geworden ist. Dabei wäre schon zweifelhaft, ob es sich überhaupt um eine echte Verrechnung im Sinne von § 96 Abs. 1 Nr. 3 InsO handelt. Jedenfalls würde es aber an einer selbständigen und über die Sicherheitenbestellung hinausgehenden Gläubigerbenachteiligung fehlen.

Allerdings ist bereits oben darauf hingewiesen worden, dass die Bestellung von AGB-Sicherheiten stets inkongruent und damit auch häufig anfechtbar ist. Ficht der Insolvenzverwalter die Sicherheitenbestellung nach Verfahrenseröffnung erfolgreich an, so kommt der Frage nach der anfechtbaren Entstehung der Verrechnungslage eigenständige Bedeutung zu. Auf den Zeitpunkt der Entstehung etwaiger (anfechtbarer) Sicherheiten kann es in dem Fall dann nicht ankommen.

Es ist somit zu unterscheiden:

Sofern die Bank ausnahmsweise mit Einreichung eines Schecks eine insolvenzfeste Sicherheit erlangt hat, darf sie diese auch durch Kontokorrentverrechnung realisieren.[544] Die daraufhin erfolgende Verrechnung ist dann insolvenzfest. Insoweit führt *Rogge* zutreffend aus, dass die Scheckeinreichung dann maßgeblicher Zeitpunkt im Sinne von § 140 InsO sein kann, wenn die Bank mit ihr unanfechtbares Sicherungseigentum am Scheck erlangt hat.[545]

Hat die Bank allerdings lediglich eine anfechtbare Sicherheit erworben, so steht diese Sicherheit der Anfechtbarkeit des Erwerbs der Verrechnungslage nicht entgegen. Die Anfechtbarkeit der Verrechnungslage ist dann unabhängig von einer etwaigen vorherigen Bestellung von Sicherheiten zu untersuchen.

iv. Entstehung der Verrechnungslage als anfechtungsrelevanter Zeitpunkt

Auf welchen Zeitpunkt es für die Anfechtbarkeit der Verrechnungslage ankommt, hängt, wie eingangs ausgeführt, vom Zeitpunkt der Entstehung der Verrechnungslage ab. Die Verrechnungslage entsteht, was unstreitig ist, in dem Moment, in dem

---

544 So wie im dargestellten Fall vor dem OLG Köln (Urt. v. 29. 9. 1995 – 26 U 11/95 – NJW-RR 1996, 1330), wenn sich das Gericht dort auch dagegen sträubt, in einem solchen Fall von einer Kontokorrentverrechnung zu sprechen.
545 *Rogge* in: HambKomm-InsO, § 140 Rn. 11.

sich beide Forderungen verrechenbar gegenüber stehen.[546] Eine Forderung der Bank besteht bei einem debitorisch geführten Konto während der gesamten Dauer des Debetsaldos. Entscheidend für die Entstehung der Verrechnungslage ist somit der Zeitpunkt, in welchem die zu verrechnende Gegenforderung, also die Forderung des Scheckeinreichers, entsteht. Handelt es sich bei dieser Forderung um eine bedingte Forderung, so kommt es gemäß § 140 Abs. 3 InsO abweichend von § 140 Abs. 1 InsO nicht auf den Eintritt der Bedingung, sondern auf den Zeitpunkt des Abschlusses der rechtsbegründenden Tatumstände an[547].

In diesem Zusammenhang scheinen die Erwägungen von *Wischemeyer, Windel* und *Göb* auf den ersten Blick durchaus plausibel: Der Scheckeinreicher erhält mit Einreichung des Schecks eine bedingte Gutschrift auf sein Konto, welche mit Eintritt der Bedingung (der endgültigen Scheckeinlösung) wirksam wird. Es scheint daher nach § 140 Abs. 3 InsO auf den Zeitpunkt Vorbehaltsgutschrift und damit der Scheckeinreichung anzukommen.

Dass es sich bei diesem Gedankengang um einen Trugschluss handelt, wird deutlich, wenn man sich vor Augen führt, welche Forderungen im Rahmen eines Scheckinkassos eigentlich zur Entstehung gelangen und verrechnet werden. Mit dem Inkassoauftrag weist der Scheckeinreicher seine Bank an, den betreffenden Scheck für ihn bei der bezogenen Bank einzuziehen (vgl. hierzu bereits Teil 1 V.2). Die einziehende Bank (Inkassostelle) ist aus dem Inkassoauftrag gemäß §§ 675 Abs. 1, 670 BGB verpflichtet, das, was sie aus der Durchführung des Auftrages erlangt – nämlich den eingezogenen Scheckbetrag – an den Scheckeinreicher als Geschäftsherrn herauszugeben. Diese Forderung aus §§ 675 Abs. 1, 670 BGB ist die Forderung des Scheckeinreichers, welche die Bank mit ihrer eigenen Forderung aus dem Debetsaldo verrechnet. Auf den Zeitpunkt der Entstehung dieser Forderung kommt es somit an. Die Forderung des Scheckeinreichers aus §§ 675 Abs. 1, 670 BGB entsteht jedoch noch nicht mit der Erteilung des Inkassoauftrages. Wie bereits oben im Zusammenhang mit der Untersuchung der Anfechtbarkeit einer Scheckeinlösung in der Insolvenz des Scheckausstellers ausgeführt worden ist, handelt es sich bei der Vorbehaltsgutschrift der Inkassostelle zwar um eine vorweggenommene Leistung auf den Inkassoauftrag. Zu dieser wäre die Inkassostelle allerdings nicht verpflichtet, der Scheckeinreicher hat auf sie keinen Anspruch.

Mit Abschluss eines Geschäftsbesorgungsvertrages entsteht noch kein i.S.v. § 158 BGB bedingter Anspruch auf Herausgabe des durch Vornahme der Geschäftsbesorgung Erlangten[548], dieser entsteht erst, wenn der Geschäftsbesorger auch tatsächlich etwas erlangt hat[549].[550]

---

546 *Brandes* in: MünchKomm-InsO, § 96 Rn. 32 ff.
547 Begr. RegE zu § 159, BT-Drucks. 12/2443, S. 167.
548 BGH, Urt. v. 14. 6. 2007 – IX ZR 56/06 – ZIP 2007, 1507 ff.; vgl. auch BGH, Urt. v. 1. 7. 1985 – II ZR 155/84 – ZIP 1985, 1057 f. = BGHZ 95, 149 (153); Urt. v. 23. 2. 1989 – IX ZR 143/88 – ZIP 1989, 453 ff. = BGHZ 107, 88 (90).
549 *Martinek* in: Staudinger-BGB, § 667 Rn. 17 unter Hinweis auf BGH, Urt. v. 23. 2. 1989 – IX ZR 143/88 – ZIP 1989, 453 ff. = BGHZ 107, 88 (90).
550 So ausdrücklich zum Scheck schon *Damrau*, BB 1969, 199 (206).

Beispielsfall 18

Der Bundesgerichtshof hat am 14. 6. 2007 in einem Fall entschieden, in dem es um die Aufrechnung des Vergütungsanspruches eines Rechtsanwaltes mit dem Anspruch seines Mandanten, des späteren Insolvenzschuldners, aus § 667 BGB auf die Herausgabe eingezogener Gelder ging.[551] Der entscheidende Senat hat hierzu ausgeführt, dass es für den Zeitpunkt der anfechtbaren Erlangung der Aufrechnungslage darauf ankomme, wann das Gegenseitigkeitsverhältnis entstanden sei. Dies sei im zu entscheidenden Fall der Moment gewesen, in welchem der Rechtsanwalt buchmäßige Deckung erhalten habe. Zwar bleibe gemäß § 140 Abs. 3 InsO bei einer bedingten Rechtshandlung der Eintritt der Bedingung außer Betracht. Zu den in diesem Sinne bedingten Ansprüchen gehöre der Herausgabeanspruch des Geschäftsherrn gemäß § 667 BGB jedoch nicht. Die Vertragspflicht aus § 667 BGB, dem Auftraggeber alles, was der Geschäftsbesorger aus der Geschäftsbesorgung erlange, herauszugeben, schulde dieser bis zur Einziehung weder bedingt noch betagt, weil die Einziehung weder eine Bedingung noch eine Zeitbestimmung darstelle, sondern Inhalt des Rechtsgeschäfts selbst sei.

Demzufolge entsteht auch mit Erteilung eines Inkassoauftrages noch kein bedingter Anspruch auf Herausgabe des eingezogenen Inkassoerlöses. Auch auf den Moment, in dem die bezogene Bank der Inkassobank eine nur vorläufige Deckung auf die Scheckforderung verschafft, kommt es nicht an. Denn mit der zunächst nur vorläufigen Belastungsbuchung auf dem Ausstellerkonto verschafft sich die bezogene Bank lediglich ihren Anspruch auf Vorschuss gemäß § 669 BGB.[552] Vielmehr ist der Anspruch des Scheckeinreichers auf Herausgabe des Scheckbetrages nach §§ 675 Abs. 1, 670 BGB erst dann wirksam entstanden, wenn die Deckungsbuchung der bezogenen Bank auf dem Konto des Ausstellers endgültig wirksam wird, in der Regel also zwei Bankarbeitstage nach Vornahme der Belastungsbuchung (vgl. Nr. 9 Abs. 2 AGB-Banken).

Ist somit jedenfalls der Anspruch des Scheckeinreichers *aus dem Inkassoauftrag* im Moment der vorläufigen Gutschrift noch nicht (auch nicht bedingt) entstanden, so stellt sich die Frage, ob dem Scheckeinreicher nicht zumindest ein – wenn auch nur bedingter – Anspruch *aus der vorläufigen Gutschrift* zusteht. Wäre dies der Fall, so würde sich weiter die Frage stellen, ob der bedingte Anspruch des Schecknehmers aus dieser Gutschrift gemäß § 140 Abs. 3 InsO so zu behandeln ist, als stände er dem Anspruch der Bank aus dem Debetsaldo bereits zu diesem Zeitpunkt – also zum Zeitpunkt der Vorbehaltsgutschrift – verrechenbar gegenüber.

Eine Gutschrift ist nach allgemeiner Ansicht ein abstraktes Schuldanerkenntnis oder ein Schuldversprechen und begründet somit eine selbständige Forderung des Kontoinhabers.[553] Soweit die Gutschrift nur bedingt oder befristet erfolgt, ist somit auch der aus ihr resultierende Anspruch bedingt oder befristet. *Canaris* formuliert richtig: „Wird […] die Einlösung vorgenommen […], so erstarkt der […] bedingte Anspruch aus der Gutschrift zum Vollrecht."[554] So scheint die Vorausset-

---

551 BGH, Urt. v, 14. 6. 2007 – IX ZR 56/06 – ZIP 2007, 1507 ff.
552 *Häuser,* WM 1988, 1505 (1507).
553 *Schimansky* in: Schimansky/Bunte/Lwowski, Bankrechtshandbuch I, § 47 Rn. 52; *Casper* in: MünchKomm-BGB, § 676f Rn. 9; *Sprau* in: Palandt, BGB, § 676f Rn. 10.
554 *Canaris,* Bankvertragsrecht, Rn. 744.

zung der bedingten Anspruchsentstehung im Sinne von § 140 Abs. 3 InsO im Falle der Vorbehaltsgutschrift erfüllt zu sein, weil die Bank dem Scheckeinreicher damit bereits einen bedingten Anspruch aus abstraktem Schuldversprechen/-anerkenntnis gewährt. Der Schein trügt jedoch auch hier. Zwar ist die erfolgreiche Einziehung in diesem Fall nicht Inhalt des Rechtsgeschäfts selbst.[555] Allerdings ist das abstrakte Schuldversprechen/-anerkenntnis der Bank aus der Vorbehaltsgutschrift in seiner Entstehung untrennbar mit dem Inkassovertrag verbunden. Erst dann, wenn die Vorbehaltsgutschrift endgültig wirksam geworden ist, ist sie abstrakt. Wenn also der Anspruch des Schecknehmers aus dem Inkassoauftrag auf Herausgabe des eingezogenen Betrages noch nicht (auch nicht bedingt) entsteht, bevor die Inkassobank den Betrag auch tatsächlich eingezogen hat, so gilt dies auch für den Anspruch aus der bedingten Vorbehaltsgutschrift und dem damit erfolgenden abstrakten Schuldversprechen/-anerkenntnis. Ein abstrakter Anspruch aus der Gutschrift entsteht damit noch nicht bedingt mit der Vorbehaltsbuchung, sondern überhaupt erst dann, wenn die Buchung mit Scheckeinlösung endgültig wirksam wird. Auch aus der Vorbehaltsgutschrift ergibt sich somit kein bedingter Anspruch, welcher einem Anspruch der Bank aus dem debitorischen Saldo bereits zum diesem Zeitpunkt verrechenbar gegenüber stände.

Zu Unrecht nehmen *Wischemeyer, Windel* und *Göb* also an, hier stehe eine bedingte Rechtshandlung im Sinne von § 140 Abs. 3 InsO in Frage.

Anfechtungsrechtlich relevanter Zeitpunkt im Sinne von § 140 InsO für die anfechtbare Erlangung der Verrechnungslage im Rahmen von Scheckinkassi ist somit der Moment, indem der betreffende Scheck eingelöst ist, also der Moment der Endgültigkeit der Belastungsbuchung auf dem Ausstellerkonto.

(2) Kongruente oder inkongruente Deckung durch Verrechnung mit debitorischem Saldo

Bevor die Entstehung der Verrechnungslage auf ihre Anfechtbarkeit überprüft werden kann, soll zunächst erörtert werden, in welchen Fällen eine Verrechnung zu einer kongruenten oder und in welchen Fällen zu einer inkongruenten Deckung der Forderungen der Bank führt. Denn hiervon ist abhängig, ob die Anfechtbarkeit nach § 131 InsO oder nach dem engeren Maßstab des § 130 InsO zu beurteilen ist. Sofern eine Anfechtbarkeit nach § 133 InsO in Betracht kommt, kann die Frage einer etwaigen Inkongruenz relevant für die Beweislastverteilung sein.

Ob die Bank die Befriedigung ihrer Forderungen zum Zeitpunkt der Verrechnung „in der Art" oder „zu der Zeit" (§ 131 Abs. 1 InsO) zu beanspruchen hat, richtet sich nach der vertraglichen Ausgestaltung des Kontokorrentverhältnisses zwischen ihr und dem Scheckeinreicher und insbesondere nach der konkreten Beschaffenheit des negativen Kontosaldos.

---

555 Vgl. das soeben als Beispielsfall 18 dargestellte Urteil des BGH v. 14. 6. 2007 – IX ZR 56/06 – ZIP 2007, 1507 ff.

(a) Verrechnung bei Kontostand im Rahmen eines eingeräumten Kontokorrentkredites

Schwierig zu beurteilen und Schwerpunkt der Untersuchungen zur Insolvenzfestigkeit von Kontokorrentverrechnungen ist die Frage, ob Verrechnungen, die zur Rückführung eines eingeräumten Kontokorrentkredites führen, kongruent oder inkongruent sind.

i. Kongruenz der Verrechnung zur Offenhaltung einer vereinbarten, ungekündigten Kreditlinie

Wie bereits oben (Teil 2 II.1b)aa)(2)(a)) ausgeführt, beinhalten sowohl der sogenannte Dispositionskredit im Sinne von § 493 Abs. 1 BGB als auch Kontokorrentkredite im Allgemeinen eine vertragliche Vereinbarung des Kunden mit seiner Bank dahingehend, dass dieser innerhalb eines bestimmten Kreditrahmens Verfügungen über sein Konto tätigen darf. Die Rückführung eines solchen in Anspruch genommenen Kredites darf die Bank nur dann fordern, wenn sie den Kredit gekündigt hat.[556] Daraus scheint sich auf den ersten Blick die Folgerung zu ergeben, dass sie eine vor Kündigung des Kredites erfolgende Tilgung im Wege der Verrechnung nicht zu beanspruchen hat und diese somit inkongruent ist.[557]

Der überwiegende Teil der Literatur vertritt daher die Auffassung, dass es bei der Frage nach der Kongruenz oder Inkongruenz der Verrechnung von Zahlungseingängen allein darauf ankommt, ob der Bank im betreffenden Moment ein Anspruch auf Rückführung des Kontokorrentkredites zusteht.[558] Die Rückführung eines ungekündigten Kontokorrentkredites wäre demnach eine inkongruente Deckung, wohingegen die Tilgung eines bereits gekündigten Kontokorrentkredites kongruent wäre. Dieser Auffassung ist früher auch die Rechtsprechung gefolgt.[559]

Nur vereinzelt wird demgegenüber vertreten, dass es nicht darauf ankomme, ob die Kreditlinie bereits gekündigt sei oder nicht. So meinen etwa *Leithaus*[560] und *Gerth*[561], dass Verrechnungen von Zahlungseingängen auf debitorischen Konten stets kongruent seien, weil die Bank lediglich ihr aus der Kontokorrentabrede folgendes Recht auf Verrechnung ausübe (§ 355 HGB). Auch *Windel* vertritt diese Auffassung und beruft sich dabei insbesondere darauf, dass Kreditrückzahlungsansprüche als kündigungsfällig zu behandeln seien und es unsinnig erscheine, die Bank zu einer ausdrücklichen Kündigung zu nötigen, obwohl zwischen „Fälligkeit“ und „Kündigungsfälligkeit“ insolvenzrechtliche Äquivalenz bestehe.[562]

Bork hingegen ist der Auffassung, die Verrechnungsmöglichkeit stelle unabhängig von einer etwaigen Kündigung der Kreditlinie stets eine inkongruente Deckung dar, weil der Bank

---

556 *Lwowski/Wunderlich* in: Schimansky/Bunte/Lwowski, Bankrechtshandbuch I, § 75 Rn. 27.
557 Vgl. *Dampf*, KTS 1998, 145 (158); BGH, Urt. v. 17. 6. 1999 – IX ZR 62/98 – ZIP 1999, 1271.
558 *Lwowski*, FS Uhlenbruck, 299 (310); *Steinhoff*, ZIP 2000, 1141 (1144); *Zuleger*, ZInsO 2002, 49 (52); *de Bra*, NZI 1999, 249 (250f.); *de Bra* in: Braun, InsO, § 130 Rn. 26; *Stiller*, ZInsO 2002, 651 (654f.); *Feuerborn*, ZIP 2002, 290 (295); *Heublein*, ZIP 2000, 161 (166); *Brandes* in: MünchKomm-InsO, § 96 Rn. 35; *Dauernheim* in: FK-InsO, § 130 Rn. 28 u. § 131 Rn. 8; *Henckel* in: Jaeger, InsO, § 131 Rn. 19; *Canaris* in: FS 100 Jahre KO, 73 (80ff.); *Obermüller*, ZInsO 1998, 252 (256).
559 BGH, Urt. v. 22. 1. 1998 – IX ZR 99/97 – ZIP 1998, 477 (479).
560 *Leithaus*, NZI 2002, 188 (190).
561 *Gerth*, BB 1978, 689 (690).
562 *Windel* in: Jaeger, InsO, § 96 Rn. 81.

zwar nach Kreditkündigung ein Rückzahlungsanspruch zustehe, jedoch kein Anspruch auf Herstellung der konkret durch den Zahlungseingang entstehenden Verrechnungslage.[563]

Diese Auffassungen überzeugen jedoch schon deswegen nicht, weil sie die Legaldefinition der Inkongruenz in § 131 InsO nicht hinreichend berücksichtigen. In § 131 Abs. 1 S. 1 wird eine inkongruente Deckung ausdrücklich als eine Sicherung oder Befriedigung definiert, die ein Gläubiger „nicht oder nicht in der Art oder nicht zu der Zeit zu beanspruchen hatte". Ob die Bank in der konkreten Situation eine Verrechnung vornehmen durfte, hängt aber nicht allein davon ab, ob eine generelle Verrechnungsvereinbarung besteht, sondern auch davon, ob und inwieweit sie sich dabei Deckung für einen fälligen oder noch nicht fällig gewordenen Anspruch verschafft. Entscheidend ist daher nicht die Art der Deckungsverschaffung (durch Verrechnung), sondern vielmehr der Umstand, ob die Bank bereits Deckung für sich beanspruchen durfte. Ob dies aber der Fall ist, hängt allein von der Fälligkeit der Darlehensrückzahlung und damit von einer etwaig zuvor ausgesprochenen Kündigung ab. So kann dann auch – entgegen der Auffassung *Windels* – die Fälligkeit des Kreditrückzahlungsanspruchs nicht mit der Möglichkeit einer fristlosen Kündigung und damit Fälligstellung des Kredites gleichgesetzt werden. Dem steht der eindeutige Wille des Gesetzgebers entgegen, der ausdrücklich auf die Fälligkeit abstellt und außerdem die Vorzugsstellung einzelner Gläubiger im Rahmen der Aufrechnung gerade ausräumen wollte.[564]

Zu Recht gibt *Obermüller* in diesem Zusammenhang aber zu bedenken, dass die Rückführung und Wieder-Inanspruchnahme einer Kreditlinie ein Wesenselement des Kontokorrentvertrages darstellt.[565] Es stellt sich daher die Frage, ob sich die Rechtslage nicht zumindest dann anders darstellt, wenn die Bank nach der betreffenden Verrechnung weitere Verfügungen des Schuldners zu Lasten des Kontos zulässt und damit die vereinbarte Kreditlinie „offen hält". Zu unterscheiden wäre demnach nicht allein danach, ob die Kreditlinie bereits gekündigt ist, sondern – wenn sie es nicht ist – auch danach, ob die Bank ihren Kunden die Kreditlinie auch weiterhin ausschöpfen lässt.

Der Bundesgerichtshof[566] berücksichtigt diesen Umstand in seiner neueren Judikatur und auch in der Literatur[567] wird eine solche differenzierte Betrachtungsweise zum Teil bevorzugt. Es sei danach zu unterscheiden, ob die Gutschriftverrechnung zu einer endgültigen Rückführung des Kontokorrentkredites führe (dann inkongruente Deckung) oder ob der Schuldner weiterhin Verfügungen treffen könne, so dass es letztlich nicht zu einer Saldoreduzierung und damit Befriedigung der Bank im anfechtungsrelevanten Zeitraum komme (dann kongruente Deckung).[568]

---

563 *Bork*, Zahlungsverkehr in der Insolvenz, Rn. 216.
564 Begr. RegE zu § 107, BT-Drucks. 12/2443, S. 140; vgl. auch *Brandes* in: MünchKomm-InsO, § 95 Rn. 3.
565 *Obermüller*, Insolvenzrecht in der Bankpraxis, Rn. 3.275 b.
566 BGH, Urt. v. 7. 3. 2002 – IX ZR 223/01 – ZInsO 2002, 426 (427) = BGHZ 150, 122 ff.; BGH, B. v. 27. 3. 2008 – IX ZR 29/07 – NJW-Spezial 2008, 341; BGH, Urt. v. 15. 11. 2007 – IX ZR 212/06 – ZIP 2008, 235 ff.
567 *Bruckhoff*, NJW 2002, 3304 (3306); *Kayser* in: HK-InsO, § 96 Rn. 43.
568 BGH, Urt. v. 7. 3. 2002 – IX ZR 223/01 – BGH ZInsO 2002, 426 (427) = BGHZ 150, 122 ff.

II. Anfechtungsrechtliche Probleme im Zusammenhang mit der Insolvenz

Beispielsfall 19

Der Bundesgerichtshof hat mit seinem Grundsatzurteil vom 7. 3. 2002 zu dieser Problematik in einem Fall entschieden, in welchem es um die Anfechtbarkeit der Verrechnung von Gutschriften auf dem Konto der späteren Insolvenzschuldnerin ging.[569]

Der Kläger war Insolvenzverwalter des am 1. 5. 2000 gegen die Schuldnerin eröffneten Insolvenzverfahrens. Die beklagte Bank hatte der Schuldnerin auf deren Kontokorrentkonto einen Kreditrahmen von 500.000 DM eingeräumt, den diese am 5. 3. 2000 in Höhe von etwa 325.000 DM in Anspruch genommen hatte. Am 4. 4. 2000 beantragte die Schuldnerin die Eröffnung des Insolvenzverfahrens über ihr Vermögen, woraufhin die beklagte Bank mit Schreiben vom selben Tag den Kreditvertrag mit sofortiger Wirkung kündigte. Der Sollsaldo am 5. 4. 2000 betrug etwa 241.000 DM. Im letzten Monat zuvor waren Einzahlungen von etwa 405.000 DM und Auszahlungen von etwa 322.000 DM vorgenommen worden. Die beklagte Bank erstattete dem Kläger den Differenzbetrag (etwa 83.000 DM). Der Kläger begehrt mit seiner Klage den Betrag, um den die Schuldnerin ihre Kreditlinie am 5. 3. 2000 nicht ausgenutzt hatte (etwa 175.000 DM).

Der Bundesgerichtshof hat die vorinstanzliche klagabweisende Entscheidung bestätigt. Dabei hat der entscheidende Senat zunächst ausgeführt, dass eine Benachteiligung der übrigen Gläubiger durch die vorgenommenen Verrechnungen jedenfalls nicht aufgrund eines Pfandrechts der beklagten Bank nach Nr. 14 Abs. 1 S. 2 AGB-Banken ausscheide. Denn ein solches Pfandrecht aufgrund von Eingängen im letzten Monat vor dem Eröffnungsantrag wäre ohne weiteres gemäß § 131 Abs. 1 S. 1 InsO als inkongruente Sicherung anfechtbar.

Allerdings scheitere die Anfechtbarkeit der Verrechnungen daran, dass es sich im hier streitigen Umfang um eine kongruente Erfüllung der Kreditforderung der Beklagten handele. Zwar sei der Kredit erst am 4. 4. 2000 gekündigt und damit auch erst dann zur Rückzahlung fällig gewesen. Daher sei die Bank auch zunächst noch weiter dazu verpflichtet gewesen, die Kontoinhaberin wieder über den eingeräumten Kredit verfügen zu lassen. Richtigerweise habe die Beklagte daher den Betrag von etwa 83.000 DM an den Kläger herausgegeben, nämlich den Betrag, um den die verrechneten Einzahlungen im Zeitraum der Anfechtbarkeit die Auszahlungen überstiegen. Denn in diesem Umfang habe die Beklagte die Schuldnerin letztlich nicht wieder über die Eingänge verfügen lassen.

Soweit die Beklagte Verfügungen der Schuldnerin jedoch weiter zugelassen habe, nämlich in Höhe von etwa 175.000 DM, habe sie damit ihre Pflichten aus dem Girovertrag erfüllt. Denn die Bank sei aufgrund der Giroabrede berechtigt und verpflichtet, für den Kunden bestimmte Geldeingänge entgegenzunehmen und gutzuschreiben. Erst wenn die Bank Verfügungen ihres Kunden nicht mehr in der vereinbarten Weise zulasse, könne sie mit Verrechnungen vertragswidrig, also inkongruent handeln, soweit sie dadurch im Ergebnis ihre Darlehensforderung vor deren Fälligkeit durch die saldierten Gutschriften zurückerhalte.

Die Ausführungen des Bundesgerichtshofs überzeugen aus mehreren Gründen. Das Wesen der Kontokorrentabrede besteht gerade darin, dass die Bank sich verpflichtet hat, Gut- und Lastschriften für ihren Kunden entgegen zu nehmen, um sie anschließend zu verrechnen. In diese Eigenheiten der Kontokorrentabrede fügt sich die Einräumung eines Kreditrahmens ein, den der Kunde nach seinem eigenen Belieben in Anspruch nehmen kann und jeweils nur für den in Anspruch genommenen Anteil zu Zinszahlungen verpflichtet ist. Dieses Gesamtkonstrukt der Vertragsbeziehungen zwischen Kunde und Bank kann bei der insolvenzrechtli-

---

569 BGH, Urt. v. 7. 3. 2002 – IX ZR 223/01 – BGH ZInsO 2002, 426 (427) = BGHZ 150, 122 ff.

chen Beurteilung nicht unberücksichtigt bleiben. Stellt man allein auf den Umstand ab, ob ein Kreditrahmen gekündigt und damit fällig oder ungekündigt und damit noch nicht fällig ist, so wird man dessen Eigenheiten nicht gerecht. Zu Recht betont der Bundesgerichtshof in dem genannten Urteil, dass das Offenhalten der Kreditlinie die Möglichkeit des Kunden voraussetzt, über Kontoeingänge nach eigenem Ermessen wieder zu verfügen.[570] Die mit dem Eingang einer Gutschrift erlangte Verrechnungsmöglichkeit stellt sich damit zwar formal als Möglichkeit der Bank zu Erlangung einer (eigentlich zu diesem Zeitpunkt nicht zu beanspruchenden) Deckung dar und wäre unter diesem Gesichtpunkt durchaus als inkongruent anzusehen. Allerdings steht es im Belieben des Kontoinhabers, erneute Verfügungen vorzunehmen. Tut er dies, so kann sich die Bank hiergegen angesichts ihrer vertraglichen Bindung nicht wehren und muss den dadurch im Ergebnis eintretenden Verlust der Verrechnungsmöglichkeit hinnehmen. Besondere Bedeutung kommt dabei auch dem Argument des Bundesgerichtshof zu, dass zwar grundsätzlich für die Abgrenzung von Kongruenz und Inkongruenz entscheidend sei, ob der Empfänger einer Leistung diese zu beanspruchen habe oder nicht, dies aber dann bedeutungslos sei, wenn die Annahme der Leistung nicht der Deckung einer eigenen Forderung diene, sondern vorwiegend der fremdnützigen Erfüllung von Vertragspflichten gegenüber sachlich betroffenen Auftraggebern.[571] Insoweit erweist sich die einzelne erlangte Verrechnungsmöglichkeit nämlich als bloßes Nebenprodukt der Gesamtabwicklung des Girovertrages. Ob die erlangte Verrechnungsmöglichkeit im Rahmen der Beziehung zwischen Bank und Bankkunde kongruent oder inkongruent ist, lässt sich erst im Rahmen einer abschließenden Gesamtschau unter Berücksichtigung aller Zahlungsein- und -ausgänge im untersuchten Anfechtungszeitraum beurteilen. Nicht zuletzt sprechen auch praktische Gründe für diese Sichtweise, denn nur so werden Sanierungsbemühungen des späteren Insolvenzschuldners nicht dadurch konterkariert, dass die Banken zum eigenen Schutz gehalten sind, bei Kenntniserlangung von dessen Krise eingeräumte Kreditlinien sofort zu kündigen, um die Kongruenz erlangter Verrechnungsmöglichkeiten sicherzustellen.

Im Ergebnis bleibt also festzuhalten, dass Verrechnungen aufgrund von Schecks, welche der spätere Insolvenzschuldner zum Inkasso eingereich hat, insoweit kongruent sind, als die Bank danach eine weitere Inanspruchnahme einer ungekündigten Kreditlinie durch den Schuldner zugelassen hat.

ii. Inkongruenz der Verrechnung zur Rückführung eines ungekündigten Kontokorrentkredits

Führt eine vorgenommene Verrechnung des eingezogenen Scheckbetrages mit dem debitorischen Kontosaldo allerdings deswegen zu einer endgültigen Rückführung des ungekündigten Kontokorrentkredites, weil die Bank ihrem Kunden die weitere Inanspruchnahme der Kreditlinie verweigert oder der Schuldner sie

570 BGH aaO, Rn. 19 (zit. nach juris).
571 BGH aaO, Rn. 16 (zit. nach juris).

überhaupt nicht begehrt hat, so hat dies eine inkongruente Deckung zur Folge. Denn in diesem Falle hat die Bank Tilgung einer (mangels Kündigung) noch nicht fälligen Kreditforderung erhalten, worauf sie zu diesem Zeitpunkt keinen Anspruch hatte.

iii. Kongruenz der Verrechnung zur Rückführung eines gekündigten Kontokorrentkredites

Hat die Bank den Kontokorrentkredit ihres Kunden demgegenüber zulässigerweise gekündigt und ist der Kredit damit zur Rückzahlung fällig, dann darf sie Zahlungseingänge aufgrund von zum Inkasso eingereichten Schecks mit dem Kontosaldo verrechnen. Auf die so erlangte Deckung für die Kreditforderung hat sie einen Anspruch, sie ist dann kongruent.

iv. Zwischenergebnis

Weist das Konto des Scheckeinreichers somit zum Zeitpunkt der Entstehung der Verrechnungslage einen Saldo innerhalb eines – gekündigten oder ungekündigten – Kontokorrentkredites auf, so führt die Verrechnung insoweit zu einer kongruenten Deckung der Bank, als der Kredit entweder bereits wirksam gekündigt und damit fällig war oder die Bank hernach noch weitere Verfügungen ihres Kunden zugelassen hat. Die (endgültige) Rückführung eines ungekündigten Kontokorrentkredites ist hingegen stets inkongruent.

(b) Verrechnung bei Soll-Kontostand über einen eingeräumten Kreditrahmen hinaus

Auch der Fall, dass der Kontostand des späteren Insolvenzschuldners einen Negativsaldo über einen ursprünglich eingeräumten Kreditrahmen hinaus aufweist, kann Probleme bereiten. Es handelt sich dabei um eine nur geduldete Kontoüberziehung, die allerdings unter Umständen eine (konkludente) Gewährung weiteren Kredites nach sich ziehen kann. Ob eine geduldete Kontoüberziehung als *echte* Überziehung oder als Krediterweiterung einzuordnen ist, hängt von den Umständen des Einzelfalles ab.[572]

Zunächst kann die Kontoüberziehung über einen Kreditrahmen hinaus dadurch zustande gekommen sein, dass Kontogutschriften storniert oder Schecks rückbelastet worden sind[573]. In diesem Fall wird die Bank mit der Überziehung häufig nicht einverstanden sein und kann den Betrag – soweit er über den eingeräumten Kredit hinausgeht – sofort, d.h. ohne vorhergehende Kündigung vom Kontoinhaber zurückfordern. Die Überziehung beruht hier nicht auf einer willensgetragenen Duldung durch die Bank, sondern auf praktischen und häufig technischen Umständen. Aber auch dann, wenn die Bank Aufträge ihres Kunden zu Lasten seines Kontos weiterhin ausführt, obwohl der Kreditrahmen bereits ausgeschöpft ist,

---

572 *Lwowski/Wunderlich* in: Schimansky/Bunte/Lwowski, Bankrechtshandbuch I, § 75 Rn. 26.
573 Vgl. *Schürnbrand* in: MünchKomm-BGB, § 493 Rn. 35; *Weidenkaff* in: Palandt, BGB, § 493 Rn. 14.

muss darin nicht zwingend eine Erweiterung des Kreditrahmens liegen.[574] In der Bankpraxis ist es nämlich üblich, Kontoüberziehungen in Höhe von 10% eines eingeräumten Dispositionskredites zu dulden.[575] Dies geschieht regelmäßig in der Erwartung, dass die (geduldete) Überziehung in naher Zukunft durch neue Geldeingänge ohnehin zurückgeführt wird. In diesem Fall ist eine *echte* Überziehung anzunehmen, die sofort, d.h. ohne vorhergehende Kündigung, zur Rückzahlung fällig ist. Daher stellt eine im Wege der Verrechnung erfolgende Tilgung eine *kongruente* Deckung der Forderung der Bank dar.[576]

Demgegenüber kann eine länger währende Duldung der Kontoüberziehung, ohne den Betrag zwischenzeitlich vom Kontoinhaber einzufordern, unter Umständen eine Krediterweiterung beinhalten.[577] In diesem Fall hat die Bank nur dann einen Anspruch auf Rückführung dieses Kredites, wenn sie ihn zuvor gekündigt hat, andernfalls ist die dadurch erlangte Deckung inkongruent. Zu berücksichtigen ist allerdings, dass eine solche Erweiterung der Kreditlinie nicht ohne weiteres angenommen werden kann. Zwar meint *Bitter*, dass bereits in der Duldung der Kontoüberziehung eine stillschweigende Erweiterung der Kreditlinie zu sehen sei.[578] Diese Auffassung ist allerdings abzulehnen. Vielmehr müssen für einen entsprechenden Willen der Bank konkrete Anhaltspunkte vorliegen[579], wie etwa ein Hinweis auf dem Kontoauszug o.ä. Ist danach von einer Erweiterung der Kreditlinie in Folge der Überziehung auszugehen, so gelten für Verrechnungen, welche zu einer Rückführung dieses Kredites führen, die obigen Ausführungen zu Verrechnungen im Rahmen einer vereinbarten Kreditlinie.

(c) Zwischenergebnis

Eine Kontokorrentverrechnung führt daher insoweit zu einer kongruenten Deckung zugunsten der Bank, als die Bank eine ungekündigte Kreditlinie weiterhin offen gehalten hat oder lediglich Befriedigung für eine nur geduldete Kontoüberziehung oder einen bereits gekündigten Kredit erlangt hat. Eine inkongruente Deckung der Forderung der Bank durch eine erfolgte Kontokorrentverrechnung ist demgegenüber dann anzunehmen, wenn diese zu einer endgültigen Rückführung eines ungekündigten Kredites geführt hat. Bei der Untersuchung der Anfechtbarkeit ist somit auch im Folgenden danach zu unterscheiden, was für einen Saldo das Konto zum Zeitpunkt der Entstehung der Verrechnungslage aufweist.

---

574 So auch *K.P. Berger* in: MünchKomm-BGB, vor § 488 Rn. 53.
575 OLG Köln, Urt. v. 7.10. 1998 – 5 U 88/98 – WM 1999, 1003–1004; *Weidenkaff* in: Palandt, BGB, § 493 Rn. 16.
576 *Obermüller*, Insolvenzrecht in der Bankpraxis, Rn. 3.275b; BGH, Urt. v. 22. 1. 1998 – IX ZR 99/97 – WM 1998, 569; AG Wetzlar, Urt. v. 31. 10. 1986 – 3 C 487/86 – WM 1986, 1532 (1533).
577 Vgl. *Lwowski/Wunderlich* in: Schimansky/Bunte/Lwowski, Bankrechtshandbuch I, § 75 Rn. 28.
578 *Bitter*, WM 2001, 889 (890).
579 Ebenso *K.P. Berger* in: MünchKomm-BGB, vor § 488 Rn. 53 m.w.N.

(3) Anfechtbarkeit der Verrechnungslage bei Verrechnung zur Offenhaltung einer vereinbarten, ungekündigten Kreditlinie

Zunächst ist der Fall zu untersuchen, dass die Bank den eingezogenen Betrag dem im Soll befindlichen Konto des Scheckeinreichers gutschreibt und den eingeräumten Kredit weiterhin offen hält, d.h. Verfügungen im Rahmen der Kreditlinie weiterhin zulässt und der Scheckeinreicher sie auch in Anspruch nimmt. Die Verrechnung führt hier zu einer kongruenten Deckung der Bank (vgl. oben Teil 3 II.2a)bb)(2)(a)i.), so dass die Verrechnungslage nach § 130 InsO sowie nach § 133 Abs. 1 InsO anfechtbar entstanden sein könnte.

(a) Anfechtbarkeit gemäß § 130 InsO

Der Anwendungsbereich des § 130 InsO ist überhaupt nur dann eröffnet, wenn der Scheck in den letzten drei Monaten vor Stellen des Eröffnungsantrages gegen den Scheckeinreicher oder danach eingelöst worden ist. Hat die Bank des späteren Insolvenzschuldners einen Scheck vor diesem Zeitraum erfolgreich für ihn eingezogenen, so ist die Verrechnungslage allenfalls dann anfechtbar entstanden, wenn die Voraussetzungen des § 133 InsO vorliegen (dazu unter (c)).

Die Anfechtbarkeit nach § 130 InsO setzt weiter voraus, dass

- der Einreicher im Zeitpunkt der Einlösung des Schecks[580] bereits zahlungsunfähig war und die Bank hiervon Kenntnis hatte oder haben musste (§ 130 Abs. 1 Nr. 1 i.V.m. Abs. 2 InsO)

oder

- die Einlösung nach Stellen des Eröffnungsantrages erfolgt ist und die Bank zu diesem Zeitpunkt entweder von dem Eröffnungsantrag oder der Zahlungsunfähigkeit des Einreichers wusste oder wissen musste (§ 130 Abs. 1 Nr. 2 i.V.m. Abs. 2 InsO).

Allerdings ist in diesem Zusammenhang die Vorschrift des § 142 InsO zu berücksichtigen. Liegen danach die Voraussetzungen eines unanfechtbaren Bargeschäfts vor, so wäre die entstandene Verrechnungslage grundsätzlich insolvenzfest, sofern nicht der Tatbestand der Vorsatzanfechtung erfüllt ist.

(b) Unanfechtbares Bargeschäft gemäß § 142 InsO

Das Vorliegen eines unanfechtbaren Bargeschäfts setzt seinerseits voraus, dass eine Leistung des späteren Insolvenzschuldners im Sinne einer gläubigerbenachteiligenden Deckungshandlung erfolgt ist, für welche in sein Vermögen in unmittelbarem zeitlichen Zusammenhang eine gleichwertige Leistung des Anfechtungsgegners geflossen ist.[581] Wann diese Voraussetzungen im Falle von Kontokorrentverrech-

---

580 Dies ist grds. der Moment der Endgültigkeit der Belastungsbuchung auf dem Ausstellerkonto, wie bereits oben unter Teil 2 II.1.b)bb) ausführlich dargestellt worden ist.
581 Vgl. zu den einzelnen Voraussetzungen eines Bargeschäfts die Darstellung oben unter Teil 2 II.2.a)dd).

nungen vorliegen sollen, hat der Bundesgerichtshof in seinem bereits oben[582] als Beispielsfall 19 dargestellten Grundsatzurteil zur Kongruenz von Kontokorrentverrechnungen vom 7. 3. 2002 ausgeführt.[583]

Erneut **Beispielsfall 19**

Im betreffenden Fall hatte die beklagte Bank der späteren Insolvenzschuldnerin auf deren Konto Kredit eingeräumt, welchen die Schuldnerin auch teilweise in Anspruch nahm. Im letzten Monat vor Eröffnung des Insolvenzverfahrens hatte die Schuldnerin sowohl Zahlungseingänge auf ihrem Konto zu verzeichnen, als auch -ausgänge. Soweit die beklagte Bank damit über die Zahlungseingänge weitere Verfügungen der Schuldnerin im Anfechtungszeitraum zugelassen hatte, klassifizierte der entscheidende Senat die mit der Verrechung erlangte Deckung der Bank zutreffend als kongruent und setzte sich dann mit der Frage auseinander, ob und wann in einem solchen Fall zugleich die Voraussetzungen eines unanfechtbaren Bargeschäfts erfüllt sind.

Im Einzelnen hat der Senat hierzu ausgeführt, dass die betreffenden, in das Kontokorrent eingestellten Gutschriften vorübergehend die Forderung der Bank gegen die Schuldnerin gemäß dem jeweiligen Tagessaldo verringert und so zu einer Erfüllungsleistung der Schuldnerin im anfechtungsrechtlichen Sinne geführt hätten. Die Gutschriften seien dann jeweils dadurch ausgeglichen worden, dass die Bank der Schuldnerin gestattet habe, den eingeräumten Kreditrahmen erneut in Anspruch zu nehmen. Diese erneute Kreditgewährung sei die Gegenleistung gewesen, die in das Vermögen der Schuldnerin gelangt sei.

Der erforderliche unmittelbare zeitliche Zusammenhang sei deswegen gegeben, weil die Verrechnung jeweils in engem zeitlichem Zusammenhang mit einer erneuten Überweisung durch die Schuldnerin erfolgt sei. Unter Verweis auf eine Entscheidung vom 25. 2. 1999[584] hat der Senat dabei betont, dass die genaue Reihenfolge von Ein- und Auszahlungen unerheblich sei und jedenfalls ein Zeitraum von zwei Wochen den Rahmen des engen zeitlichen Zusammenhangs nicht übersteige. Da sich im zu entscheidenden Fall Ein- und Auszahlungen fast werktäglich abgewechselt hätten, sei diese Voraussetzung für den zu entscheidenden Fall erfüllt.

Auch den Gesichtspunkt der Gleichwertigkeit hat das Gericht für den von der Schuldnerin in Anspruch genommenen Kredit und die in entsprechender Höhe erfolgten Gutschriften bejaht. Dabei hat der Senat sich erstmals zu der bis dahin offen gelassenen Frage geäußert, ob ein Bargeschäft möglicherweise dann nicht vorliegt, wenn die vereinbarte Kreditlinie auch ohne die Verrechnung nie überschritten worden wäre: Dieser Umstand sei für das Vorliegen eines Bargeschäftes unerheblich.

Nach Auffassung des Bundesgerichtshofes ist die Voraussetzung des *gleichwertigen Leistungsaustausches* also damit gegeben, dass mit dem Eingang der zu verrechnenden Gutschrift eine den Debetsaldo zurückführende Leistung des Schuldners vorliegt und die Bank – als Gegenleistung hierfür – erneute Verfügungen in dieser Höhe zulässt. Die erforderliche Parteivereinbarung, welche Leistung und Gegenleistung miteinander verknüpfe, liege dabei in der Kontokorrentabrede.[585] Dem-

---

582 Siehe bereits die ausführliche Besprechung des Falles oben unter Teil 3 II.2.a)bb)(2)(a)i.

583 BGH, Urt. v. 7. 3. 2002 – IX ZR 223/01 – BGH ZInsO 2002, 426 (427) = BGHZ 150, 122 ff.

584 BGH, Urt. v. 25. 2. 1999 – IX ZR 353/98 – WM 1999, 781–784.

585 Ebenso bereits BGH, Urt. v. 25. 2. 1999 – IX ZR 353/98 – ZIP 1999, 665 (668); dem zustimmend *Kirchhof* in: MünchKomm-InsO, § 142 Rn. 5; *Hirte* in: Uhlenbruck, InsO, § 142 Rn. 10; *Bräuer,* Ausschluss der Insolvenzanfechtung bei Bargeschäften nach Maßgabe des § 142 InsO, S. 120 f.

gegenüber wird vereinzelt vertreten, es sei eine besondere Absprache über jede einzelne Gut- bzw. Lastschrift erforderlich[586] oder zumindest eine Erwartungshaltung der Bank, den Kunden nur über eingegangene Beträge oder im Hinblick auf konkret bevorstehende Gutschriften als *Zahlstelle* wieder verfügen zu lassen[587]. Der entscheidende Senat hat dies im genannten Urteil ausdrücklich, allerdings ohne nähere Begründung abgelehnt. Dem ist zuzustimmen, denn soweit § 142 InsO eine Parteivereinbarung für den Leistungsaustausch voraussetzt, muss die Kontokorrentabrede als ausreichend angesehen werden. So lange die Bank weder den Kredit noch die Kontokorrentabrede gekündigt hat, ist sie zur Buchung von Gutschriften sowie von Lastschriften innerhalb des eingeräumten und ungekündigten Kredites verpflichtet. Völlig unerheblich ist dabei, ob im konkreten Fall erst eine eingegangene Gutschrift dazu führt, dass eine Abbuchung noch innerhalb des Kreditrahmens ausgeführt werden kann. Während sich die Gleichwertigkeit des betreffenden Leistungsaustausches im konkreten Fall aus der Kongruenz ergibt, die eben nur dann zu bejahen ist, soweit sich Gutschriften und Sollbuchungen die Waage halten, ergibt sich das Austauschverhältnis selbst bereits aus dem allgemeinen Kontokorrentvertrag, welcher die durch die Kongruenz konkretisierten Leistungen (nur für diese kommt ein Bargeschäft überhaupt in Betracht) als voraussetzungsgemäße Parteivereinbarung ummantelt.

Fraglich ist weiter, welche Anforderungen an den *zeitlichen Zusammenhang* zu stellen sind, denn nicht immer werden sich Gut- und Lastschriften so rege abwechseln wie im dargestellten Fall vor dem Bundesgerichtshof. Auch hierbei gilt der bereits oben (Teil 2 II.2a)dd)(3)) erwähnte Grundsatz, dass es für eine solche Beurteilung auf die üblichen Zahlungsgebräuche, die Umstände des Einzelfalles, die Art des Geschäfts und die allgemeine Verkehrsauffassung ankommt. Soweit die Kontobewegungen des Schuldners eine gewisse Stetigkeit aufweisen, müsste dies mit berücksichtigt werden und im Einzelfall dazu führen, dass Gut- und Lastschriften in einem Zeitraum von bis zu vier Wochen als unmittelbar anzusehen sind. Lässt sich eine Regelmäßigkeit von Zahlungsein- und -ausgängen hingegen nicht feststellen, so dürfte jedenfalls noch ein Zeitraum von zwei Wochen den Anforderungen genügen.[588] Mit dem Bundesgerichtshof ist dabei davon auszugehen, dass es nicht darauf ankommt, in welcher Reihenfolge sich Gut- und Lastschriften abwechseln.[589]

Eine aus der Durchführung eines Scheckinkassos entstehende kongruente Verrechnungslage ist somit nur dann anfechtbar entstanden, wenn die Bargeschäftsvoraussetzungen nicht vorliegen. Dies ist dann der Fall, wenn zwischen (endgültiger) Gutschrift des eingezogenen Scheckbetrages und Verfügung des Schuldners

---

586 So etwa *Dampf* KTS 1998, 145 (166).
587 So etwa LG Bochum, Urt. v. 7. 12. 2000 – 1 O 444/00 – ZIP 2001, 87 (89); *Heublein*, ZIP 2000, 161 (172).
588 So auch BGH, Urt. v. 17. 6. 2004 – IX ZR 2/01 – ZIP 2004, 1464 f.; BGH, Urt. v. 7. 7. 2002 – IX ZR 223/01 – BGH ZInsO 2002, 426 (427) = BGHZ 150, 122 (131); BGH, Urt. v. 25. 1. 2001 – IX ZR 6/00 – NJW 2001, 1650 (1651); BGH, Urt. v. 1. 10. 2002 – IX ZR 360/99 – NJW 2003, 360 (362).
589 Vgl. BGH, Urt. v. 17. 6. 2004 – IX ZR 2/01 – ZIP 2004, 1464 f.

hierüber ein Zeitraum von mehr als zwei bzw. im Einzelfall vier Wochen liegt. Sind hingegen die Voraussetzunge eines Bargeschäfts nach diesen Grundsätzen erfüllt, so kommt eine Anfechtbarkeit der Kontokorrentverrechnung und eine darauf resultierende Unwirksamkeit allenfalls aufgrund von § 133 Abs. 1 InsO in Betracht.

(c) *Anfechtbarkeit gemäß § 133 InsO*

Ist eine kongruent entstandene Verrechnungslage nach dem eben gesagten bereits gemäß § 130 InsO anfechtbar, so kann in der Regel dahinstehen, ob daneben auch § 133 InsO erfüllt ist. Ist die Verrechnungslage allerdings entweder deswegen nicht gemäß § 130 InsO anfechtbar, weil sie außerhalb des Dreimonatszeitraumes entstanden ist oder deswegen, weil ein Bargeschäfts gemäß § 142 InsO vorliegt, dann kommt es darauf an, ob die Voraussetzungen der Vorsatzanfechtung gemäß § 133 Abs. 1 InsO vorliegen. Ist dies nicht der Fall, so ist die Verrechnungslage insolvenzfest.

Damit die Verrechnungslage anfechtbar gemäß § 133 Abs. 1 InsO und infolgedessen eine vorgenommene Verrechnung durch die Bank unwirksam gemäß § 96 Abs. 1 Nr. 3 InsO ist, muss die Bank die Verrechnungslage durch eine Rechtshandlung des Schuldners erlangt haben. Dies ist in den Fällen problematisch, in denen Kontokorrentverrechnungen Zahlungseingänge betreffen, die auf Überweisungen durch Dritte beruhen. Hier hat die Rechtsprechung zu Recht angenommen, dass die Voraussetzungen der Vorsatzanfechtung nicht vorliegen, weil es an einer Rechtshandlung des Schuldners fehlt.[590] Bei der Verrechnung eines Zahlungseingangs aufgrund eines zum Inkasso eingereichten Schecks stellt sich dieses Problem allerdings nicht. Hier hat der Schuldner selbst gehandelt, indem er seine Bank mit dem Einzug des betreffenden Schecks beauftragt hat. Weiter ist erforderlich, dass der Schuldner mit dem Vorsatz gehandelt hat, seine übrigen Gläubiger zu benachteiligen und die Bank Kenntnis hiervon hatte.

Beispielsfall 20[591]

Der spätere Insolvenzschuldner befindet sich bereits in erheblichen Zahlungsschwierigkeiten, ist aber noch nicht zahlungsunfähig im insolvenzrechtlichen Sinn, als seine Bank ihm mitteilt, dass sie erwägt, seine Kreditlinie zu kündigen. Daraufhin bietet der Insolvenzschuldner seiner Bank an, künftig sämtliche Kundenschecks nur noch über sie einzuziehen. Die Bank sieht deswegen von einer Kündigung ab und hält die Kreditlinie weiterhin offen. In diesem Fall sind Verrechnungen aus eingezogenen Kundenschecks jedenfalls insoweit nicht nach §§ 96 Abs. 1 Nr. 3, 130 InsO unwirksam, als die Scheckseinlösungen mehr als drei Monate vor der Insolvenzantragstellung liegen oder sich zeitnah (§ 142 InsO) mit Lastschriften auf dem Konto abwechseln. Allerdings sind die Verrechnungen in dem Fall nach §§ 96 Abs. 1 Nr. 3, 133 InsO unwirksam, weil der Schuldner billigend in Kauf genommen hat, seine übrigen Gläubiger zu benachteiligen. Die Kenntnis der Bank von diesem Vorsatz wird gemäß § 133

---

590 Vgl. nur OLG Köln, B. v. 8. 10. 2007 – 2 U 46/07 (zit. n. juris).
591 Vgl. auch *Obermüller*, Insolvenzrecht in der Bankpraxis, Rn. 3.277.

Abs. 1 S. 2 InsO vermutet, weil sie von der drohenden Zahlungsunfähigkeit ihres Kunden und der aus der Vereinbarung resultierenden Gläubigerbenachteiligung wusste.

Die kongruente Verrechnung von Scheckerlösen wird im Zeitraum vor Beginn der Krise allerdings häufig insolvenzfest sein, weil insbesondere die subjektiven Voraussetzungen der Bank nur schwierig nachzuweisen sind.

(4) Anfechtbarkeit der Verrechnungslage bei Verrechnung zur Rückführung eines ungekündigten Kontokorrentkredites

Von der soeben dargestellten Anfechtbarkeit der Verrechnungslage, für den Fall, dass die Bank eine eingeräumte Kreditlinie offen hält, ist die Lage zu unterscheiden, dass der Scheckeinreicher die Kreditlinie entweder nicht erneut in Anspruch nimmt oder die Bank die Inanspruchnahme trotz Verpflichtung hierzu nicht zulässt. In der zuvor untersuchten Konstellation hat die Bank durch die Verrechnung eine *kongruente* Deckung erhalten, weil der spätere Insolvenzschuldner noch weitere Verfügungen getätigt hat. Im jetzt zu untersuchenden Fall verrechnet die Bank den eingezogenen Scheckbetrag mit dem debitorischen Kontosaldo und diese Verrechnung führt zu einer (zumindest teilweisen) endgültigen Rückführung des ungekündigten Kredites, weil die Bank die Kreditlinie nicht offen hält oder der Scheckeinreicher sie nicht erneut in Anspruch nimmt. Die dadurch erlangte Deckung der Bank ist *inkongruent*, weil die Bank auf sie mangels Fälligkeit keinen Anspruch hat. Eine andere Beurteilung ist hier im Unterschied zur offen gehaltenen Kreditlinie deswegen nicht gerechtfertigt ist, weil das Wesen des Kontokorrentvertrages als Wechselspiel von Haben- und Sollbuchungen in diesem Fall mangels Sollbuchungen zu Lasten des Kontos nicht zum Tragen kommt.

Die mit dem Scheckeinzug entstehende inkongruente Verrechnungslage ist somit auf ihre Anfechtbarkeit nach § 131 InsO sowie nach § 133 InsO zu untersuchen.

(a) Anfechtbarkeit gemäß § 131 InsO

Eine Anfechtbarkeit nach der Verrechnungslage gemäß § 131 InsO setzt zunächst voraus, dass der Scheck in den letzten drei Monaten vor Stellen des Eröffnungsantrages gegen den Scheckeinreicher oder danach eingelöst worden ist. Erfolgt die Einlösung des Schecks dabei im letzten Monat vor Antragstellung auf Eröffnung des Insolvenzverfahrens gegen den Scheckeinreicher, so liegen die Vorraussetzungen für eine Anfechtbarkeit der Verrechnungslage nach § 131 Abs. 1 Nr. 1 InsO ohne weiteres vor. Entsprechendes gilt nach § 131 Abs.1 Nr. 2 InsO für die Einlösung innerhalb des zweiten und dritten Monats vor dem Eröffnungsantrag, wenn der Einreicher zu diesem Zeitpunkt bereits zahlungsunfähig war. War der spätere Insolvenzschuldner bei Einlösung des Schecks im zweiten oder dritten Monat vor Stellen des Insolvenzantrages noch nicht zahlungsunfähig, so wird die sich aus der Inkongruenz der Verrechnung ergebende Beweiserleichterung relevant, nach der zu vermuten steht, dass die Bank wusste, dass die Verrechnung des Inkassoerlöses ohne weitere Offenhaltung der Kreditlinie die übrigen Insolvenzgläubiger benachteiligen würde. In diesem Fall ist die Anfechtbarkeit nach § 131 Abs. 1 Nr. 3 InsO zu bejahen.

(b) Anfechtbarkeit gemäß § 133 InsO

Der Anfechtbarkeit der Verrechnungslage wegen vorsätzlicher Benachteiligung gemäß § 133 InsO kommt daneben bei Einlösung eines Schecks in der Krise keine selbständige Bedeutung zu. Denn in diesem Fall wäre bei Vorliegen der engeren Voraussetzungen des § 133 InsO ohnehin stets die Anfechtbarkeit nach § 131 InsO zu bejahen, so dass es auf § 133 InsO und dessen häufig schwieriger zu beweisenden Voraussetzungen nicht mehr ankäme.

Die Vorsatzanfechtung wird jedoch dann relevant, wenn die Einlösung des Schecks bereits vor Beginn der Krise erfolgt ist und somit die Anfechtbarkeit gemäß § 131 InsO ausgeschlossen ist. Die Verrechnung des eingezogenen Scheckbetrages mit dem Kontosaldo wird dann gemäß §§ 96 Abs. 1 Nr. 3, 133 InsO unwirksam, wenn der Scheckeinreicher mit dem Vorsatz gehandelt hat, seine übrigen Gläubiger zu benachteiligen und die Bank Kenntnis hiervon hatte. Fraglich ist, ob als Beweisanzeichen hierfür die Inkongruenz der entstandenen Verrechnungslage in Betracht kommt. Dies scheint zumindest nahe liegend, wurde doch zuvor (Teil 2 II.2b)bb) u. cc)) bereits ausgeführt, dass die Inkongruenz einer erlangten Deckung für den Benachteiligungsvorsatz des späteren Insolvenzschuldners und die Kenntnis seines Gläubigers hiervon spricht. Gleichwohl ist die Situation hier eine andere. Zu berücksichtigen ist nämlich, dass sich der Umstand der Kongruenz oder Inkongruenz einer durch Verrechnung erlangten Deckung der Bank erst in einer nachfolgenden Gesamtschau abschließend beurteilen lässt. Eine Beweiserleichterung zu Gunsten des Insolvenzverwalters und zu Lasten der Bank kann sich somit aus der Inkongruenz nur dann ergeben, wenn die Bank im relevanten Zeitpunkt (dem Zeitpunkt der Einlösung des Schecks) bereits wissen musste, dass die mit Verrechnung erlangte Deckung sich letztlich als inkongruent erweisen würde. Dies dürfte etwa dann anzunehmen sein, wenn die Verrechnung deshalb nicht als kongruent einzustufen ist, weil die Bank die erneute Inanspruchnahme der Kreditlinie verhindert hat oder die Bank den eingeräumten Kredit sofort nach der Verrechnung (zulässig) kündigt. Nur in diesen Fällen ist davon auszugehen, dass die Bank bereits im Zeitpunkt der Entstehung der Verrechnungslage wusste, dass diese nach § 131 Abs. 1 Nr. 3 InsO anfechtbar sein würde. Erweist sich die mit Verrechnung erlangte Deckung der Bank hingegen nur deswegen als inkongruent, weil der spätere Insolvenzschuldner von sich aus beschlossen hat, die Kreditlinie nicht erneut in Anspruch zu nehmen, so kann dieser Umstand nicht zu einer Kenntnisvermutung zu Lasten der Bank führen.

Daneben können aber auch andere Umstände auf einen Benachteiligungsvorsatz des Schuldners schließen lassen. Verlagert etwa – ähnlich wie im bereits oben dargestellten **Beispielsfall 20**[592] – ein Bankkunde seine in der Vergangenheit stets bei

592 Siehe Teil 3 II.2.a)bb)(3)(c).

einer bestimmten Bank vorgenommenen Scheckeinzugsaufträge auf eine andere Bank, so kann dies unter Umständen auf einen Benachteiligungsvorsatz hinweisen.[593]

(5) *Anfechtbarkeit der Verrechnungslage bei Verrechnung zur Rückführung eines gekündigten Kontokorrentkredites*

Die dritte Konstellation von Verrechnungen bei Kontosalden im Rahmen einer eingeräumten Kreditlinie betrifft den Fall, dass durch die Verrechnung der bereits gekündigte Kontokorrentkredit zu Gunsten der Bank zurückgeführt wird. Hat die Bank den Kontokorrentkredit des Scheckeinreichers bereits wirksam gekündigt, so ist der Kredit zur Rückzahlung fällig. Die nachfolgende Verrechnung von Gutschriften führt dann für die Bank grundsätzlich zu einer kongruenten Deckung[594] und eine Anfechtbarkeit der Verrechnungslage kommt dann lediglich nach §§ 130 oder 133 InsO in Betracht.

(a) *Anfechtbarkeit der Kreditkündigung*

Allerdings stellt sich die Frage, ob möglicherweise eine Anfechtung der Kreditkündigung in Betracht kommt. Die daraus resultierende Unwirksamkeit würde die mit der Verrechnung erlangte kongruente Deckung der Bank rückwirkend zu einer inkongruenten machen und so einer Anfechtbarkeit nach § 131 InsO Raum bieten. In diesem Fall würde sich außerdem die Frage des Vorliegens eines Bargeschäftes erübrigen.

i. *Grundsätzliche Anfechtbarkeit der Kreditkündigung*

Die überwiegende Literatur hält eine Kreditkündigung durch die Bank grundsätzlich für anfechtbar.[595] Denn wenn die Bank die Fälligkeit des Kredites zur Rückzahlung durch eine Kündigung herbeiführe, so ermögliche sie dadurch die (kongruente anstelle einer inkongruenten) Deckung desselben.[596] Nur vereinzelt wird demgegenüber, etwa von *Steinhoff*[597], vertreten, dass eine Anfechtbarkeit zwar dogmatisch vertretbar sei, jedoch nicht den Gesamtzusammenhang berücksichtige, innerhalb dessen eine Kreditkündigung erfolge. Die Anfechtbarkeit einer Kreditkündigung widerspreche dem Grundsatz, dass die Bank nicht verpflichtet ist, an der Unternehmenssanierung ihres Kunden mitzuwirken. Es dürfe der Bank daher nicht verwehrt sein, einen bestehenden Kredit zu kündigen. Darüber hinaus sei auch die Voraussetzung, dass die „ermöglichte Befriedigung" nicht, nicht in der Art oder nicht zu der Zeit beansprucht werden kann, bei einer gemäß den vertrag-

---

593 *Obermüller*, Insolvenzrecht in der Bankpraxis, Rn. 3.277.
594 Vgl. hierzu bereits die Ausführungen oben Teil 3 II.2.a)bb)(2)8.a)iii.
595 *Obermüller*, Insolvenzrecht in der Bankpraxis, Rn. 3.124; *ders.* WM 1994, 1829 (1836); *Feuerborn*, ZIP 2002, 290 (294); *Kirchhof* in: MünchKomm-InsO, § 130 Rn. 15; *ders.* in: FS Uhlenbruck, S. 269 (273 f.); *Göb*, Girokontokorrentkredite in der Kundeninsolvenz, S. 111 f.
596 *Kirchhof* in: FS Uhlenbruck, 269 (273); *ders.* in: MünchKomm-InsO, § 130 Rn. 15; *Obermüller*, Insolvenzrecht in der Bankpraxis, Rn. 3.124; *Feuerborn*, ZIP 2002, 290 (294).
597 *Steinhoff*, ZIP 2000, 1141 (1145).

lichen und gesetzlichen Gründen erfolgenden Kündigung überhaupt nicht erfüllt. Diese Auffassung übersieht allerdings, dass eine grundsätzliche Befürwortung der Anfechtbarkeit noch nicht dazu führt, dass auch jede Kreditkündigung tatsächlich anfechtbar ist. Vielmehr kommt es dabei darauf an, ob im Einzelfall die Anfechtungsvoraussetzungen auch erfüllt sind. Daher ist es der Bank nicht schlechthin verwehrt, Kredite zu kündigen, sondern allenfalls unter bestimmten, im Folgenden näher zu erörternden Voraussetzungen.

ii. Anfechtung der Kreditkündigung nach § 130 InsO

Ist eine Kreditkündigung durch die Bank damit im Grundsatz anfechtbar, so stellt sich die Frage, ob diese eine kongruente oder eine inkongruente Deckung ermöglicht. Dies ist umstritten.

Zum Teil wird, insbesondere von *Kirchhof*, vertreten, dass eine zulässige Kreditkündigung stets zu einer kongruenten Deckung führe.[598] Die Bank könne den Kredit nur dann wirksam kündigen, wenn hierfür die gesetzlichen Voraussetzungen vorlägen, so dass sie dann lediglich ein ihr zustehendes Recht wahrnehme.

Andere meinen, für die Beurteilung, ob die Kündigungs*erklärung* kongruent oder inkongruent sei, komme es darauf an, wann das Kündigungs*recht* entstanden sei.[599] Zwar sei das Recht bereits im Kreditvertrag angelegt, könne aber erst bei Vorliegen der Kündigungsvoraussetzungen auch ausgeübt werden. Würden diese Voraussetzungen im Zeitraum von bis zu drei Monaten vor Stellen des Insolvenzantrages eintreten, so komme eine Anfechtung nach § 131 InsO in Betracht. Anderenfalls sei eine Anfechtung nur bei Vorliegen der Voraussetzungen des § 130 InsO möglich.

Bork stellt demgegenüber allein darauf ab, ob die Kreditkündigung durch die Bank innerhalb von drei Monaten vor Stellen des Insolvenzantrages erfolgt ist oder nicht.[600] Sei dies der Fall, so verschaffe erst die Kündigung der Bank die Möglichkeit zur Fälligstellung des Kredites, die ihr sonst nicht zugestanden hätte, so dass dann der Anwendungsbereich des § 131 InsO eröffnet sei.

Mit *Kirchhof* ist davon auszugehen, dass die Anfechtung einer Kreditkündigung nur nach § 130 InsO möglich ist. Gegen die Auffassung, die auf die Entstehung des Kündigungsrechtes abstellt, spricht zunächst, dass sie den Beurteilungszeitpunkt für die Frage, ob Kongruenz oder Inkongruenz vorliegt, entgegen § 140 InsO auf den Zeitpunkt vorverlegt, in dem die Rechtshandlung zwar vorgenommen werden könnte, jedoch tatsächlich nicht vorgenommen worden ist. Im Übrigen übersieht

---

598 *Kirchhof* in: FS Uhlenbruck, S. 269 (274); *ders.* in: MünchKomm-InsO, § 131 Rn. 41; *Henckel* in: Jaeger, InsO, § 130 Rn. 16.

599 *Feuerborn*, ZIP 2002, 290 (294); *Paulus* in: Kübler/Prütting/Bork, InsO, § 131 Rn. 16; *Hess*, InsO, § 131 Rn. 56; nicht ganz eindeutig, da letztlich auf die Anfechtbarkeit der Gutschrift Bezug nehmend: *Brandes* in: MünchKomm-InsO, § 96 Rn. 34.

600 *Bork*, Zahlungsverkehr in der Insolvenz, Rn. 218; ebenso: *Göb*, Girokontokorrentkredite in der Kundeninsolvenz, S. 115.

diese Auffassung ebenso wie *Bork*, dass die Frage der Kongruenz oder Inkongruenz im Falle der Kreditkündigung nichts damit zu tun hat, in welchem Zeitpunkt sie möglich war oder tatsächlich vorgenommen wurde. Zu berücksichtigen ist nämlich, dass die Kündigung des Kredites der Bank für sich genommen keine Befriedigung verschafft, sondern allenfalls ermöglicht. Die anfechtungsrechtlich erhebliche Wirkung der Kündigung liegt darin, dass der Kredit fällig gestellt und eine dann folgende Rückführung des Kredites ihrerseits kongruent (und nicht inkongruent) ist. Kündigt die Bank aber wirksam, weil ihr ein entsprechendes Kündigungsrecht von Vertrags oder Gesetzes wegen zusteht, so hat sie eine nachfolgende Rückführung des Kredites durchaus zu beanspruchen. Ist also die nachfolgende Rückführung des Kredites in diesem Falle kongruent, so kommt es für die Anfechtbarkeit der Kündigung als eine die kongruente Deckung ermöglichende Rechtshandlung auf das Vorliegen der Voraussetzungen des § 130 InsO an.

Eine Anfechtung der Kreditkündigung durch die Bank kommt gemäß § 130 InsO für den hier untersuchten Zeitraum der Scheckeinlösung bis zu drei Monate vor Stellen des Insolvenzantrages also dann in Betracht, wenn auch die Kreditkündigung in diesem Zeitraum erfolgt ist, der Schuldner zu diesem Zeitpunkt zahlungsunfähig war und die Bank dies wusste oder wissen musste (Abs. 1 Nr. 1, Abs. 2). Wie *Obermüller* und *Feuerborn* treffend ausführen, wird die Erbringung diesbezüglicher Nachweise den Insolvenzverwalter häufig nicht vor große Schwierigkeiten stellen.[601] Meist wird die Bank den Kredit nämlich wegen Verschlechterung der Vermögensverhältnisse[602] gekündigt haben, so dass sie sich schwerlich darauf berufen können wird, keine Kenntnis von der Zahlungsunfähigkeit ihres Kunden gehabt zu haben.

Beispielsfall 21

Der spätere Insolvenzschuldner S ist bereits zahlungsunfähig, als seine Hausbank B ihm am 15. 5. 2009 die eingeräumte Kreditlinie fristlos kündigt. Das Konto weist zu diesem Zeitpunkt einen Sollstand von 180.000 Euro auf. Die Bank beruft sich in ihrer Kündigung zutreffend darauf, dass die Zahlungseingänge in den letzten zwei Jahren auffällig stark zurück gegangen sind und S hinsichtlich weiterer bei de B laufender Darlehen mit der Rückzahlung bereits mehrere Monate im Verzug ist. Die in der Folgezeit eintreffenden Zahlungseingänge in Höhe von 20.000 Euro verrechnet die B mit dem Negativsaldo des S.

Nachdem am 1. 7. 2009 das Insolvenzverfahren gegen S eröffnet worden ist, erklärt der bestellte Insolvenzverwalter I gegenüber B die Anfechtung der Kreditkündigung und verlangt Herausgabe der verrechneten 20.000 Euro.

Das Begehren des I ist in diesem Fall berechtigt, denn die Anfechtung der Kreditkündigung greift gemäß § 130 Abs. 1 Nr. 1 InsO durch. Der Umstand, dass die Bank wegen Vermögensverschlechterung des S dessen Dispositionskredit gekündigt hat, spricht für die Kenntnis der B von der Zahlungsunfähigkeit des S. Die Verrechnung hat damit nicht zur Rückführung eines anfechtungsfest gekündigten Kredites und damit zu einer kongruenten Deckung, son-

---

601 *Obermüller*, Insolvenzrecht in der Bankpraxis, Rn. 3.124; *Feuerborn*, ZIP 2002, 290 (294).
602 Vgl. Nr. 19 Abs. 3 AGB-Banken/Nr. 26 Abs. 2 AGB-Sparkassen/Nr. 19 Abs. 3 AGB-Postbank.

dern zu einer inkongruenten Deckung geführt. Sie ist daher mit Verfahrenseröffnung gemäß § 96 Abs. 1 Nr. 3 InsO unwirksam und die B hat die 20.000 Euro zur Masse zu erstatten.

Liegen die Voraussetzungen des § 130 InsO nicht vor, so ist die Kreditkündigung unanfechtbar. Die Anfechtung wegen vorsätzlicher Benachteiligung gemäß § 133 InsO ist ausgeschlossen, weil es im Falle der Kreditkündigung durch die Bank an einer Rechtshandlung des späteren Insolvenzschuldners fehlt.[603]

(b) Anfechtbarkeit der Verrechnungslage bei anfechtbarer Kreditkündigung

War der Scheckeinreicher und spätere Insolvenzschuldner also zu dem Zeitpunkt, in dem die Bank ihm den Kontokorrentkredit gekündigt hat, bereits zahlungsunfähig, so wird die Kündigung in der Regel gemäß § 130 Abs. 1 Nr. 2, Abs. 2 InsO anfechtbar sein. Würde der Insolvenzverwalter die Kündigung anfechten, so würde der Kredit als ungekündigt gelten und seine Rückführung durch Verrechnung wäre grundsätzlich inkongruent, die Verrechnungslage also ihrerseits gemäß § 131 bzw. § 133 InsO anfechtbar (vgl. dazu bereits oben Teil 3 II.2.a)bb)(4)). Gemäß den Ausführungen zu den Verrechnungen im Rahmen ungekündigter Kontokorrentkredite (oben Teil 3 II.2.a)bb)(3)) käme Kongruenz nur dann in Betracht, wenn die Bank erneute Verfügungen des späteren Insolvenzschuldners über Gutschriften zugelassen hätte, wovon aber nach Ausspruch einer Kreditkündigung kaum auszugehen ist. Damit hätte die Bank die Verrechnungslage in jedem Fall anfechtbar erlangt und die nachfolgende Eröffnung des Insolvenzverfahrens gegen den Scheckeinreicher würde zur automatischen Unwirksamkeit der Verrechnung des eingezogenen Scheckbetrages mit dem debitorischen Kontosaldo führen. Der Insolvenzverwalter könnte den eingezogenen Scheckbetrag somit zur Insolvenzmasse ziehen.

Da nach der hier vertretenen Auffassung eine Anfechtung der Kreditkündigung nur gemäß § 130 InsO in Betracht kommt, ist dem Umstand der Anfechtbarkeit der Kreditkündigung allerdings kaum eigenständige Bedeutung zuzumessen: Ist die Kreditkündigung nämlich deswegen gemäß § 130 Abs. 1 Nr. 1, Abs. 2 InsO anfechtbar, weil die Bank beim Ausspruch der Kündigung zumindest wissen musste, dass ihr Kunde zahlungsunfähig war, so führt dieses Wissen in der Regel auch zur Anfechtbarkeit der mit der zeitlich nachfolgenden Scheckeinziehung entstehenden Verrechnungslage. Denn dann sind im Moment der Scheckeinlösung ebenfalls die (engeren) Voraussetzungen des § 130 Abs. 1 Nr. 1, Abs. 2 InsO zu Lasten der Bank erfüllt. Nur dann, wenn ausnahmsweise die Anfechtbarkeit der Verrechnungslage nach § 130 InsO wegen Vorliegens der Bargeschäftsvoraussetzungen gemäß § 142 InsO ausgeschlossen ist, kann es darauf ankommen, ob die Kreditkündigung anfechtbar ist. Denn die Anfechtung würde die erlangte Deckung inkongruent machen und so § 142 InsO ausschließen. Allerdings wird die Bank nach Kündigung des Kontokorrentkredites ohnehin keine Verfügungen ihres Kunden zu Lasten des Kontos mehr zulassen, so dass § 142 InsO oft schon aus diesem Grund gar nicht erfüllt sein wird.

---

603 *Obermüller,* Insolvenzrecht in der Bankpraxis, Rn. 5.178 a.

(c) Anfechtbarkeit der Verrechnungslage nach unanfechtbarer Kreditkündigung

Ist die Kreditkündigung mangels Zahlungsunfähigkeit des Scheckeinreichers im Zeitpunkt der Kreditkündigung oder weil die subjektiven Voraussetzungen der Bank ausnahmsweise nicht vorlagen oder nicht nachzuweisen sind, nicht anfechtbar, so führt die Kündigung zur sofortigen Fälligkeit des Kredites. Eine nachfolgende Verrechnung von Gutschriften durch die Bank ist dann als kongruente Deckung nur unter den Voraussetzungen der § 130 InsO bzw. § 133 Abs. 1 InsO anfechtbar. Ein Ausschluss der Anfechtbarkeit der Verrechnungslage nach § 130 InsO wegen Vorliegens der Bargeschäftsvoraussetzungen gemäß § 142 InsO wird auch hier selten in Betracht kommen, weil die Bank in der Regel nach Kündigung des Kontokorrentkredites keine Verfügungen ihres Kunden zu Lasten des Kontos mehr zulassen wird.

Der Insolvenzverwalter kann den eingezogenen Scheckbetrag im Falle der unanfechtbaren Kreditkündigung somit nur dann nach Eröffnung des Insolvenzverfahrens zur Masse ziehen, wenn der Scheckeinreicher zum Zeitpunkt der Scheckeinlösung bereits zahlungsunfähig war und die einziehende Bank dies wusste oder wissen musste.

(6) Verrechnung bei Soll-Kontostand über einen eingeräumten Kreditrahmen hinaus

Bei einer Verrechnung des Inkassoerlöses mit einem Soll-Kontostand, der sich bereits außerhalb eines eingeräumten Kreditsaldos befindet, kommt ebenfalls eine Anfechtbarkeit der Verrechnungslage gemäß §§ 130 und 133 Abs. 1 InsO in Betracht. Denn in diesem Fall hat der Schuldner, sofern eine *echte* Überziehung vorliegt und in deren Duldung keine erneute Kreditgewährung zu sehen ist[604], keinen Anspruch auf die Überziehung, die Bank hingegen einen sofort fälligen Rückzahlungsanspruch[605].

Beispielsfall 22

Einen eben solchen Fall hat das AG Wetzlar noch unter Geltung der Konkursordnung am 31. 10. 1986 entschieden.[606] Dem lag (vereinfacht) der folgende Sachverhalt zugrunde: Das Konto der späteren Gemeinschuldnerin war im Oktober 1985 ungenehmigt überzogen. Die Geschäftsführerin der späteren Gemeinschuldnerin reichte bei der Bank am 29. 10. 1985 einen Scheck zur Einziehung ein. Die Bank nutzte den eingezogenen Scheckbetrag zum Ausgleich des Kontos und zahlte den Differenzbetrag an die Geschäftsführerin aus. Am 10. 12. 1985 wurde über das Vermögen der Gemeinschuldnerin das Konkursverfahren eröffnet. Der klagende Konkursverwalter machte gegen die Bank im Wege der Konkursanfechtung einen Anspruch der Gemeinschuldnerin auf Auszahlung des Differenzbetrages geltend.

Das Gericht hat die Klage als unbegründet abgewiesen und dazu ausgeführt, dass die beklagte Bank aufgrund des Umstandes, dass es sich bei der Kontoüberziehung um eine nicht genehmigte handelte, jederzeit berechtigt war, Ausgleich des Sollsaldos zu verlangen. Bei dem im

---

604 Siehe zum hier verwendeten Begriff der *echten* Überziehung und ihrer Unterscheidung von einer Erweiterung der Kreditlinie im einzelnen bereits oben Teil 2 II.1.b)aa)(2)(bb).
605 *Obermüller*, Insolvenzrecht in der Bankpraxis, Rn. 5.178.
606 AG Wetzlar, Urt. v. 31. 10. 1986 – 3 C 487/86 – WM 1986, 1532 (1533).

Wege der Verrechnung erfolgenden Ausgleich des Kontos habe es sich daher um eine kongruente Deckung gehandelt. Da der Kläger nicht zu beweisen vermocht hatte, dass der Beklagten die Zahlungseinstellung bzw. die Stellung des Konkursantrages durch die Gemeinschuldnerin zum Zeitpunkt der Scheckhereinnahme bzw. zum Zeitpunkt der Einlösung bekannt gewesen war, kam eine Anfechtung nicht in Betracht.

Dabei hat das Gericht auch zutreffend ausgeführt, dass die mit Hingabe des Schecks an die Bank erfolgte Sicherheitenbestellung zugunsten der Bank im Ergebnis ohne praktische Auswirkung geblieben ist, weil diese mit der zwischenzeitlichen Einlösung des Schecks hinfällig geworden ist.

Die Verrechnungslage ist in dem Fall dann grundsätzlich gemäß § 130 InsO anfechtbar entstanden,

- wenn der Scheck innerhalb des Dreimonats-Zeitraumes erfolgreich eingelöst worden ist, der Scheckeinreicher bereits zahlungsunfähig war und die Bank dies wusste oder wissen musste (Nr. 1, Abs. 2),

oder

- wenn die Scheckeinlösung nach dem Eröffnungsantrag erfolgt ist und die Bank entweder von der Zahlungsunfähigkeit des Scheckeinreichers oder dem Eröffnungsantrag Kenntnis hatte oder haben musste (Nr. 2, Abs. 2).

Auch in diesem Fall kann die Anfechtbarkeit gemäß § 130 InsO wegen Vorliegens der Bargeschäftsvoraussetzungen nach § 142 InsO ausgeschlossen sein. Dies setzt voraus, dass die Bank zeitnah, d.h. innerhalb eines Zeitraumes von zwei bis im Einzelfall auch vier Wochen, Verfügungen in Höhe des verrechneten Scheckbetrages zugelassen hat (vgl. zu den Anforderungen eines Bargeschäfts bereits die Darstellung unter Teil 2 II.2.a)dd) und Teil 3 II.2.a)bb)(3)(b)). Liegen die Bargeschäftsvoraussetzungen vor oder ist der Scheck bereits vor Beginn des Dreimonatszeitraumes erfolgreich eingelöst worden und so die Verrechnungslage entstanden, dann kommt allein die Anfechtbarkeit nach § 133 InsO in Betracht.

Beispielsfall 23

Der spätere Insolvenzschuldner befindet sich in Zahlungsschwierigkeiten und hat seine eingeräumte Kreditlinie bereits dauerhaft überzogen. Daraufhin verlangt die Bank von ihm, seine Kundenschecks fortan nur noch über sie einzuziehen und droht damit, andernfalls die Überziehung sofort geltend zu machen und die eingeräumte Kreditlinie zu kündigen. Kommt der Schuldner dem Begehren der Bank nach, so ist die Verrechnungslage infolge der eingezogenen Kundenschecks ohne weiteres nach § 133 InsO anfechtbar entstanden und die Verrechnung wird nach Verfahrenseröffnung automatisch gemäß § 96 Abs. 1 Nr. 3 InsO unwirksam. Unerheblich ist dabei, ob die Verrechnungen der Kundenschecks nur zur Rückführung der geduldeten Überziehung oder auch des eingeräumten Kredits geführt haben. Die Bank muss die eingezogenen Beträge vollumfänglich an den Insolvenzverwalter herausgeben, weil sie wusste, dass die Zahlungsunfähigkeit ihres Kunden drohte und die Vereinbarung des ausschließlichen Scheckeinzuges über sie andere Gläubiger benachteiligen würde.

Festzuhalten bleibt damit, dass im Falle der nur geduldeten Überziehung eine Anfechtbarkeit der Verrechnungslage nach § 130 InsO in Betracht kommt, sofern die Scheckeinlösung innerhalb der Krise erfolgt ist und kein Bargeschäft vorliegt. Weiter muss stets auch eine Anfechtbarkeit nach § 133 InsO in Erwägung gezogen werden, allerdings werden deren Voraussetzungen häufig nur schwer zu beweisen sein.

cc) Geltendmachung des Anspruchs aus §§ 675 Abs. 1, 670 BGB durch den Insolvenzverwalter innerhalb der Frist des § 146 InsO

Liegen die Anfechtungsvoraussetzungen nach § 133 Abs. 1 InsO danach vor, so wird die durch die Bank vorgenommene Verrechnung des eingezogenen Scheckbetrages mit Eröffnung des Insolvenzverfahrens gegen den Scheckeinreicher unwirksam. Die Forderung des Scheckeinreichers auf Herausgabe des eingezogenen Scheckbetrages lebt dann „für die Dauer und die Zwecke des Insolvenzverfahrens" wieder auf und kann vom Insolvenzverwalter geltend gemacht werden.[607]

Umstritten ist allerdings, welchen Verjährungsregeln die wieder aufgelebte Hauptforderung unterfällt, innerhalb welches Zeitraumes der Insolvenzverwalter sie also geltend machen muss.

In der Literatur wird zum Teil die Auffassung vertreten, die Forderung verjähre innerhalb der für sie sonst auch maßgeblichen Frist.[608] Der scheckrechtliche Herausgabeanspruch würde demnach drei Jahre nach seiner mit erfolgreicher Einlösung des Schecks erfolgenden Entstehung verjähren, § 195 BGB. *Ries* nimmt demgegenüber an, die Anfechtbarkeit der Aufrechnung wirke wie eine Novation der Forderung.[609] Der Insolvenzverwalter klage nicht die ursprüngliche Hauptforderung ein, sondern erhebe einen ausschließlich anfechtungsrechtlich begründeten Anspruch. Nach dieser Auffassung würde der Anspruch des Insolvenzverwalters somit drei Jahre nach Eröffnung des Insolvenzverfahrens verjähren. *Jacoby* hingegen ist der Auffassung, es gelte die Verjährungsfrist der wieder aufgelebten Forderung, diese beginne jedoch gemäß § 212 Nr. 1 BGB mit der Aufrechnungserklärung des Gläubigers erneut zu laufen.[610] Nach dieser Auffassung würde der scheckrechtliche Herausgabeanspruch somit drei Jahre nach der Verrechnung verjähren. Die wohl herrschende Meinung in der Literatur[611] und auch der Bundesgerichtshof[612] wenden § 146 Abs. 1 InsO entsprechend an und unterstellen damit die Verjährung der Hauptforderung der anfechtungsrechtlichen Ausübungsfrist.

Allein die letztgenannte Auffassung überzeugt. Aus § 96 Abs. 1 Nr. 3 InsO resultiert weder eine Novation der ursprünglichen Forderung, noch wird die ursprüngliche Verjährungsfrist in irgendeiner Form gehemmt, verlängert oder neu in Gang

---

607 Vgl. *Brandes* in: MünchKomm-InsO, § 96 Rn. 37; BGH, Urt. v. 9. Februar 2006 – IX ZR 121/03, ZIP 2006, 818 (820); BGH, Urt. v. 12. 7. 2007 – IX ZR 120/04 – ZIP 2007, 1467f.

608 *Kirchhof* WM 2002, 2037 (2039); *ders.* in: MünchKomm-InsO/, § 143 Rn. 52; *Jacoby* in: HambKomm-InsO, § 96 Rn. 25; *Heublein* ZIP 2000, 161 (164); *Henkel*, EWiR § 96 InsO, 2/06, 53 (54).

609 *Ries*, ZInsO 2005, 848 (849, 851).

610 *Jacoby*, KTS 2007, 229 (231 ff.).

611 *Kreft* WuB VI A. § 96 InsO 3.05; *Kroth* in: Braun, InsO, § 96 Rn. 18; *Grub*, DZWIR 2007, 83; *Wazlawik* EWiR § 146 InsO a.F. 1/07, 19–20; *Fischer*, WM 2008, 1 (7); wohl auch *Brandes* in: MünchKomm-InsO, § 96 Rn. 37.

612 BGH, Urt. v. 12. 7. 2007 – IX ZR 120/04 – ZIP 2007, 1467; BGH, Urt. v. 28. 9. 2006 – IX ZR 136/05 – BGHZ 169, 158–167 = NJW 2007, 78 ff.

gesetzt. Vielmehr ist zu berücksichtigen, dass die Wirkung des § 96 Abs. 1 Nr. 3 InsO allein dem Zweck des Insolvenzverfahrens dient und auf dessen Dauer begrenzt ist. Aus diesem Grunde kann es nicht auf die allgemeine bürgerlichrechtliche Anfechtungsfrist, sondern allein auf die spezialgesetzlich normierte insolvenzanfechtungsrechtliche Frist nach § 146 InsO ankommen. Der Insolvenzverwalter muss daher die Unwirksamkeit der Kontokorrentverrechnung innerhalb von drei Jahren (§ 146 InsO i.V.m. § 195 BGB) nach Eröffnung des Insolvenzverfahrens durch Klageerhebung geltend machen. Kommt der Verwalter dem nicht nach, dann kann sich die Bank auf die Versäumung dieser Frist berufen und § 96 Abs. 1 Nr. 3 InsO entfaltet keine Wirkung mehr.[613] Für die Bank bliebe es in diesem Fall – zu Lasten der Insolvenzmasse – dabei, dass ihre Forderung aus dem debitorischen Saldo durch Verrechnung mit dem eingezogenen Scheckbetrag insoweit erloschen ist. Macht der Insolvenzverwalter die Forderung hingegen rechtzeitig geltend, so muss die Bank den eingezogenen Scheckbetrag an die Masse herausgeben. Sie selbst kann ihre Forderung auf Rückzahlung des eingeräumten Kredites dann nur als Insolvenzforderung anmelden.[614]

b) Keine Anfechtbarkeit der Verrechnung nach den §§ 129ff. InsO

Kann somit im Einzelfall eine erfolgte Verrechnung des Scheckbetrages nach Eröffnung des Insolvenzverfahrens unwirksam gemäß § 96 Abs. 1 Nr. 3 InsO sein, so kommt es darauf, ob daneben eine selbständige Anfechtung der Verrechnung gemäß §§ 129ff. InsO möglich ist, nicht an. Denn die Verrechnung wird automatisch mit Verfahrenseröffnung unwirksam, so dass sich eine Anfechtungsklage des Insolvenzverwalters in diesem Zusammenhang erübrigt.[615]

3. Ergebnis zu den anfechtungsrechtlichen Problemen im Zusammenhang mit der Einreichung von Schecks durch den späteren Insolvenzschuldner

Die Insolvenzanfechtung wird bei Einreichung eines Schecks durch den späteren Insolvenzschuldner im Ergebnis also unter zwei Gesichtspunkten relevant.

Zum einen kommt eine Anfechtung von Sicherheiten in Betracht. Die aufgrund der Allgemeinen Geschäftsbedingungen zugunsten der einziehenden Bank vereinbarten und mit Einreichung eines Schecks zur Einziehung wirksam bestellten

---

613 Vgl. BGH, Urt. v. 12. 7. 2007 – IX ZR 120/04 – ZIP 2007, 1467f.
614 Vgl. BGH, Urt. v. 22. 7. 2004 – IX ZR 270/03 – ZIP 2004, 1912; *Brandes* in: MünchKomm-InsO, § 96 Rn. 37; *Lüke* in: Kübler/Prütting/Bork, § 96 Rn. 54; *Häsemeyer* in: Kölner Schrift zur Insolvenzordnung, S. 645 (657).
615 Begr. RegE zu § 108, BT-Drucks. 12/2443, S. 141; *Brandes* in: MünchKomm-InsO, § 96 Rn. 37; *Kroth* in: Braun, InsO, § 96 Rn. 15; *Zeuner* in: Leonhardt/Smid/Zeuner, InsO, § 96 Rn. 14, *Windel* in: Jaeger, InsO, § 96 Rn. 100; BGH, Urt. v. 9. 10. 2003 – IX ZR 28/03 – NZI 2004, 82ff.; Urt. v. 9. 6. 2005 – IX ZR 152/03 – NZI 2005, 499ff.; Urt. v. 9. 2. 2006 – IX ZR 121/03 – NZI 2006, 345; OLG Düsseldorf, ZInsO 2006, 45.

Sicherheiten sind stets inkongruent. Infolgedessen kann der Insolvenzverwalter die Sicherheiten in der Regel nach Verfahrenseröffnung gemäß § 131 InsO anfechten, sofern sich der Scheckeinreicher zum Zeitpunkt der Einreichung bereits in der Krise befunden hat. Ansonsten ist eine Anfechtung nach § 133 Abs. 1 InsO in Erwägung zu ziehen. Der Umstand, dass die genannten Sicherheiten inkongruent sind, führt dabei zu einer Beweiserleichterung dahingehend, dass der Benachteiligungsvorsatz des den Scheck einreichenden Insolvenzschuldners und die Kenntnis der Inkassobank hiervon vermutet werden.

Zum anderen kann die nach erfolgreicher Einziehung des Schecks erfolgende Verrechnung des eingezogenen Scheckerlöses mit dem debitorischen Kontosaldo des Scheckeinreichers nach § 96 Abs. 1 Nr. 3 InsO mit Eröffnung des Insolvenzverfahrens unwirksam werden. Dies setzt zunächst voraus, dass die Bank mit der Verrechnung nicht lediglich zuvor insolvenzfest erlangte Sicherheiten realisiert. Weiter ist nach den genauen Umständen der Verrechnung zu unterscheiden.

Erfolgt die Verrechnung zur Offenhaltung einer vereinbarten Kreditlinie, ist die Verrechnungslage nur dann gemäß § 130 InsO anfechtbar entstanden, wenn die Scheckeinlösung in der Krise erfolgt ist und zwischen Gut- und Lastschriften Zeiträume von mehr als zwei bzw. vier Wochen liegen, so dass nicht von einem bargeschäftsmäßigen Leistungsaustausch ausgegangen werden kann.

Führt die Verrechnung des eingezogenen Scheckbetrages zur Rückführung des ungekündigten Kontokorrentkredites, so ist die entstandene Verrechnungslage in der Regel gemäß § 131 Abs. 1 InsO anfechtbar, wenn die Scheckeinlösung in der Krise erfolgt ist. Nur dann, wenn der spätere Insolvenzschuldner den Scheck zwischen zwei und drei Monaten vor dem Eröffnungsantrag eingelöst hat und er zu diesem Zeitpunkt noch nicht zahlungsunfähig war, hängt die Anfechtbarkeit davon ab, ob die Bank wusste oder wissen musste, dass die entstehende Verrechnungslage andere Insolvenzgläubiger benachteiligen würde. Hier wirkt allerdings der Umstand der Inkongruenz einer Rückführung ungekündigter Kredite als Beweisanzeichen zu Lasten der Bank.

Hat die Bank einen Kontokorrentkredit bereits wirksam gekündigt, bevor mit erfolgreicher Einlösung des eingereichten Schecks die Verrechnungslage entsteht, so ist die durch die Verrechnung erlangte Deckung grundsätzlich kongruent. Eine Anfechtbarkeit der Verrechnungslage bei Einlösung des Schecks in der Krise kommt dann unter den engen Voraussetzungen des § 130 InsO in Betracht. Ist die Kreditkündigung ihrerseits nach § 130 Abs. 1 Nr. 1, Abs. 2 InsO anfechtbar, so erfüllt die nachfolgende Entstehung der Verrechnungslage mit Einlösung des Schecks in der Regel ebenfalls die Voraussetzungen des § 130 Abs. 1 Nr. 1, Abs. 2 InsO.

Ist das Konto des Scheckeinreichers bei Einlösung des Schecks über einen eingeräumten Dispositionskredit hinaus überzogen, so ist die entstehende Verrechnungslage kongruent und allenfalls gemäß § 130 Abs. 1 Nr. 1, Abs. 2 InsO anfechtbar.

Im Übrigen kommt in allen Fallkonstellationen stets eine Anfechtbarkeit der entstandenen Verrechnungslage nach § 133 InsO in Betracht. Ihr kommt insbesondere bei Scheckeinlösungen vor Beginn der Krise eigenständige Bedeutung zu.

In allen Fällen, in denen die Einlösung des Schecks zur anfechtbaren Entstehung der Verrechnungslage führt, wird die Verrechnung des eingezogenen Scheckbetrages mit dem debitorischen Kontosaldo des Insolvenzschuldners mit Verfahrenseröffnung gemäß § 96 Abs. 1 Nr. 3 InsO automatisch unwirksam. Der Insolvenzverwalter kann die Bank dann auf Zahlung des eingezogenen Betrages an die Masse in Anspruch nehmen. Ist die Verrechnungslage hingegen unanfechtbar entstanden, so hat die Bank die mit der vorgenommenen Verrechnung erlangte Befriedigung insolvenzfest erhalten.

III. Einlösung eines Schecks durch den späteren Insolvenzschuldner nach Anordnung eines allgemeinen Verfügungsverbotes

Die bisherigen Ausführungen betrafen den Fall, dass der Schuldner zwar möglicherweise bereits zahlungsunfähig, jedoch noch vollumfänglich verfügungsbefugt ist. Im Folgenden stellt sich nunmehr die Frage, ob und inwieweit der Schuldner zur Einreichung von Schecks und damit zur Erteilung von Inkassoaufträgen noch befugt ist, nachdem das Insolvenzgericht gegen ihn bereits ein allgemeines Verfügungsverbot nach den §§ 21 Abs. 2 Nr. 2 Hs. 1, 23, 24 InsO erlassen hat. Auch ist zweifelhaft, ob die Bank zum Einzug dieser eingereichten Schecks verpflichtet ist, ob und inwieweit die mit Scheckeinreichung bestellten Sicherheiten wirksam und insolvenzfest sind und ob die Bank den eingezogenen Scheckbetrag (insolvenzfest) mit dem Kontokorrent des mit einem Verfügungsverbot belegten Scheckeinreichers verrechnen kann.

Da außerdem mit Erlass eine allgemeinen Verfügungsverbotes über § 24 Abs. 1 InsO die §§ 81, 82 InsO Anwendung finden, stellt sich für den Scheckaussteller die Frage, ob er durch seine Scheckzahlung von seiner Schuld aus dem Valutaverhältnis frei wird oder möglicherweise damit rechnen muss, nach Verfahrenseröffnung vom Insolvenzverwalter erneut in Anspruch genommen zu werden.

1. Pflicht der Bank zur Ausführung/Fortführung des Inkassoauftrages

Reicht der mit einem Verfügungsverbot belegte Schuldner einen Scheck bei seiner Bank zum Einzug ein, so stellt sich für die Bank zunächst die Frage, ob sie zur Ausführung verpflichtet ist. Eine solche Verpflichtung der Bank zur Einziehung des eingereichten Schecks würde einen wirksamen Inkassoauftrag voraussetzen, in der Regel also eine im Rahmen des bestehenden Geschäftsbesorgungsverhältnisses zwischen Bank und Kunden erfolgende einseitige Weisung im Sinne von § 665 S. 1

BGB[616].[617] Im Rahmen der Abhandlung zur Insolvenz des Scheckausstellers ist dargestellt worden, dass der Verlust der Verfügungsbefugnis des späteren Insolvenzschuldners zur Folge hat, dass er Weisungen bzgl. des nach Verfahrenseröffnung in die Insolvenzmasse fallenden Vermögens im Rahmen bestehender Geschäftsbesorgungsverträge nicht mehr wirksam erteilen kann und dass bereits erteilte Weisungen mit Verlust der Verfügungsbefugnis unwirksam werden (siehe oben Teil 2 III.2).[618]

Reicht der spätere Insolvenzschuldner somit einen Scheck bei seiner Bank zu Einziehung ein, nachdem bereits ein Verfügungsverbot gegen ihn ergangen ist, so kommt dadurch – mangels wirksamer geschäftsbesorgungsrechtlicher Weisung – kein wirksamer Inkassoauftrag zustande. Der Schuldner kann Schecks, die in die spätere Insolvenzmasse fallen würden, nicht mehr einziehen, diese Möglichkeit fällt in den alleinigen Zuständigkeitsbereich des vorläufigen Insolvenzverwalters.[619] Es fehlt damit an einem wirksamen Inkassoauftrag und somit besteht keine Pflicht der Bank zur Durchführung des Scheckinkassos.

Verliert der spätere Insolvenzschuldner seine Verfügungsbefugnis hingegen erst, nachdem er bereits einen Auftrag zur Einziehung eines Schecks erteilt hat, aber noch bevor die Bank diesen auch ausgeführt hat (der Scheck also endgültig eingelöst ist), so ist der Inkassoauftrag zunächst wirksam entstanden. Nach der hier vertretenen Auffassung erlischt allerdings eine im Rahmen eines bestehenden Geschäftsbesorgungsverhältnisses erteilte, aber noch nicht ausgeführte Weisung mit Verlust der Verfügungsbefugnis (vgl. oben Teil 2 II.2.). In diesem Fall scheint zweifelhaft, ob die Bank den Scheck noch einziehen *muss* oder ob sie die Vorbehaltsgutschrift nicht sofort rückgängig machen und den Scheck an den Einreicher bzw. den vorläufigen Insolvenzverwalter zurückgeben kann. *Obermüller* vertritt hierzu die Meinung, dass die Bank dazu verpflichtet sei, den (begonnenen) Scheckeinzug trotzdem fortzusetzen.[620] *Nobbe* stimmt dem zu und meint ebenso wie *Obermüller*, dies ergebe sich aus einem Umkehrschluss aus §§ 115, 116 InsO.[621] Angesichts des Umstandes, dass der Inkassoauftrag mit Verlust der Verfügungsbefugnis unwirksam wird, kann dem jedenfalls mit dieser Begründung nicht gefolgt werden. Gleichwohl ist eine Pflicht der Bank zur Fortsetzung des Inkassos wegen der Besonderheiten des Scheckrechts in der Regel zu bejahen. Diese Pflicht ergibt sich aus dem in § 115 Abs. 2 InsO und in § 672 S. BGB, auf den § 27 KO als Vorgängervorschrift des § 115 Abs. 2 InsO noch verwiesen hat, enthaltenen Rechtsgedanken.

616 *Nobbe* in: Schimansky/Bunte/Lwowski, Bankrehtshandbuch I, § 61 Rn. 2.

617 Insoweit ist der Begriff des Inkasso*auftrages* missverständlich, da es sich nicht um einen eigenständigen Auftrag, sondern eine *Weisung* im Rahmen des bestehenden Geschäftsbesorgungsverhältnisses handelt.

618 Der in der Praxis kaum vorkommende Fall, dass der Einreicher den Scheck bei einer Bank einreicht, mit der er kein Konto unterhält und ihr dabei einen selbständigen Inkassoauftrag erteilt, soll bei dieser Untersuchung außen vor bleiben.

619 *Obermüller,* Insolvenzrecht in der Bankpraxis, Rn. 3.242; *Bork,* Zahlungsverkehr in der Insolvenz, Rn. 475.

620 *Obermüller,* Insolvenzrecht in der Bankpraxis, Rn. 3.253, 3.298.

621 *Nobbe* in: Schimansky/Bunte/Lwowski, Bankrechtshandbuch I, § 61 Rn. 60.

Soweit mit dem Aufschub eines Geschäfts Gefahr verbunden ist, gilt ein Auftrag nach diesen Vorschriften solange als fortbestehend, bis der in die Rechtstellung des vorherigen Auftraggebers Eintretende anderweitig Fürsorge treffen kann. Dies muss auch für den hier vorliegenden Fall gelten, in welchem das Weisungsrecht im Rahmen eines nicht erloschenen Geschäftsbesorgungsverhältnisses auf eine andere Person, nämlich den vorläufigen Insolvenzverwalter, übergegangen ist. Wegen der kurzen Vorlegungsfrist von Schecks wird man eine Gefahr für die spätere Insolvenzmasse in der Regel annehmen können.[622] Sie besteht darin, dass der vorläufige Insolvenzverwalter die selbständige verbriefte Forderung aus dem Scheck möglicherweise nicht mehr rechtzeitig durchsetzen und lediglich auf die zugrunde liegende Valutaforderung zurückgreifen kann. Führt die Bank das Inkassomandat somit fort und zieht den Scheckbetrag von der bezogenen Bank ein, so ist sie aus dem Girovertrag verpflichtet, den eingezogenen Betrag dem Konto des Einreichers gutzuschreiben[623] bzw. den Betrag an den vorläufigen Insolvenzverwalter auszukehren.

Festzuhalten bleibt somit, dass die Bank zur Ausführung bereits vor Verlust der Verfügungsbefugnis erteilter Einzugsaufträge verpflichtet bleibt. Erst nachher erteilte Einzugsaufträge sind hingegen von vornherein unwirksam, die Bank muss sie nicht ausführen.

2. Unwirksamkeit bzw. Anfechtbarkeit der mit Scheckhereinnahme zugunsten der Inkassobank bestellten Sicherheiten

Weiter stellt sich die Frage, ob die Bank in einem solchen Fall mit Hereinnahme des Schecks die AGB-mäßig vereinbarten Sicherheiten erlangt und – falls ja – inwieweit diese insolvenzfest sind.

Zu unterscheiden ist dabei zwischen zwei möglichen Fallkonstellationen:

Zum einen kommt der Fall in Betracht, dass der spätere Insolvenzschuldner seine Verfügungsbefugnis erst verliert, nachdem er den Scheck bereits bei seiner Bank zum Einzug eingereicht, aber noch bevor diese den Auftrag auch ausgeführt hat. Da der spätere Insolvenzschuldner in diesem Fall zum Zeitpunkt der Hingabe des Schecks an die Bank noch verfügungsbefugt ist, erlangt die Bank zunächst wirksam die in den AGB vereinbarten Sicherheiten. Diese erweisen sich allerdings bei genauerer Betrachtung in diesem Fall durchweg als nicht insolvenzfest. Da die betreffenden Sicherheiten inkongruent sind (siehe oben Teil 3 II.1.a)) und die Bank sie nicht früher als einen Monat vor Stellen des Insolvenzantrages erworben hat, nachdem bereits Insolvenzantrag gegen den Scheckeinreicher gestellt worden ist, sind sie stets nach § 131 Abs. 1 Nr. 1 InsO anfechtbar. Relevant ist dies vor allem

---

622 So zum bereits eröffneten Verfahren auch *Nobbe* in: Schimansky/Bunte/Lwowski, Bankrechtshandbuch I, § 61 Rn. 74; zur KO: *Canaris*, Bankrechtshandbuch, Rn. 824.
623 Insoweit übereinstimmend *Nobbe* in: Schimansky/Bunte/Lwowski, Bankrechtshandbuch I, § 61 Rn. 60.

deswegen, weil sich aus den Sicherheiten somit keine Grundlage für die Insolvenzfestigkeit einer im Anschluss vorgenommenen Verrechnung ergeben kann, jedenfalls dann nicht, wenn der Insolvenzverwalter die Sicherheitenbestellung nach der endgültigen Verfahrenseröffnung anficht (siehe Teil 3 II.2.a)bb)(1)(c)i.[624])

Zum anderen ist es möglich, dass der spätere Insolvenzschuldner zum Zeitpunkt der Scheckeinreichung seine Verfügungsbefugnis bereits verloren hat. In diesem Fall erwirbt die Bank keine der in den AGB vereinbarten Sicherheiten. Da die Bestellung der Sicherheiten eine Verfügung über nach der Verfahrenseröffnung vom Insolvenzbeschlag erfasstes Vermögen darstellen würde, ist sie gemäß §§ 24 Abs. 1, 81 InsO unwirksam.[625]

Für die Übertragung des Sicherungseigentums am betreffenden Scheck gemäß Nr. 15 Abs. 1 AGB-Banken (§ 15 Abs. 1 AGB-Postbank/Nr. 25 Abs. 1 AGB-Sparkassen) sowie die Entstehung eines Pfandrechts gemäß Nr. 14 Abs. 1 AGB-Banken (§ 14 Abs. 1 AGB-Postbank/Nr. 21 AGB-Sparkassen)ist dies offensichtlich. Gemäß § 929 S. 1 BGB bzw. § 1205 S. 1 BGB ist für die Wirksamkeit der Verfügung nämlich auch die Übergabe der Sache, also des Schecks, erforderlich. Obwohl daher mit Abschluss des Bankvertrages und Einbezug der AGB bereits eine antizipierte Einigung bzgl. der Übertragung des Sicherungseigentums und der Bestellung eines Pfandrechts am eingereichten Scheck vorliegt[626], sind damit noch nicht alle Erfordernisse des Übertragungsaktes erfüllt. Es fehlt noch an der Übergabe des Schecks. Erfolgt die Übergabe durch den (späteren) Insolvenzschuldner aber erst nach Verlust von dessen Verfügungsbefugnis, dann steht § 81 InsO der Wirksamkeit der Verfügung entgegen.

Zweifelhaft scheint die Rechtslage indes für die gemäß Nr. 15 Abs. 2 AGB-Banken (§ 15 Abs. 2 AGB-Postbank/Nr. 25 Abs. 2 AGB-Sparkassen) erfolgende Sicherungszession der dem Scheck zugrunde liegenden Forderung. Die Übertragung einer Forderung wird nämlich durch bloße Einigung wirksam, so dass die antizipierte Vereinbarung in den AGB bereits die Erfordernisse des Übertragungsaktes erfüllen könnte. Wäre dies der Fall, dann könnte der nachfolgende Verlust der Verfügungsbefugnis den Erwerb der Forderung durch die Bank nicht mehr verhindern, weil es an einer Verfügung des Schuldners nach Eintritt der Verfügungsbeschränkung fehlen würde. Zwar ordnet § 91 InsO in Äquivalenz zu § 81 InsO an, dass Rechte an Gegenständen der Insolvenzmasse nach Eröffnung des Insolvenzverfahrens nicht wirksam erworben werden können, auch wenn keine Verfügung des Schuldners vorliegt. Jedoch ist § 91 InsO (im Gegensatz zu § 81 InsO) im Eröffnungsverfahren nicht anwendbar, da es an einer § 24 Abs. 1 InsO entsprechenden Vorschrift fehlt.[627]

So hat der Bundesgerichtshof noch unter Geltung der Konkursordnung ausgeführt, der Entstehung eines Pfändungspfandrechtes an zukünftigen Forderungen stehe der nachträgliche Verlust der Verfügungsbefugnis des Schuldners selbst dann nicht entgegen, wenn die gepfändete Forderung erst nach Verlust der Verfügungsbefugnis entstehe.[628] Für den Fall der Globalzession hat der Bundesgerichtshof dann unter Geltung der Insolvenzordnung ausgeführt, dort sei der Umfang der in Zukunft auf den Gläubiger übergehenden Forderungen des Insol-

---

624 Davon, dass der Insolvenzverwalter ein ihm zustehendes Anfechtungsrecht auch ausübt, ist auszugehen, weil er sonst Gefahr läuft, sich nach § 60 InsO gegenüber den Gläubigern schadensersatzpflichtig zu machen, vgl. *Smid*, Praxishandbuch Insolvenzrecht, § 20 Rn. 8.
625 *Obermüller*, Insolvenzrecht in der Bankpraxis, Rn. 3.296; *Bork*, Zahlungsverkehr in der Insolvenz, Rn. 472.
626 Vgl. *Nobbe* in: Schimansky/Bunte/Lwowski, Bankrechtshandbuch I, § 61 Rn. 15, 17.
627 Vgl. nur BGH, Urt. v. 14. 12. 2006 – IX ZR 102/03 – BGHZ 170, 196 ff. = ZIP 2007, 278 f.
628 BGH, Urt. v. 20. 3. 1997 – IX ZR 71/96 – BGHZ 135, 140 ff. = ZIP 1997, 737 ff.

venzschuldners in abstrakter Form rechtlich bindend festgelegt und enthalte bereits alle Merkmale des Übertragungstatbestandes.[629] Darauf bezugnehmend hat das OLG Köln zu Recht angenommen, dass ein allgemeines Verfügungsverbot keine Auswirkungen auf bereits zuvor im Rahmen der Globalzession im Voraus abgetretene, aber erst hinterher entstandene Forderungen habe.[630] Würde man dies auch für die Sicherungszession nach Nr. 15 Abs. 2 AGB-Banken (§ 15 Abs. 2 AGB-Postbank/Nr. 25 Abs. 2 AGB-Sparkassen) annehmen, so würde die Bank bei Einreichung des Schecks durch den späteren Insolvenzschuldner nach Verlust von dessen Verfügunsgbefugnis zwar weder das Sicherungseigentum noch ein Pfandrecht am eingereichten Scheck erwerben, immerhin aber die zugrunde liegende Forderung. Dies ist allerdings nicht der Fall. Im Gegensatz zur Globalzession und zur bereits erfolgten Pfändung zukünftiger Forderungen kann der Schuldner über die dem Scheck zugrunde liegende Forderung zwar nicht zu Lasten der Insolvenzgläubiger verfügen, wohl aber zu Lasten der Bank.[631] Ob er den Scheck bei dieser oder bei jener Bank einreicht und so entweder der einen oder der anderen die zugrunde liegende Forderung abtritt, liegt in seinem Belieben. Damit ist der Verfügungstatbestand zugunsten der Inkassobank bezüglich der dem Scheck zugrunde liegenden Forderung noch nicht zum Zeitpunkt der AGB-Vereinbarung vollständig erfüllt, sondern erst zum Zeitpunkt der Einreichung des betreffenden Schecks. Dann aber muss der Insolvenzschuldner auch noch in diesem Moment verfügungsbefugt sein. Auch die Sicherungsabtretung der dem Scheck zugrunde liegenden Forderung gemäß Nr. 15 Abs. 2 AGB-Banken (§ 15 Abs. 2 AGB-Postbank/Nr. 25 Abs. 2 AGB-Sparkassen) ist somit, wenn der Scheck erst nach Erlass eines allgemeinen Verfügungsverbotes eingereicht wird, nach §§ 24 Abs. 1, 81 InsO unwirksam.

Ein nach dem Scheckrecht grundsätzlich möglicher gutgläubiger Erwerb scheitert an den insolvenzrechtlichen Sonderregelungen. Die Legitimation einer nach Einziehung des Scheckbetrages vorgenommenen Verrechnung durch die Bestellung von Sicherheiten kommt somit auch in dieser Fallkonstellation nicht in Betracht. Mangels wirksamer Sicherheitenbestellung kann es sich bei der Verrechnung nämlich nicht um deren Realisierung handeln.

3. Berechtigung der Inkassobank zur Einziehung des Schecks

Leitet die Inkassobank einen Scheck des späteren Insolvenzschuldners an die bezogene Bank weiter, so stellt sich die Frage, wie sich der Verlust der Verfügungsbefugnis des Einreichers auf die Rechtsstellung der Inkassobank auswirkt und ob sie zur Einziehung des Schecks überhaupt berechtigt ist.

Zur Beantwortung dieser Frage ist es erforderlich, zunächst die Rolle der Inkassobank im Scheckeinzugsverfahren im Allgemeinen genauer zu betrachten. Mit der Erteilung eines Inkassoauftrages räumt der Scheckeinreicher der Inkassobank die Möglichkeit ein, den eingereichten Scheck bei der bezogenen Bank einzuziehen, indem der Schecknehmer seiner Bank entweder eine Einziehungsvollmacht, eine Einziehungsermächtigung, eine Verwaltungs- oder eine Sicherheitstreuhand ein-

---

629 BGH, Urt. v. 29. 11. 2007 – IX ZR 30/07 – BGHZ 174, 297 ff. = ZIP 2008, 183 ff.
630 OLG Köln, Urt. v. 30. 4. 2008 – 2 U 106/07, Rn. 37 ff. (zit. n. juris).
631 Vgl. BGH, Urt. v. 29. 11. 2007 – IX ZR 30/07 – BGHZ 174, 297 ff. = ZIP 2008, 183 ff.

räumt.[632] In der Regel erwirbt die Inkassobank Sicherungseigentum: Banken erwerben gemäß Nr. 15 Abs. 1 S. 1 AGB-Banken unbedingtes Sicherungseigentum an ihnen zum Einzug eingereichten Schecks, die Postbank gemäß Nr. 15 Abs. 1 S. 1 AGB-Postbank. Eine Sparkasse hingegen erwirbt das Sicherungseigentum gemäß Nr. 25 Abs. 1 AGB-Sparkassen nur aufschiebend bedingt für den Fall, dass der Scheck nach Erteilung einer Vorbehaltsgutschrift zugunsten des Einreichers nicht erfolgreich bei der bezogenen Bank eingelöst wird. Allerdings erwirbt sie nach Nr. 21 Abs. 1 u. 3 AGB-Sparkassen bereits mit Einreichung ein Pfandrecht an dem Scheck, so dass sie gemäß § 1294 BGB sofort zur Einziehung des Schecks berechtigt ist und im Ergebnis keine Unterschiede zum Inkasso durch Banken und Postbank bestehen.

Reicht der bereits mit einem Verfügungsverbot belegte spätere Insolvenzschuldner einen Scheck bei seiner Bank zur Einziehung ein, so erwirbt diese nach dem zuvor gesagten weder das (auch nur bedingte) Sicherungseigentum an dem eingereichten Scheck, noch ein Pfandrecht. In diesem Fall fehlt der Inkassobank somit die materielle Berechtigung, den Scheck bei der bezogenen Bank einzuziehen, sie zieht den Scheck als materiell Nichtberechtigte ein. Allerdings ist die Inkassobank zumindest formell zur Einziehung legitimiert, denn sie kann den Scheck vorlegen. Die Situation weist damit deutliche Ähnlichkeit mit dem Fall der Einlösung abhanden gekommener Schecks auf. Auch dort legt jemand einen Scheck zu Einlösung vor und legitimiert sich damit formell als rechtmäßiger Inhaber, obwohl ihm der Scheck materiell nicht zusteht. Auf diese Parallelen wird später auch bei der Untersuchung des Valutaverhältnisses noch genauer einzugehen sein.

Reicht der Schuldner einen Scheck hingegen bei seiner Bank ein, noch bevor das Insolvenzgericht gegen ihn ein Verfügungsverbot erlassen hat, so erlangt die Bank zunächst wirksames Sicherungseigentum bzw. jedenfalls ein Pfandrecht an dem eingereichten Scheck. Demzufolge ist sie zur Einziehung dieses Schecks zunächst nicht nur formell, sondern auch materiell berechtigt. Dieser Umstand darf allerdings nicht darüber hinwegtäuschen, dass die Bank diese Berechtigung und damit ihren Anspruch auf den Scheckerlös lediglich anfechtbar erlangt hat.

Für die Rechtsstellung der Inkassobank bleibt damit zunächst Folgendes festzuhalten: Die Inkassobank zieht einen Scheck dann als materiell Nichtberechtigte ein, wenn der Einreicher bereits zum Zeitpunkt der Scheckeinreichung mit einem Verfügungsverbot belegt war. Hat der Einreicher seine Verfügungsbefugnis hingegen erst verloren, nachdem er den Scheck bereits bei der Inkassobank eingereicht hat, so ist diese zur Einziehung materiell legitimiert. Allerdings kann der Insolvenzverwalter den eingezogenen Betrag nach Verfahrenseröffnung gemäß § 143 Abs. 1 InsO zur Masse ziehen, wenn er die Sicherheitenbestellung und damit die Legitimation der Inkassobank anficht. Dies wird er in der Regel auch tun.

---

632 *Nobbe* in: Schimansky/Bunte/Lwowski, Bankrechtshandbuch I, § 61 Rn. 7.

4. Belastungsrecht der bezogenen Bank trotz Verfügungsverbot des Scheckeinreichers

Entspricht es also nach dem eben gesagten dem Regelfall, dass die Inkassobank einen Scheck als materiell Nichtberechtigte bei der bezogenen Bank einzieht, wenn der Scheckeinreicher mit einem insolvenzrechtlichen Verfügungsverbot belegt ist, so stellt sich aus Sicht der bezogenen Bank die Frage, ob sie das Konto des Scheckausstellers in einem solchen Fall überhaupt belasten darf, wenn sie den Scheckbetrag an die Inkassobank überweist. Diese Frage wird in der hierzu vorhandenen Fachliteratur in der Regel nicht erörtert, im Ergebnis aber wohl bejaht.

So beschäftigen sich etwa *Nobbe*[633] und *Obermüller*[634] in ihrer Darstellung zur Insolvenz des Scheckeinreichers allein mit dem Verhältnis zwischen dem Einreicher und der Inkassobank. *Bork*[635] führt aus, der Scheckaussteller könne sich seiner Haftung nicht mehr entziehen und den Scheckeinzug auch nicht mehr verhindern.

Diese vermeintliche Selbstverständlichkeit verwundert allerdings. Zahlt die bezogene Bank nämlich auf einen eingereichten Scheck an einen materiell Nichtberechtigten, so bedarf die Belastung des Ausstellerkontos einer besonderen Begründung. Denn der Aussteller weist die bezogene Bank mit dem Scheck an, *nur* an den *berechtigten Scheckinhaber* zu zahlen.[636]

a) *Parallele zur Fallgruppe des „abhanden gekommenen Schecks"*

Es wurde bereits erwähnt, dass diese Fallkonstellation deutliche Ähnlichkeiten mit der Einlösung eines abhanden gekommenen Schecks aufweist. Auch dort löst ein zwar nicht materiell, aber immerhin formell Berechtigter einen Scheck ein. Es liegt somit nahe, den Fall des Verlustes der Verfügungsbefugnis des Schecknehmers ebenso zu behandeln, wie ein Abhandenkommen des Schecks. Denn verliert der Schecknehmer seine Verfügungsbefugnis, so ist allein die (spätere) Insolvenzmasse materiell scheckberechtigt. Der Schecknehmer kann sich allerdings durch den Besitz des Schecks und möglicherweise durch seine Benennung auf dem Scheckformular formell legitimieren.

Literatur[637] und Rechtsprechung[638] gewähren der bezogenen Bank in einem solchen Fall der Zahlung an einen materiell Nichtberechtigten das Recht, das Konto

---

633 *Nobbe* in: Schimansky/Bunte/Lwowski, Bankrechtshandbuch I, § 61 Rn. 59ff.
634 *Obermüller*, Insolvenzrecht in der Bankpraxis, Rn. 3.232ff.
635 *Bork*, Zahlungsverkehr in der Insolvenz, Rn. 457.
636 *Canaris,* Bankvertragsrecht, Rn. 721; *Haertlein,* Der abhanden gekommene Inhaberscheck, S. 162.
637 *Canaris,* WM 1980, 354 (365); *Baumbach/Hefermehl/Casper,* Art. 21 ScheckG Rn. 11ff.; *Nobbe* in: Schimansky/Bunte/Lwowski, Bankrechtshandbuch I, § 61 Rn. 185; *Hopt* in: Baumbach/Hopt, HGB, (7) BankGesch Rn. E/2; *Horn* in: Heymann/Horn, HGB, Anhang § 372 Bankgeschäfte, Rn. V/110; *Ulmer,* Das Recht der Wertpapiere, S. 321.
638 BGH, Urt. v. 30. 9. 2003 – XI ZR 232/02 – ZIP 2003, 2196ff.; Urt. v. 15. 2. 2000 – XI ZR 186/99 – ZIP 2000, 693ff.; Urt. v. 12. 12. 1995 – XI ZR 58/95 – WM 1996, 248; B. v. 31. 10. 1995 – XI ZR 69/95 – NJW 1996, 195f.; Urt. 20. 1. 1969 – II ZR 22/66 – WM 1969, 240; OLG München, Urt. v. 17. 12. 1997 – 3 U 4563/96 – OLG-Report München 1998, 152 (153).

des Scheckausstellers zu belasten, sofern die Bank bei der Einlösung gutgläubig und höchstens leicht fahrlässig gehandelt hat. Dieses weitgehend übereinstimmende Ergebnis wird teilweise unterschiedlich begründet.[639] So argumentiert etwa *Canaris*[640] mit dem spezifisch wertpapierrechtlichen Rechtsscheinsschutz, während etwa *Nobbe*[641] und *Hopt*[642] ihre Auffassung auf die ausdrückliche Regelung des Belastungsrechts in Nr. 3 Abs. 2 Scheckbedigungen stützen. Der Bundesgerichtshof führt aus, der bezogenen Bank stehe aus der Einlösung eines Schecks ein Aufwendungsersatzanspruch gemäß § 670 BGB zu, wenn ihr bei der Prüfung der Berechtigung des Einreichers kein grobes Verschulden anzulasten sei.[643]

b) Nichtbeachtung des Verfügungsverbotes nur bei positiver Kenntnis oder grob fahrlässiger Unkenntnis der bezogenen Bank vorwerfbar

Kommt danach grundsätzlich ein Belastungsrecht der bezogenen Bank auch dann in Betracht, wenn sie den von einem materiell Nichtberechtigten vorgelegten Scheck einlöst, so stellt sich die Frage, ob dies auch dann gilt, wenn die materielle Nichtberechtigung auf einem insolvenzrechtlichen Verfügungsverbot beruht.

Dann müsste die bezogene Bank auch in diesem Falle mit Einlösung des Schecks einen Aufwendungsersatzanspruch gemäß §§ 675, 670 BGB erlangen, den sie in das Kontokorrent einstellen und verrechnen könnte (vgl. oben Teil 1 V.3.). Ein solcher Anspruch setzt gemäß § 670 BGB voraus, dass die Bank mit der Auszahlung des Scheckbetrages Aufwendungen getätigt hat, die sie „den Umständen nach für erforderlich“ halten durfte. Die Erforderlichkeit bemisst sich dabei nach einem gemischt subjektiv-objektiven Maßstab.[644] Entscheidend ist daher eine Beurteilung *ex ante* aus der Sicht eines nach angemessener Prüfung sorgfältig Handelnden.[645] In der hier untersuchten besonderen Fallkonstellation der Scheckeinreichung im Eröffnungsverfahren ist damit nicht nur fraglich, in welchem Umfang die bezogene Bank die materielle Berechtigung eines Scheckeinreichers generell überprüfen muss, sondern auch, inwieweit sie dabei einen etwaigen nachträglichen Verlust der ursprünglichen Berechtigung durch ein insolvenzrechtliches Verfügungsverbot berücksichtigen muss.

Für Inhaberschecks gilt, dass bereits ihr bloßer Besitz den Einreicher formell legitimiert, indem sich aus § 1006 BGB die widerlegliche Vermutung ergibt dass der Scheckeinreicher auch der materiell Berechtigte ist.[646] Eine generelle Pflicht der Bank, die materielle Berechtigung des Einreichers genau zu überprüfen, besteht

---

639 Vgl. zum Meinungsstand im Einzelnen die genaue Darstellung bei *Haertlein*, Der abhanden gekommene Inhaberscheck, S. 163 ff.
640 *Canaris*, WM 1980, 354 (365).
641 *Nobbe* in: Schimansky/Bunte/Lwowski, Bankrechtshandbuch I, § 61 Rn. 185.
642 *Hopt* in: Baumbach/Hopt, HGB, (7) BankGesch Rn. E/2.
643 BGH, B. v. 31. 10. 1995 – XI ZR 69/95 – NJW 1996, 195 f.
644 *Seiler* in: MünchKomm-BGB, § 670 Rn. 9.
645 RG, Urt. v. 13. 11. 1935 – RGZ 149, 205 (207); BGH, Urt. v. 19. 9. 1985 – IX ZR 16/85 – NJW 1986, 330 (313); *Seiler* in: MünchKomm-BGB, § 670 Rn. 9.
646 *Gursky* in: Staudinger-BGB, § 990 Rn. 61.

daher nicht. Sie kann sich aber aus Umständen ergeben, die den Verdacht nahe legen, dass der Einreicher nicht der Berechtigte ist.[647] Wann dies der Fall ist, dazu hat sich eine umfangreiche Kasuistik herausgebildet, deren Gemeinsamkeiten *Nobbe* wie folgt zusammenfasst:

„[Die Bank handelt mit Einlösung des Schecks dann grob fahrlässig], wenn die im Zeitpunkt des Scheckerwerbs bekannten Umstände so ungewöhnlich und verdächtig erscheinen, dass die Bank sich bei einfachster Überlegung einer Erkundigungspflicht nicht entziehen kann, ohne sich nach der verständigen Auffassung der beiderseitigen Handelskreise dem Vorwurf eines leichtfertigen Verhaltens auszusetzen."[648]

So begründet etwa die Personenverschiedenheit des im Scheck als Schecknehmer Bezeichneten und des Einreichers (sog. Disparität) unter Umständen eine besondere Prüfungspflicht der bezogenen Bank, was unten (in Teil 4 III.) noch von Bedeutung sein wird. Da der verfügungsbeschränkte Scheckeinreicher ursprünglich allerdings tatsächlich materiell legitimiert war – seine Nichtberechtigung beruht allein auf dem Verlust seiner Verfügungsbefugnis –, wird sich der Verlust der Berechtigung der Bank nicht aus Gründen aufdrängen, wie sie in der Fallgruppe der abhanden gekommenen Schecks vorkommen, wie etwa Disparität[649]. Im Gegenteil ist ein Verschulden der bezogenen Bank, welches ihr Belastungsrecht ausschließen könnte, in diesem Fall nur dann denkbar, wenn diese grob fahrlässig das allgemeine Verfügungsverbot des Scheckeinreichers missachtet hat. Ein solcher Vorwurf kann der bezogenen Bank aus mehreren Gründen nicht gemacht werden: Zunächst ist eine grob fahrlässige Missachtung des Verfügungsverbotes nur dann denkbar, wenn der Scheckeinreicher bereits zum Zeitpunkt der Scheckeinreichung mit einem Verfügungsverbot belegt war. Eine Berücksichtigung des nachträglichen Wegfalls der materiellen Berechtigung des Einreichers bzw. von diesem abgeleitet der Inkassobank aufgrund einer Insolvenzanfechtung, würde nämlich der gebotenen *ex-ante*-Sichtweise widersprechen. Selbst dann aber, wenn der Schecknehmer bereits zum Zeitpunkt der Einreichung mit einem Verfügungsverbot belegt war, kann der bezogenen Bank nicht die Pflicht aufgebürdet werden, zu überprüfen, ob der Schecknehmer verfügungsbefugt ist (und ob der betreffende Scheck in die spätere Insolvenzmasse fallen würde, denn nur dann wäre der Schecknehmer zur Einlösung nicht materiellrechtlich legitimiert, vgl. zum entsprechenden Problem im eröffneten Verfahren die Ausführungen unten Teil 3 IV.5.). Zu bedenken ist nämlich, dass es an dieser Stelle – im Verhältnis zwischen Scheckaussteller und bezogener Bank – nicht um die Frage nach insolvenzrechtlichem Gläubigerschutz geht, der es möglicherweise rechtfertigen würde, entsprechend § 82 InsO eine Kenntnis der bezogenen Bank nach Bekanntmachung des Verfügungsverbotes zu vermuten. Es geht hier allein um die wertpapierrechtliche Verteilung des Haftungsrisikos.

---

647 *Gursky* in: Staudinger-BGB, § 990 Rn. 61; *Nobbe* in: Schimansky/Bunte/Lwowski, Bankrechtshandbuch I, § 61 Rn. 193; *Baumbach/Hefermehl/Casper*, Art. 21 ScheckG Rn. 28 ff.

648 *Nobbe* in: Schimansky/Bunte/Lwowski, Bankrechtshandbuch I, § 61 Rn. 193 m. umfangr. Nachw. aus d. Rspr.

649 Vgl. OLG Karlsruhe, Urt. v. 3. 4. 2007 – 17 U 292/05 – ZIP 2007, 857 m. Anm. *Schmors* in: jurisPR-InsR 17/2007.

III. Scheckeinlösung nach Anordnung eines allgemeinen Verfügungsverbotes

Das insolvenzrechtlich begründete Risiko, dass die Hingabe eines Schecks trotz erfolgreicher Einlösung durch den Gläubiger im Verhältnis zwischen dem Scheckaussteller und dem verfügungsbeschränkten Schecknehmer ausnahmsweise keine Schuldbefreiung nach sich zieht, liegt aber im Grundsatz beim Scheckaussteller.

Daraus folgt, dass die bezogene Bank berechtigt ist, dass Konto des Scheckausstellers zu belasten, wenn sie den Scheck einem formell legitimierten, aber in seiner Verfügung beschränktem Einreicher einlöst, sie erlangt dann einen Aufwendungsersatzanspruch nach §§ 675, 670 BGB.

5. Insolvenzfestigkeit der Verrechnung des eingezogenen Scheckbetrages

Hat die Inkassobank den Scheckbetrag erfolgreich eingezogen, so wird sie ihn mit dem Kontokorrent des Scheckeinreichers verrechnen. Wie bereits zuvor erläutert, handelt es sich bei der verrechneten Forderung in einem solchen Fall um den Herausgabeanspruch gemäß §§ 670, 667 BGB: der Geschäftsbesorger muss dem Geschäftsherrn alles, was er aus der Geschäftsbesorgung erlangt, herausgeben. Zieht die Inkassobank den Scheckbetrag allerdings trotz Unwirksamkeit des erteilten Inkassoauftrages bei der bezogenen Bank ein, so könnte man meinen, weder der Scheckeinreicher noch der vorläufige Insolvenzverwalter hätten einen Anspruch auf Auskehr des eingezogenen Scheckerlöses, sofern der Inkassoauftrag unwirksam ist. Jedoch liegt der Beziehung zwischen Inkassobank und Scheckeinreicher der nach wie vor wirksame Girovertrag zugrunde, aus dem die Bank gemäß § 667 BGB verpflichtet ist, alles was Sie im Rahmen der Geschäftsbeziehung erlangt, an ihren Kunden herauszugeben (bzw. dessen Konto gutzuschreiben)[650]. Den Zahlungsanspruch (bzw. die Gutschrift) kann die Bank mit dem Kontokorrent verrechnen. Der Herausgabeanspruch des Scheckeinreichers entsteht mit erfolgreicher Einlösung des Schecks[651], so dass im gleichen Moment die ihm zuvor von der Inkassobank erteilte Vorbehaltsgutschrift endgültig wird[652]. Die Inkassobank verrechnet diese Gutschrift für den eingezogenen Scheckbetrag mit dem Kontosaldo ihres Kunden.

Soweit das Konto des Scheckeinreicher zu diesem Zeitpunkt einen debitorischen Saldo aufweist, führt eine solche Verrechnung zur Befriedigung der Bank. Es stellt sich daher die Frage, ob die Verrechnung nach Verfahrenseröffnung Bestand hat.

Der Erlass eines allgemeinen Verfügungsverbotes hat keine Auswirkungen auf die antizipierte Verrechnungsvereinbarung im Rahmen des Kontokorrentvertrages[653] und steht damit einer Verrechnung zunächst nicht entgegen.[654] In Betracht kommt

---

650 Vgl. *Schimansky* in: Schimansky/Bunte/Lwowski, Bankrechtshandbuch I, § 47 Rn. 10ff.
651 Siehe dazu Teil 3 II.2.a)bb)(1)(c)iv.
652 Siehe Teil 1 V.2.
653 OLG München, Urt. v. 21. 12. 2001 – 23 U 4002/01 – WM 2002, 621 (624).
654 *Obermüller,* Insolvenzrecht in der Bankpraxis, Rn. 3.299; a.A. *Nobbe* in: Schimansky/Bunte/Lwowski, Bankrechtshandbuch I, § 61 Rn. 60: allenfalls Aufrechnung.

jedoch auch hier, dass die Inkassobank die Verrechnungsmöglichkeit anfechtbar erlangt hat und die Verrechnung mit der endgültigen Verfahrenseröffnung automatisch gemäß § 96 Abs. 1 Nr. 3 InsO unwirksam wird. Ob dies der Fall ist, ist nach den oben erarbeiteten Grundsätzen zu beurteilen, mit dem Unterschied, dass nunmehr zusätzlich die Besonderheiten zu berücksichtigen sind, die sich aus dem gegen den Scheckeinreicher ergangenen Verfügungsverbot ergeben.

a) Keine Anfechtbarkeit bei Kontogutschrift im Rahmen eines kreditorischen Saldos

Erfolgt die Gutschrift des eingezogenen Scheckbetrages auf einem Konto des Schuldners, das einen positiven oder jedenfalls neutralen Saldo aufweist, so stellt sich die Frage einer anfechtbar erlangten Verrechnungslage überhaupt nicht. Denn in diesem Fall bestehen zunächst überhaupt keine Ansprüche der Bank, mit denen sie verrechnen könnte. Probleme können sich allenfalls dadurch ergeben, dass die Bank nach erfolgter Verrechnung den betreffenden Betrag an den Kontoinhaber auszahlt oder weitere Verfügungen per Überweisung, Scheck o. ä. zulässt. In einem solchen Fall wird die Bank gemäß § 24 Abs. 1 InsO nur unter den Voraussetzungen des § 82 InsO von ihrer Leistungspflicht aus der Guthabenschuld frei. Insoweit kann auf die ausführliche Darstellung dieser Problematik nach oben (Teil 2 III.5. b)bb)(3)) verwiesen werden.[655]

b) Anfechtbarkeit bei Kontogutschrift im Rahmen eines debitorischen Saldos

Weist das Konto des Scheckeinreichers bei Eingang des eingezogenen Scheckbetrages einen negativen Kontosaldo auf, so kann die dadurch entstandene Verrechnungslage anfechtbar sein und die vorgenommene Verrechnung mit Verfahrenseröffnung gemäß § 96 Abs. 1 Nr. 3 InsO unwirksam werden.

aa) Anfechtbarkeit der Verrechnungslage gemäß § 131 InsO und § 133 InsO bei Verrechnung im Rahmen einer vereinbarten, ungekündigten Kreditlinie

Führt die Verrechnung eines eingezogenen Scheckerlöses zur Rückführung eines bisher ungekündigten und damit noch nicht zur Rückzahlung fälligen Kontokorrentkredites, so liegt darin im Grundsatz eine inkongruente Deckung zugunsten der Bank, weil ein diesbezüglicher Anspruch ihrerseits fehlt.[656] Oben ist zwar ausgeführt worden, dass die mit Einziehung des Schecks zugunsten der Bank entstehende Verrechnungslage trotz ungekündigten Kontokorrentkredites dennoch kongruent ist, wenn die Bank die vereinbarte Kreditlinie weiterhin offen hält und soweit der spätere Insolvenzschuldner sie auch tatsächlich wieder in Anspruch nimmt. In der hier vorliegenden Fallkonstellation ist allerdings das Verfügungsverbot des Schuldners zu berücksichtigen. Der verfügungsbeschränkte Schuldner kann einen ihm eingeräumten Kreditrahmen nicht mehr wirksam abrufen (siehe dazu bereits Teil 2 III.5.b)cc)(1)). Somit ist es zwar möglich, dass die Bank in Un-

655 Siehe im Einzelnen Teil 2 III.5.b)bb)(3).
656 Siehe oben Teil 3 II.2.a)bb)(2)(a).

kenntnis des Verfügungsverbotes nach Zahlungseingängen per Scheck noch weitere Verfügungen des Schuldners zu Lasten des bereits debitorischen Kontos zulässt und so gutgläubig einen Aufwendungsersatzanspruch erlangt, den sie später als Insolvenzforderung geltend machen kann.[657] Allerdings muss es in diesem Fall bei dem Grundsatz bleiben, dass die Rückführung des ungekündigten Kontokorrentkredites aufgrund des Einzuges von Schecks und anschließender Verrechnung inkongruent ist. Die Offenhaltung des Kreditrahmens zugunsten eines verfügungsbeschränkten Schuldners kommt nämlich als ein die Kongruenz begründender Umstand nicht in Betracht.

Beispielsfall 24

Der spätere Insolvenzschuldner I hat bereits Eigenantrag gestellt und ist mit einem Verfügungsverbot belegt. Gleichwohl reicht er bei seiner Bank B einen Kundenscheck über 10.000 Euro zur Einziehung über sein Konto ein. Das Konto weist zu diesem Zeitpunkt einen Saldo von –35.000 Euro aus und befindet sich damit innerhalb eines durch B eingeräumten und bisher ungekündigten Kreditrahmens. Führt B nach erfolgreicher Scheckeinziehung noch eine Überweisung des I über 10.000 Euro aus, so kann der Insolvenzverwalter nach Verfahrenseröffnung gleichwohl die eingezogenen 10.000 Euro von B herausverlangen. Eine vorgenommene Verrechnung ist mit Verfahrenseröffnung gemäß §§ 96 Abs. 1 Nr. 3, 131 Abs. 1 Nr. 1 InsO unwirksam geworden. B hat allerdings gutgläubig einen Aufwendungsersatzanspruch in Höhe von 10.000 Euro für die durchgeführte Überweisung erworben, den sie als einfache Insolvenzforderung geltend machen kann. Wahlweise kann sie den vollen Überweisungsbetrag im Wege der Direktkondiktion vom Überweisungsempfänger herausverlangen.

Die Verrechnung eingezogener Schecks mit dem debitorischen Kontosaldo führt somit bei einer ungekündigten Kreditlinie stets zu einer inkongruenten Deckung, wenn der Scheckeinreicher zum Zeitpunkt der Scheckeinlösung bereits mit einem Verfügungsverbot belegt war. In diesem Fall ist die nach Erlass des Verfügungsverbotes entstandene Verrechnungslage unproblematisch gemäß § 131 Abs. 1 Nr. 1 InsO anfechtbar. Auf eine Anfechtbarkeit wegen vorsätzlicher Benachteiligung gemäß § 133 Abs. 1 InsO kommt es daneben nicht an.

bb) Anfechtbarkeit der Verrechnungslage bei Verrechnung zur Rückführung eines gekündigten Kontokorrentkredites

Hat die Bank den Kontokorrentkredit des Scheckeinreichers bereits wirksam gekündigt, so ist dieser zur Rückzahlung fällig und die nachfolgende Verrechnung von Gutschriften führt zu einer kongruenten Deckung. Etwas anderes gilt nur dann, wenn die Kreditkündigung nach Eröffnung des Insolvenzverfahrens angefochten wird.

(1) Anfechtbarkeit der Verrechnungslage nach angefochtener Kreditkündigung

Bereits zuvor ist ausgeführt worden, dass eine Anfechtung der Kreditkündigung allenfalls auf der Grundlage des § 130 InsO möglich ist, weil der Ausspruch einer

657 Vgl. zu entsprechenden Verfügungen des Insolvenzschuldners per Scheck bereits die ausführliche Darstellung oben Teil 2 III.5.b)cc)(1).

wirksamen und somit auf einem diesbezüglichen Recht der Bank beruhenden Kündigung zwar die (kongruente) Rückführung des Kredites an die Bank ermöglicht, die Bank diese aber aufgrund des Kündigungsrechtes auch zu beanspruchen hat (siehe oben Teil 3 II.2.a)bb)(5)(a)ii.). Die Kreditkündigung ist gemäß § 130 Abs. 1 InsO anfechtbar, wenn sie in den letzten drei Monaten vor Stellen des Insolvenzantrages erfolgt ist, der Schuldner zu diesem Zeitpunkt bereits zahlungsunfähig war und die Bank dies wusste (Nr. 1) oder, wenn die Kündigung nach Stellen des Eröffnungsantrages ausgesprochen worden ist und die Bank dabei entweder Kenntnis von der Zahlungsunfähigkeit des Schuldners oder dem Insolvenzantrag gegen ihn hatte (Nr. 2). Ficht der Insolvenzverwalter die Kreditkündigung unter diesen Voraussetzungen nach Verfahrenseröffnung an, so wird die zuvor durch Verrechnung mit Gutschriften erfolgte Rückführung dieses Kredites rückwirkend inkongruent. Die durch den Einzug von Schecks nach Stellen des Insolvenzantrages eintretende Verrechnungslage ist dann gemäß § 131 Abs. 1 Nr. 1 InsO anfechtbar entstanden.

Beispielsfall 25

Der spätere Insolvenzschuldner I unterhält bei seiner Hausbank B ein Konto, auf welchem ihm ein Kontokorrentkredit in Höhe von 50.000 Euro eingeräumt ist. Diesen Kreditrahmen hat I bereits seit 22 Monaten vollständig ausgeschöpft und keinerlei Tilgungszinsen gezahlt. Am 5. 2. stellt B gegen I Insolvenzantrag und kündigt am selben Tag den Kontokorrentkredit fristlos. Das Insolvenzgericht erlässt am 6. 2. ein vorläufiges Verfügungsverbot gegen I. Am 7. 2. reicht I einen Kundenscheck über 12.000 Euro zur Einziehung über das Konto bei der B ein. Verrechnet B den eingezogenen Scheckbetrag mit ihrer Kreditforderung, so erlangt sie damit zunächst eine kongruente Deckung. Allerdings kann der Insolvenzverwalter die Kreditkündigung nach Verfahrenseröffnung gemäß § 130 Abs. 1 Nr. 2 InsO anfechten. Die erlangte Deckung der Bank wird rückwirkend inkongruent und die Verrechnungslage ist gemäß § 131 Abs. 1 Nr. 1 InsO anfechtbar entstanden. Damit wird die Verrechnung gemäß § 96 Abs. 1 Nr. 3, § 131 Abs. 1 Nr. 1 InsO rückwirkend unwirksam und der Insolvenzverwalter kann von B Herausgabe des eingezogenen Scheckbetrages in Höhe von 12.000 Euro verlangen.

(2) Anfechtbarkeit der Verrechnungslage nach unanfechtbarer Kreditkündigung

Ist die Kreditkündigung hingegen unanfechtbar, so bleibt es dabei, dass die mit erfolgreicher Einziehung des Schecks eintretende Verrechnungslage kongruent und somit nur unter den erschwerten Voraussetzungen des § 130 InsO anfechtbar ist. Die Bank muss hierfür im Zeitpunkt der Einlösung des Schecks durch die bezogene Bank gewusst haben, dass gegen den Scheckeinreicher bereits Antrag auf Eröffnung des Insolvenzverfahrens gestellt worden oder dieser bereits zahlungsunfähig ist (Abs. 1 Nr. 2) oder hätte dies zumindest wissen müssen (Abs. 2). Die Rechtslage stimmt in diesem Fall mit derjenigen vor Erlass eines allgemeinen Verfügungsverbotes überein.

cc) Anfechtbarkeit der Verrechnungslage bei Verrechnung mit Soll-Kontostand über einen eingeräumten Kreditrahmen hinaus („geduldete Überziehung“)

Weist das Konto des Scheckeinreichers zum Zeitpunkt der Scheckeinlösung und der damit eintretenden Verrechnungslage einen negativen Saldo auf, der über einen eingeräumten Kreditrahmen hinausgeht, so ist die Rückführung einer solchen sog. „geduldeten Überziehung“ im Wege der Verrechnung kongruent (siehe oben Teil 3 II.2.a)bb)(2)(b)). Für die Anfechtbarkeit der Verrechnungslage gilt damit nichts anderes als bei der soeben dargestellten unanfechtbaren Kreditkündigung. Bei Vorliegen der Voraussetzungen des § 130 InsO – insbesondere also Kenntnis oder Kennenmüssen der Bank von der Zahlungsunfähigkeit des Scheckeinreicher oder des Eröffnungsantrages gegen ihn – ist somit eine Anfechtbarkeit zu bejahen.

c) Rechtsfolgen der Anfechtbarkeit einer mit Kontogutschrift entstehenden Verrechnungslage

Hat die Bank die mit Einlösung des Schecks entstandene Verrechnungslage nach den eben dargestellten Grundsätzen anfechtbar erlangt, so wird die vorgenommene Verrechnung mit der endgültigen Verfahrenseröffnung automatisch gemäß § 96 Abs. 1 Nr. 3 InsO unwirksam. Der Insolvenzverwalter hat dann gegen die Bank einen Anspruch auf Zahlung des eingezogenen Scheckbetrages an die Masse, den er innerhalb der Frist des § 146 InsO geltend machen muss (vgl. dazu bereits oben Teil 3 II.2.a)cc)).

6. Auszahlung des Scheckbetrages durch die Inkassobank an den verfügungsbeschränkten Schecknehmer

Weist das Konto des Insolvenzschuldners einen positiven Saldo auf und zahlt die Bank den eingezogenen Scheckbetrag an ihn aus, so wird sie dadurch gemäß §§ 24 Abs. 1, 82 InsO nur dann von ihrer Auszahlungspflicht frei, wenn sie keine Kenntnis von dem gegen ihn ergangenen Verfügungsverbot hat.

7. Auswirkungen eines allgemeinen Verfügungsverbotes auf das Valutaverhältnis

Die bisherigen Ausführungen bezogen sich in erster Linie auf das Verhältnis zwischen dem späteren Insolvenzschuldner als Schecknehmer und seiner Bank, bei welcher er den Scheck zum Inkasso einreicht. Dort ging es um die Frage, inwieweit die den Scheck einziehende Bank den eingezogenen Betrag mit einem debitorischen Kontosaldo des späteren Insolvenzschuldners verrechnen kann und so insolvenzfest Befriedigung ihrer Forderungen erlangt.

Daneben stellt sich die Frage, ob der Erlass eines Verfügungsverbotes gegen den Schecknehmer möglicherweise auch Auswirkungen auf das Verhältnis zwischen ihm und dem Aussteller des Schecks hat. Insbesondere ist unklar, ob die Einlösung des Schecks durch den späteren Insolvenzschuldner nach Erlass eines Verfügungsverbotes gegen ihn noch zur Erfüllung im Valutaverhältnis führen kann, ob also die Forderung des späteren Insolvenzschuldners gegen den Scheckaussteller mit erfolgreicher Scheckeinlösung erloschen ist oder ob der Scheckaussteller nach Eröffnung des Insolvenzverfahrens möglicherweise erneut, diesmal an den Insolvenzverwalter, zahlen muss. Auf das Verhältnis zwischen dem Scheckaussteller und dem Schecknehmer kam es bei der Untersuchung der Fallkonstellationen vor Erlass eines Verfügungsverbotes deswegen nicht an, weil diese Überlegungen allein anfechtungsrechtlicher Natur waren, eine Anfechtung gegenüber einem Schuldner des (späteren) Insolvenzschuldners aber von vornherein ausscheiden muss. Es ist erklärtermaßen nicht das Ziel der Insolvenzordnung, zu verhindern, dass Drittschuldner ihre Verbindlichkeiten gegenüber dem späteren Insolvenzschuldner als ihrem Gläubiger erfüllen.[658] Nach Erlass eines Verfügungsverbotes finden aber über § 24 Abs. 1 InsO die Vorschriften der §§ 81, 82 InsO Anwendung. Die Einziehung einer Forderung durch den verfügungsbeschränkten (späteren) Insolvenzschuldner ist daher gemäß § 81 InsO grundsätzlich unwirksam, denn sie stellt eine rechtsgeschäftliche Verfügung dar (so die Vertragstheorie[659]) bzw. hat zumindest rechtsgeschäftsähnliche Wirkung (so die Theorie der realen Leistungsbewirkung[660]). Nur dann, wenn der Drittschuldner keine Kenntnis von der Verfügungsbeschränkung hat, wird er gemäß § 82 InsO ausnahmsweise dennoch durch seine Leistung von seiner Schuld befreit.

Zu klären ist somit, ob und in welchen Fällen ein Drittschuldner von seiner Verbindlichkeit befreit wird, wenn er seinem Gläubiger – dem späteren Insolvenzschuldner – erfüllungshalber einen Scheck ausgestellt und dieser den Scheck hernach auch erfolgreich eingelöst hat. Dabei ist gemäß § 82 i.V.m. § 24 Abs. 1 InsO zunächst danach zu unterscheiden, ob der Drittschuldner Kenntnis vom Bestehen des Verfügungsverbotes hatte oder nicht.

a) *Keine Kenntnis des Drittschuldners vom Bestehen des Verfügungsverbotes*

Leistet der Drittschuldner nach Erlass eines Verfügungsverbotes an den Schuldner und hat er *zur Zeit der Leistung* keine Kenntnis von der Verfügungsbeschränkung, so bestimmt § 82 InsO, dass er von seiner Leistungspflicht frei wird.

aa) Zeitpunkt der Scheckhingabe als gemäß § 82 InsO relevanter Zeitpunkt

Insbesondere bei einer Zahlung mittels eines Schecks, die eine Leistung erfüllungshalber darstellt, stellt sich die Frage, welches der Zeitpunkt der Leistung ist und

---

658 *Heile,* Die Anweisung im Konkurs des Anweisenden, S. 70 f.: „rechtspolitisch unerwünscht".
659 Vgl. die Darstellung bei *Ehmann,* JZ 1968, 549 f.; *ders.,* NJW 1969, 1833 f.; ursprünglich aus dem gemeinen Recht übernommen und Anfang des 20. Jh. herrschend, vgl. dazu d. Nachw. bei *Gernhuber,* Die Erfüllung und ihre Surrogate, § 5 II 3.
660 Heute von der überwiegenden Literatur vertreten, vgl. nur *Wenzel* in MünchKomm-BGB, § 362 Rn. 10 m.w.N.

auf welchen Moment es damit hinsichtlich etwaiger Kenntnisse des Drittschuldners von der Verfügungsbeschränkung ankommt.

Zum Teil ist man der Auffassung, dass der gemäß § 82 InsO relevante Zeitpunkt derjenige des Eintritts des Leistungserfolges sei.[661] Der überwiegende Teil der Literatur meint, es komme auf den Zeitpunkt an, in welchem der Leistende den Eintritt des Leistungserfolges noch verhindern könne.[662] Vereinzelt wird auch vertreten, entscheidend sei der Zeitpunkt der Vornahme der Leistungshandlung.[663]

Bei einer Scheckzahlung fallen diese Zeitpunkte auseinander: mit Hingabe des Schecks an den späteren Insolvenzschuldner nimmt der Scheckaussteller die Leistungshandlung vor. Der Leistungserfolg – Tilgung der Schuld – tritt hingegen erst mit erfolgreicher Einlösung des Schecks ein. Der Scheckaussteller kann den Eintritt des Leistungserfolges so lange verhindern, als er den Schecks noch gegenüber seiner Bank widerrufen kann.

Würde man auf den Zeitpunkt des Eintritts des Leistungserfolges abstellen, so käme es für die Kenntnis des Scheckausstellers und damit die Befreiung von seiner Verbindlichkeit auf den Zeitpunkt an, in welchem der Scheck wirksam eingelöst wird. Dies wäre der Zeitpunkt, in welchem sein Konto endgültig belastet wird (vgl. dazu bereits oben Teil 2 II.1.b)bb)). Damit würde man dem Drittschuldner die Pflicht auferlegen, einen von ihm ausgestellten Scheck zu widerrufen, wenn er nach Ausstellung und Hingabe an den späteren Insolvenzschuldner von dessen Verfügungsverbot Kenntnis erlangt. Dieser Gedanke begegnet allerdings aus mehreren Gründen Zweifeln: Zum einen ist es dem Scheckaussteller nicht unbegrenzt möglich, den Scheck wirksam zu widerrufen. Zwar haben die Banken – wie bereits oben (Teil 1 III.2.) ausgeführt worden ist – die Verpflichtung, jeden Widerruf ihres Kunden für von ihm ausgestellte Schecks zu beachten. Eingeschränkt wird diese Möglichkeit jedoch durch die praktischen Grenzen, welche der Bank dadurch gesetzt sind, dass es ihr technisch nicht möglich ist, *jeden* Widerruf bis zum letzten Moment vor der endgültigen Einlösung auch zu beachten. Gemäß Nr. 5 ScheckB[664] (Nr. 5 ScheckB-Sparkassen[665], Nr. 5 ScheckB-Postbank[666]) kann ein Scheck widerrufen werden, solange er von der Bank nicht eingelöst ist. Er muss von der Bank gemäß Nr. 5 ScheckB allerdings nur dann beachtet werden, wenn er der Bank so rechtzeitig zugeht, dass seine Berücksichtigung im Rahmen des ordnungsgemä-

---

661 *Hess*, InsO, § 82 Rn. 14.
662 *App* in: FK-InsO, § 82 Rn. 9; *Eickmann* in: HK-InsO, § 82 Rn. 8; *Lüke* in: Kübler/Prütting/Bork, InsO, § 82 Rn. 23; *Smid* in: Leonhardt/Smid/Zeuner, InsO, § 82 Rn. 9; *Uhlenbruck* in: Uhlenbruck, InsO, § 82 Rn. 11; *Wittkowski* in: Nerlich/Römermann, InsO, § 82 Rn. 18; *Windel* in: Jaeger, InsO, § 82 Rn. 48; *Kuleisa* in: HambKomm-InsO, § 82 Rn. 19; *Kroth* in: Braun, InsO, § 82 Rn. 10; zur KO: LG Kiel, Urt. v. 4. 3. 1981 – 10 O 91/80 – ZIP 1981, 501.
663 So etwa *Ott/Vuia* in: MünchKomm-InsO, § 82 Rn. 13; unter Geltung der KO: *Henckel* in: Jaeger, KO, § 8 Rn. 59.
664 Bedingungen für den Scheckverkehr i. d. F. v. 1. 10. 2000.
665 Bedingungen für den Scheckverkehr der Spar- und Girokassen i. d. F. v. Juni 2002.
666 Besondere Bedingungen – Scheckverkehr – der Deutschen Postbank AG i. d. F. v. 1. 1. 2002.

ßen Arbeitsablaufes möglich ist.[667] Man könnte daher mit der zweitgenannten Auffassung vertreten, dass dann zumindest der Zeitpunkt für die Kenntnis erheblich sein soll, in dem der Drittschuldner den Eintritt des Leistungserfolges noch verhindern kann. Dies wäre im Falle der Scheckzahlung der Moment, in dem der Drittschuldner den von ihm ausgestellten Scheck letztmalig gegenüber seiner Bank widerrufen kann, also der Zeitpunkt, in welchem die Bank den Widerruf noch „im Rahmen des ordnungsgemäßen Arbeitsablaufes" berücksichtigen könnte. Dieser Auffassung ist jüngst der Bundesgerichtshof gefolgt[668]:

Beispielsfall 26

Der Kläger war Verwalter in dem am 10. 2. 2005 eröffneten Insolvenzverfahren über das Vermögen der Schuldnerin. Am 25. 2. 2005 übersandte die Beklagte an die Schuldnerin einen Scheck zur Begleichung einer vor Verfahrenseröffnung enstandenen Forderung. Mit einem spätestens am 3. 3. 2005 zugegangenen Schreiben zeigte der Kläger der Beklagten die Verfahrenseröffnung an und forderte sie zur Zahlung auf. Am 8. 3. 2005 wurde der Scheck eingelöst, ohne dass der Kläger den Scheckbetrag erhielt. Der BGH hat der Zahlungsklage des Insolvenzverwalters übereinstimmend mit den Untergerichten stattgegeben. Der Leistende werde in seinem Vertrauen auf die Empfangszuständigkeit des Gläubigers nach § 82 InsO nur geschützt, wenn ihm die Eröffnung des Insolvenzverfahrens über dessen Vermögen solange unbekannt geblieben ist, wie er den Leistungserfolg noch zu verhindern vermag.[669] Aus der Vorschrift des § 407 BGB könne kein allgemeines Prinzip dahingehend entnommen werden, der Schuldner werde stets geschützt, wenn er zum Zeitpunkt seiner letzten Leistungshandlung die wahre Rechtslage nicht gekannt habe. Die Risikolage wie auch die Schutzzwecke von § 407 BGB und § 82 S. 1 InsO seien unterschiedlich. Für das Ergebnis spreche auch die gesetzliche Wertung im Falle der gutgläubigen Leistung eines Schuldners an den Erbscheinserben, denn auch dort sei – abweichend von § 407 BGB – der Zeitpunkt der Vollendung des Leistungserfolges für die Kenntnis entscheidend. Die Beklagte hätte daher von ihrer Verpflichtung zur erneuten Leistung nur dann frei werden können, wenn sie zu dem Zeitpunkt, bis zu dem sie die Einlösung des Schecks noch durch dessen Sperrung hätte verhindern können, keine Kenntnis von der Eröffnung des Insolvenzverfahrens hatte, was vorliegend jedoch nicht der Fall gewesen sei.

Dem ist allerdings entgegenzuhalten, dass der Drittschuldner nicht wissen kann, ob tatsächlich der spätere Insolvenzschuldner den Scheck einlöst oder nicht vielmehr der vorläufige Insolvenzverwalter, der hierzu aufgrund seiner Verfügungsmacht über dessen Vermögen berechtigt und auch verpflichtet ist. Verweigert die bezogene Bank nämlich aufgrund eines Widerrufs durch den Drittschuldner dem vorläufigen Insolvenzverwalter die Zahlung auf den Scheck, so macht sich der Drittschuldner haftbar nach Art. 40 ScheckG. Ohnehin kann dieser sich der erleichterten Durchsetzbarkeit der Scheckforderung im Scheckprozess nicht mehr entziehen. Bereits aus diesen Gründen ist ein Widerruf des Schecks dem Drittschuldner nicht zumutbar und erscheint auch wenig praktikabel. Hinsichtlich der Kenntnis des Drittschuldners kann es für § 82 InsO also weder auf den Zeitpunkt

---

667 Vgl. zu einer solchen „faktischen" Rückrufsperre für den Fall der Überweisung: LG Kiel, Urt. v. 4. 3. 1981 – 10 O 91/80 – ZIP 1981, 501–503.
668 BGH, Urt. v. 16. 7. 2009 – IX ZR 118/08 – DZWIR 2009, 431 ff.
669 BGH aaO.

der Scheckeinlösung ankommen, noch auf den Zeitpunkt, in welchem der Drittschuldner die Einlösung durch Widerruf des Schecks noch verhindern könnte.

Auf den Zeitpunkt der Leistungs*handlung* abzustellen, überzeugt hingegen bereits nach dem Normcharakter des § 82 InsO als den Drittschuldner schützende Ausnahmevorschrift[670]. Eigentlich wäre die Einziehung einer Forderung durch den verfügungsbeschränkten (späteren) Insolvenzschuldner bereits gemäß § 81 InsO unwirksam, nur ausnahmsweise – nämlich bei Vorliegen der Voraussetzungen des § 82 InsO – wird er dennoch durch seine Leistung von seiner Schuld befreit. Grund hierfür sind Billigkeitsgesichtspunkte.[671] Es erschiene hart gegenüber dem Drittschuldner, wenn er durch seine Leistung an den Schuldner nicht frei würde, obwohl er von der Eröffnung des Insolvenzverfahrens keine Kenntnis hat, denn im Gegensatz zur Rechtsstellung der Insolvenzgläubiger hat die Eröffnung des Insolvenzverfahrens auf seine Rechtsstellung als Drittschuldner keinerlei Auswirkungen, seine Schuld bleibt dieselbe.[672] Hat der Drittschuldner seine Leistungshandlung bereits erbracht und tritt der nachfolgende Leistungserfolg ohne weiteres Zutun seinerseits ein, so ist erst recht nicht ersichtlich, warum er sich um die wirtschaftliche Situation seines Gläubigers kümmern sollte. Insbesondere dann, wenn der Drittschuldner für seine Schuld erfüllungshalber einen Scheck hingegeben, kann er sich darauf verlassen, dass sein Gläubiger zunächst Befriedigung aus dem Scheck suchen muss und mit erfolgreicher Einlösung desselben der Leistungserfolg eintritt und seine Schuld erlischt. Er hat, nachdem er den Scheck hingegeben hat, keinen Anlass mehr, sich für die wirtschaftliche Situation seines Gläubigers zu interessieren.

Demzufolge ist der Zeitpunkt der Leistungs*handlung* der für die Kenntnis des Drittschuldners entscheidende Moment. Für die Befreiung von der Leistungspflicht kommt es für den Scheckaussteller somit auf dessen Kenntnisstand in dem Zeitpunkt an, in welchem er den Scheck ausstellt und seinem Gläubiger, dem späteren Insolvenzschuldner, zahlungshalber hingibt.

bb) Rechtsfolgen der Leistung des Drittschuldners in Unkenntnis des Verfügungsverbotes

Hat der Drittschuldner zum Zeitpunkt der Scheckhingabe keine Kenntnis davon, dass gegen den Schecknehmer gemäß § 21 Abs. 1 Nr. 2 InsO ein Verfügungsverbot besteht, so wird er von seiner Valutaschuld in dem Moment frei, in dem der Scheck wirksam eingelöst ist. Seine Unkenntnis muss der Scheckaussteller allerdings beweisen, soweit nicht die Vermutungsregel des § 82 S. 2 InsO zu seinen Gunsten greift, d.h. seine Unkenntnis nicht deswegen vermutet wird, weil die Leistung vor der öffentlichen Bekanntmachung des Verfügungsverbotes erfolgt ist.

---

670 Vgl. dazu nur *Smid* in: Leonhardt/Smid/Zeuner, InsO, § 82 Rn. 1; zur (entsprechenden) früheren Rechtslage nach § 8 KO *Henckel* in: Jaeger, KO, § 8 Rn. 1.
671 *Windel* in: Jaeger, InsO, § 82 Rn. 2; zur KO: Begr. Entw. KO, § 7, S. 39 f.; *Henckel* in: Jaeger, KO, § 8 Rn. 1 u. 55.
672 So ausdrücklich zur KO: Begr. Entw. KO, § 7, S. 39 f.

b) Kenntnis des Drittschuldners vom Bestehen des Verfügungsverbotes

Weiß der den Scheck ausstellenden Drittschuldner allerdings zum Zeitpunkt der Scheckhingabe, dass gegen den Schuldner ein Verfügungsverbot besteht, so stellt sich die Frage, ob er gleichwohl – entgegen § 81 InsO – von seiner Leistungspflicht befreit wird.

aa) Grundsatz des Bestehenbleibens der Leistungspflicht des Drittschuldners bei Kenntnis zum Zeitpunkt der Leistungshandlung

Stellt der Drittschuldner dem verfügungsbeschränkten späteren Insolvenzschuldner zur Begleichung seiner Verbindlichkeit einen Scheck aus und übergibt ihn zahlungshalber, obwohl er von der Verfügungsbeschränkung weiß, so verhindert § 81 InsO nach dem oben gesagten grundsätzlich die Erfüllungswirkung der erfolgreichen Scheckeinlösung. Denn die Voraussetzungen des § 82 InsO sind mangels Gutgläubigkeit des Scheckausstellers zum Zeitpunkt der Scheckhingabe nicht erfüllt, so dass die erfolgreiche Scheckeinlösung durch den späteren Insolvenzschuldner eigentlich nicht zum Erlöschen der Schuld aus dem Valutaverhältnis führen kann. Der Drittschuldner muss dann seine Verbindlichkeit nach Eröffnung des Insolvenzverfahrens erneut – diesmal zur Masse – erfüllen. Allerdings steht ihm in diesem Fall gegen den Schecknehmer ein Bereicherungsanspruch aus § 812 Abs. 1 S. 2, Hs. 2 BGB auf Herausgabe der für den Scheck erlangten Gutschrift zu, den er nach Verfahrenseröffnung als einfache Insolvenzforderung geltend machen kann.

bb) Besonderheiten des Scheckinkassos und daraus resultierende regelmäßige Leistungsbefreiung auch bei Kenntnis des Ausstellers von der Verfügungsbeschränkung des Schecknehmers

Zweifel an dem vorstehenden Ergebnis, dass der Scheckaussteller von seiner Verbindlichkeit nicht frei wird, wenn er bei Scheckhingabe Kenntnis von der Verfügungsbeschränkung hat, können sich allerdings dann ergeben, wenn der Scheckbetrag letztlich in das der Verwaltung des vorläufigen Insolvenzverwalters unterliegende Vermögen und damit in die spätere Insolvenzmasse, gelangt.

Dies ist zunächst dann der Fall, wenn der spätere Insolvenzschuldner einen vom Drittschuldner erhaltenen Barscheck einlöst und den ausbezahlten Betrag dann an den (vorläufigen) Insolvenzverwalter herausgibt. Dieser Fall dürfte in der Realität allerdings nur selten vorkommen.

Beispielsfall 27

Drittschuldner D hat seinem Gläubiger, dem – wie er weiß – bereits mit einem vorläufigen Verfügungsverbot belegten späteren Insolvenzschuldner I, einen Scheck für bestehende Verbindlichkeiten ausgestellt. I bittet seinen Freund F, den Scheck über dessen Konto einzuziehen. Später reut den I sein Ansinnen, insbesondere hat er Angst vor strafrechtlichen Konsequenzen. Er gibt den eingezogenen Scheckbetrag daher an den vorläufigen Insolvenzverwalter V heraus.

Der Regelfall wird es allerdings sein, dass ein Scheck auf dem Inkassowege über ein der Verwaltung des vorläufigen Insolvenzverwalters unterliegendes Konto eingezogen wird. In diesem Fall gelangt der eingezogene Scheckbetrag mit erfolgreicher Einlösung des Schecks durch die bezogene Bank in das Vermögen, das zwar mangels Eröffnungsbeschluss noch nicht als Insolvenzmasse konstituiert ist[673], aber bereits der ausschließlichen Verwaltungs- und Verfügungsbefugnis des vorläufigen Verwalters unterliegt. In einem solchen Fall erschiene es unbillig, den Drittschuldner nicht als von seiner Leistungspflicht befreit anzusehen:

Beispielsfall 28

I löst den Scheck über sein eigenes Konto bei der B-Bank ein, das ein Guthaben aufweist und bereits der Verwaltung des vorläufigen Insolvenzverwalter V untersteht.

Auch dann, wenn die den Scheck einziehende Bank den Scheckbetrag mit dem debitorischen Kontosaldo des Einreichers verrechnet und der Insolvenzverwalter ohne Weiteres Herausgabe des eingezogenen und verrechneten Betrages an die Masse verlangen könnte, bestehen Zweifel, ob er stattdessen oder gar zusätzlich vom Scheckaussteller Erfüllung der Valutaschuld zur Masse verlangen kann:

Beispielsfall 29

I löst den von D erhaltenen Scheck über sein debitorisch geführtes Konto bei der B ein. Die Verrechnung des eingezogenen Scheckbetrages führt dazu, dass die B Befriedigung für den dem I eingeräumten und bis dahin ungekündigten Kontokorrentkredit erhält. Die Verrechnungslage ist damit gemäß § 131 Abs. 1 Nr. 1 InsO anfechtbar entstanden und die Verrechnung wird gemäß § 96 Abs. 1 Nr. 3 InsO mit Verfahreneröffnung automatisch unwirksam. Der Insolvenzverwalter kann den eingezogenen Scheckbetrag dann gemäß §§ 667, 670 BGB von der B herausverlangen.

Aber selbst der Fall, dass die kontoführende Bank den eingezogenen Betrag (unanfechtbar) mit einem debitorischen Kontosaldo verrechnet und der Betrag für die spätere Insolvenzmasse damit wirtschaftlich verloren ist, darf nicht darüber hinwegtäuschen, dass der betreffende Betrag mit Entstehung des auf ihn gerichteten Herausgabeanspruchs aus dem Girovertrag zunächst in das vom vorläufigen Insolvenzverwalter verwaltete Vermögen gelangt ist. Der Umstand, dass der Betrag dann letztlich doch nicht der Masse zugute kommt, beruht auf der hiervon zu unterscheidenden und oben bereits ausführlich dargestellten Verrechnung, deren Insolvenzfestigkeit den Anfechtungsvorschriften unterliegt.

Möglichweise trägt die Vorgängervorschrift des § 82 InsO zur Auflösung der dargestellten Widersprüche bei. In § 8 Abs. 1 KO hieß es ausdrücklich, dass „eine Leistung, welche auf eine zur Konkursmasse zu erfüllende Verbindlichkeit nach Eröffnung des Verfahrens an den Gemeinschuldner erfolgt ist, [...] den Erfüllenden den Konkursgläubigern gegenüber nur insoweit [befreit], *als das Geleistete in die Konkursmasse gekommen ist.*“ Diese Norm wurde zwar mit Einführung der Insolvenz-

673 Der hier verwendete Begriff der „späteren Insolvenzmasse“ ist somit gleichzusetzen mit dem der Verwaltung des vorläufigen Insolvenzverwalters unterliegenden Vermögen, vgl. dazu auch *Smid*, Praxishandbuch Insolvenzrecht, § 4 Rn. 62.

ordnung redaktionell verkürzt, jedoch inhaltlich unverändert übernommen.[674] Die Regelung des § 82 InsO muss daher um den in § 8 Abs. 1 KO enthaltenen Gedanken ergänzt werden.[675] So ist dann auch unter Geltung der Insolvenzordnung anerkannt, dass der Drittschuldner trotz Kenntnis vom allgemeinen Verfügungsverbot des Schuldners durch Leistung an diesen von seiner Leistungspflicht frei wird, wenn der Schuldner die empfangene Leistung an den Insolvenzverwalter herausgibt[676].

In **Beispielsfall 27** führt die Herausgabe des Scheckbetrages durch I an V dazu, dass die Schuld des D gemäß § 82 InsO erlischt. Die Leistung, der Scheckbetrag, ist in die Masse gelangt.

Es kommt damit für die Frage, ob der Drittschuldner nochmals leisten muss, darauf an, ob der Wert der betreffenden Leistung letztlich in die (spätere) Masse gelangt ist.[677]

In **Beispielsfall 28** hat der vorläufige Insolvenzverwalter V Zugriff auf das unter seiner Verfügungsmacht stehende Konto und damit auch auf den eingezogenen Scheckbetrag. Die Leistung ist damit in die spätere Insolvenzmasse gelangt und die Schuld des D gemäß § 82 InsO erloschen.

Gelangt die an den späteren Insolvenzschuldner bewirkte Leistung zwar nicht unmittelbar in die Insolvenzmasse, ist sie aber ohne weiteres für den Insolvenzverwalter erreichbar, so dass dieser sie zur Masse ziehen kann, ist er hierzu auch verpflichtet.[678] Kommt er dieser Pflicht nicht nach, so steht dem Drittschuldner gegen das erneute Leistungsbegehren die Einrede der Arglist zu.[679]

In **Beispielsfall 29** kann V den eingezogenen Scheckbetrag nach Eröffnung des Insolvenzverfahrens von der B-Bank herausverlangen. Sobald der Scheckbetrag dann auch tatsächlich in die Masse gelangt, erlischt die Schuld des D nach § 82 InsO. Wendet sich der Insolvenzverwalter allerdings nicht an B, sondern verlangt von D Erfüllung der Valutaschuld, so kann D diesem Begehren die Arglisteinrede entgegen halten.

Für den Fall der Scheckzahlung ergibt sich damit, dass die Leistungspflicht des Scheckausstellers aus dem Valutaverhältnis durch Erfüllung erlischt, wenn der Scheckbetrag in die spätere Masse gelangt. Dies wird regelmäßig dadurch geschehen, dass der Betrag dem der Verwaltung des (vorläufigen) Insolvenzverwalters unterliegenden Konto gutgeschrieben wird, ist jedoch auch der Fall, wenn der Insolvenzschuldner den Betrag an den Insolvenzverwalter herausgibt. Auch dann, wenn der Insolvenzverwalter die Leistung an den Insolvenzschuldner genehmigt, erlischt die Valutaschuld. Gelangt der Scheckbetrag hingegen nur deswegen nicht

---

674 Begr. RegE zu § 93, BT-Drucks. 12/2443, S. 136.
675 *Windel* in: Jaeger, InsO, § 82 Rn. 1.
676 *Uhlenbruck* in: Uhlenbruck, InsO, § 82 Rn. 7; *Ott/Vuia* in: MünchKomm-InsO, § 82 Rn. 6.
677 *Uhlenbruck* in: Uhlenbruck, InsO, § 82 Rn. 7; *Ott/Vuia* in: MünchKomm-InsO, § 82 Rn. 2; zur KO: *Henckel* in: Jaeger, KO, § 8 Rn. 52.
678 *Uhlenbruck* in: Uhlenbruck, InsO, § 82 Rn. 5; *App* in: FK-InsO, § 82 Rn. 4; *Smid* in: Leonhardt/Smid/Zeuner, InsO, § 82 Rn. 6; zur KO: *Henckel* in: Jaeger, KO, § 8 Rn. 48.
679 *Uhlenbruck* in: Uhlenbruck, InsO, § 82 Rn. 5; *Smid* in: Leonhardt/Smid/Zeuner, InsO, § 82 Rn. 6; zur KO: *Kuhn/Uhlenbruck*, KO, § 8 Rn. 3; *Henckel* in: Jaeger, KO, § 8 Rn. 48.

in die Masse, weil der Insolvenzverwalter etwa den ihm vom Insolvenzschuldner angebotenen Scheckbetrag nicht annimmt oder sonst wie treuwidrig verhindert, dass der Betrag in die spätere Masse gelangt, steht dem Scheckaussteller im Valutaverhältnis eine dauernde Einrede gegen die erneute Inanspruchnahme durch den Verwalter entgegen.

8. Ergebnis zu den Auswirkungen eines allgemeinen Verfügungsverbotes auf Inkassoaufträge und das der Scheckbegebung zugrunde liegende Valutaverhältnis

Festzuhalten bleibt somit, dass der Erlass eines allgemeinen Verfügungsverbotes gegen den Scheckeinreicher sich für die Inkassobank dahingehend auswirkt, dass diese nicht verpflichtet ist, neue Inkassoaufträge auszuführen, weil diese unwirksam sind. Sie muss jedoch bereits vor Verlust der Verfügungsbefugnis wirksam erteilte Inkassoaufträge fortführen. Sicherheiten, welche der Scheckeinreicher seiner Bank gemäß den Allgemeinen Geschäftsbedingungen an dem Scheck bzw. der zugrunde liegenden Forderung aus dem Valutaverhältnis bestellt hat, sind – je nachdem, ob der Scheck bereits vor Erlass des Verfügungsverbotes oder erst danach eingereicht worden ist – entweder anfechtbar oder von vornherein unwirksam. Zieht die Inkassobank den Scheck trotz nicht wirksam eingeräumter Sicherungstreuhand bei der bezogenen Bank ein, so handelt sie als materiell Nichtberechtigte. Aufgrund der nach wie vor wirksamen girovertraglichen Beziehung hat der Scheckeinreicher einen Anspruch auf Herausgabe des eingezogenen Scheckbetrages, den die Inkassobank mit seinem Kontosaldo verrechnen kann. Den verrechneten Scheckbetrag muss die Inkassobank allerdings nach Eröffnung des Insolvenzverfahrens gegen den Schecknehmer auch dann an den Insolvenzverwalter auskehren, wenn das Konto einen debitorischen Saldo aufweist, sofern die Verrechnung zur Rückführung eines noch nicht fälligen Kontokorrentkredites geführt hat oder die Inkassobank bei Einlösung des Schecks bereits von dem Insolvenzantrag gegen den Schecknehmer oder dessen Zahlungsunfähigkeit wusste. In diesem Zusammenhang unterscheidet sich die Rechtslage von derjenigen vor Erlass eine allgemeinen Verfügungsverbot dadurch, dass ein etwaiges „Offenhalten der Kreditlinie“ nicht zugunsten der Bank wirkt.

Im Valutaverhältnis führt die erfolgreiche Scheckeinlösung grundsätzlich zum Erlöschen der Schuld des Scheckausstellers. Sofern dieser im Zeitpunkt der Scheckhingabe keine Kenntnis von der Verfügungsbeschränkung des Schecknehmers hatte oder haben musste, kommen ihm die §§ 24 Abs. 1, 82 InsO zu Gute. Hatte der Scheckaussteller bei Hingabe des Schecks allerdings Kenntnis von dem Verfügungsverbot, dann wird er von seiner Schuld nur dann befreit, wenn der Scheckbetrag letztlich in die Masse gelangt. Kann der (vorläufige) Insolvenzverwalter den Scheck bzw. den eingezogenen Scheckwert ohne weiteres zur Masse ziehen, steht dem Scheckaussteller gegen seine erneute Inanspruchnahme eine dauernde Einrede zu. In allen übrigen Fällen ist er zur erneuten Leistung – diesmal an den (vorläufigen) Insolvenzverwalter – verpflichtet, weil seine Schuld aus dem Valutaverhältnis nicht erloschen ist.

IV. Einlösung nach Eröffnung des Insolvenzverfahrens

Mit der Eröffnung des Insolvenzverfahrens gegen den Schecknehmer verliert dieser gemäß § 80 Abs. 1 InsO die Befugnis, über sein Vermögen zu verfügen. Diese Situation wirft sowohl im Verhältnis des insolventen Schecknehmers zu seiner Bank als auch zum Scheckaussteller Fragen auf: Da der Girovertrag zwischen dem Insolvenzschuldner und seiner Bank einschließlich aller Nebenabreden gemäß §§ 115, 116 InsO erlischt, ist zunächst fraglich, wie sich dies auf bereits zum Einzug eingereichte, aber noch nicht erfolgreich eingezogene Schecks des Insolvenzschuldners auswirkt und inwieweit der Insolvenzschuldner noch weitere Schecks zum Einzug einreichen und damit neue Inkassoaufträge erteilen kann. Für den Scheckaussteller stellt sich die Frage, ob seine Scheckzahlung im Valutaverhältnis zur Erfüllung führt oder er mit einer erneuten Inanspruchnahme durch den Insolvenzverwalter rechnen muss.

1. Pflicht der Bank zur Ausführung/Fortführung des Inkassoauftrages

Ist gegen den Scheckeinreicher bereits das Insolvenzverfahren eröffnet, so stellt sich ebenso wie bei Erlass eines Verfügungsverbotes im Eröffnungsverfahren für die Inkassobank die Frage, ob sie zur Ausführung eines erteilten Inkassomandats verpflichtet ist. Die Antwort ergibt sich aus der gesetzlichen Regelung der §§ 115 Abs. 1, 116 InsO. Danach erlöschen bereits geschlossene Geschäftsbesorgungsverträge mit Eröffnung des Insolvenzverfahrens und damit sowohl der Girovertrag als auch der eine Weisung im Rahmen dieses Vertragsverhältnisses darstellende Inkassoauftrag.[680] Neue Inkassoaufträge kann der Insolvenzschuldner daher grundsätzlich[681] schon gar nicht mehr erteilen.[682]

Fraglich ist allerdings, ob dann, wenn das Inkassomandat bereits vor Verlust der Verfügungsbefugnis erteilt aber noch nicht ausgeführt worden ist, eine Verpflichtung der Bank zur Durchführung des Scheckeinzuges aus §§ 115 Abs. 2, 116 InsO abgeleitet werden kann. *Nobbe* bejaht dies, weil Gefahr im Verzuge bei der Einziehung von Schecks wegen der kurzen Vorlegungsfrist häufig angenommen werden müsse.[683] Dem ist zuzustimmen. Die Pflicht zur Notgeschäftsführung gemäß § 115 Abs. 2 InsO setzt voraus, dass der Masse bei einem Aufschub der Auftragsaus-

---

680 *Nobbe* in: Schimansky/Bunte/Lwowski, Bankrechtshandbuch I, § 61 Rn. 74.

681 Es sei denn, der betreffende Scheck fällt nicht in die Insolvenzmasse, vgl. unten Teil 3 IV. 5.

682 *Obermüller,* Insolvenzrecht in der Bankpraxis, Rn. 3.302; *Nobbe* in: Schimansky/Bunte/Lwowski, Bankrechtshandbuch I, § 61 Rn. 74, 77.

683 *Nobbe* in: Schimansky/Bunte/Lwowski, Bankrechtshandbuch I, § 61 Rn. 74; ebenso zur KO: *Canaris,* Bankrechtshandbuch, Rn. 824.

führung etwa deswegen objektiv Nachteile drohen würden, weil der Insolvenzverwalter das betreffende Geschäft selbst nicht rechtzeitig besorgen kann.[684] Die Gründe für eine Pflicht der Bank, den Inkassoauftrag fortzuführen, decken sich insoweit mit den bereits für das Eröffnungsverfahren genannten (siehe Teil 3 III.1.): Setzt die Bank einen begonnenen Scheckeinzug nicht fort, so besteht die Gefahr, dass der Insolvenzverwalter die selbständige verbriefte Forderung aus dem Scheck möglicherweise nicht mehr rechtzeitig durchsetzen und lediglich auf die zugrunde liegende Valutaforderung zurückgreifen kann.

Festzuhalten bleibt somit, dass die Inkassobank zur Ausführung des Scheckeinzuges nur dann verpflichtet ist, wenn der Insolvenzschuldner den betreffenden Auftrag bereits vor Verfahrenseröffnung erteilt hat. Nach Eröffnung des Insolvenzverfahrens erteilte Einzugsaufträge sind demgegenüber von vornherein unwirksam und die Bank muss sie daher nicht ausführen.

2. Unwirksamkeit bzw. Anfechtbarkeit der mit Scheckhereinnahme zugunsten der Inkassobank bestellten Sicherheiten

Ob die Inkassobank mit Hereinnahme eines Schecks überhaupt Sicherheiten erwirbt, richtet sich in Entsprechung zu den bisherigen Ausführungen danach, in welchem Verfahrensstadium der Einreicher sich zu diesem Zeitpunkt befindet.

Ist der Einreicher noch verfügungsbefugt, wenn er den Scheck bei seiner Bank zum Einzug einreicht, so entstehen die zugunsten der Bank in ihren AGB vereinbarten Sicherheiten am Scheck bzw. der zugrunde liegenden Forderung zunächst wirksam. Aufgrund ihrer Inkongruenz (vgl. Teil 3 II.1.a)) sind sie allerdings sämtlich nach § 131 Abs. 1 Nr. 1 InsO anfechtbar. Reicht der spätere Insolvenzschuldner einen Scheck bei seiner Bank allerdings erst zum Einzug ein, nachdem bereits ein allgemeines Verfügungsverbot gegen ihn ergangen oder nachdem das Insolvenzverfahren gegen ihn eröffnet worden ist, so erwirbt die Bank hierbei von vornherein keine der in den AGB vereinbarten Sicherheiten, weil die Bestellung von Sicherheiten eine Verfügung über den zur Masse gehörigen Scheck bzw. die zugrunde liegende Forderung darstellen würde (vgl. oben Teil 3 III.2.). Daraus ergibt sich, dass selbst dann, wenn die Inkassobank mit Einreichung eines Schecks zunächst Sicherheiten erworben hat, diese nach Eröffnung des Insolvenzverfahrens anfechtbar sind und damit spätestens mit Anfechtung durch den Insolvenzverwalter unwirksam werden. Die Einreichung eines Schecks nach Verfahrenseröffnung lässt Sicherheiten überhaupt nicht erst zur Entstehung gelangen.

---

684 *Kroth* in: Braun, InsO, § 115 Rn. 7.

3. Berechtigung der Inkassobank zur Einziehung des Schecks und Belastungsrecht der bezogenen Bank trotz Insolvenz des Scheckeinreichers

Aus der entweder von vornherein oder nachträglich aufgrund der Anfechtung durch den Insolvenzverwalter unwirksamen Sicherungsübereignung folgt, dass die Inkassobank zur Einziehung des Schecks für den Insolvenzschuldner nicht *materiell*rechtlich legitimiert ist. Aufgrund ihrer *formellen* Legitimation wird die bezogene Bank das Konto des Scheckausstellers gleichwohl mit dem Scheckbetrag belasten und diesen an die Inkassobank weiterleiten. Hierzu ist die bezogene Bank entsprechend den Grundsätzen zu abhanden gekommenen Schecks auch berechtigt (siehe oben Teil 3 III.3.).

4. Verrechnung und Aufrechnung des eingezogenen Betrages bei Erteilung eines Inkassoauftrages nach Eröffnung des Insolvenzverfahrens grundsätzlich nicht möglich

Weist das Konto des Scheckeinreichers zum Zeitpunkt der Eröffnung des Insolvenzverfahrens gegen ihn einen debitorischen Saldo auf oder bestehen anderweitige Verbindlichkeiten gegenüber der Inkassobank, wird diese ein Interesse daran haben, den eingezogenen Scheckbetrag zur Deckung dieser Verbindlichkeiten des Scheckeinreichers zu verwenden. Dies kann sie jedenfalls nicht auf der Grundlage zuvor bestellter Sicherheiten, weil diese entweder angefochten worden oder überhaupt nicht wirksam entstanden sind. Daher stellt sich die Frage, ob der Bank eine Befriedigung durch Kontokorrentverrechnung oder reguläre Aufrechung möglich ist.

a) *Keine Kontokorrentverrechnung*

Da die Verrechnungsabrede mit dem Kontokorrentvertrag bei Eröffnung des Insolvenzverfahrens erloschen ist[685], kommt eine Verrechnung des eingezogenen Scheckbetrages auf dieser Grundlage jedenfalls nicht in Betracht.

b) *Keine reguläre Aufrechnung*

Zu überlegen ist allerdings, ob der Bank dann nicht zumindest eine gewöhnliche Aufrechnung gemäß §§ 387 ff. BGB möglich ist, d.h. eine Aufrechnung des Anspruchs der Bank aus dem Debetsaldo gegen den Anspruch des Schuldners auf Herausgabe des eingezogenen Scheckbetrages[686]. Dem könnte allerdings § 96 Abs. 1 Nr. 1 InsO entgegenstehen, der einem Insolvenzgläubiger die Aufrechnung

685 *Obermüller*, Insolvenzrecht in der Bankpraxis, Rn. 2.55; *Schimansky* in: Schimansky/Bunte/Lwowski, § 47 Rn. 103; *Bork*, Zahlungsverkehr in der Insolvenz, Rn. 60; BGH, Urt. v. 21. 6. 2005 – XI ZR 152/04 – NJW 2005, 3213 ff.
686 Ein solcher Herausgabeanspruch des Scheckeinreichers ergibt sich jedenfalls aus einer nachvertraglichen Pflicht der Bank gemäß §§ 667, 242 BGB, vgl. *Kübler*, BB 1976, 801 (802).

dann versagt, wenn er erst nach Eröffnung des Insolvenzverfahrens etwas zur Insolvenzmasse schuldig geworden ist. Zieht die Bank den Scheckbetrag erst nach Eröffnung des Insolvenzverfahrens ein, so wird sie dessen Herausgabe auch dann erst – zur Masse – schuldig, so dass die Voraussetzungen des § 96 Abs. 1 Nr. 1 InsO erfüllt sind und grundsätzlich eine Aufrechnung ausscheiden muss.[687]

Obermüller hält aber eine Aufrechnung der Bank in bestimmten Fällen dennoch für möglich.[688] Werde ein Inkassoauftrag gemäß § 115 Abs. 3 InsO zugunsten der Bank als fortbestehend fingiert, weil die Bank keine Kenntnis von der Verfahrenseröffnung habe, dann sei die Herausgabeverpflichtung als vor Insolvenzeröffnung gesetzlich begründet und nur noch durch den Zahlungseingang bedingt anzusehen. Der Herausgabeanspruch sei also im Grunde schon vor Verfahrenseröffnung (bedingt) entstanden. In diesem Fall greife das Aufrechnungsverbot des § 96 Abs. 1 Nr. 1 InsO nicht.

Dass diese Argumentation *Obermüllers* unzutreffend ist, ergibt sich bereits aus den obigen Erwägungen zum Entstehungszeitpunkt des Herausgabeanspruchs des Bankkunden bzgl. des Inkassoerlöses. Bereits dort ist ausgeführt worden, dass der Anspruch des Scheckeinreichers gegen die Inkassostelle auf Auskehr des eingezogenen Scheckerlöses gerade nicht mit Erteilung des Inkassoauftrages (aufschiebend bedingt) entsteht, sondern vielmehr erst dann, wenn die Inkassobank den Scheckbetrag auch von der bezogenen Bank tatsächlich und unwiderruflich erhalten hat (siehe oben Teil 3 II.2.a)bb)(1)(c)iv.).

Der zwingenden Anwendung des Aufrechnungsverbotes des § 96 Abs. 1 InsO könnten aber andere Gründe entgegen stehen. Die Vorschrift des § 115 Abs. 3 InsO bezweckt es, den Beauftragten bei Vorliegen der genannten Voraussetzungen (Auftragserteilung vor Verfahrenseröffnung, Gutgläubigkeit des Auftragnehmers, siehe dazu bereits oben Teil 2 IV.2.c)) so zu behandeln, als wenn dieser den betreffenden Auftrag bereits vor Eröffnung des Insolvenzverfahrens durchgeführt hat.[689] Hätte die Bank den Scheck aber vor Eröffnung des Insolvenzverfahrens bereits erfolgreich eingelöst, so wäre der Herausgabeanspruch des Kunden ebenfalls bereits vor Verfahrenseröffnung entstanden und die Bank hätte – vorbehaltlich einer Unwirksamkeit nach § 96 Abs. 3 InsO, siehe dazu die ausführliche Darstellung oben Teil 3 II.2.a) – aufrechnen können. Um daher den Zweck des § 115 InsO nicht zu vereiteln, könnte man darüber nachdenken, § 96 Abs. 1 InsO teleologisch zu reduzieren und in diesem Fall nicht anzuwenden. Diese Auffassung ist zu § 55 KO etwa von *Henckel* vertreten worden.[690] Soweit allerdings die Aufrechnungslage auch vor Verfahrenseröffnung nur anfechtbar entstanden und eine dennoch erklärte Aufrechnung mit Verfahrenseröffnung gemäß § 96 Abs. 3 InsO ohnehin unwirksam

---

687 Vgl. zur entsprechenden Rechtslage unter Geltung des § 55 Abs. 1 Nr. 1 KO: *Kübler*, BB 1976, 801 (802).

688 *Obermüller*, Insolvenzrecht in der Bankpraxis, Rn. 3.305.

689 *Ott/Vuia* in: MünchKomm-InsO, § 115 Rn. 17; *Tintelnot* in: Kübler/Prütting/Bork, InsO, §§ 115, 116 Rn. 13; *Meyer* in: Leonhardt/Smid/Zeuner, InsO, § 115 Rn. 11.

690 *Henckel* in: Jaeger, KO, § 27 Rn. 10.

geworden wäre, käme eine teleologische Reduktion des § 96 Abs. 1 InsO nicht in Betracht.

Diese auf den ersten Blick durchaus überzeugende Argumentation greift im Ergebnis jedoch nicht.

Die Gewährung einer Aufrechnungsmöglichkeit würde dem Sinn von § 115 Abs. 2 InsO zuwiderlaufen. Ein bereits vor Verfahrenseröffnung erteilter Inkassoauftrag ist nach dieser Vorschrift gerade deswegen weiter fortzuführen, um die Masse vor etwaigen Nachteilen zu schützen. Es wäre widersprüchlich, dem Geschäftsbesorger zu erlauben, gegen eine Forderung aufzurechnen, die ansonsten nur eine Insolvenzforderung wäre. Die Masse würde in diesem Fall nicht besser, sondern schlechter stehen, als wenn die Geschäftsbesorgung unterblieben wäre.

Beispielsfall 30

Insolvenzschuldner I hat einen Tag vor Verfahrenseröffnung bei seiner Bank einen Kundenscheck über 10.000 Euro zum Inkasso eingereicht. Die Bank ist aus §§ 116, 115 Abs. 2 InsO verpflichtet, das Inkassomandat fortzuführen, weil ansonsten die Gefahr bestünde, dass der Insolvenzverwalter den Scheck nicht mehr innerhalb der Vorlegungsfrist einlösen könnte. Würde man der Bank nun – entgegen § 96 Abs. 1 Nr. 1 InsO – erlauben, mit dem Anspruch der Masse auf Herausgabe des eingezogenen Scheckbetrages aufzurechnen, dann würde die Masse schlechter stehen, als wenn sie nur mit der Insolvenzforderung der Bank belastet wäre und die dem Scheck zugrunde liegende Forderung gegen den Kunden aus dem Valutaverhältnis beitreiben müsste.

Die Bank darf den eingezogenen Scheckbetrag daher nicht gegen eigene Forderungen aus einem debitorischen Saldo aufrechnen, sondern muss ihn an den Insolvenzverwalter herausgeben.

5. Auszahlung des Scheckbetrages durch die Inkassobank an den Insolvenzschuldner

Weist das Konto des Insolvenzschuldners zum Zeitpunkt der Verfahrenseröffnung einen positiven Saldo auf und zahlt die Bank den eingezogenen Scheckbetrag an ihn aus, so wird sie dadurch gemäß § 82 InsO nur dann von ihrer Auszahlungspflicht frei, wenn sie keine Kenntnis von der Eröffnung des Insolvenzverfahrens hat.

Obermüller problematisiert in diesem Zusammenhang zutreffend, dass es für die Bank nicht immer ersichtlich ist, ob es sich bei einem von einem Kunden eingereichten Scheck um einen solchen Scheck handelt, der in die (spätere) Insolvenzmasse fällt oder nicht.[691] Denn der Insolvenzschuldner ist nur insoweit daran gehindert, über einen Scheck zu verfügen (ihn einzuziehen), als dieser Scheck auch in die Insolvenzmasse fällt. Erhält er allerdings etwa für eine Gehaltsforderung innerhalb der Pfändungsfreigrenzen der §§ 850c ff. ZPO einen Scheck, so fällt der

691 *Obermüller*, Insolvenzrecht in der Bankpraxis, Rn. 3.246.

Scheck ebenso wenig wie die betreffende Forderung in die spätere Insolvenzmasse.[692] Einen solchen Scheck kann der Insolvenzschuldner nach Eröffnung des Insolvenzverfahrens gegen sich noch von seiner Bank einziehen lassen und über den eingezogenen Betrag frei verfügen. Tatsächlich kann dies die Bank in den Konflikt bringen, nicht zu wissen, ob sie den eingezogenen Scheckbetrag an ihren Kunden auszahlen darf oder ob sie mit einer solchen Auszahlung Gefahr läuft, ein weiteres Mal – nämlich an den Insolvenzverwalter – zahlen zu müssen. Einer diesbezüglichen Auskunftseinholung beim Insolvenzverwalter wird häufig das Bankgeheimnis entgegenstehen.[693]

Obermüller will daher in einem solchen Fall die bereits oben angesprochenen Grundsätze anwenden, welche für die Einreichung von Schecks durch Nichtberechtigte (abhanden gekommene Schecks) entwickelt worden sind.[694] Nach diesen Grundsätzen braucht die einen Scheck zur Einziehung oder Einlösung hereinnehmende Bank die Berechtigung des Einreichers eines Inhaberschecks grundsätzlich nicht zu überprüfen, es sei denn, besondere Umstände legen den Verdacht nahe, dass der Einreicher nicht der Berechtigte ist.[695] Diese Grundsätze könne man, so meint *Obermüller*, deswegen auch auf den Fall der Insolvenz des Einreichers anwenden, weil sich in beiden Fallkonstellationen jeweils ein nichtberechtigter Scheckinhaber gegenüber der Bank durch Vorlage des Schecks legitimiere.[696] Die Bank dürfe daher grundsätzlich von der Berechtigung des insolventen Scheckeinreichers ausgehen, sie sei jedoch dann zu Nachforschungen verpflichtet, wenn ein vor Insolvenzeröffnung ausgestellter Scheck erst nachträglich vorgelegt werde oder betragsmäßig über die Pfändungsfreigrenzen hinausgehe.[697] Welche Konsequenzen diese Auffassung *Obermüllers* hat, wird erst auf den zweiten Blick deutlich, denn ausdrücklich nennt er sie nicht: Die Bank soll offenbar trotz Kenntnis von der Eröffnung des Insolvenzverfahrens – und damit abweichend von §§ 81, 82 InsO – auch dann von ihrer Zahlungspflicht frei werden, wenn sie den eingezogenen Scheckbetrag an den insolventen Einreicher auszahlt, sofern sie nur davon ausgehen durfte (leichte Fahrlässigkeit sei insoweit unschädlich), dass der Scheck nicht in die Insolvenzmasse fällt. Abgesehen von den praktischen Schwierigkeiten – die Bank ist nicht zwangsläufig über die persönlichen Pfändungsfreibeträge ihres Kunden informiert – überzeugen diese Überlegungen auch aus materiellrechtlichen Gesichtspunkten nicht. Denn die Erwägungen *Obermüllers* bilden eine normativ nicht begründbare Ausnahme zu § 81 InsO und führen so zu einem ge-

692 *Obermüller*, Insolvenzrecht in der Bankpraxis, Rn. 3.246; vgl. auch *Jaeger/Henckel*, KO, § 1 Rn. 144f.
693 Vgl. *Obermüller*, Insolvenzrecht in der Bankpraxis, Rn. 3.250.
694 *Obermüller*, Insolvenzrecht in der Bankpraxis, Rn. 3.247.
695 BGH, Urt. v. 30. 9. 2003 – XI ZR 232/02 – ZIP 2003, 2196ff.; Urt. v. 15. 2. 2000 – XI ZR 186/99 – ZIP 2000, 693ff.; Urt. v. 12. 12. 1995 – XI ZR 58/95 – WM 1996, 248; *Baumbach/Hefermehl/Casper*, Art. 21 ScheckG Rn. 11ff.; *Nobbe* in: Schimansky/Bunte/Lwowski, Bankrechtshandbuch I, § 61 Rn. 185; *Hopt* in: Baumbach/Hopt, HGB, (7) BankGesch Rn. E/2; *Horn* in: Heymann/Horn, HGB, Anhang § 372 Bankgeschäfte, Rn. V/110; siehe dazu bereits Teil 3 III.4.a).
696 *Obermüller*, Insolvenzrecht in der Bankpraxis, Rn. 3.247.
697 *Obermüller*, Insolvenzrecht in der Bankpraxis, Rn. 3.249.

setzlich nicht vorgesehenen Schutz des guten Glaubens an die Nicht-Massezugehörigkeit einer Forderung. So mögen dann zwar die Grundsätze über Abhanden gekommene Schecks durchaus anwendbar auf den Fall des insolventen und damit materiell nichtberechtigten Scheckeinreichers sein, wie bereits oben (siehe Teil 3 III.4.a)) dargestellt worden ist. Folgen hat dies allerdings nur im Verhältnis zwischen der bezogenen Bank und dem Scheckaussteller. Die bezogene Bank darf das Konto des Ausstellers entsprechend diesen Grundsätzen auch dann belasten, wenn der Einreicher aufgrund seines Verlustes der Verfügungsbefugnis im Eröffnungsverfahren oder mit der endgültigen Eröffnung des Insolvenzverfahrens zur Einziehung des betreffenden Schecks nicht materiellrechtlich legitimiert ist. Zu einer Erweiterung der insolvenzrechtlichen Gutglaubensregelungen im Verhältnis zwischen dem Scheckeinreicher und der Inkassobank führen diese Grundsätze jedoch nicht.

6. Auswirkungen der Verfahrenseröffnung auf das Valutaverhältnis

Ebenso wie im Falle des Erlasses eines Verfügungsverbotes im Eröffnungsverfahren ist auch für das eröffnete Insolvenzverfahren fraglich, ob die Einlösung eines Schecks durch den Insolvenzschuldner zum Erlöschen der dem Valutaverhältnis zugrunde liegenden Verbindlichkeit führt. Denn nach Eröffnung des Insolvenzverfahrens kann eine Leistung an den Insolvenzschuldner gemäß § 81 InsO grundsätzlich nicht mehr zur Erfüllung führen, es sei denn, es liegen ausnahmsweise die Voraussetzungen des § 82 InsO vor. Bereits zum entsprechenden Fall einer Verfügungsbeschränkung im Eröffnungsverfahren ist ausgeführt worden, dass es hinsichtlich der Voraussetzungen des § 82 InsO für den Fall der Scheckzahlung auf den Zeitpunkt der Leistungshandlung, mithin der Scheckhingabe, nicht aber den Zeitpunkt des Leistungserfolges, also der Einlösung, ankommt (siehe Teil 3 III.7.a)aa)).

Gibt der Drittschuldner demnach zu einem Zeitpunkt, als der spätere Insolvenzschuldner noch vollumfänglich verfügungsbefugt ist, einen Scheck erfüllungshalber hin, dann wird er gemäß § 82 InsO auch dann von seiner Leistungspflicht frei, wenn der Insolvenzschuldner den Scheck erst nach Eröffnung des Insolvenzverfahrens einlöst. Gleiches gilt dann, wenn der Drittschuldner zum Zeitpunkt der Scheckhingabe nicht wusste, dass sein Gläubiger bereits mit einem insolvenzrechtlichen Verfügungsverbot belegt oder das Insolvenzverfahren gegen ihn eröffnet war. Ist der den Scheck ausstellende Drittschuldner hingegen zum Zeitpunkt der Scheckhingabe bösgläubig und weiß, dass sein Gläubiger nicht länger verfügungsbefugt ist, so befreit ihn die Scheckeinlösung nur dann von seiner Valutaschuld, wenn der Scheckbetrag auch in die Masse gelangt. Dies wird regelmäßig dadurch geschehen, dass der Scheck über ein der Verwaltung des Insolvenzverwalters unterliegendes Konto eingezogen wird (vgl. hierzu im Einzelnen die Darstellung zum entsprechenden Fall eines Verfügungsverbotes im Eröffnungsverfahren oben Teil 3 III.7.b)bb)).

7. Ergebnis zu den Auswirkungen der Eröffnung des Insolvenzverfahrens auf Inkassoaufträge und auf das der Scheckbegebung zugrunde liegende Valutaverhältnis

Die Eröffnung des Insolvenzverfahrens gegen den Schecknehmer wirkt sich demnach auf von ihm erteilte Inkassoaufträge und das der jeweiligen Scheckbegebung zugrunde liegende Valutaverhältnis wie folgt aus:

Der Insolvenzschuldner kann keine neuen Inkassoaufträge mehr erteilen. Bereits erteilte Inkassoaufträge werden mit Insolvenzeröffnung zwar ebenfalls unwirksam. Gleichwohl ist die Bank aus §§ 115 Abs. 2, 116 InsO zur Fortführung bereits erteilter Inkassoaufträge verpflichtet.

Die mit Hereingabe des Schecks zugunsten der Bank bestellten Sicherheiten sind unwirksam, sofern der Schecknehmer zu diesem Zeitpunkt bereits nicht mehr verfügungsbefugt war. Im Übrigen sind sie aber zumindest gemäß § 131 Abs. 1 Nr. 1 InsO anfechtbar.

Die Bank darf den eingezogenen Scheckbetrag nicht mit einem etwaigen debitorischen Kontosaldo des Insolvenzschuldners verrechnen. Auch eine reguläre Aufrechnung der Bank gegenüber dem Schecknehmer gemäß §§ 387ff. BGB ist nach Eröffnung des Insolvenzverfahrens wegen § 96 Abs. 1 Nr. 1 InsO nicht möglich.

Weist das Konto bei Eröffnung des Insolvenzverfahrens einen positiven Kontosaldo auf, so wird die Bank nur dann gemäß § 82 InsO von Ihrer Auszahlungspflicht in Höhe des eingezogenen Scheckbetrages frei, wenn sie diesen an den Insolvenzschuldner auszahlt und dabei keine Kenntnis von der Verfahrenseröffnung gegen ihn hat.

Im Übrigen hat sie ein etwaiges Guthaben sowie die Erlöse für nach Verfahrenseröffnung eingezogene Schecks an den Insolvenzverwalter herauszugeben.

V. Zusammenfassung der Ergebnisse für Scheckzahlungen in der Insolvenz der Scheckeinreichers

Die Untersuchung der Auswirkungen der Insolvenz des Scheckeinreichers hat folgendes ergeben:

So lange der Scheckeinreicher verfügungsbefugt ist, kann er seiner Bank wirksam Aufträge zum Einzug von Scheck erteilen. Etwaige mit Hereingabe des Schecks zu Gunsten der Bank bestellte Sicherheiten sind allerdings stets inkongruent und damit häufig anfechtbar.

Die nach erfolgreicher Einziehung des Schecks erfolgte Verrechnung des eingezogenen Scheckerlöses mit einem debitorischen Kontosaldo des Scheckeinreichers kann nach § 96 Abs. 1 Nr. 3 InsO mit Eröffnung des Insolvenzverfahrens unwirksam werden. Dies setzt zunächst voraus, dass die Bank mit der Verrechnung nicht lediglich zuvor insolvenzfest erlangte Sicherheiten realisiert. Weiter ist nach den genauen Umständen der Verrechnung zu unterscheiden.

Erfolgt die Verrechnung zur Offenhaltung einer vereinbarten Kreditlinie, ist die Verrechnungslage nur dann gemäß § 130 InsO anfechtbar entstanden, wenn die Scheckeinlösung in der Krise erfolgt ist und zwischen Gut- und Lastschriften Zeiträume von mehr als zwei bzw. vier Wochen liegen, so dass nicht von einem bargeschäftsmäßigen Leistungsaustausch ausgegangen werden kann.

Führt die Verrechnung des eingezogenen Scheckbetrages zur Rückführung des ungekündigten Kontokorrentkredites, so ist die entstandene Verrechnungslage in der Regel gemäß § 131 Abs. 1 InsO anfechtbar, wenn die Scheckeinlösung in der Krise erfolgt ist. Nur dann, wenn der spätere Insolvenzschuldner den Scheck zwischen zwei und drei Monaten vor dem Eröffnungsantrag eingelöst hat und er zu diesem Zeitpunkt noch nicht zahlungsunfähig war, hängt die Anfechtbarkeit davon ab, ob die Bank wusste oder wissen musste, dass die entstehende Verrechnungslage andere Insolvenzgläubiger benachteiligen würde. Hier wirkt allerdings der Umstand der Inkongruenz einer Rückführung ungekündigter Kredite als Beweisanzeichen zu Lasten der Bank.

Hat die Bank einen Kontokorrentkredit bereits wirksam gekündigt, bevor mit erfolgreicher Einlösung des eingereichten Schecks die Verrechnungslage entsteht, so ist die durch die Verrechnung erlangte Deckung grundsätzlich kongruent. Eine Anfechtbarkeit der Verrechnungslage bei Einlösung des Schecks in der Krise kommt dann unter den engen Voraussetzungen des § 130 InsO in Betracht. Ist die Kreditkündigung ihrerseits nach § 130 Abs. 1 Nr. 1, Abs. 2 InsO anfechtbar, so erfüllt die nachfolgende Entstehung der Verrechnungslage mit Einlösung des Schecks in der Regel ebenfalls die Voraussetzungen des § 130 Abs. 1 Nr. 1, Abs. 2 InsO.

Ist das Konto des Scheckeinreichers bei Einlösung des Schecks über einen eingeräumten Dispositionskredit hinaus überzogen, so ist die entstehende Verrechnungslage kongruent und allenfalls gemäß § 130 Abs. 1 Nr. 1, Abs. 2 InsO anfechtbar.

Im Übrigen kommt in allen Fallkonstellationen stets eine Anfechtbarkeit der entstandenen Verrechnungslage nach § 133 InsO in Betracht. Ihr kommt insbesondere bei Scheckeinlösungen vor Beginn der Krise eigenständige Bedeutung zu.

In allen Fällen, in denen die Einlösung des Schecks zur anfechtbaren Entstehung der Verrechnungslage führt, wird die Verrechnung des eingezogenen Scheckbetrages mit dem debitorischen Kontosaldo des Insolvenzschuldners mit Verfahrenseröffnung gemäß § 96 Abs. 1 Nr. 3 InsO automatisch unwirksam. Der Insolvenzverwalter kann die Bank dann auf Zahlung des eingezogenen Betrages an die Masse in Anspruch nehmen. Ist die Verrechnungslage hingegen unanfechtbar entstanden, so hat die Bank die mit der vorgenommenen Verrechnung erlangte Befriedigung insolvenzfest erhalten.

V. Zusammenfassung der Ergebnisse für Scheckzahlungen in der Insolvenz

Festzuhalten bleibt somit, dass der Erlass eines allgemeinen Verfügungsverbotes gegen den Scheckeinreicher sich für die Inkassobank dahingehend auswirkt, dass diese nicht verpflichtet ist, neue Inkassoaufträge auszuführen, weil diese unwirksam sind. Sie muss jedoch bereits vor Verlust der Verfügungsbefugnis wirksam erteilte Inkassoaufträge fortführen. Sicherheiten, welche der Scheckeinreicher seiner Bank gemäß den Allgemeinen Geschäftsbedingungen an dem Scheck bzw. der zugrunde liegenden Forderung aus dem Valutaverhältnis bestellt hat, sind – je nachdem, ob der Scheck bereits vor Erlass des Verfügungsverbotes oder erst danach eingereicht worden ist – entweder anfechtbar oder von vornherein unwirksam. Zieht die Inkassobank den Scheck trotz nicht wirksam eingeräumter Sicherungstreuhand bei der bezogenen Bank ein, so handelt sie als materiell Nichtberechtigte. Aufgrund der nach wie vor wirksamen girovertraglichen Beziehung hat der Scheckeinreicher einen Anspruch auf Herausgabe des eingezogenen Scheckbetrages, den die Inkassobank mit seinem Kontosaldo verrechnen kann. Den verrechneten Scheckbetrag muss die Inkassobank allerdings nach Eröffnung des Insolvenzverfahrens gegen den Schecknehmer auch dann an den Insolvenzverwalter auskehren, wenn das Konto einen debitorischen Saldo aufweist, sofern die Verrechnung zur Rückführung eines noch nicht fälligen Kontokorrentkredites geführt hat oder die Inkassobank bei Einlösung des Schecks bereits von dem Insolvenzantrag gegen den Schecknehmer oder dessen Zahlungsunfähigkeit wusste. In diesem Zusammenhang unterscheidet sich die Rechtslage zu derjenigen vor Erlass eines allgemeinen Verfügungsverbotes dadurch, dass ein etwaiges „Offenhalten der Kreditlinie“ nicht zugunsten der Bank wirkt.

Im Valutaverhältnis führt die erfolgreiche Scheckeinlösung grundsätzlich zum Erlöschen der Schuld des Scheckausstellers. Sofern dieser im Zeitpunkt der Scheckhingabe keine Kenntnis von der Verfügungsbeschränkung des Schecknehmers hatte oder haben musste, kommen ihm die §§ 24 Abs. 1, 82 InsO zu Gute. Hatte der Scheckaussteller bei Hingabe des Schecks allerdings Kenntnis von dem Verfügungsverbot, dann wird er von seiner Schuld nur dann befreit, wenn der Scheckbetrag letztlich in die Masse gelangt. Kann der (vorläufige) Insolvenzverwalter den Scheck bzw. den eingezogenen Scheckwert ohne weiteres zur Masse ziehen, steht dem Scheckaussteller gegen seine erneute Inanspruchnahme eine dauernde Einrede zu. In allen übrigen Fällen ist er zur erneuten Leistung – diesmal an den (vorläufigen) Insolvenzverwalter – verpflichtet, weil seine Schuld aus dem Valutaverhältnis nicht erloschen ist.

Mit der Eröffnung des Insolvenzverfahrens gegen den Schecknehmer kann dieser keine neuen Inkassoaufträge mehr erteilen. Bereits zuvor erteilte Inkassoaufträge werden mit Insolvenzeröffnung zwar unwirksam, allerdings ist die Bank aus §§ 115 Abs. 2, 116 InsO zur Fortführung dieser Inkassoaufträge verpflichtet.

Die mit Hereingabe des Schecks zugunsten der Bank bestellten Sicherheiten sind unwirksam, sofern der Schecknehmer zu diesem Zeitpunkt bereits nicht mehr verfügungsbefugt war. Im Übrigen sind sie aber zumindest gemäß § 131 Abs. 1 Nr. 1 InsO anfechtbar.

Die Bank darf den eingezogenen Scheckbetrag nicht mit einem etwaigen debitorischen Kontosaldo des Insolvenzschuldners verrechnen. Auch eine reguläre Aufrechnung der Bank gegenüber dem Schecknehmer gemäß §§ 387ff. BGB ist nach Eröffnung des Insolvenzverfahrens wegen § 96 Abs. 1 Nr. 1 InsO nicht möglich.

Weist das Konto bei Eröffnung des Insolvenzverfahrens einen positiven Kontosaldo auf, so wird die Bank nur dann gemäß § 82 InsO von Ihrer Auszahlungspflicht in Höhe des eingezogenen Scheckbetrages frei, wenn sie diesen an den Insolvenzschuldner auszahlt und dabei keine Kenntnis von der Verfahrenseröffnung gegen ihn hat.

Im Übrigen hat sie ein etwaiges Guthaben sowie die Erlöse für nach Verfahrenseröffnung eingezogene Schecks an den Insolvenzverwalter herauszugeben.

Teil 4
Die Weitergabe von Kundenschecks in der Insolvenz des ersten Schecknehmers

I. Mögliche Fallkonstellationen

Soeben wurden die Fälle untersucht, in denen der Insolvenzschuldner als Gläubiger zahlungshalber einen Scheck von seinem Kunden erhalten und eingelöst hat. Nicht selten wird der Insolvenzschuldner sich der dabei möglicherweise auftretenden Probleme allerdings bewusst sein und daher den Scheck nicht selbst einzulösen versuchen, sondern seinerseits zahlungshalber an einen eigenen Gläubiger weitergeben. Inwieweit dieser Gläubiger dadurch eine insolvenzfeste Sicherung oder Befriedigung seiner Forderung erhält, soll im Folgenden erörtert werden.

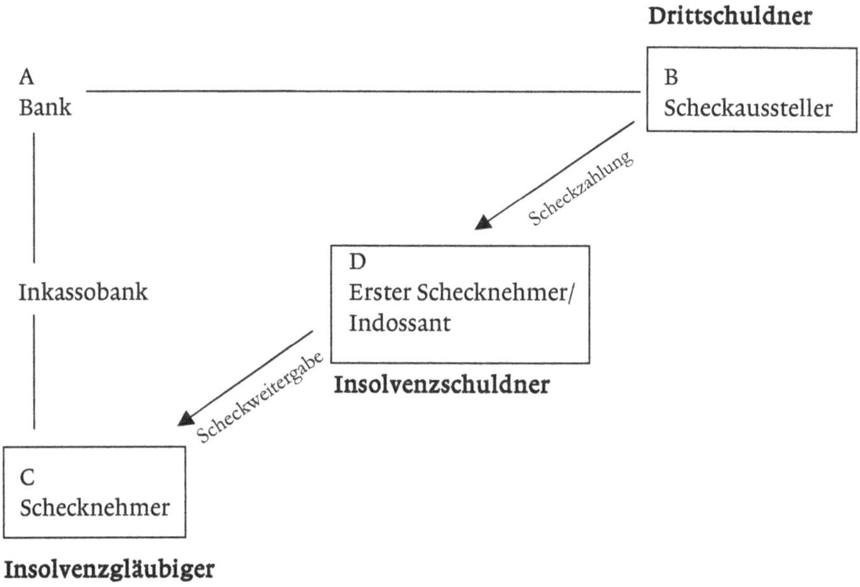

Soweit es dabei um Fallkonstellationen geht, in denen der spätere Insolvenzschuldner einen Kundenscheck zu einem Zeitpunkt weitergegeben hat, als er noch vollumfänglich verfügungsbefugt war, werden die auftauchenden Fragen in erster Linie insolvenzanfechtungsrechtlicher Natur sein (dazu unter II.).

Hat der Insolvenzschuldner einen Kundenscheck an einen eigenen Gläubiger weitergegeben, nachdem er bereits seine Verfügungsbefugnis durch entsprechende Anordnung des Insolvenzgerichts im Eröffnungsverfahren oder durch die Eröffnung des Insolvenzverfahrens verloren hat, so stellt sich die Frage, inwieweit die Weitergabe überhaupt Wirksamkeit gegenüber den an der Scheckzahlung Beteiligten und insbesondere gegenüber der Insolvenzmasse entfaltet (dazu unter III.).

II. Anfechtbarkeit der Weitergabe von Kundenschecks

Nimmt der spätere Insolvenzschuldner von einem seiner Schuldner zahlungshalber einen Scheck entgegen, so steht es in seinem Belieben, diesen Scheck entweder selbst einzulösen oder an einen seiner Gläubiger weiterzugeben, um so eigene Verbindlichkeiten diesem gegenüber zu tilgen. Zumindest so lange er noch verfügungsbefugt ist, das Insolvenzgericht also weder verfügungsbeschränkende Maßnahmen gegen ihn erlassen noch das Insolvenzverfahrens eröffnet hat, kann er wirksam das Eigentum an Kundenschecks übertragen und diese auch indossieren. Unter Umständen benachteiligt die Weitergabe von Kundenschecks und deren Einlösung durch einen Gläubiger allerdings die übrigen Insolvenzgläubiger. Für den Insolvenzverwalter stellt sich daher nach Eröffnung des Insolvenzverfahrens die Frage, ob er die Weitergabe von Kundenschecks nach den §§ 129ff. InsO anfechten kann.

1. Allgemeine Anfechtungsvoraussetzungen

a) Anfechtbare Rechtshandlung

Denkt man über eine Anfechtbarkeit der „Weitergabe" von Kundenschecks nach, so muss zunächst konkretisiert werden, welche Rechtshandlung in diesem Zusammenhang auf ihre Anfechtbarkeit untersucht werden soll. Zwar erfasst der Begriff der „Weitergabe" seinem Wortsinn nach ohne Weiteres die Scheckweitergabe als Realakt. In rechtlicher Hinsicht umfasst die „Weitergabe" allerdings mehrere Vorgänge, die möglicherweise anfechtungsrechtlich voneinander zu unterscheiden sind. Als anfechtbare Rechtshandlung käme zunächst die *Übergabe* des Schecks an den Gläubiger als bloßer Akt der Besitzverschaffung in Betracht. Wird dabei zugleich das Eigentum an dem Scheck übertragen, so könnte die *Übereignung* eine anfechtbare Rechtshandlung sein. Auch ein in diesem Zusammenhang vorgenommenes *Indossament* könnte anfechtbar sein. Schließlich kommt auch die *Einlösung* des Kundenschecks durch den Gläubiger des Insolvenzschuldners als anfechtbare Rechtshandlung in Betracht. Dabei könnte es sich um selbständige und jeweils für sich anfechtbare Rechtshandlungen handeln oder aber um einen insgesamt als eine einzige Rechtshandlung zu qualifizierenden einheitlichen Vorgang (vgl. zur äquivalenten Problematik bei der Ausstellung eines Schecks durch den späteren Insolvenzschuldner die Ausführungen in Teil 2 II.1.a)). Dies hängt davon ab, ob die

Übergabe, Übereignung, Indossierung sowie die *Einlösung* eines Kundenschecks für sich genommen eigene rechtliche Wirkungen auslösen.

Durch die *Hingabe eines Inhaberschecks* wird der Empfänger formell als Scheckberechtigter legitimiert[698], so dass er die selbständig verbriefte Scheckforderung geltend machen kann. Die Besitzübertragung entfaltet damit eigenständige Wirkung. Die *Übereignung eines Inhaberschecks* durch Einigung und Übergabe gemäß §§ 929 ff. BGB[699] entfaltet insoweit eine über die bloße Besitzübertragung hinausgehende Rechtswirkung, als der Inhaber nicht nur durch die Besitzübertragung formell, sondern aufgrund des wirksamen Begebungsvertrages auch materiell legitimiert ist. Auch sie stellt somit eine eigene Rechtshandlung dar. Ein *Indossament* ist auf einem Inhaberscheck eigentlich nicht erforderlich, es hat weder Übertragungs- noch Ausweiswirkung im Gegensatz zu einem Indossament auf einem Orderscheck[700]. Gleichwohl begründet es aber auf einem Inhaberscheck die Haftung nach Art. 20 ScheckG[701], so dass auch die Indossierung eines Schecks eine eigenständige Wirkungen auslösende Rechtshandlung darstellt.

Die *Einlösung* eines Kundenschecks entfaltet in zweifacher Hinsicht Rechtswirkung: Zum einen erlischt die Valutaschuld im Verhältnis zwischen dem späteren Insolvenzschuldner und seinem Kunden. Zum anderen erlischt die Schuld des Insolvenzschuldners gegenüber dem Scheckempfänger. Auch die *Einlösung eines Kundenschecks* hat somit eigenständige und von der bloßen Weitergabe zu unterscheidende Wirkungen.

Handelt es sich bei dem weitergegebenen Kundenscheck nicht um einen Inhaberscheck sondern um einen – in der Praxis nur selten gebrauchten – Orderscheck, so ergeben sich geringfügige Unterschiede: Die *Weitergabe eines Orderschecks* entfaltet noch keine Rechtswirkung, denn bei diesem ist die formelle Berechtigung sowohl vom Besitz als auch einer ununterbrochenen Reihe von Indossamenten abhängig[702]. Die *Übereignung eines Orderschecks* durch Einigung, Übergabe und Indossament[703] hingegen wirkt sowohl formell als auch materiell legitimierend zu Gunsten des Empfängers und stellt somit eine selbständig anfechtbare Rechtshandlung dar. Das *Indossament* als zwingende Voraussetzung für die wirksame Übereignung eines Orderschecks stellt insofern eine selbständige Rechtshandlung dar, als es die Haftung des Indossanten nach Art. 40 ScheckG begründet.

Kommen somit bei der Weitergabe von Kundenschecks durch den späteren Insolvenzschuldner mehrere Rechtshandlungen als Anknüpfungspunkte für eine Insolvenzanfechtung in Betracht, ist im Folgenden zu untersuchen, ob diese auch jeweils die übrigen Insolvenzgläubiger benachteiligen. Soweit dies der Fall ist, ist weiter zu untersuchen, wann deren gläubigerbenachteiligende Wirkungen eintre-

---

698 *Baumbach/Hefermehl/Casper*, Art. 19 ScheckG Rn. 1; vgl. bereits RG, Urt. v. 20. 7. 1925 – II 597/24 – RGZ 111, 266 (271).
699 *Baumbach/Hefermehl/Casper*, Einl. ScheckG Rn. 27.
700 *Bülow*, Art. 20 ScheckG Rn. 1.
701 *Baumbach/Hefermehl/Casper*, Art. 15 ScheckG Rn. 5; *Bülow*, Art. 20 ScheckG Rn. 1.
702 *Baumbach/Hefermehl/Casper*, Art. 19 ScheckG Rn. 1; *Bülow*, Art. 14 ScheckG Rn. 5.
703 *Baumbach/Hefermehl/Casper*, Einl. ScheckG Rn. 27; *Bülow*, Art. 14 ScheckG Rn. 4.

ten, denn auf diesen Moment kommt es für das Vorliegen der im Anschluss zu prüfenden besonderen Anfechtungsvoraussetzungen (§§ 130ff. InsO) an.

b) *Hingabe von Kundenschecks als anfechtbare Rechtshandlung*

aa) Gläubigerbenachteiligung

Die Hingabe eines Kundenschecks müsste, damit eine Anfechtung überhaupt in Betracht kommt, zu einer Benachteiligung der anderen Insolvenzgläubiger geführt haben. Deren Befriedigung müsste sich also günstiger gestaltet haben, wenn diese Rechtshandlung unterblieben wäre.

Die Hingabe eines *eigenen Schecks* des späteren Insolvenzschuldners entfaltet noch nicht ohne weiteres eine gläubigerbenachteiligende Wirkung, sondern nur dann, wenn er hernach erfolgreich eingelöst oder der scheckrechtliche Haftungsanspruch geltend gemacht wird. Etwas anderes gilt für die Hingabe eines *Kundenschecks*: Dadurch, dass der Kunde des späteren Insolvenzschuldners diesem zahlungshalber einen Scheck übergeben hat, ist die zugrunde liegende Forderung im Valutaverhältnis zunächst gehemmt[704] und wird wertmäßig ersetzt durch die verbriefte Scheckforderung. Bevor der spätere Insolvenzschuldner gegen seinen Kunden aus dieser Forderung vorgehen kann, muss er zunächst Befriedigung aus dem Scheck suchen. Gibt der spätere Insolvenzschuldner diesen Scheck weiter, so bleibt die Valutaforderung nach wie vor gehemmt, die spätere Insolvenzmasse ist damit objektiv geschmälert.

Beispielsfall 31

Der spätere Insolvenzschuldner I erhält von seinem Kunden K einen Scheck über 5.000 Euro für eine bestehende Kaufpreisschuld. I gibt diesen Scheck an seinen Gläubiger G weiter, dem er seinerseits 5.000 Euro für erbrachte Dienstleistungen schuldet. Bereits mit Hingabe des Schecks ist die spätere Insolvenzmasse um 5.000 Euro geschmälert und damit die übrigen Insolvenzgläubiger benachteiligt: I kann ohne die Scheckurkunde weder die Forderung aus dem Scheck gegenüber der bezogenen Bank geltend machen, noch kann er die durch die Scheckhingabe gehemmte Kaufpreisforderung gegen K durchsetzen.

Da der spätere Insolvenzschuldner somit nach der Weggabe eines Kundenschecks weder aus dem Scheck noch aus der dem Valutaverhältnis zugrunde liegenden Forderung vorgehen kann, ist die spätere Insolvenzmasse bereits zu diesem Zeitpunkt gemindert, eine Benachteiligung der übrigen Insolvenzgläubiger somit eingetreten.[705]

Fraglich ist allerdings, ob auch Fallkonstellationen denkbar sind, in denen die Hingabe von Kundenschecks die übrigen Insolvenzgläubiger ausnahmsweise nicht beeinträchtigt.

---

704 *Canaris,* Bankvertragsrechts, Rn. 769; *Baumbach/Hefermehl/Casper,* Einl. ScheckG Rn. 41.
705 So im Ergebnis auch AG Bremen, Urt. v. 31. 3. 2006 – 7 C 272/05, Rn. 36 (zit. n. juris).

Beispielsfall 32

Das OLG Stuttgart[706] hatte im Jahr 2003 über das Prozesskostenhilfegesuch eines Insolvenzverwalters zu entscheiden, dem der folgende Sachverhalt zugrunde lag: Die Insolvenzschuldnerin war Softwareherstellerin und hatte die Beklagte als Subunternehmerin beauftragt. Aufgrund von erheblichen Zahlungsrückständen im Januar 2002 erklärte sich die Beklagte zur Auslieferung der Software unmittelbar an die Auftraggeberin nur bereit, sofern alle weiteren Zahlungen der Auftraggeberin unmittelbar an sie (die Beklagte) weitergeleitet würden. Die Insolvenzschuldnerin erklärte sich hiermit einverstanden und leitete einen am 19. 4. 2002 von der Auftraggeberin überlassenen Scheck an die Beklagte weiter, die den Scheck einlöste. Am 14. 5. 2002 wurde Insolvenzantrag gestellt, das Verfahren wurde am 18. 7. 2002 eröffnet. Der Insolvenzverwalter beabsichtigte, Anfechtungsklage gegen die Weitergabe des Schecks zu erheben.

Das OLG Stuttgart hat die Prozesskostenhilfe für den Insolvenzverwalter ablehnende Entscheidung des LG Stuttgart bestätigt. Die Anfechtungsklage des Insolvenzverwalters habe keine Aussicht auf Erfolg. Das Gericht hat seine Entscheidung im Wesentlichen damit begründet, dass hier eine kongruente Deckung vorgelegen habe, jedoch die für eine Anfechtung nach § 130 oder § 133 InsO erforderlichen subjektiven Voraussetzungen bei der Beklagten nicht bewiesen seien.[707] Allerdings hat der entscheidende Senat daneben ausdrücklich darauf hingewiesen, dass ohnehin höchst zweifelhaft sei, ob in diesem Fall überhaupt das allen Anfechtungstatbeständen gemeinsame Merkmal der Gläubigerbenachteiligung gegeben sei. Die Beklagte habe nämlich die Auslieferung der Software bis zur vollständigen Zahlung ihrer Vergütungsansprüche zurückhalten dürfen, während die Auftraggeberin ihrerseits erst bei Auslieferung der Software zur Zahlung verpflichtet war. Die Insolvenzmasse sei daher durch die Weitergabe des Schecks überhaupt nicht geschmälert worden, wenn ohne sie auch die Auftraggeberin nicht hätte zahlen müssen.

Die Auffassung, es könnte hier an einer Gläubigerbenachteiligung fehlen, ist nicht ohne weiteres nachvollziehbar. Zutreffend weist *Hölzle*[708] darauf hin, dass eine vollständigere Tatbestandsfassung in diesem Zusammenhang hilfreich gewesen wäre. Zu erklären sind die Zweifel des Senates an einer Gläubigerbenachteiligung wohl nur anhand der Besonderheiten des Software-Herstellungsvertrages. Scheinbar hatte die Beklagte die Software bereits vor Erhalt des Schecks der Bestellerin überlassen, die urheberrechtlichen Befugnisse aber noch nicht übertragen. Der Bestellerin standen daher nur eingeschränkte Nutzungsrechte zu. Hätte die Insolvenzschuldnerin den Scheck der Bestellerin nicht an die Beklagte weitergeleitet, dann hätte diese nicht die Softwarenutzungsrechte auf die Bestellerin übertragen und die Bestellerin wäre nicht zur Zahlung verpflichtet gewesen. Die Bestellerin hätte den Scheck daraufhin widerrufen und ihr Zurückbehaltungsrecht geltend machen können. Dann wäre weder der betreffende Scheck in die Insolvenzmasse gefallen, noch wäre die zugrunde liegende Forderung der Insolvenzschuldnerin gegen die Bestellerin durchsetzbar gewesen. In diesem Fall stellt sich die Befriedigungsmöglichkeit der übrigen Insolvenzgläubiger somit nach der Hingabe des Kundenschecks nicht schlechter dar als zuvor. Derartige Fallkonstellationen dürf-

706 OLG Stuttgart, B. v. 22. 10. 2003 – 6 W 59/03 – ZInsO 2004, 156–158.
707 Auf die Frage, ob in diesem Fall die Hingabe der Kundenschecks kongruent und nicht inkongruent war, wird unten noch genauer einzugehen sein.
708 *Hölzle*, EWiR § 129 InsO 2/04, 667 (668).

ten in der Praxis allerdings selten vorkommen. Soweit ersichtlich, handelt es sich bei dem dargestellten Urteil um die erste und nach wie vor einzige Entscheidung, in welcher eine Gläubigerbenachteiligung durch die Hingabe von Kundenschecks abgelehnt worden ist.

Festzuhalten bleibt, dass von einer Gläubigerbenachteiligung grundsätzlich ausgegangen werden kann, wenn der spätere Insolvenzschuldner einen Kundenscheck an einen Gläubiger weitergibt – ihm also den Besitz überträgt – und dieser ihn erfolgreich einlöst. Nur ausnahmsweise ist eine Gläubigerbenachteiligung – wie in dem dargestellten, vor dem OLG Stuttgart entschiedenen Fall – ausgeschlossen, wenn feststeht, dass der Scheck ohnehin nicht in die Masse gefallen wäre.

bb) Anfechtungsrechtlich relevanter Zeitpunkt

Führt demnach bereits die *Hingabe* eines Kundenschecks im Sinne einer bloßen Besitzverschaffung in der Regel zu einer Benachteiligung der anderen Insolvenzgläubiger, so ergibt sich daraus, dass es für das Vorliegen der übrigen Anfechtungsvoraussetzungen auf den Zeitpunkt der Besitzübertragung ankommt[709]. Denn wie bereits oben (Teil 2 II.1.b)bb)) ausgeführt worden ist, ist der Zeitpunkt des Eintritts der Gläubigerbenachteiligung der nach § 140 Abs. 1 InsO entscheidende.

c) Keine selbständige Gläubigerbenachteiligung durch Übereignung und Einlösung eines weitergegebenen Kundenschecks

Fraglich ist, ob daneben auch die Übereignung und Einlösung eines Kundenschecks zu einer selbständigen Gläubigerbenachteiligung führt. Die Übereignung führt zu Übertragung der materiellen Berechtigung an einem Scheck, die Einlösung bringt die Forderung aus dem Valutaverhältnis endgültig zum Erlöschen. Allerdings geht die durch diese beiden Rechtshandlungen verursachte Gläubigerbenachteiligung nicht über diejenige hinaus, die bereits durch die Hingabe des Schecks eingetreten ist:

Bereits die bloße Übertragung des Besitzes an einem Inhaberscheck nimmt diesen wirtschaftlich betrachtet aus der Insolvenzmasse heraus, denn er kann nicht mehr zugunsten der späteren Insolvenzmasse eingelöst werden. Da bereits der Besitz an dem Scheck den Gläubiger formell als Scheckberechtigten legitimiert, kann er den Scheck einlösen. Darauf, ob ihm der Scheck auch *wirksam übereignet* worden und der Gläubiger somit auch materiellrechtlich legitimiert ist, kommt es daneben aus – allein maßgeblicher[710] – wirtschaftlicher Sicht der übrigen Insolvenzgläubiger nicht an. Dieser Umstand wird unten noch von Bedeutung sein, wenn es um die Hingabe eines Kundenschecks nach Erlass eines Verfügungsverbotes gegen den späteren Insolvenzschuldner geht.

---

709 *Kreft* in: HK-InsO, § 140 Rn. 3; *Fischer*, ZIP 2004, 1679 (1680).
710 *De Bra* in: Braun, InsO, § 129 Rn. 23; *Kreft* in: HK-InsO, § 129 Rn. 37.

Auch die *Einlösung* des Schecks durch den Gläubiger bewirkt aus Sicht der übrigen Insolvenzgläubiger keine weitergehende Benachteiligung. Denn ob die durch Weggabe des Schecks und Hemmung der Forderung aus dem Valutaverhältnis eingetretene Gläubigerbenachteiligung zunächst nur vorläufig ist oder ob sie später mit Einlösung des Schecks und Erlöschen der Valutaforderung endgültig wird, macht aus wirtschaftlicher Sicht ebenfalls keinen Unterschied.

Im **Beispielsfall 31** führt bereits die Hingabe des Kundenschecks von I an G dazu, dass I weder aus dem Scheck vorgehen, noch die Kaufpreisforderung gegen K durchsetzen kann. Zwar ist die Kaufpreisforderung zunächst lediglich gehemmt und erlischt erst, nachdem G den Scheck erfolgreich eingelöst hat. Allerdings ist es für die übrigen Insolvenzgläubiger irrelevant, ob die Insolvenzmasse deswegen geschmälert ist, weil eine Forderung nicht durchsetzbar oder weil sie erloschen ist. Die Befriedigungsmöglichkeit der übrigen Gläubiger ist somit nach Einlösung des Schecks durch G nicht schlechter, als sie bereits unmittelbar nach der Hingabe war.

Im Gegensatz zur Hingabe eines Kundenschecks im Sinne der bloßen Besitzübertragung führen also weder die nachfolgende Übereignung noch die Einlösung eines Kundenschecks zu einer selbständigen Gläubigerbenachteiligung. Eine Anfechtung dieser Rechtshandlungen kommt somit nicht in Betracht.

d) „Indossierung" von Kundenschecks als anfechtbare Rechtshandlung

aa) Gläubigerbenachteiligung

Hat der spätere Insolvenzschuldner seinem Gläubiger den Kundenscheck nicht nur übergeben, sondern auch indossiert, so fragt sich, ob die aus dem Indossament resultierende Haftungswirkung eine (zusätzliche und über die bloße Hingabe des Schecks als Akt der Besitzverschaffung hinausgehende) Gläubigerbenachteiligung bewirkt. Nur wenn dies der Fall ist, muss über eine Anfechtung des Indossamentes nachgedacht werden. Zu einer Benachteiligung der übrigen Insolvenzgläubiger kommt es durch ein Indossament auf einem Kundenscheck nur dann, wenn der Scheck nicht erfolgreich eingelöst wird und sich so die dem indossierten Scheck innewohnende selbständige Haftung realisiert. Insoweit besteht Ähnlichkeit zwischen der scheckrechtlichen Haftung aus einem eigenen Scheck (vgl. Teil 2 II. 1. c)aa)) und der durch Indossament begründeten Haftung aus einem Kundenscheck. Die Benachteiligung liegt in der Haftung soweit sie über die Forderung aus dem Valutaverhältnis hinausgeht.

Beispielsfall 33

Der spätere Insolvenzschuldner I hat seinem Gläubiger G zur Tilgung seiner Verbindlichkeit von 10.000 Euro einen Kundenscheck über 11.000 Euro gegeben und auch indossiert. Die bezogene Bank verweigert die Zahlung. G kann I (nach erfolgtem Protest, Art. 41 ScheckG) aus Art. 40, 45 ScheckG in Anspruch nehmen und zwar auf die volle Schecksumme von 11.000 Euro (Art. 45 Nr. 1 ScheckG), Zinsen in Höhe von 6% seit dem Tag der Vorlegung (zwei Prozentpunkte über dem Basiszinssatz, mindestens 6%, Art. 45 Nr. 2 ScheckG), die Kosten des Protestes (Art. 45 Nr. 3 ScheckG) sowie eine Vergütung in Höhe von 33 Euro (0,3% der Schecksumme, Art. 45 Nr. 4 ScheckG). Die Gläubigerbenachteiligung ist die Höhe der Gesamtforderung aus Art. 45 ScheckG abzüglich der (bereits zuvor vorhandenen und damit in dieser Höhe die Gläubiger nicht benachteiligenden) Forderung von 10.000 Euro, in diesem Fall also die Forderung in Höhe von 1.033 Euro + Zinsen seit dem Tag der Vorlegung.

Erwirbt ein Gläubiger somit aufgrund eines Indossamentes auf einem Kundenscheck einen scheckrechtlichen Haftungsanspruch, dann liegt hierin eine Gläubigerbenachteiligung, die selbständig anfechtbar sein kann.

Dabei ist zu berücksichtigen, dass Schecks, die auf einen Betrag von bis zu 6.000 Euro lauten, im BSE-Verfahren eingezogen werden (siehe dazu oben Teil 2 II.1.c)aa)(2)). Im Falle der Nichteinlösung solcher Schecks wird es in der Regel nicht zu einer den Anforderungen des Art. 40 ScheckG entsprechenden Feststellung der Zahlungsverweigerung und somit auch nicht zu einem Haftungsanspruch des Scheckerwerbers gegen den indossierenden Insolvenzschuldner kommen, weil diese eine rechtzeitige körperliche Vorlage voraussetzt.

bb) Anfechtungsrechtlich relevanter Zeitpunkt

Auch hier stellt sich sodann die Frage, welches der für das Vorliegen der Anfechtungsvoraussetzungen relevante Zeitpunkt ist, wann also gemäß § 140 InsO die rechtlichen Wirkungen des Indossaments eintreten. Die Haftung aus einem Indossament setzt neben der Nichteinlösung des Schecks voraus, dass diese auch gemäß Art. 40 ScheckG festgestellt wird. Diese Feststellung muss gemäß Art. 41 Abs. 1 ScheckG grundsätzlich vor Ablauf der Vorlegungsfrist erfolgen. Wenn der Scheck erst am letzten Tag der Frist vorgelegt wurde, genügt nach Abs. 2 auch eine Feststellung am folgenden Werktag.

Beispielsfall 34

Der spätere Insolvenzschuldner I indossiert seinem Gläubiger G am 2. 1. 2009 zahlungshalber einen auf den 5. 1. 2009 datierten Kundenscheck. Die Vorlegungsfrist für diesen Scheck läuft gemäß Art. 29 Abs. 1 ScheckG bis zum 13. 1. 2009. Verweigert die bezogene Bank die Zahlung auf diesen Scheck, so muss G spätestens bis zum 13. 1. 2009 (wenn er den Scheck erst an diesem Tag vorgelegt hat bis zum 14. 1. 2009) die Nichteinlösung in der Form des Art. 40 ScheckG feststellen lassen. Das tatsächliche Datum der Feststellung ist für das Vorliegen der Anfechtungsvoraussetzungen entscheidend.

Für das Vorliegen der besonderen Anfechtungsvoraussetzungen kommt es somit auf das Datum der Feststellung der Nichteinlösung des Schecks gemäß Art. 40 ScheckG an.

e) Zwischenergebnis

Aus anfechtungsrechtlicher Sicht ist somit vor allem die Weitergabe eines Kundenschecks im Sinne einer bloßen Besitzübertragung von Bedeutung. Sie führt in der Regel zu einer Benachteiligung der übrigen Insolvenzgläubiger. Ist daher im Folgenden von der „Weitergabe“ eines Kundenschecks die Rede, so ist damit die Übertragung des Besitzes an einem Kundenscheck gemeint, unabhängig davon, ob der Kundenscheck damit zugleich auch wirksam übereignet worden ist. Der nach § 140 InsO maßgebliche Zeitpunkt für das Vorliegen der besonderen Anfechtungsvoraussetzungen ist der Zeitpunkt der Besitzübertragung. Den Rechtshandlungen der Übereignung und Einlösung des weitergegebenen Kundenschecks kommt daneben keine eigenständige Bedeutung zu.

Hat der spätere Insolvenzschuldner den Kundenscheck ausnahmsweise auch indossiert, so kommt eine Anfechtung des Indossamentes in Betracht, sofern es aufgrund einer Zahlungsverweigerung der bezogenen Bank zur scheckrechtlichen Haftung des späteren Insolvenzschuldners gekommen ist. In diesem Fall kommt es für das Vorliegen der besonderen Anfechtungsvoraussetzungen auf den Zeitpunkt der Feststellung der Zahlungsverweigerung gemäß der in Art. 40 ScheckG bestimmten Form an.

2. Anfechtung der Weitergabe von Kundenschecks

a) *Anfechtbarkeit gemäß § 130 oder § 131 InsO – Grundsatz der Inkongruenz der Weitergabe von Kundenschecks*

Gibt der spätere Insolvenzschuldner seinem Gläubiger in der kritischen Zeit von weniger als drei Monaten vor Stellen des Eröffnungsantrages oder im Eröffnungsverfahren zahlungshalber einen Kundenscheck, so ist der Anwendungsbereich der §§ 130, 131 InsO eröffnet. Hat er einen Kundenscheck hingegen bereits früher als drei Monate vor dem Eröffnungsantrag weiter gegeben, dann kommt allenfalls eine Anfechtung nach § 133 InsO in Betracht.

Die weiteren Anfechtungsvoraussetzungen sind somit davon abhängig, ob die Weitergabe eines Kundenschecks zu einer kongruenten oder eine inkongruenten Deckung des Gläubigers führt. Im Gegensatz zur Zahlung mit einem schuldnereigenen Scheck, für welche anerkannt ist, dass diese grundsätzlich kongruent ist[711], ist die zahlungshalber erfolgende Weitergabe eines Kundenschecks nach einhelliger Auffassung in Rechtsprechung und Literatur in der Regel inkongruent[712]. Dem ist zuzustimmen, denn während die Ausstellung eines eigenen Schecks ein übliches Zahlungsmittel darstellt und es dem Schuldner unbenommen ist, ein vereinbartes (übliches) Zahlungsmittel wie etwa Barzahlung durch ein anderes übliches Zahlungsmittel zu ersetzen,[713] erhält der Gläubiger mit einem Kundenscheck et-

---

711 BGH, Urt. v. 14. 5. 2009 – IX ZR 63/09 – NJW 2009, 2600ff.; Urt. v. 12. 10. 2006 – IX ZR 228/03 – ZIP 2006, 2222 = DZWIR 2007, 116; Urt. v. 9. 1. 2003 – IX ZR 85/02 – ZIP 2003, 356 (358); Urt. v. 30. 9. 1993 – IX ZR 227/92 – BGHZ 123, 320 (324); Urt. v. 2. 2. 2006 – IX ZR 67/02 – BGHZ 166, 125; Urt. v. 21. 6. 2007 – IX ZR 231/04 – ZIP 2007, 1469 (1470); OLG Dresden, Urt. v. 29. 4. 2004 – 13 U 1775/03 – ZInsO 2004, 746 (747); *Kirchhof* in: MünchKomm-InsO, § 131 Rn. 35; *Paulus* in: Kübler/Prütting/Bork, § 131 InsO Rn. 13; *Huber* in: Gottwald, Insolvenzrechts-Handbuch, § 47 Rn. 21; *Schoppmeyer* in: Bork, Handbuch des Insolvenzanfechtungsrechts, Kap. 8 Rn. 60; *Hirte* in: Uhlenbruck, InsO, § 131 Rn. 9; *Bork*, Zahlungsverkehr in der Insolvenz, Rn. 416.

712 BGH, Urt. v. 10. 10. 1961 – 1 StR 163/61 – NJW 1962, 117; OLG Düsseldorf, Urt. v. 20. 11. 1989 – 6 U 77/89 – NJW-RR 990, 576f.; OLG Stuttgart, Urt. v. 8. 7. 1980 – 11 U 43/80 – ZIP 1980, 860f.; AG Bremen, Urt. v. 31. 3. 2006 – 7 C 272/2005 (juris); OLG Brandenburg, Urt. v. 26. 11. 1998 – 8 U 52/98 – ZIP 1999, 1015–1017; *Nobbe* in: Schimansky/Bunte/Lwowski, Bankrechtshandbuch I, § 61 Rn. 68; *de Bra* in: Braun, InsO, § 131 Rn. 11; *Pape*, EWiR § 30 KO 4/96, 989f.; *Gerhardt*, EWiR § 10 GesO 1/99, 125f.; *Kreft* in: HK-InsO, § 131 Rn. 9; *Kirchhof* in: MünchKomm-InsO, § 131 Rn. 35.

713 *Hirte* in: Uhlenbruck, InsO, § 131 Rn. 9; *Kreft* in: HK-InsO, § 131 Rn. 9; *Kirchhof* in: MünchKomm-InsO, § 131 Rn. 11.

was anderes, als er eigentlich zu beanspruchen hat. Dies ist offensichtlich, soweit die Scheckforderung die ursprüngliche Forderung des Gläubigers übersteigt.[714]

Beispielsfall 35

Schuldet der spätere Insolvenzschuldner S seinem Gläubiger G 19.000 Euro und übergibt ihm zahlungshalber einen Kundenscheck über 20.000 Euro, so erlangt G schon dem Wert nach etwas, was er nicht zu beanspruchen hat, und somit eine inkongruente Deckung.

Aber auch dann, wenn der Scheck die Valutaforderung des Gläubiger gerade deckt oder hinter ihrem Wert zurückbleibt, kann eine Zahlung per Kundenscheck grundsätzlich nicht als kongruent angesehen werden, weil sie unüblich ist. Ein Scheck ist zwar Zahlungsmittel, aber nicht darauf angelegt, als Bargeldersatz *dauerhaft* im Geschäftsverkehr zu kursieren. Dies zeigt schon die kurze Vorlegungsfrist des Art. 28 ScheckG.

Zweifelhaft ist indes, ob bei einer Weitergabe von Kundenschecks stets eine inkongruente Deckung angenommen werden muss, oder ob diese nicht ausnahmsweise auch kongruent sein kann.

Erneut **Beispielsfall 31:**

In dem bereits oben erwähnten Beschluss hat das OLG Stuttgart[715] die Weitergabe des Kundenschecks als kongruente Deckung angesehen. Dies hat das Gericht damit begründet, dass die Beklagte aufgrund der Vereinbarung aus dem Januar 2002 einen Anspruch auf Weiterleitung des betreffenden Kundenschecks hatte.

Kongruenz setzt voraus, dass der Gläubiger auf die gewährte Art der Deckung einen Anspruch hat oder sie zumindest aus Rechtsgründen nicht verweigern dürfte.[716] Nicht immer werden die Parteien nur eine einzige geschuldete Leistung vereinbaren. Möglich ist auch, dass sie eine Wahlschuld oder eine Ersetzungsbefugnis (sog. *facultas alternativa*) vereinbaren. Liegt eine Wahlschuld gemäß § 262 BGB vor, werden also mehrere Leistungen geschuldet, von denen aber nur eine zu bewirken ist, so führt jede der vereinbarten Leistungen zu einer kongruenten Deckung.[717] Unerheblich ist dabei, ob das Wahlrecht dem Schuldner oder dem Gläubiger zusteht.[718] Entsprechendes gilt für eine Ersetzungsbefugnis, also das Recht eines Schuldners, statt der ursprünglich vereinbarten eine andere Leistung zu erbringen und sich so von seiner Schuld zu befreien. Zwar hat der Gläubiger hier keinen Anspruch auf die zu ersetzende Leistung, doch ist dies nicht erforderlich, es im Nach-

---

714 OLG Brandenburg, Urt. v. 26. 11. 1998 – 8 U 52/98 – ZIP 1999, 1015–1017 m. zust. Anm. *Gerhardt*, EWiR § 10 GesO 1/99, 125 f.

715 OLG Stuttgart, B. v. 22. 10. 2003 – 6 W 59/03 – ZInsO 2004, 156–158, siehe zum Sachverhalt bereits unter Teil 4 II.1.b)aa).

716 BGH, Urt. v. 30. 9. 1993 – IX ZR 227/92 – ZIP 1993, 1653 ff. – BGHZ 123, 320 ff.; Urt. v. 21. 12. 1977 – VIII ZR 255/76 – NJW 1978, 758 (759f.) – BGHZ 70, 177 (183).

717 *Henckel* in: Jaeger, § 131 Rn. 17; *Hirte* in: Uhlenbruck, InsO, § 131 Rn. 11; RG, Urt. v. 23. 4. 1909 – VII 272/08 – RGZ 71, 89 (91).

718 *Henckel* in: Jaeger, § 131 Rn. 17.

hinein dahingehend ändern.[719] Haben die Parteien im Wege der nachträglichen Vertragsänderung vereinbart, dass der spätere Insolvenzschuldner seine Schuld durch die Weitergabe von Kundenschecks tilgen darf, dann ist die dadurch erlangte Deckung des Gläubigers zunächst kongruent und nur unter den erschwerten Voraussetzungen des § 130 InsO anfechtbar.[720] Denn es genügt, dass der Schuldner *befugt* ist, die ursprünglich vereinbarte Art der Erfüllung dadurch zu ersetzen, dass er stattdessen Kundenschecks hingibt.

Möglichweise ist aber die Vereinbarung der Ersetzungsbefugnis ihrerseits anfechtbar. Ist sie es, so erfasst die sich auf die Weitergabe des Kundenschecks beziehende Anfechtungserklärung des Insolvenzverwalters zugleich auch die zugrunde liegende Vereinbarung.[721] Auch für die Vereinbarung stellt sich daher die Frage, ob sie kongruent oder inkongruent ist. Im Allgemeinen wird bei einer Änderungsvereinbarung der Erfüllungsmodalitäten danach differenziert, ob sich der Schuldner zum Zeitpunkt der Vereinbarung bereits in der Krise befunden hat oder nicht. Befand er sich in der Krise, so ist die Vereinbarung inkongruent und damit unter Umständen nach § 131 InsO anfechtbar.[722] Haben die Parteien die Vereinbarung hingegen zu einem Zeitpunkt getroffen, als der Schuldner sich noch nicht in der Krise befunden hat, so ist sie kongruent und allenfalls nach § 130 InsO anfechtbar.[723] Die Begründung für diese Differenzierung erschließt sich nicht auf den ersten Blick, überzeugt jedoch: Nicht selten werden gerade Zahlungsschwierigkeiten des späteren Insolvenzschuldners den Anlass für die Vereinbarung darstellen. Der Umstand, dass sich der Schuldner bereits in der Krise befunden hat, spricht daher für eine gewisse Verdächtigkeit.[724] Zudem könnten die Parteien § 131 InsO häufig umgehen, wenn sie durch Änderungsvereinbarungen in der Krise aus einer eigentlich inkongruenten noch eine kongruente Deckung machen könnten.

Erneut **Beispielsfall 31:**

Zutreffend hat daher das OLG Stuttgart[725] im genannten Beschluss angeführt, dass die der Hingabe des Kundenschecks zugrunde liegende Vereinbarung unanfechtbar sei. Da sie außerhalb der Krise – nämlich mehr als vier Monate vor Stellen des Insolvenzantrages – getroffen worden sei, wäre sie allenfalls nach § 133 InsO anfechtbar gewesen. Da sie damit aber zugleich auch kongruent war, sprachen keinerlei Beweisanzeichen für einen Benachteiligungsvorsatz der Insolvenzschuldnerin und der Beklagten hiervon. Der somit beweispflichtige Kläger habe die subjektiven Voraussetzungen des § 133 InsO aber nicht nachweisen können.

---

719 Vgl. BGH, Urt. v. 30. 9. 1993 – IX ZR 227/92 – ZIP 1993, 1653 ff. – BGHZ 123, 320 ff.
720 So bereits RG, Urt. v. 23. 4. 1909 – VII 272/08 – RGZ 71, 89–92; a. A. *Hölzle*, EWiR § 129 InsO 2/04, 667 (668).
721 Vgl. AG Bremen, Urt. v. 31. 3. 2006 – 7 C 272/2005, Rn. 35 (zit. nach juris).
722 *Kirchhof* in: MünchKomm-InsO, § 131 Rn. 12; BGH, Urt. v. 29. 9. 2005 – IX ZR 184/04 – NJW-RR 2006, 414 (415) (zur Vereinbarung einer Stundung gegen Forderungsabtretung).
723 *Kreft* in: HK-InsO, § 131 Rn. 9; *Henckel* in: Jaeger, InsO, § 131 Rn. 17; vgl. zur KO: BGH, Urt. v. 21. 12. 1977 – VIII ZR 255/76 – NJW 1978, 758 (759 f.) – BGHZ 70, 177 (183) (Ersetzung der Barzahlung durch die Hereingabe von Lastschriften).
724 Vgl. BGH, Urt. v. 29. 9. 2005 – IX ZR 184/04 – NJW-RR 2006, 414 (415).
725 OLG Stuttgart, B. v. 22. 10. 2003 – 6 W 59/03 – ZInsO 2004, 156–158, siehe zum Sachverhalt bereits Teil 4 II.1.b)aa).

Sofern danach ausnahmsweise von einer kongruenten Weitergabe von Kundenschecks auszugehen ist, muss daneben aber berücksichtigt werden, dass sich Inkongruenz auch aus weiteren als den eben genannten Umständen ergeben kann. Wie auch bei der Parallelproblematik im Rahmen der Zahlung mit eigenen Schecks kann es sein, dass der Schuldner die Kundenschecks nur deswegen an seinen Gläubiger weitergibt, weil er damit bevorstehende Zwangsvollstreckungsmaßnahmen oder einen angedrohten Insolvenzantrag abwenden will. Selbst wenn er die Hingabe von Kundenschecks zuvor mit seinem Gläubiger unanfechtbar vereinbart hatte, kann der Umstand der Drohung hier zu eine inkongruenten Deckung führen (vgl. im Einzelnen Teil 2 II.2.a)bb)).

Festzuhalten bleibt nach alledem, dass die Weitergabe von Kundenschecks zwar im Grundsatz inkongruent und damit unter den Voraussetzungen des § 131 InsO anfechtbar ist. Die Weitergabe eines Kundenschecks im letzten Monat vor Stellen des Eröffnungsantrages oder nach diesem Antrag ist damit stets anfechtbar (§ 131 Abs. 1 Nr. 1 InsO). Die Weitergabe eines Kundenschecks innerhalb des zweiten oder dritten Monats vor dem Eröffnungsantrag ist dann anfechtbar, wenn der den Scheck weitergebende Schecknehmer zu diesem Zeitpunkt bereits zahlungsunfähig war (§ 131 Abs. 1 Nr. 2 InsO) oder dem neuen Scheckinhaber zu diesem Zeitpunkt bekannt war oder bekannt sein musste, dass die Weitergabe des Schecks andere Insolvenzgläubiger benachteiligt (§ 131 Abs. 1 Nr. 3, Abs. 2 InsO).

Eine vorhergehende unanfechtbare Vereinbarung dahingehend, dass der Schuldner seine Verbindlichkeiten auch durch die Weiterleitung von Kundenschecks begleichen kann, kann die Weitergabe eines Kundenschecks aber ausnahmsweise kongruent machen und so dazu führen, dass sie nur unter den erschwerten Voraussetzungen des § 130 InsO oder gemäß § 133 InsO anfechtbar ist. In diesem Fall kommt eine Anfechtung der Scheckweitergabe nur dann in Betracht, wenn diese in den letzten drei Monaten vor dem Antrag auf Eröffnung des Insolvenzverfahrens erfolgt ist, der Schecknehmer zu diesem Zeitpunkt bereits zahlungsunfähig war und der Erwerber des Schecks dies wusste oder wissen musste (§ 130 Abs. 1 Nr. 1, Abs. 2 InsO) oder wenn der Scheck nach dem Eröffnungsantrag weitergegeben worden ist und der Erwerber zu diesem Zeitpunkt entweder von dem Eröffnungsantrag oder der Zahlungsunfähigkeit wusste oder wissen musste (§ 130 Abs. 1 Nr. 2, Abs. 2 InsO).

Daneben kommt stets, also sowohl in den Fällen der kongruenten als auch der inkongruenten Weitergabe, eine Anfechtung gemäß § 133 InsO in Betracht, vgl. dazu sogleich (unter c).

b) *Unanfechtbares Bargeschäft gemäß § 142 InsO bei Kongruenz der Deckung durch Weitergabe von Kundenschecks*

Führt die Weitergabe eines Kundenschecks ausnahmsweise deswegen zu einer kongruenten Deckung, weil sie zuvor unanfechtbar vereinbart worden ist, so kann die Anfechtbarkeit nach § 130 InsO ausgeschlossen sein, wenn die Scheckweitergabe die Voraussetzungen eines Bargeschäfts gemäß § 142 InsO erfüllt. In diesem

Fall ergeben sich zwischen der – stets kongruenten – Hingabe eines eigenen Schecks und der – nur in diesem Fall ausnahmsweise kongruenten – Hingabe eines Kundenschecks keine Unterschiede: Beruht sie auf einer gleichwertigen Leistungsvereinbarung und erfolgt sie zeitnah zum Grundgeschäft, dann ist eine Anfechtung gemäß § 142 InsO ausgeschlossen (vgl. hierzu im Einzelnen bereits oben Teil 2 II.2.a)dd)).

Beispielsfall 36

Der spätere Insolvenzschuldner I vereinbarte im Januar 2009 mit seinem Lieferanten L, ausstehende Rechnungen für Materiallieferungen aus dem Jahr 2008 in Höhe von insgesamt 25.000 Euro mit eingehenden Kundenschecks zu bezahlen. Im April 2009 leitete I mehrere Kundenschecks über insgesamt 10.000 Euro an L weiter. Am 15. Mai 2009 stellte I Eigenantrag, 2 Wochen später wurde das Insolvenzverfahren gegen ihn eröffnet.

In diesem Fall haben I und L nachträglich ihre Zahlungsvereinbarung dahingehend geändert, dass I Kundenschecks zahlungshalber weiterleiten darf. Diese Vereinbarung ist vor Beginn der Krise und damit kongruent erfolgt. Der Umstand allein, dass Rechnungen des L über 25.000 Euro ausstanden, lässt noch keinen Schluss auf einen Benachteiligungsvorsatz des I zu, so dass die Vereinbarung nicht nach § 133 InsO anfechtbar ist. Aufgrund der somit unanfechtbaren Vereinbarung war auch die Weitergabe der Kundenschecks kongruent und ihrerseits allenfalls nach § 130 InsO anfechtbar. Ein Anfechtungsausschluss nach § 142 InsO kommt in diesem Fall allerdings nicht in Betracht, weil die Weiterleitung der Kundenschecks mehr als 4 Monate nach Rechnungsstellung erfolgt ist. Es kommt für die Anfechtbarkeit somit gemäß § 130 Abs. 1 Nr. 1, Abs. 2 InsO darauf an, ob I zum Zeitpunkt der Weitergabe der Schecks bereits zahlungsunfähig war und L hiervon zumindest wissen musste.

c) *Anfechtbarkeit gemäß § 133 InsO*

Sofern sich der Insolvenzschuldner zum Zeitpunkt der Weitergabe des Kundenschecks noch nicht in der Krise befunden hat oder er zwar schon in der Krise, die Weitergabe aber ausnahmsweise kongruent war und zugleich ein unanfechtbares Bargeschäft darstellt, kommt eine Anfechtung allenfalls nach § 133 InsO in Betracht. Die Vorsatzanfechtung setzt (neben dem Vorliegen der Zehnjahresfrist) voraus, dass der Insolvenzschuldner die angefochtene Rechtshandlung vorgenommen und damit seine übrigen Gläubiger benachteiligen wollte sowie, dass der Erwerber des Schecks hiervon wusste oder zumindest wissen musste.

Von einer Rechtshandlung des Schuldners ist bei Weitergabe des Kundenschecks durch ihn grundsätzlich auszugehen. In Äquivalenz zu den Fällen, in denen der spätere Insolvenzschuldner *selbst* einen Scheck ausstellt und diesen zahlungshalber an seinen Gläubiger gibt (siehe oben Teil 2 II.2.b)aa)), liegt allerdings dann keine Rechtshandlung des Schuldners vor, wenn er den Kundenscheck im Rahmen von Zwangsvollstreckungsmaßnahmen an den Vollstreckungsbeamten herausgibt, weil es andernfalls ohnehin zu einer Vollstreckung kommen würde. Erfolgt die Herausgabe allerdings freiwillig, so kommt eine Anfechtbarkeit grundsätzlich in Betracht.

Für einen Benachteiligungsvorsatz des Schuldners kann auch hier das Vorliegen einer inkongruenten Deckung ein starkes Beweisanzeichen sein (siehe dazu bereits oben Teil 2 II.2.b)bb)), welches der Insolvenzverwalter widerlegen muss.

Beispielsfall 37

Das OLG Brandenburg hatte zu einem solchen Fall noch unter Geltung der Gesamtvollstreckungsordnung (GesO) zu entscheiden.[726] Der Verwalter der Schuldnerin, einer GmbH, verlangte von der beklagten Sozialversicherungsträgerin die Rückzahlung von 70.000 DM. Die Schuldnerin hatte nämlich der Beklagten wegen rückständiger Sozialversicherungsbeiträge in Höhe von insgesamt 43.000 DM einen Kundenscheck über 70.000 DM übergeben, den die Beklagte erfolgreich eingelöst hatte. Das Gericht hat zutreffend ausgeführt, dass die Beklagte mit dem Kundenscheck eine inkongruente Deckung erlangt habe, weil sie auf diese Art der Erfüllung keinen Anspruch gehabt habe. Dies gelte umso mehr, als der Kundenscheck hier die zu erfüllende Forderung weit überstiegen habe. Die Inkongruenz der Erfüllungshandlung indiziere daher die Benachteiligungsabsicht der Schuldnerin und die Kenntnis der Beklagten hiervon. Die Beklagte habe die Vermutung ihrer Kenntnis nicht ausräumen können. Im Gegenteil sei bereits aufgrund vergeblicher vorheriger Vollstreckungsversuche der Beklagten sowie des Umstandes, dass sie den Antrag auf Eröffnung des Gesamtvollstreckungsverfahrens gegen die Schuldnerin gestellt habe, von Ihrer entsprechenden Kenntnis auszugehen. Der Tatbestand der Vorsatzanfechtung gemäß § 10 Abs. 1 Nr. 1 GesO sei daher erfüllt und die Beklagte müsse den erhaltenen Scheckbetrag zur Masse zurückgewähren.

Ist die Deckung hingegen kongruent, weil die Parteien bereits vor Beginn der Krise eine Erfüllung mit Kundenschecks vereinbart hatten, dann ist es an dem Insolvenzverwalter, die subjektiven Voraussetzungen des § 133 InsO zu beweisen.

Im Ergebnis bleibt festzuhalten, dass die Weitergabe von Kundenschecks aufgrund ihrer häufigen Inkongruenz regelmäßig auch vor Beginn der Krise anfechtbar sein wird.

d) *Rechtsfolgen der Anfechtung der Weitergabe von Kundenschecks*

Ficht der Insolvenzverwalter die Scheckweitergabe nach Eröffnung des Insolvenzverfahrens erfolgreich an, so ist der Empfänger des Schecks gemäß § 143 Abs. 1 InsO zur Herausgabe des erhaltenen Scheckbetrages verpflichtet. Seine ursprüngliche (mit erfolgreicher Scheckeinlösung eigentlich beglichene) Forderung lebt damit gemäß § 144 Abs. 1 InsO wieder auf und er kann sie zur Tabelle anmelden.

3. Anfechtung der Indossamente weitergegebener Kundenschecks

a) *Anfechtbarkeit gemäß § 131 InsO*

Hat der Insolvenzschuldner seinem Gläubiger innerhalb der Dreimonatsfrist vor Stellen des Eröffnungsantrages einen Kundenscheck indossiert und ist dadurch eine Benachteiligung der übrigen Gläubiger eingetreten, so kommt eine Anfechtung des Indossamentes nach den §§ 130, 131 InsO in Betracht. Oben ist ausgeführt worden, dass die Gläubigerbenachteiligung insbesondere in der scheckrechtlichen Haftung des Insolvenzschuldners liegt, u.U. aber auch darin, dass die Forderung aus dem Kundenscheck die Forderung des Gläubigers aus dem Grundverhältnis übersteigt. Ob die durch das Indossament erlangte Deckung damit als

726 OLG Brandenburg, Urt. v. 26. 11. 1998 – 8 U 52/98 – ZIP 1999, 1015–1017.

kongruent oder inkongruent einzuordnen ist, hängt davon ab, ob der Gläubiger sie zu beanspruchen hatte oder nicht. Dies ist im Ergebnis zu verneinen: War bereits die Hingabe des Kundenschecks nach den oben genannten Kriterien inkongruent, so erstreckt sich die Inkongruenz ohne weiteres auch auf ein in diesem Zusammenhang erfolgtes Indossament. Selbst wenn die Weitergabe des Kundenschecks aber deswegen kongruent war, weil die Parteien vor der Krise dieses Zahlungsmittel insolvenzfest vereinbart hatten, ergibt sich daraus jedoch keine Kongruenz des Indossamentes. Denn ein Indossament auf einem Inhaberscheck ist für dessen Übertragung ohnehin nicht erforderlich[727], so dass der Gläubiger dadurch stets mehr erlangt, als er eigentlich zu beanspruchen hat. Demnach ist ein Indossament auf einem Inhaberscheck stets inkongruent.

Im Unterschied zur Anfechtbarkeit der Scheckweitergabe genügt es für die Anfechtung des Indossamentes, wenn der Gläubiger zum Zeitpunkt der Feststellung der Nichteinlösung des Schecks Kenntnis von der Zahlungsunfähigkeit des Schuldners oder von einem etwaigen Insolvenzantrag gegen diesen hat, weil erst in diesem Moment die Wirkungen des Indossamentes und die daraus resultierende Gläubigerbenachteiligung eintreten. Auch für die Berechnung der Dreimonatsfrist ist allein dieser Zeitpunkt entscheidend.

b) Anfechtbarkeit gemäß § 133 InsO

Eine Anfechtung des Indossamentes gemäß § 133 InsO wird dann relevant, wenn die Feststellung der Nichteinlösung des Schecks vor Beginn der Krise erfolgt ist. Die grundsätzliche Inkongruenz des Indossaments ist dabei Beweisanzeichen für den Benachteiligungsvorsatz des späteren Insolvenzschuldners und Kenntnis seines Gläubigers hiervon.

Im eben dargestellten **Beispielsfall 37** könnte G eigentlich nach Eröffnung des Insolvenzverfahrens gegen I eine Forderung von insgesamt 11.033 Euro (zzgl. Zinsen seit dem Tag der Vorlegung, s.o.) zur Tabelle anmelden. Diese Forderung ergibt sich unmittelbar aus dem indossierten Scheck, einem Anteil von 10.000 Euro an dieser Forderung liegt dabei außerdem die Forderung aus dem Valutaverhältnis zugrunde. Allerdings hat G den indossierten Scheck nach § 133 Abs. 1 InsO nur anfechtbar erlangt: Die grundsätzliche Inkongruenz der Hingabe und Indossierung von Kundenschecks spricht für den Vorsatz des I, seine übrigen Gläubiger durch die Scheckweitergabe zu benachteiligen, sowie für die Kenntnis des G von diesem Umstand. Sofern G diese Vermutung nicht widerlegt, kann der Insolvenzverwalter die Wirkungen des Indossaments anfechten und so dessen haftungsrechtliche Wirkungen beseitigen. Dann kann G nicht 11.033 Euro (zzgl. Zinsen) zur Tabelle anmelden, sondern nur seine ursprüngliche Forderung in Höhe von 10.000 Euro.

Hat G die Regressforderung in Höhe von 11.033 Euro zzgl. Zinsen seit dem Tag der Vorlegung vor Eröffnung des Insolvenzverfahrens bereits realisiert, so kann der Insolvenzverwalter ebenfalls die Weitergabe und Indossierung des Kundenschecks gemäß § 133 Abs. 1 InsO anfechten. Der G muss dann den erhaltenen Geldbetrag vollständig zur Masse gewähren und kann dafür seine ursprüngliche Forderung in Höhe von 10.000 Euro zur Tabelle anmelden.

---

727 *Bülow*, Art. 20 ScheckG Rn. 1.

c) *Rechtsfolgen der Anfechtung des Indossamentes*

Wird das Indossament nach § 133 Abs. 1 InsO angefochten, muss der Erwerber alles, was er aus dem Scheck erlangt hat nach § 143 InsO zur Masse zurückgewähren. Seine ursprüngliche Forderung gegen den Insolvenzschuldner lebt wieder auf und er kann sie zur Tabelle anmelden.

4. Ergebnis zur Anfechtbarkeit der Weitergabe und Indossierung von Kundenschecks

Bereits die Weitergabe eines Kundenschecks des späteren Insolvenzschuldners im Sinne einer bloßen Besitzübertragung führt zu einer Benachteiligung der Insolvenzgläubiger. Für das Vorliegen der weiteren Anfechtungsvoraussetzungen kommt es daher auf den Zeitpunkt der Besitzübertragung an. Die Weitergabe eines Kundenschecks ist grundsätzlich inkongruent und damit häufig gemäß § 131 InsO bzw. § 133 InsO anfechtbar. Haben die Parteien allerdings unanfechtbar eine Tilgung per Kundenscheck vereinbart, dann kommt allenfalls eine Anfechtung gemäß § 130 InsO bzw. § 133 InsO in Betracht. Sofern die Weitergabe eines Kundenschecks nach Verfahrenseröffnung vom Insolvenzverwalter erfolgreich angefochten wird, lebt die damit zunächst getilgte Forderung des Scheckerwerbers gegen den Insolvenzschuldner wieder auf und er kann sie zur Insolvenztabelle anmelden.

Auch ein etwaiges Indossament auf einem Inhaberscheck kann anfechtbar sein. Voraussetzung hierfür ist, dass sich die daraus resultierende selbständige Haftung auch realisiert und so zu einer Gläubigerbenachteiligung geführt hat. Die Indossierung von Schecks bis zu einem Betrag von 6.000 Euro wird dabei allerdings selten zu einer Gläubigerbenachteiligung führen, weil diese im BSE-Verfahren eingezogen werden und damit die für den scheckrechtlichen Haftungsanspruch erforderliche körperliche Vorlegung bei der bezogenen Bank in der Regel nicht mehr rechtszeitig erfolgen wird. Für das Vorliegen der Anfechtungsvoraussetzungen kommt es auf den Zeitpunkt des Eintritts der Voraussetzungen für den Scheckrückgriff gemäß Art. 40 ScheckG an, im Übrigen gilt das zur Anfechtung der Weitergabe von Kundenschecks gesagte entsprechend.

III. Die Weitergabe von Kundenschecks nach Erlass eines Verfügungsverbotes oder Eröffnung des Insolvenzverfahrens

Gerade dann, wenn bereits Antrag auf Eröffnung des Insolvenzverfahrens gegen den Schuldner gestellt worden ist und das Insolvenzgericht ein allgemeines Verfügungsverbot gegen ihn erlassen hat und erst recht, wenn bereits das Insolvenzverfahren eröffnet ist, wird der Schuldner erhaltene Kundenschecks nicht mehr selbst einzulösen versuchen, sondern diese zahlungshalber an seine Gläubiger weitergeben. Hier tritt die entsprechend zuvor erörterter Grundsätze mögliche Insolvenzanfechtung hinter die Frage zurück, welche Wirkungen die Weitergabe des Schecks überhaupt entfaltet. Denn die Rechtslage stellt sich zunächst ähnlich dar, wie in dem Fall, dass der spätere Insolvenzschuldner den Scheck selbst bei seiner Bank zur Einziehung einreicht (siehe dazu oben Teil 3 III. und IV.): Der spätere Insolvenzschuldner kann zwar den Besitz an dem Scheck auf seinen Gläubiger übertragen, aber nicht das Eigentum. Daher ist zu erörtern, ob der Gläubiger als neuer Scheckinhaber den Kundenscheck tatsächlich einziehen kann, ob die bezogene Bank das Ausstellerkonto belasten darf und welche Auswirkungen sich für das der Scheckbegebung zugrunde liegende Verhältnis zwischen Insolvenzschuldner und seinem Kunden ergeben.

1. Einziehung des Schecks durch den Gläubiger als Nichtberechtigten

Gibt ein Kunde des (späteren) Insolvenzschuldners diesem zahlungshalber einen Scheck für eine bestehende Verbindlichkeit und gibt der Insolvenzschuldner den betreffenden Scheck seinerseits zahlungshalber an einen eigenen Gläubiger weiter, nachdem er bereits seine Verfügungsbefugnis verloren hat, dann kann der Gläubiger an dem Scheck kein Eigentum erwerben (siehe bereits oben Teil 3 III.3.). Dies gilt unabhängig davon, ob dieser Scheck vor oder nach Eröffnung des Insolvenzverfahrens an den Insolvenzschuldner übergeben wurde, denn gemäß § 35 InsO fällt jeglicher Neuerwerb in die Masse[728] und über Bestandteile der Insolvenzmasse kann der Schecknehmer gemäß (§ 24 Abs. 1 InsO i. V. m.) § 81 InsO nicht wirksam verfügen. Mit dem Besitz am Kundenscheck erlangt der Gläubiger demzufolge zwar die *formelle* Legitimation den Scheck einzuziehen, jedoch nicht die *materiellrechtliche*. Eigentümer des betreffenden Schecks ist daher auch nach dessen Weitergabe an einen Gläubiger nach wie vor der (spätere) Insolvenzschuldner. Verfügungsbefugt ist der (vorläufige) Insolvenzverwalter. Reicht der Gläubiger den Scheck bei seiner Bank zum Einzug ein, so handelt er dabei als Nichtberechtigter und es stellt sich die Frage, welche Folgen dies hat.

2. Belastungsrecht der bezogenen Bank trotz mangelnder Verfügungsbefugnis des den Scheck weitergebenden Schecknehmers?

Zunächst stellt sich die Frage, ob die bezogene Bank das Konto des Ausstellers rechtmäßig belasten kann, wenn sie den Scheck einlöst, den der Gläubiger des nicht mehr verfügungsbefugten (späteren) Insolvenzschuldners einreicht.

Im oben (Teil 3 III.4.) erörterten Fall, dass der (spätere) Insolvenzschuldner einen Kundenscheck selbst zur Einziehung einreicht, durfte sich die bezogene Bank auf dessen formelle Legitimation verlassen und das Ausstellerkonto belasten. Seine

---

728 *Uhlenbruck* in: Uhlenbruck, InsO, § 35 Rn. 36.

fehlende materiellrechtliche Berechtigung, die er mit seiner Verfügungsbefugnis verloren hat, hat sich dort deswegen letztlich nicht ausgewirkt. Fraglich ist, ob dies im Rahmen der Scheckeinlösung durch einen Dritten, nämlich durch einen Gläubiger des ersten Schecknehmers, ebenfalls gilt.

Zwar müssen konsequenterweise auch hier die Grundsätze über abhanden gekommene Schecks zur Anwendung kommen. Jedoch könnte die formelle Legitimation des Einreichers in diesem Fall möglicherweise nicht ausreichen, um ein Belastungsrecht der bezogenen Bank zu begründen. Aus der Verschiedenheit des Einreichers und des im Scheck benannten Schecknehmers – sog. *Disparität*[729] – könnten sich nämlich besondere Sorgfaltspflichten der bezogenen Bank ergeben, deren Missachtung möglicherweise einer Belastung des Ausstellerkontos entgegen steht.

Bereits oben ist ausgeführt worden, dass die bezogene Bank für die Einlösung eines Schecks nur dann einen Aufwendungsersatzanspruch erlangt, wenn sie die mit der Auszahlung des Scheckbetrages getätigten Aufwendungen „den Umständen nach für erforderlich" halten durfte (§ 670 BGB). Dies ist in Rechtsprechung und Literatur lange Zeit bereits dann angenommen worden, wenn der Scheckeinreicher sich formell legitimieren konnte.[730] Der bloße Besitz an einem Inhaberscheck begründe eine widerlegbare Vermutung dafür, dass sein Inhaber auch materiell berechtigt ist. Stimmen Inhaber und der aus dem Scheck ersichtliche Zahlungsberechtigte nicht überein, begründe dies kein Verdachtsmoment gegen die materielle Berechtigung des Inhabers.[731] Einem Kreditinstitut, das einen Scheck zur Einziehung hereinnimmt, könne nicht die Verpflichtung auferlegt werden, die Berechtigung des Scheckinhabers nachzuprüfen.[732] Die Verschiedenheit von Einreicher und Schecknehmer sei grundsätzlich kein Umstand, welcher den Verdacht erregen müsse, der Scheck könne seinem Eigentümer abhanden kommen und vom Einreicher auf unredliche Weise erlangt worden sein, weil es jedenfalls im kaufmännischen Verkehr nicht ungewöhnlich sei, dass der erste Schecknehmer, der im Scheckformular aufgeführt sei, den Scheck nicht sogleich zum Einzug einreiche, sondern ihn zahlungshalber wieder in den Verkehr gebe. Nach dieser lange Zeit vorherrschenden Auffassung, begründete eine etwaige Disparität daher für sich genommen noch keine Verdachtsmomente gegen die materielle Berechtigung des Einreichers.

---

729 Vgl. *Nobbe* in: Schimansky/Bunte/Lwowski, Bankrechtshandbuch I, § 61 Rn. 222; *Weber*, Recht des Zahlungsverkehrs, S. 245.

730 BGH; Urt. v. 12. 1. 1987 – II ZR 187/86 – ZIP 1987, 360 ff.; Urt. v. 10. 12. 1973 – II ZR 138/72 – WM 1974, 154; Urt. v. 27. 1. 1977 – II ZR 5/75 – WM 1977, 1019 (1021); Urt. v. 21. 1. 1980 – II ZR 111/79 – WM 1980, 891 (892); *Canaris*, Bankvertragsrecht, Rn. 801 ff.; *Bundschuh*, WM 1983, 1178 (1184); *Reiser*, WM 1984, 1557 (1558).

731 BGH, Urt. v. 13. 6. 1988 – II ZR 295/87 – NJW 1988, 2798.

732 BGH, Urt. v. 10. 12. 1973 – II ZR 138/72 – WM 1974, 154; Urt. v. 27. 1.1977 – II ZR 5/75 – WM 1977, 1019 (1021); Urt. v. 21. 1. 1980 – II ZR 111/79 – WM 1980, 891 (892).

III. Die Weitergabe von Kundenschecks nach Erlass eines Verfügungsverbotes

In diesem Zusammenhang hat sich in jüngerer Zeit allerdings ein deutlicher Wandel in der Rechtsprechung vollzogen, der mit einem Urteil des Bundesgerichtshofes vom 12. 12. 1995[733] zu dieser Problematik seinen Anfang genommen hat:

> In diesem Urteil hat der Bundesgerichtshof ausgeführt, dass die Bedeutung der Disparität zwischen dem Scheckbegünstigten und dem Scheckeinreicher für die Begründung eines Fahrlässigkeitsvorwurfs gegen das den Scheck zum Inkasso hereinnehmende Kreditinstitut wesentlich davon abhänge, ob es im kaufmännischen Geschäftsverkehr nicht unüblich sei, Inhaberverrechnungsschecks zahlungshalber weiterzugeben. Wäre eine solche Weitergabe unüblich, müsse bei Einreichung eines an einen Dritten adressierten Schecks notwendig die Frage nach der Verfügungsberechtigung des Inhabers gestellt und die Scheckberechtigung überprüft werden. Die vorherige Rechtsprechung habe auf der Annahme beruht, dass es im kaufmännischen Bereich durchaus üblich sei, zahlungshalber erhaltene Schecks wieder in Verkehr zu bringen. Sofern es (heute) allerdings unüblich sei, Inhaberschecks weiterzugeben – dies sei durch Auskunft der IHK und gegebenenfalls ein Sachverständigengutachten zu klären –, sei der bisherigen Beurteilung der Fahrlässigkeit bei der Hereinnahme sog. disparischer Schecks der Boden entzogen. Bei derartigen Schecks müsse dann die Verfügungsberechtigung durch Rückfrage beim Scheckbegünstigten oder beim Scheckaussteller intensiver als bisher geprüft werden, um den Vorwurf einer grob fahrlässigen Scheckhereinnahme zu vermeiden.

Die Einreichung eines Schecks durch einen anderen als den Schecknehmer kann demnach selbst dann eine gesteigerte Pflicht der bezogenen Bank begründen, die materielle Berechtigung des Einreichers zu überprüfen, wenn dieser sich formell durch den Besitz der Scheckurkunde (beim Inhaberscheck) oder durch eine ordnungsgemäße Reihe von Indossamenten (beim Orderscheck[734]) legitimieren kann. Dies gilt jedenfalls dann, wenn die Weitergabe solcher Schecks im Verkehr unüblich ist.

a) Üblichkeit der Weitergabe von Schecks

Einer der ersten, welche die Üblichkeit der zahlungshalber erfolgenden Weitergabe von Kundenschecks in Frage gestellt haben, war *Aden.*[735] Zwar sei die Weitergabe von Kundenschecks früher üblich gewesen, nunmehr (der Aufsatz stammt aus dem Jahr 1994) sei es „in Deutschland nicht nur unüblich, sondern sogar völlig ungewöhnlich, empfangene Schecks zahlungshalber wieder in den Verkehr zu geben, und zwar – wenn eine Steigerung möglich ist – um so ungewöhnlicher, je höher der Scheckbetrag ist.“[736] Es liege schon aus Zinsgründen im Interesse des Scheckempfängers, sich den Scheck schnellstmöglich gutschreiben zu lassen. Zudem sei der Scheck, so lange er nicht definitiv bezahlt sei, mit dem Insolvenzrisiko des Ausstellers behaftet.[737] Empfangene Schecks würden darüber hinaus fast nie betragsmäßig mit der Summe identisch sein, die gerade dem potentiellen weiteren Schecknehmer geschuldet wird; je höher der Scheckbetrag, desto problematischer

---

733 BGH, Urt. v. 12. 12. 1995 – XI ZR 58/95 – ZIP 1996, 270 f.
734 Vgl. dazu, dass die vom BGH im Urt. v. 12. 12. 1995 (aaO) dargestellten Grundsätze auch für Orderschecks gelten: BGH, Urt. v. 15. 2. 2000 – XI ZR 186/99 – ZIP 2000, 693 ff.
735 *Aden,* NJW 1994, 413 f.
736 *Aden,* NJW 1994, 413 (416).
737 Dass dies zutrifft, hat die Untersuchung in Teil 2 gezeigt.

sei daher die Verrechnung. Vor allem aber würde ein Kaufmann dem potentiellen weiteren Schecknehmer offenbaren, mit wem er, in welcher Größenordnung und zu welchem Zeitpunkt noch Geschäfte macht. Diese überzeugenden Argumente lassen es tatsächlich bezweifeln, dass es häufig vorkommt, dass der erste Schecknehmer einen Kundenscheck zahlungshalber an einen Gläubiger gibt.[738] Vielmehr drängt sich unweigerlich die Vermutung auf, dass in einem solchen Fall „etwas nicht stimmt", der betreffende Scheck also entweder gestohlen oder verloren gegangen ist oder aber der erste Schecknehmer den Scheck trotz Insolvenz beiseite schaffen und dem Zugriff der Gläubigergesamtheit entziehen will.

Gleichwohl hat sich der Bundesgerichtshof in dem bereits oben angesprochenen Grundsatzurteil[739] und auch in Folgeentscheidungen[740] zu dieser Frage nicht zu der Feststellung durchringen können, dass die Weitergabe von Schecks heute unüblich sei. Seine Ausführungen beschränken sich auf die Aussage, dass dann, *wenn* die Weitergabe unüblich sei, jedenfalls eine besondere Prüfungspflicht der Bank bestehe. Dies überzeugt insoweit, als zwar die Vermutung bereits gegen die Üblichkeit der Weitergabe sprechen mag, sich diese Frage aber nur rein tatsächlich beantworten lässt. Es mag durchaus nicht sinnvoll sein, Kundenschecks weiterzugeben. Allein entscheidend ist aber die Tatsache, ob dies dennoch praktiziert wird.

Fraglich ist somit, wie die Üblichkeit der Scheckweitergabe festgestellt werden kann.

Nach dem Bundesgerichtshof kann die Frage, ob die Weitergabe von Schecks im kaufmännischen Geschäftsverkehr üblich ist, im Prozess dadurch beantwortet werden, dass eine auf den Zeitpunkt der Scheckeinreichung bezogenen Auskunft des Deutschen Industrie- und Handelstages oder eines Sachverständigengutachtens eingeholt wird.[741] Dabei hat er etwa die vom LG Saarbrücken eingeholte Auskunft der Industrie- und Handelskammer des Saarlandes nicht als Beweismittel ausreichend erachtet, weil es sich nicht ausdrücklich auf den Zeitpunkt der Scheckeinreichung bezog und lediglich auf einer Umfrage beim saarländischen Kreditgewerbe beruhte.[742] Das OLG Frankfurt a.M. hat in einem 1999 anhängigen Rechtsstreit über die Einlösung disparischer Schecks ein Gutachten des Deutschen Industrie- und Handelstages eingeholt, welches zu dem Ergebnis kam, dass die zahlungshalber erfolgende Weitergabe von Inhaberschecks gerade nicht üblich sei.[743] Das Gericht hat daraufhin grobe Fahrlässigkeit der Inkassobank bei der Hereinnahme disparischer Schecks ohne weitergehende Prüfung der Verfügungsberechtigung des Einreichers bejaht. Die in einem weiteren Verfahren vor dem OLG Frankfurt vorgenommene ergänzende Befragung vornehmlich kleinerer und mitt-

---

738 Zustimmend auch *Bülow*, Art. 21 ScheckG Rn. 27.

739 BGH, Urt. v. 12. 12. 1995 – XI ZR 58/95 – ZIP 1996, 270 f.

740 BGH, Urt. v. Urt. v. 18. 7. 2000 – XI ZR 263/99 – ZIP 2000, 1926 ff.; Urt. v. 4. 11. 1997 – XI ZR 270/96 – WM 1997, 2395 (2396), Urt. v. 15. 2. 2000 – XI ZR 186/99 – ZIP 2000, 693 ff.

741 BGH, Urt. v. 15. 2. 2000 – XI ZR 186/99 – ZIP 2000, 693 ff.; zustimmend: *Baumbach/Hefermehl/Casper*, Art. 21 ScheckG Rn. 33.

742 BGH, Urt. v. 15. 2. 2000 – XI ZR 186/99 – ZIP 2000, 693 ff.

743 OLG Frankfurt a.M., Urt. v. 2. 6. 1999 – 23 U 43/94 – ZIP 1999, 1207.

lerer Betriebe im Jahr 2002 kam ebenfalls zu dem Ergebnis, dass die Weitergabe von Inhaberschecks praktisch nicht vorkommt.[744] Bezugnehmend auf den Umstand, dass Gegenstand der betreffenden Urteile stets der *kaufmännische* Rechtsverkehr und Handelsbräuche waren, konkretisiert *Nobbe* die Feststellung der Üblichkeit dahingehend, dass sich die Reichweite eines Handelsbrauches nicht notwendig auf Kaufleute im Sinne des Handelsgesetzbuches beschränke, sondern insbesondere auch für nichtkaufmännische Unternehmer bestehen könne.[745] Ob dies der Fall ist, sei gegebenenfalls durch ein Gutachten zu klären, welches auf einer Umfrage in den betreffenden Geschäftskreisen beruhe.[746] Diese Grundsätze dürften auch auf den privaten Scheckzahlungsverkehr zu übertragen sein, so dass es auch dort darauf ankommt, ob die Weitergabe üblich ist oder nicht.[747]

Festzuhalten bleibt somit, dass dann, wenn es im betreffenden Rechtsverkehr tatsächlich unüblich ist, Kundenschecks zahlungshalber weiterzugeben, dies den Banken bekannt zu sein hat. Auf eine entsprechende Unkenntnis können diese sich nicht berufen. Aus der Unüblichkeit der Weitergabe von Kundenschecks resultiert dann eine besondere Prüfungspflicht sowohl der Inkassobank[748] als auch der bezogenen Bank[749, 750] deren Nichteinhaltung als grob fahrlässig einzustufen ist.

b) Sorgfaltsanforderungen an die bezogene Bank

Sofern sich nach den eben genannten Kriterien ergibt, dass die Einlösung disparischer Schecks eine besondere Prüfung durch die bezogene Bank voraussetzt, stellt sich weiter die Frage, wie die Bank dieser Prüfungspflicht genügen kann.[751] Insbesondere erscheint dabei fraglich, ob sie im Rahmen dieser Prüfung auch die Verfügungsbefugnis des ersten Schecknehmers erforschen muss.

Zur Rechtslage im Falle eines nach Erlass eines Verfügungsverbotes oder Eröffnung des Insolvenzverfahrens weitergegebenen Kundenschecks fehlt es in diesem Zusammenhang bisher sowohl an Rechtsprechung als auch an Beiträgen aus der Literatur. Wie *Haertlein* treffend bemerkt, ist das Belastungsrecht der bezogenen Bank im Falle abhanden gekommener Schecks in der Rechtsprechung ohnehin stets nur am Rande behandelt worden[752], so dass dieser Umstand für den noch spe-

---

744 OLG Frankfurt, Urt. v. 26. 6. 2002 – 23 U 155/00 – NJW-RR 2002, 1574 (1575).
745 *Nobbe* in: Schimansky/Bunte/Lwowski, Bankrechtshandbuch I, § 61 Rn. 228.
746 *Nobbe* aaO.
747 So im Ergebnis wohl auch *Nobbe* in: Schimansky/Bunte/Lwowski, Bankrechtshandbuch I, § 61 Rn. 233.
748 BGH, Urt. v. 12. 12. 1995 – XI ZR 58/95 – ZIP 1996, 270 f.; Urt. v. 4. 11. 1997 – XI ZR 270/96 – WM 1997, 2395 (2396); Urt. v. 15. 2. 2000 – XI ZR 186/99 – ZIP 2000, 693 ff.; *Baumbach/Hefermehl/Casper*, Art. 21 ScheckG Rn. 32 f.
749 *Nobbe* in: Schimansky/Bunte/Lwowski, Bankrechtshandbuch I, § 61 Rn. 230.
750 Zwischenbanken, die den Scheck lediglich weiterleiten, haben weder eine Pflicht, die Verfügungsberechtigung des Einreichers zu prüfen, noch auf eine etwaige Disparität hinzuweisen, vgl. *Nobbe* in: Schimansky/Bunte/Lwowski, Bankrechtshandbuch I, § 61 Rn. 232; *Bülow*, Art. 21 ScheckG Rn. 31 a; BGH, Urt. v. 17. 7. 2001 – XI ZR 362/00 – ZIP 2004, 1529 ff.
751 Diese Grundsätze gelten dann für die Inkassobank entsprechend.
752 *Haertlein*, Der abhanden gekommene Inhaberscheck, S. 172.

zielleren Fall des Abhandenkommens durch Verlust der Verfügungsbefugnis bei Weitergabe des Schecks im Insolvenzfall des ersten Schecknehmers nicht weiter verwundert. Möglicherweise ist ein gewichtiger Grund dabei auch der von *Haertlein* genannte Umstand, dass die Kontobelastung bei abhanden gekommenen Schecks vom Scheckaussteller häufig hingenommen wird.[753]

Gleichwohl wird man den oben dargestellten Wandel in der Rechtsprechung bei der Weitergabe von Kundenschecks durch den mit einem insolvenzrechtlichen Verfügungsverbot belegten Schecknehmer ebenso zu berücksichtigen haben wie den Umstand, dass nach Einführung der Insolvenzordnung ein gutgläubiger Erwerb von Kundenschecks des (späteren) Insolvenzschuldners unmöglich ist[754]. Sofern man nämlich mit dem Bundesgerichtshof annimmt, dass die Unüblichkeit der Weitergabe von Schecks zu einer besonderen Prüfungspflicht der Banken bei Disparität führt, muss diese Prüfungspflicht konsequenterweise auch die Verfügungsbefugnis des ersten Schecknehmers umfassen. Denn wie oben (Teil 3 III.4.a)) ausgeführt worden ist, sind die nach Erlass eines Verfügungsverbotes weitergegebenen Schecks ebenso zu behandeln wie abhanden gekommene Schecks.

Daher ist fraglich, wie die bezogene Bank dieser Prüfungspflicht genügen kann.

Der Bundesgerichtshof führt dazu aus, die Bank könne die Verfügungsberechtigung des Scheckeinreichers durch Nachfrage beim Schecknehmer oder beim Scheckaussteller überprüfen.[755] Bezogen auf den vorliegenden Fall stellt sich die Lage allerdings anders und sogar ungleich einfacher dar: Eine Nachfrage beim Scheckaussteller, der in der Regel von der (drohenden) Insolvenz seines Gläubigers keine Kenntnis haben wird, würde der Bank im Falle der Verlustes der Verfügungsbefugnis zwar ebenso wenig nutzen wie eine Nachfrage beim (späteren) Insolvenzschuldner, der den Mangel seiner Verfügungsbefugnis kaum preisgeben wird. Es wird der Bank jedoch ein Leichtes sein, zu überprüfen, ob gegen den ersten Schecknehmer ein allgemeines Verfügungsverbot angeordnet worden oder das Insolvenzverfahren eröffnet ist, den die entsprechenden Informationen stehen über das Internet zur Verfügung. Um sie zu erhalten, muss ein Bankmitarbeiter lediglich den Namen des ersten Schecknehmers unter http://www.insolvenzbekanntmachungen.de eingeben. Dieses Vorgehen erscheint durchaus zumutbar.

Soweit Banken sich dazu entscheiden sollten, hiervon bei einem Wert von unter 6.000 Euro, also für Schecks, die über das BSE-Verfahren eingezogen werden, abzusehen, handelt es sich hierbei um eine wirtschaftliche Kosten-Nutzenrechnung, in welche der etwaige Ausschluss von Aufwendungsersatzansprüchen einkalkuliert ist.

---

753 *Haertlein,* Der abhanden gekommene Inhaberscheck, S. 172.

754 Anders unter Geltung der KO etwa noch OLG Koblenz, Urt. v. 17. 11. 1988 – 5 U 720/88 – ZIP 1989, 1219, vgl. zur Begründung noch unten Teil 4 III.4.b).

755 BGH, Urt. v. 12. 12. 1995 – XI ZR 58/95 – ZIP 1996, 270 f.; Urt. v. 4. 11. 1997 – XI ZR 270/96 – WM 1997, 2395 (2396); Urt. v. 15. 2. 2000 – XI ZR 186/99 – ZIP 2000, 693 ff.

c) Aufwendungsersatzanspruch

Ergibt sich danach, dass die Bank die Berechtigung des Scheckeinreichers hätte überprüfen müssen und sie diese Pflicht grob fahrlässig verletzt hat, dann erwirbt die Bank für den ausgezahlten Scheckbetrag keinen Aufwendungsersatzanspruch, weil sie die Auszahlung bzw. Buchung nicht für erforderlich halten durfte.[756] In der Regel wird die bezogene Bank die entsprechende Belastungsbuchung auf dem Ausstellerkonto gleichwohl vornehmen, der Scheckaussteller hat in diesem Fall einen Anspruch auf Berichtigung[757].

3. Problem: Freiwerden des Scheckausstellers von seiner Schuld aus dem Valutaverhältnis gegenüber dem Schecknehmer/der Insolvenzmasse?

Fraglich ist, ob die Scheckhingabe an den späteren Insolvenzschuldner letztlich dazu führen kann, dass der Scheckaussteller von seiner Schuld aus dem Valutaverhältnis frei wird. Hier gilt, wie bereits in Teil 3 erörtert, zunächst § 81 InsO, d.h. grundsätzlich kann die Scheckhingabe an den verfügungsbeschränkten (späteren) Insolvenzschuldner nicht zur Erfüllung der Forderung führen. Hiervon ist allerdings gemäß § 82 InsO dann eine Ausnahme zu machen, wenn der Scheckaussteller zum Zeitpunkt der Scheckhingabe (vgl. oben Teil 3 III.7a)) gutgläubig war und der Scheck letztlich auch erfolgreich eingelöst wird. Im Gegensatz zur Einlösung des Schecks durch den im Scheck als Schecknehmer bezeichneten späteren Insolvenzschuldner sind diese Voraussetzungen für den Fall der Einlösung durch einen Gläubiger des Schecknehmers in der Regel nicht erfüllt. Nach dem zuvor gesagten ist nämlich davon auszugehen, dass die bezogene Bank den disparischen Scheck häufig nicht einlösen darf, zumindest dann nicht, wenn es im betreffenden, den Schecknehmer umfassenden Rechtskreis unüblich ist, Schecks zahlungshalber weiterzugeben. In einem solchen Fall mag die bezogene Bank den Scheckbetrag zwar möglicherweise ausbezahlt oder über die Inkassobank an den Einreicher weitergeleitet haben. Zur Erfüllung der Valutaschuld führt diese Zahlung dann aber nicht.

Im Grunde wäre der Scheckaussteller somit nach wie vor zur Leistung aus dem Valutaverhältnis verpflichtet. Dies würde unter Umständen dazu führen, dass der Scheckaussteller sich einerseits mit seiner Bank auseinandersetzen muss[758], damit diese die für die Scheckeinlösung zu Unrecht vorgenommene Belastungsbuchung rückgängig macht. Andererseits müsste er damit rechnen, vom (vorläufigen) Insolvenzverwalter aus dem Valutaverhältnis in Anspruch genommen zu werden. Es

---

756 Ebenso im Ergebnis, allerdings unter Berufung auf Nr. 3 Abs. 2 Scheckbedigungen: *Baumbach/Hefermehl/Casper,* Art. 21 ScheckG Rn. 15.

757 *Baumbach/Hefermehl/Casper,* Art. 21 ScheckG Rn. 15; OLG Koblenz, Urt. v. 10. 4. 1987 – 2 U 72/85 – WM 1987, 679 f.; *Nobbe* in: Schimansky/BunteLwowski, Bankrechtshandbuch I, § 61 Rn. 278; *Weber,* Recht des Zahlungsverkehrs, S. 247; *Gursky* in: Staudinger-BGB, § 990 Rn. 88; *Häuser* in: MünchKomm-HGB, BankR II Rn. 234; vgl. auch *Canaris,* Bankvertragsrecht, Rn. 721.

758 Vgl. *Gursky* in: Staudinger-BGB, § 990 Rn. 88, der deswegen einen Schaden des Ausstellers bejaht.

stellt sich daher die Frage, ob der Scheckaussteller sich nicht gegenüber der Masse darauf zurückziehen kann, dass er für seine Schuld bereits einen Scheck hingegeben hat.

Grundsätzlich kann ein Gläubiger, der von seinem Schuldner einvernehmlich zahlungshalber einen Scheck erhalten hat, zunächst nicht weiter aus dem Valutaverhältnis vorgehen. Er muss erst Befriedigung aus dem Scheck suchen. Geht der Scheck verloren und besteht deswegen die Gefahr, dass der Schuldner doppelt in Anspruch genommen wird, dann steht dem Schuldner gegenüber seinem Gläubiger die Einrede aus §§ 157, 242 BGB zu[759], d.h. dieser muss nur gegen Rückgabe des unbezahlten Schecks auf die Valutaforderung leisten. Besteht die Gefahr der doppelten Inanspruchnahme allerdings nicht, dann steht dem Scheckaussteller diese Einrede nicht zu.[760] *Bülow* will den Scheckaussteller in einem solchen Fall darauf verweisen, dass die bezogene Bank in der Regel aus den oben genannten Gründen kein Recht hat, sein Konto zu belasten.[761] Diese Auffassung ist allerdings dann abzulehnen, wenn der Scheck vor seinem Abhandenkommen bereits in den Machtbereich des Schecknehmers gelangt ist. Denn dann trägt dieser das Verlustrisiko und nicht der Aussteller.[762] In diesem Fall muss es dem Scheckaussteller überlassen bleiben, ob er sich seiner Bank gegenüber auf den Umstand berufen will, dass diese keinen Aufwendungsersatzanspruch erworben hat, oder ob er stattdessen im Rahmen des Valutaverhältnisses die Einrede der Scheckhingabe erhebt.[763]

Fraglich ist, wie sich diese Grundsätze auf den vorliegend untersuchten Fall übertragen lassen, dass der Scheck nach Erlass eines insolvenzrechtlichen Verfügungsverbotes weitergegeben und dadurch abhanden gekommen ist. Insbesondere scheint zweifelhaft, ob der Scheckaussteller sich auch in diesem Fall gegenüber der Masse darauf berufen könnte, dass er bereits einen Scheck hingegeben hat. Dies muss in Entsprechung zu § 82 InsO zumindest dann der Fall sein, wenn der Scheckaussteller zum Zeitpunkt der Hingabe des Schecks keine Kenntnis von dem Verfügungsverbot bzw. der Verfahrenseröffnung gegen den Schecknehmer hatte. Denn der gutgläubige Drittschuldner darf nicht dadurch schlechter stehen, dass der (spätere) Insolvenzschuldner der Masse einen Vermögensgegenstand entzieht, ohne dass der Drittschuldner hierauf einen Einfluss hätte. Allerdings darf der Scheckaussteller sich gegenüber der Masse nach § 82 InsO, §§ 157, 242 BGB nur dann auf die Einrede der Scheckhingabe berufen, wenn er der Belastung seines Kontos durch die bezogene Bank nicht widerspricht, obwohl er dies eigentlich könnte, weil nur in diesem Fall die Gefahr einer doppelten Inanspruchnahme besteht. Umgekehrt kann der Scheckaussteller sich dann nicht auf die Einrede der Scheckhingabe berufen, wenn die Scheckhingabe auch bei ordnungsgemäßer Ein-

---

759 *Canaris,* Bankvertragsrecht, Rn. 770; vgl. auch *Nobbe* in: Schimansky/Bunte/Lwowski, Bankrechtshandbuch I, § 60 Rn. 266; *Bülow,* Art. 21 ScheckG Rn. 7.

760 *Nobbe* in: Schimansky/Bunte/Lwowski, Bankrechtshandbuch I, § 60 Rn. 267; OLG Celle, Urt. v. 29. 5. 1995 – 9 U 207/95 – WM 1996, 1951 (1953 f.).

761 *Bülow,* Art. 21 Rn. 7 ScheckG.

762 *Canaris,* Bankvertragsrecht, Rn. 775.

763 *Gursky* in: Staudinger-BGB, § 990 Rn. 89.

lösung durch den Schecknehmer nicht zur Erfüllung der Valutaschuld geführt hätte. Dies ist dann der Fall, wenn der Scheckaussteller zum Zeitpunkt der Scheckhingabe bösgläubig im Sinne des § 82 InsO war und der Scheckbetrag nicht in die Masse gelangt wäre[764]. Der (vorläufige) Insolvenzverwalter kann vom Scheckaussteller in diesem Fall Erfüllung der Valutaschuld verlangen, die insolvenzrechtlichen Sonderregelungen der §§ 80ff. InsO rechtfertigen die Inkaufnahme der Gefahr einer doppelten Inanspruchnahme des Scheckausstellers.

4. Herausgabe- oder Schadensersatzansprüche der Insolvenzmasse

Soweit der (vorläufige) Insolvenzverwalter keinen durchsetzbaren Anspruch aus dem Valutaverhältnis gegen den Scheckaussteller hat, weil dieser die Einrede der Scheckhingabe erheben kann, stellt sich die Frage, ob Herausgabe- oder Schadensersatzansprüche der Masse gegen den Scheckeinreicher, der den Scheck vom (späteren) Insolvenzschuldner erhalten hat, oder die an der Einlösung beteiligten Banken bestehen. Solche Ansprüche könnten sich einerseits nach den Grundsätzen eines Eigentümer-Besitzerverhältnisses gemäß §§ 985ff. BGB ergeben, andererseits auch aus Bereicherungsrecht.

a) Ansprüche gemäß §§ 985ff. BGB

Der Insolvenzverwalter hat als wahrer Scheckberechtigter gemäß § 985 BGB einen Anspruch auf Herausgabe des betreffenden Schecks gegen denjenigen, in dessen Besitz sich dieser gerade befindet.[765] Nach Einlösung des Schecks durch die bezogene Bank ist der Scheck allerdings wirtschaftlich wertlos, so dass ein Schadensersatzanspruch gemäß §§ 989, 990 BGB in Höhe des Scheckbetrages gegen den Scheckeinreicher, die Inkassobank und die bezogene Bank in Betracht kommt.[766] Dies setzt gemäß § 990 BGB voraus, dass diese beim Erwerb des Besitzes am Scheck jeweils nicht in gutem Glauben waren.

aa) Schadensersatzanspruch gegen den Scheckeinreicher

Dass der Scheckeinreicher mit der Annahme des Schecks grob fahrlässig gehandelt hat und damit bösgläubig im Sinne des § 990 BGB war, wird sich häufig schon daraus ergeben, dass dieser beim Erwerb gewusst hat, dass der Schecknehmer bereits mit einem Verfügungsverbot belegt oder das Insolvenzverfahren gegen ihn eröffnet war. Dieser Nachweis wird dem beweisbelasteten Insolvenzverwalter aber nicht immer gelingen.

---

764 Siehe oben Teil 3 III.7.b).
765 Vgl. *Bülow*, Art. 21 Rn. 6.
766 *Nobbe* in: Schimansky/Bunte/Lwowski, Bankrechtshandbuch I, § 61 Rn. 184; *Bülow*, Art. 21 Rn. 2; *Canaris*, Bankvertragsrecht, Rn. 784; *Horn* in: Heymann/Horn, HGB, Anhang § 372 Bankgeschäfte Rn. V/131; *Gursky* in: Staudinger-BGB, § 990 Rn. 60; *Binder*, WM 2004, 449 (450 f.).

Es stellt sich daher die Frage, ob sich nicht auch im Verhältnis zum Erwerber des Kundenschecks grobe Fahrlässigkeit daraus ergeben kann, wenn die Weitergabe von Schecks im betreffenden Geschäftskreis unüblich ist. Dagegen könnte man zwar einwenden, dass der Scheckeinreicher den Scheck unmittelbar von der im Scheck als Schecknehmer bezeichneten Person erworben hat. Gleichwohl wird grobe Fahrlässigkeit in einem solchen Fall in Rechtsprechung und Literatur angenommen.[767] Dem ist zuzustimmen. Tatsächlich muss auch derjenige, der zahlungshalber einen Kundenscheck annimmt, die Verfügungsbefugnis seines Schuldners überprüfen, wenn eine solche Zahlungsweise unüblich ist. Verschließt ein Gläubiger nämlich vor der Verdächtigkeit einer solchen Zahlung die Augen, so handelt er grob fahrlässig. Insbesondere ist ihm eine Überprüfung angesichts der Leichtigkeit ihrer Durchführung (siehe dazu bereits oben Teil 4 III 3.b)) ebenso wie den bei einer späteren Einlösung involvierten Banken durchaus zumutbar.

Hat der Scheckeinreicher somit mit der Annahme des Kundenschecks vom Insolvenzschuldner deswegen grob fahrlässig gehandelt, weil er missachtet hat, dass ihn die Unüblichkeit dieser Zahlungsweise zur Überprüfung der Verfügungsbefugnis seines Schuldners verpflichtet hätte, dann ist er dem Insolvenzverwalter zum Schadensersatz gemäß §§ 989, 990 BGB in Höhe des ausbezahlten Scheckbetrages verpflichtet.

bb) Schadensersatzanspruch gegen die Inkassobank

Auch die Inkassobank ist verpflichtet, bei Disparität und Unüblichkeit der Weitergabe von Kundenschecks im betreffenden Geschäftsverkehr die materielle Berechtigung des Scheckeinreichers zu überprüfen.[768] Ebenso wie die bezogene Bank, muss die Inkassobank hierfür (auch) die Verfügungsbefugnis des ersten Schecknehmers kurz überprüfen, um dem Vorwurf grob fahrlässigen Besitzerwerbes zu entgehen. Andernfalls ist auch sie zum Schadensersatz nach §§ 989, 990 BGB verpflichtet.

cc) Schadensersatzanspruch gegen die bezogene Bank

Hat die bezogene Bank nach den bereits oben erörterten Kriterien grob fahrlässig gehandelt, indem sie den Kundenscheck eingelöst hat, so ist sie ebenfalls gemäß §§ 989, 990 BGB zum Schadensersatz verpflichtet. Die Gefahr einer doppelten Inanspruchnahme, d.h. durch Vornahme der Auszahlung ohne das Ausstellerkonto belasten zu können und Schadensersatzpflicht gegenüber dem wahren Scheckberechtigten, besteht nicht. Denn dann, wenn die bezogene Bank das Ausstellerkonto nicht belasten darf, weil sie keinen Aufwendungsersatzanspruch hat, kann

---

767 *Bülow*, Art. 21 ScheckG, Rn. 31 b; *Nobbe* in: Schimansky/Bunte/Lwowski, Bankrechtshandbuch I, § 61 Rn. 231; BGH Urt. v. 15. 2. 2000 – XI ZR 186/99 – ZIP 2000, 693 ff.; Urt. v. 17. 7. 2001 – XI ZR 362/00 – NJW 2001, 2970 (2971); OLG Frankfurt, Urt. v. 26. 6. 2002 – 23 U 155/00 – NJW-RR 2002, 1574.
768 BGH, Urt. v. 12. 12. 1995 – XI ZR 58/95 – ZIP 1996, 270 f.; Urt. v. 4. 11. 1997 – XI ZR 270/96 – WM 1997, 2395 (2396); Urt. v. 15. 2. 2000 – XI ZR 186/99 – ZIP 2000, 693 ff.

der Scheckaussteller dem Insolvenzverwalter auch nicht die Einrede der Scheckhingabe im Valutaverhältnis entgegen halten. In diesem Fall ist der Scheckaussteller daher zur Zahlung aus dem Valutaverhältnis verpflichtet und der Insolvenzmasse kein ersatzfähiger Schaden entstanden, den sie gegenüber der bezogenen Bank geltend machen könnte.

dd) Haftung im Innenverhältnis

Haften demnach bei Unüblichkeit der Weitergabe von Kundenschecks im betreffenden Geschäftsverkehr sowohl der Scheckeinreicher als auch die Inkassobank und die bezogene Bank der Insolvenzmasse auf Schadensersatz, so ist diese Haftung gesamtschuldnerisch (§ 421 BGB). Dies ergibt sich bereits daraus, dass alle Beteiligten gemeinsam für den Schaden verantwortlich sind.[769] Fraglich ist somit, wie sich die Haftung im Innenverhältnis vollzieht. Grundsätzlich sind Gesamtschuldner gemäß § 426 Abs. 1 BGB im Verhältnis zueinander zu gleichen Anteilen verpflichtet. Bei Schadensersatzansprüchen entspricht es allerdings einhelliger Auffassung, dass sich die Verteilung des Schadens auf mehrere Ersatzpflichtige nach § 254 BGB bestimmt.[770] Demzufolge hängt die Verpflichtung im Innenverhältnis davon ab, wer den Schaden vorwiegend verursacht hat. In der hier untersuchten Fallkonstellation hätte jeder der Beteiligten den Schadenseintritt dadurch verhindern können, dass er seiner Pflicht, die Verfügungsbefugnis des ersten Schecknehmers zu überprüfen, nachkommt. Die Ausgangsursache hat allerdings der Scheckeinreicher gesetzt, indem er den Scheck bei seiner Bank zum Einzug eingereicht und dabei grob fahrlässig verkannt hat, dass sein Schuldner ihn hierzu überhaupt nicht materiellrechtlich legitimiert haben konnte. Hätte er den Scheck nicht eingereicht, so wäre das Inkassoverfahren überhaupt nicht in Gang gesetzt worden und der Pflichtenverstoß der Inkassobank und der bezogenen Bank überhaupt nicht ermöglicht worden.[771] Im Ergebnis haftet daher der Scheckeinreicher im Innenverhältnis allein für den der Insolvenzmasse mit der Scheckeinlösung entstandenen Schaden.

b) Ansprüche aus Bereicherungsrecht

Neben dem Anspruch auf Schadensersatz gemäß §§ 989, 990 BGB kommt ein Anspruch der Insolvenzmasse gegen den Scheckeinreicher gemäß § 816 Abs. 1 S. 1 bzw. 2 BGB in Betracht.[772]

Das OLG Koblenz hatte noch unter Geltung der Konkursordnung über einen solchen Anspruch zu entscheiden[773]:

---

769 Vgl. OLG Düsseldorf, Urt. v. 10. 11. 2003 – I-6 U 111/01 Rn. 9 (zit. n. juris).
770 *Grüneberg* in: Palandt, BGB, § 426 Rn. 10 m. w. N.
771 Vgl. OLG Düsseldorf, Urt. v. 10. 11. 2003 – I-6 U 111/01 Rn. 10 (zit. n. juris).
772 *Baumbach/Hefermehl/Casper,* Art. 21 ScheckG Rn. 52; *Nobbe* in: Schimansky/Bunte/Lwowski, Bankrechtshandbuch I, § 61 Rn. 301; *Horn,* HGB, Anhang § 372 Bankgeschäfte Rn. V/131; BGH NJW 1969, 605; *Häuser* in: MünchKommHGB, BankR Rn. 426; *Canaris,* Bankvertragsrecht, Rn. 786.
773 OLG Koblenz, Urt. v. 17. 11. 1988 – 5 U 720/88 – ZIP 1989, 1219 f.

Beispielsfall 38

Nach Anordnung eines allgemeinen Veräußerungsverbotes gegen die spätere Gemeinschuldnerin gab dessen Gesellschafter zwei von einem Kunden erhaltene Schecks über insgesamt 8.400 DM zunächst zur Deckung rückständiger Gehaltsforderungen an seine Ehefrau. Diese gab die Schecks zahlungshalber an den Sanierungsberater der späteren Gemeinschuldnerin weiter, der die Schecks auch erfolgreich einlöste. Der Konkursverwalter verlangte mit seiner Klage gegen den Sanierungsberater Herausgabe der eingezogenen Scheckbeträge zzgl. Zinsen. Das LG Koblenz hatte die Klage abgewiesen, das OLG Koblenz hat der Klage stattgegeben. Die bezogene Bank habe mit der Einlösung der Schecks eine Leistung an einen Nichtberechtigten gewährt. Der beklagte Sanierungsberater sei daher gemäß § 816 Abs. 2 BGB dem wahren Berechtigten – der Konkursmasse – zur Herausgabe verpflichtet.

Dabei hat der entscheidende Senat im Einzelnen ausgeführt, dass die bezogene Bank durch die Einlösung der Schecks mit befreiender Wirkung geleistet habe, denn die Bank könne sich grundsätzlich darauf verlassen, dass der Besitzer eines Inhaberschecks Berechtigter sei, insbesondere den Scheck ordnungsgemäß erhalten habe. Dafür, dass die Bank von dem Veräußerungsverbot Kenntnis gehabt habe, gebe es keinerlei Anhaltspunkte.

Die Einziehung des Schecks durch den Beklagten sei wegen des zuvor erlassenen Veräußerungsverbotes gemäß §§ 135, 136 BGB i. V. m. § 106 KO relativ unwirksam, denn er habe die Schecks auch nicht kraft guten Glaubens erworben. Zwar stehe das relative Veräußerungsverbot gemäß § 135 Abs. 2 i. V. m. § 136 BGB einem wirksamen Eigentumserwerb nicht entgegen, wenn der Erwerber nach § 932 Abs. 2 BGB, Art. 21 ScheckG gutgläubig sei. Dies sei jedoch nicht der Fall gewesen, denn der Beklagte habe von dem Veräußerungsverbot Kenntnis gehabt.

Diesem Urteil kann aus heutiger Sicht zwar noch im Ergebnis, nicht aber in der Begründung zugestimmt werden. Soweit das OLG Koblenz zunächst ausgeführt hat, die bezogene Bank habe mit befreiender Wirkung geleistet, als sie auf den Scheck gezahlt habe, trifft dies aus heutiger Sicht nur unter der (zweifelhaften) Prämisse zu, dass es üblich ist, Sanierungsberater mit Kundenschecks zu bezahlen. Der bezogenen Bank hätte andernfalls kein Belastungsrecht auf das Ausstellerkonto zugestanden, der Scheck wäre nicht wirksam eingelöst worden und der Masse ständen zunächst weiterhin ihre Valutaforderungen gegen die Scheckaussteller zu. Dem könnten die Scheckaussteller allerdings unter Umständen (die Einzelheiten des Sachverhalts geben hierzu nicht genug her) die Einrede der Scheckhingabe entgegenhalten, wenn sie bei Hingabe der Schecks gutgläubig waren. Deswegen würde es auch aus heutiger Sicht Sinn machen, statt der Valutaforderungen einen Herausgabeanspruch der Masse gegen den (solventen) Sanierungsberater geltend zu machen. Die Feststellung, dass der Sanierungsberater Nichtberechtigter hinsichtlich des Schecks war, bedurfte nach der damaligen Rechtslage noch einer besonderen Begründung. Denn unter Geltung der Konkursordnung wirkte ein vorläufiges Verfügungsverbot (nach umstrittener Ansicht[774]) nur relativ, so dass ein gutgläubiger Erwerb gemäß §§ 135 Abs. 2, 136 BGB möglich war. Dies ist nach der heutigen Rechtslage nicht mehr der Fall, da nunmehr feststeht, dass ein allgemeines Verfügungsverbot absolut wirkt.[775] Im Ergebnis würde der Masse somit auch

774 Vgl. nur *Kilger/Schmidt*, KO, § 106 Rn. 3 m.w.N.
775 Allg. Ansicht, vgl. nur *Pape* in: Kübler/Prütting/Bork, § 24 Rn. 1.

nach heutiger Rechtslage einen Anspruch aus § 816 Abs. 1 S. 1 bzw. Abs. 2 BGB gegen den Scheckeinreicher zustehen.[776]

5. Die verschiedenen Fallkonstellationen

Zusammenfassend kommen also unterschiedliche Fallkonstellationen in Betracht, deren rechtliche Beurteilung sich einerseits danach richtet, ob der Scheckaussteller zum Zeitpunkt der Scheckhingabe an den (späteren) Insolvenzschuldner wusste, dass gegen diesen ein Verfügungsverbot erlassen oder das Insolvenzverfahren eröffnet worden ist. Andererseits kommt es außerdem darauf an, ob die den Scheck einlösende bezogene Bank ohne grobe Fahrlässigkeit davon ausgehen durfte, dass der Scheckeinreicher trotz Disparität des Schecks auch der materiell Berechtigte ist.

a) *Gutgläubigkeit des Scheckausstellers bei Hingabe des Schecks*

Hatte der Scheckaussteller bei der Hingabe des Schecks keine Kenntnis von dem Verfügungsverbot oder der Verfahrenseröffnung gegen den Schecknehmer, dann wird er zwar mit der Einlösung des Schecks durch einen anderen als den Insolvenzschuldner nicht von seiner Valutaschuld frei. Ihm steht jedoch entsprechend § 82 InsO, §§ 157, 242 BGB gegenüber einer erneuten Inanspruchnahme durch die Masse die Einrede der Scheckhingabe zu.

aa) Grob fahrlässige Verletzung der Prüfungspflichten durch die bezogene Bank

Verletzt die bezogene Bank mit der Einlösung des Schecks zugunsten eines Dritten ihre Prüfungspflichten, weil sie übersehen hat, dass die Scheckweitergabe im betreffenden Rechtskreis unüblich ist, darf sie das Konto des Scheckausstellers nicht belasten. Beruft sich der Scheckaussteller hierauf allerdings, so kann er gegenüber der Insolvenzmasse nicht die Einrede der Scheckhingabe erheben. In diesem Fall muss er seine Valutaschuld gegenüber der Insolvenzmasse begleichen. Die bezogene Bank, die damit den Scheckbetrag ausgezahlt hat ohne hierfür Ersatz ihrer Aufwendungen zu erhalten, hat in diesem Fall einen Bereicherungsanspruch. Problematisch ist allerdings, gegen wen sich dieser richtet. Entsprechend der bereits oben (Teil 2 III.4.) ausführlich erörterten Grundsätze für den Bereicherungsausgleich im Rahmen von Anweisungsverhältnissen richtet sich dies danach, ob vorrangige Leistungsbeziehungen zu berücksichtigen sind, oder nicht. Hier liegt mit dem wirksamen Scheck eine von Anfang an wirksame Anweisung vor, an den *materiell Berechtigten* zu zahlen. Allerdings fehlt es an einer Anweisung, an den in

---

776 Als Anspruchsgrundlage werden zum Teil beide Tatbestände genannt, vgl. *Nobbe* in: Schimansky/Bunte/Lwowski, Bankrechtshandbuch I, § 61 Rn. 301 („oder"); *Weber*, Recht des Zahlungsverkehrs, S. 250; zum Teil aber auch nur § 816 Abs. 1 S. 1 BGB, vgl. *Baumbach/Hefermehl/Casper*, Art. 21 ScheckG Rn. 52 oder nur § 816 Abs. 2 BGB, vgl. OLG Koblenz, Urt. v. 17. 11. 1988 – 5 U 720/88 – ZIP 1989, 1219f.; unzutreffend aber LG Gera, Urt. v. 26. 11. 1996 – 4 O 2708/95 – ZIP 1997, 287f., das auf § 812 BGB abstellt.

diesem Fall *nichtberechtigten Scheckeinreicher* zu zahlen. In diesem Fall ist daher eine Direktkondiktion aus § 812 Abs. 1 S. 1 Alt. 2 BGB der bezogenen Bank gegen den Scheckeinreicher gerechtfertigt, weil sich die Zuwendung auf den Scheck für ihn nicht als Leistung des Scheckausstellers darstellt.

Lässt der Scheckaussteller die Kontobelastung durch die bezogene Bank trotz deren grober Fahrlässigkeit zu und macht er gegenüber der Insolvenzmasse die Einrede der Scheckhingabe geltend, hat die Masse Schadensersatzansprüche aus §§ 989, 990 BGB gegen die bezogene Bank, die Inkassobank und den Scheckeinreicher als Gesamtschuldner in Höhe des Scheckbetrages. Im Innenverhältnis zwischen bezogener Bank, Inkassobank und Scheckeinreicher muss der Scheckeinreicher den Schaden allein tragen. Wahlweise kann der Insolvenzverwalter gegen den Scheckeinreicher auch einen Herausgabeanspruch aus § 816 Abs. 1 oder Abs. 2 BGB geltend machen.

Beispielsfall 39

Die G-GmbH schuldet dem späteren Insolvenzschuldner I, einem mittelständischen Unternehmer, 25.000 Euro Werklohn. Erfüllungshalber übersendet sie an I einen entsprechenden Inhaberscheck, unwissend, dass gegen ihn bereits Antrag auf Eröffnung des Insolvenzverfahrens gestellt und ein allgemeines Verfügungsverbot ergangen ist. I gibt diesen Scheck seinerseits zahlungshalber an den Kaufmann K weiter, um ausstehende Rechnungen für Materiallieferungen zumindest teilweise zu begleichen. Obwohl eine solche Zahlungsweise in den Geschäftskreisen von K und I völlig unüblich ist, nimmt K den Scheck ohne weitere Nachprüfung an und löst ihn über seine Hausbank H bei der bezogenen Bank B ein. G lässt die Belastung seiner Kontos unwidersprochen zu, weil er weiß, dass er andernfalls ohnehin erneut – diesmal an den vorläufigen Insolvenzverwalter V – zahlen müsste und erhebt gegenüber dessen Zahlungsbegehren die Einrede der Scheckhingabe. In diesem Fall kann V einen Schadensersatzanspruch der Masse in Höhe des Scheckbetrages gegenüber der B, H und K geltend machen. Diese haften als Gesamtschuldner. Im Innenverhältnis zwischen B, H und K haftet der Kaufmann K alleine, weil er mit der grob fahrlässigen Annahme des Kundenschecks, obwohl eine solche Zahlungsweise unüblich ist, und dessen Einreichung bei seiner Bank den entscheidenden Kausalitätsbeitrag für die Entstehung des Schadens gesetzt hat. Wahlweise könnte V auch Herausgabe des Scheckbetrages aus § 816 BGB von K verlangen.

bb) Keine Verletzung der Prüfungspflichten durch die bezogene Bank

Ist die Weitergabe von Kundenschecks im betreffenden Geschäftskreis nicht unüblich, so verletzt die bezogene Bank mit der Einlösung des Schecks zugunsten eines Dritten ihre Prüfungspflichten nicht und sie erwirbt einen Aufwendungsersatzanspruch gegen den Scheckaussteller, den sie in das Kontokorrent einstellen und verrechnen darf. Da dem Scheckaussteller im Valutaverhältnis die Einrede der Scheckhingabe zusteht, hat die Masse Schadensersatzansprüche aus §§ 989, 990 BGB gegen die bezogene Bank, die Inkassobank und den Scheckeinreicher als Gesamtschuldner in Höhe des Scheckbetrages. Wie in der zuvor dargestellten Fallkonstellation muss auch hier der Scheckeinreicher den Schaden im Innenverhältnis zwischen bezogener Bank, Inkassobank und Scheckeinreicher allein tragen. Statt des Schadensersatzanspruches kann der Insolvenzverwalter gegen den Scheckeinreicher auch den Herausgabeanspruch aus § 816 Abs. 1 oder Abs. 2 BGB geltend machen.

III. Die Weitergabe von Kundenschecks nach Erlass eines Verfügungsverbotes

Beispielsfall 40

Wäre die Weitergabe von Kundenschecks im soeben dargestellten Fall eine übliche Zahlungsmethode im Geschäftskreis von K und I, dann hätte B keinen Grund gehabt, die Legitimation des K besonders zu überprüfen. In diesem Fall stände ihr ein Aufwendungsersatzanspruch für die Einlösung des Schecks gegen G zu, mit welchem sie dessen Konto belasten dürfte. Aufgrund der dem G zustehenden Einrede der Scheckhingabe müsste V sich auch hier an B, H und K halten und ihnen gegenüber einen Schadensersatzanspruch geltend machen, den K im Innenverhältnis allein tragen müsste. Alternativ könnte V auch hier Herausgabe des Scheckbetrages aus § 816 BGB von K verlangen.

b) Bösgläubigkeit des Scheckausstellers bei Hingabe des Schecks

Sofern der Scheckaussteller bei der Hingabe des Schecks Kenntnis von dem Verfügungsverbot oder der Verfahrenseröffnung gegen den Schecknehmer hatte, steht seiner (erneuten) Inanspruchnahme aus dem Valutaverhältnis durch den Insolvenzverwalter nichts entgegen. Die Einrede der Scheckhingabe kann er nicht erheben.

aa) Grob fahrlässige Verletzung der Prüfungspflichten durch die bezogene Bank

Wenn die bezogene Bank mit der Einlösung des Schecks zugunsten des Scheckeinreichers ihre Prüfungspflichten verletzt hat, weil sie übersehen hat, dass die Scheckweitergabe im betreffenden Geschäftskreis unüblich ist, darf sie das Konto des Scheckausstellers nicht belasten. Sie hat aber auch in diesem Fall einen Anspruch gegen den Scheckeinreicher aus § 812 Abs. 1 S. 1 Alt. 2 BGB auf Herausgabe des ausbezahlten Scheckbetrages.

Beispielsfall 41

Privatmann P schuldet dem Insolvenzschuldner I, einem Handwerksmeister, gegen den bereits das Insolvenzverfahren eröffnet und auch bekannt gemacht worden ist, 22.000 Euro für den Ausbau seines Dachstuhls. I leitet diesen Scheck an seinen Gesellen G weiter, dem er noch Lohn für fast ein Jahr schuldet. G löst den Scheck über seine Hausbank H bei der bezogenen Bank B ein. Beide Banken überprüfen die Verfügungsbefugnis des ersten Schecknehmers I nicht, obwohl es in Handwerkskreisen unüblich ist, Arbeitnehmerforderungen mit Kundenschecks zu begleichen.

Sofern P nicht beweisen kann, dass ihm die Verfahrenseröffnung gegen I trotz Veröffentlichung nicht bekannt gewesen ist, muss er die Werklohnforderung in Höhe von 22.000 Euro erneut, diesmal zur Masse zahlen. Allerdings kann er der Belastung seines Kontos mit dem Scheckbetrag widersprechen, seine Bank B muss die entsprechende Buchung stornieren. B kann ihrerseits von G Herausgabe des erhaltenen Scheckbetrages aus § 812 Abs. 1 S. 1 Alt. 2 BGB verlangen.

bb) Keine Verletzung der Prüfungspflichten durch die bezogene Bank

Hat die bezogene Bank nicht grob fahrlässig gehandelt, weil die Disparität des eingereichten Schecks nach den genannten Kriterien keinen Anlass zur Überprüfung der materiellen Berechtigung des Scheckeinreichers gegeben hat, dann darf sie das Ausstellerkonto mit ihrem Aufwendungsersatzanspruch belasten. Dem Scheckaussteller bleibt ein Bereicherungsanspruch aus § 812 Abs. 1 S. 1 Alt. 1 bzw. 2 BGB[777] gegen den Scheckeinreicher.

Beispielsfall 42

Wäre die Begleichung von Arbeitnehmerlohnforderungen in Handwerkskreisen üblich, dann dürfte die Bank B das Konto des P mit dem Scheckbetrag belasten. P wäre gleichwohl zur erneuten Leistung der Valutaforderung an die Masse verpflichtet, wenn er seine Unkenntnis von der Verfahrenseröffnung gegen I nicht beweisen kann. Er könnte dann aber von G den Scheckbetrag nach § 812 Abs. 1 S. 1 Alt. 1 BGB herausverlangen.

6. Ergebnis zur Weitergabe von Kundenschecks nach Erlass eines Verfügungsverbotes oder Eröffnung des Insolvenzverfahrens

Im Ergebnis lässt sich Folgendes festhalten: Gibt der Insolvenzschuldner einen Kundenscheck weiter, nachdem er bereits nicht mehr verfügungsbefugt ist, so richten sich die Rechtsbeziehungen zwischen den einzelnen involvierten Rechtssubjekten und die Verteilung der einzelnen Insolvenzrisiken nach verschiedenen Faktoren. Zunächst ist von Bedeutung, ob der Scheckaussteller zu dem Zeitpunkt der Hingabe des Schecks wusste, dass sein Gläubiger nicht mehr verfügungsbefugt ist, oder nicht. Nur wenn er dies nicht wusste, kann er sich später möglicherweise mit der Einrede der Scheckhingabe gegenüber einer erneuten Inanspruchnahme aus dem Valutaverhältnis durch den Insolvenzverwalter wehren. Weiter ist relevant, ob die Weitergabe von Kundenschecks in dem Geschäftskreis, dem der Insolvenzschuldner und der Scheckeinreicher angehören, die zahlungshalber erfolgende Weitergabe von Kundenschecks üblich ist oder nicht. Die Unüblichkeit der Weitergabe begründet für die beteiligten Banken sowie den Scheckeinreicher die Pflicht, die insolvenzrechtliche Verfügungsbefugnis des ersten Schecknehmers im Zeitpunkt der Scheckweitergabe zu überprüfen. Ein Unterlassen dieser Pflicht führt dazu, dass die bezogene Bank keinen Aufwendungsersatzanspruch gegen den Aussteller erwirbt und der Insolvenzmasse unter Umständen ein Schadensersatzanspruch aus §§ 989, 990 BGB gegen die bezogene Bank, die Inkassobank und den Scheckeinreicher als Gesamtschuldner zusteht, für den der Scheckeinreicher im Innenverhältnis allein haftet. Konkurrierend hierzu hat die Insolvenzmasse dann einen Anspruch aus § 816 BGB gegen den Scheckeinreicher auf Herausgabe des Scheckbetrages. Entspricht die Weitergabe des Kundenschecks hingegen der Üblichkeit im betreffenden Geschäftskreis, dann erwirbt die bezogene Bank für die Einlösung des Schecks einen Aufwendungsersatzanspruch und Schadensersatzansprüche zwischen den Beteiligten scheiden grundsätzlich aus. Je nachdem, ob der Scheckaussteller der Masse weiterhin zur Zahlung aus dem Valutaverhältnis verpflichtet ist oder die Einrede der Scheckhingabe erheben kann, ist der Scheck-

777 Ob es sich um eine Leistungs- oder eine Nichtleistungskondiktion handelt, ist wiederum davon abhängig, ob die Auszahlung des Scheckbetrages sich aus der Sicht des Empfägners als Leistung des Scheckausstellers darstellt oder nicht.

einreicher entweder einem Bereicherungsanspruch des Scheckausstellers oder der Insolvenzmasse ausgesetzt.

IV. Ergebnis zu den Auswirkungen der Insolvenz auf die Weitergabe von Kundenschecks

Zusammenfassend wirkt sich die Insolvenz auf die Weitergabe von Kundenschecks damit wie folgt aus:

Übereignet der spätere Insolvenzschuldner seinem Gläubiger einen Kundenscheck zu einem Zeitpunkt, in welchem er noch verfügungsbefugt ist, dann ist diese Übereignung zunächst wirksam. Allerdings führt bereits die bloße Besitzübertragung zu einer Benachteiligung der übrigen Insolvenzgläubiger, so dass nach Verfahrenseröffnung eine Insolvenzanfechtung in Betracht kommt. Die Weitergabe von Kundenschecks ist grundsätzlich inkongruent. Häufig wird eine Weitergabe von Kundenschecks in der Krise daher nach § 131 InsO anfechtbar sein, die Weitergabe vor der Krise unter Umständen nach § 133 InsO. Nur dann, wenn die Parteien zuvor unanfechtbar eine Zahlung mit Kundenschecks vereinbart haben, ist die daraufhin erfolgende Weitergabe lediglich unter den erschwerten Voraussetzungen der Deckungsanfechtung gemäß § 130 oder aber gemäß § 133 Abs. 1 InsO anfechtbar. Ficht der Insolvenzverwalter die Weitergabe des Schecks erfolgreich an, so ist der Scheckeinreicher zur Herausgabe des eingezogenen Scheckbetrages an die Masse verpflichtet. Er selbst kann seine wieder aufgelebte Forderung gegen den Insolvenzschuldner zur Insolvenztabelle anmelden.

Hat der Insolvenzschuldner dem Scheckeinreicher den Kundenscheck indossiert, so kommt eine Anfechtung des Indossamentes nur dann in Betracht, wenn sich die daraus resultierende Haftung realisiert und diese zu einer Gläubigerbenachteiligung geführt hat. In diesem Fall ist der Scheckeinreicher der Masse zur Herausgabe des Haftungsbetrages verpflichtet.

Gibt der Insolvenzschuldner einen Kundenscheck hingegen erst zu einem Zeitpunkt weiter, in welchem er nicht mehr verfügungsbefugt ist, so ist die Übereignung unwirksam, weil sein Gläubiger die materielle Berechtigung am Scheck nicht erwerben kann. Dieser kann damit aus dem Scheck keine insolvenzfeste Befriedigung seiner Forderungen erlangen, selbst wenn er gutgläubig ist und die bezogene Bank auf den Scheck an ihn zahlt.

An den Fällen der Weitergabe von Kundenschecks durch den verfügungsbeschränkten (späteren) Insolvenzschuldner sind in der Regel etwa fünf Rechtssubjekte beteiligt, nämlich der Scheckaussteller, der Insolvenzschuldner als Schecknehmer, ein Gläubiger des Insolvenzschuldners als Scheckeinreicher, die Bank des Scheckeinreichers als Inkassobank und die Bank des Scheckausstellers als bezogene Bank. Zwischen diesen Beteiligten kommen wechselseitige Ansprüche in Betracht, die unter anderem davon abhängen, ob der Scheckaussteller zum Zeitpunkt der Hingabe von der Verfügungsbeschränkung des Insolvenzschuldners wusste und davon, ob die Weitergabe von Kundenschecks in dem Geschäftskreis, dem der Insolvenzschuldner und sein Gläubiger angehören, üblich ist.

Die Hingabe des Schecks kann den Scheckaussteller gegenüber dem Insolvenzschuldner bzw. der Masse dann nicht von seiner Schuld aus dem Valutaverhältnis befreien, wenn der Scheck weitergegeben und von einem anderen als dem Insolvenzschuldner oder dem Insolvenzverwalter eingelöst wird. War dem Scheckaussteller zum Zeitpunkt der Scheckhingabe allerdings der Mangel der Verfügungsbefugnis des (späteren) Insolvenzschuldner nicht bekannt, so steht ihm gegen die (erneute) Inanspruchnahme aus dem Valutaverhältnis durch den Insolvenzverwalter die Einrede der Scheckhingabe entsprechend § 81 InsO, §§ 157, 242 BGB zu. Etwas anderes gilt nur dann, wenn der Scheckaussteller sich gegenüber der bezogenen Bank zutreffend auf den Umstand beruft, dass diese zu einer Belastung seines Kontos mit dem Scheckbetrag nicht berechtigt ist, weil sie den Scheck nicht hätte einlösen dürfen. Beruft sich der Scheckaussteller erfolgreich auf die genannte Einrede, steht der Masse ein Anspruch gegen den Scheckeinreicher aus § 816 BGB auf Herausgabe des Scheckbetrages zu. Daneben kommen Schadensersatzansprüche der Masse gegen den Scheckeinreicher, die Inkassobank und die bezogene Bank aus §§ 989, 990 BGB in Betracht, sofern die Weitergabe von Schecks im Geschäftskreis, dem der Scheckeinreicher und der Insolvenzschuldner angehören, unüblich ist. In diesem Fall hätten der Scheckeinreicher, die Inkassobank und die bezogene Bank nämlich jeweils die Verfügungsbefugnis des Insolvenzschuldners als ersten Schecknehmer überprüfen müssen.

Steht dem Scheckaussteller die Einrede der Scheckhingabe gegenüber der Masse nicht zu oder erhebt er sie nicht und muss er deswegen erneut zur Masse leisten, dann steht ihm ein Bereicherungsanspruch gegen den Scheckeinreicher aus § 812 Abs. 1 S. 1 BGB zu, wenn die bezogene Bank sein Konto belastet hat. Hat die bezogene Bank das Konto allerdings nicht erfolgreich belastet, dann kann sie den ausbezahlten Scheckbetrag vom Scheckeinreicher im Wege der Direktkondiktion gemäß § 812 Abs. 1 S. 1 Alt. 2 BGB herausverlangen.

Gesamtergebnis und Thesen

Scheckzahlungen in der Insolvenz des Scheckausstellers

- Scheckzahlungen des Insolvenzschuldners vor Verlust seiner Verfügungsbefugnis sind nach Eröffnung des Insolvenzverfahrens möglicherweise anfechtbar.[778]
- Anfechtungsgegner ist dabei stets der Schecknehmer, eine Anfechtung gegenüber der bezogenen Bank kommt nicht in Betracht.[779]
- Eine Anfechtung der Ausstellung eines Schecks kommt dann in Betracht, wenn diese zu einer gegenüber der Einlösung selbständigen Gläubigerbenachteiligung geführt hat. Dies ist nur dann möglich, wenn der Scheck nicht erfolgreich eingelöst werden konnte und der Schecknehmer eine scheckrechtliche Regressforderung erwirbt. Bei Schecks über einen Betrag unter 6.000 Euro, die über das BSE-Verfahren eingezogen werden, ist dies regelmäßig nicht der Fall.[780]
- Eine Anfechtung der Scheckeinlösung kommt dann in Betracht, wenn das bezogene Konto mit der Einlösung einen positiven oder neutralen Saldo oder einen Saldo innerhalb eines eingeräumten Kreditrahmens aufweist.[781]
- Zahlungen mit eigenen Schecks sind grundsätzlich kongruent. Ist der spätere Insolvenzschuldner zur Scheckzahlung dadurch veranlasst worden, dass sein Gläubiger ihm damit gedroht hat, Insolvenzantrag gegen ihn zu stellen, dann ist die Scheckzahlung stets inkongruent. Auch Scheckzahlungen im Rahmen von Zwangsvollstreckungsmaßnahmen innerhalb der Krise sind stets inkongruent.[782]
- Kongruente Scheckzahlungen innerhalb der Krise stellen häufig unanfechtbare Bargeschäfte dar, soweit die Scheckhingabe im zeitlichen Zusammenhang von zwei bis vier Wochen mit dem Grundgeschäft begeben worden ist.[783]
- Der Verlust der Verfügungsbefugnis des Scheckausstellers durch entsprechende Anordnung des Insolvenzgerichtes im Eröffnungsverfahren oder mit Eröffnung des Insolvenzverfahrens führt dazu, dass ein Scheck unwirksam wird. Die in

778 Teil 2 II.
779 Teil 2 II.4.
780 Teil 2 II.1.c).
781 Teil 2 II.1.b).
782 Teil 2 II.2.a) und 3.a).
783 Teil 2 II.2.a)dd).

ihm enthaltene Anweisung sowie die geschäftsbesorgungsrechtliche Weisung erlöschen.[784]

- Das Erlöschen der Anweisung führt im Valutaverhältnis dazu, dass die Zahlung der bezogenen Bank auf den Scheck dem Scheckaussteller nicht als dessen Leistung zuzurechnen ist und damit nicht zur Erfüllung der Valutaschuld führen kann.[785]
- Das Erlöschen der geschäftsbesorgungsrechtlichen Weisung verhindert grundsätzlich die Entstehung eines Aufwendungsersatzanspruches der bezogenen Bank.[786]
- Mit der Eröffnung des Insolvenzverfahrens erlischt außerdem der Scheckvertrag, so dass die bezogene Bank grundsätzlich nicht mehr verpflichtet ist, auf sie gezogene Schecks des Insolvenzschuldners einzulösen.[787]
- Hinsichtlich der weiteren Auswirkungen des Verlustes der Verfügungsbefugnis des Scheckausstellers ist danach zu unterscheiden, ob das bezogene Konto bei Einlösung des Schecks einen positiven oder negativen Saldo aufweist und ob die Bank dabei hinsichtlich der mangelnden Verfügungsbefugnis gut- oder bösgläubig ist. Maßgeblich ist dabei der Zeitpunkt der Scheckeinlösung.[788]
- Ist die Bank bösgläubig und weist das bezogene Konto bei Einlösung des Schecks einen kreditorischen Saldo auf, so wird sie von ihrer Guthabenschuld nicht frei. Der Insolvenzverwalter kann eine entsprechende Zahlung der Bank an die Masse fordern. Den für den Scheck ausbezahlten Betrag kann die Bank im Wege der Direktkondiktion vom Schecknehmer herausverlangen. Die Einlösung des Schecks auf ein debitorisch geführtes Konto führt bei Bösgläubigkeit der Bank ebenfalls zu einem Bereicherungsanspruch der Bank gegen den Schecknehmer.[789]
- Ist die Bank bei Einlösung des Schecks gutgläubig, so wird sie gemäß (§ 24 Abs. 1 i. V. m.) § 82 InsO von einer etwaigen Guthabenschuld frei. Der Insolvenzverwalter kann dann den ausbezahlten Scheckbetrag gemäß § 816 Abs. 2 BGB vom Schecknehmer herausverlangen. Ist die Bank zwar gutgläubig, weist das Konto aber einen debitorischen Saldo auf, dann erlangt die Bank für die mit der Auszahlung getätigten Aufwendungen einen Ersatzanspruch, den sie im Falle der späteren Verfahrenseröffnung als einfache Insolvenzforderung geltend machen kann. Soweit die Aufwendungen der Bank damit nicht gedeckt sind oder sie auf eine Geltendmachung verzichtet, kann sie den ausbezahlten Scheckbetrag auch im Wege der Direktkondiktion vom Schecknehmer zurückfordern.[790]

---

784 Teil 2 III.1. und 2.
785 Teil 2 III.5.a)ee) und b)bb) (5) und b)cc)(2).
786 Teil 2 III.5.a)bb).
787 Teil 2 IV.1.
788 Teil 2.III.5.
789 Teil 2.III.5.) und IV.2.
790 Teil 2 III.5.b) und IV.3.

- Da der Schecknehmer entweder der Insolvenzmasse oder aber der Bank gegenüber zur Herausgabe des erhaltenen Scheckbetrages verpflichtet ist, kann er durch Einlösung eines Schecks nach Verlust der Verfügungsbefugnis des Scheckausstellers nie Befriedigung seiner Valutaforderung erlangen. Ihm bleibt nur die Geltendmachung der Valutaforderung als einfache Insolvenzforderung.[791]

Scheckzahlungen in der Insolvenz des Scheckeinreichers

- Reicht der spätere Insolvenzschuldner Schecks bei seiner Bank zur Einziehung ein, so kommt nach Eröffnung des Insolvenzverfahrens einerseits eine Anfechtung etwaiger in diesem Zusammenhang zugunsten der Bank bestellter Sicherheiten in Betracht. Zum anderen wird möglicherweise eine durch die Bank vorgenommene Verrechnung des eingezogenen Scheckbetrages mit dem debitorischen Kontosaldo des Insolvenzschuldners automatisch unwirksam und führt zu einem entsprechenden Herausgabeanspruch der Insolvenzmasse gegen die Bank.[792]
- Die aufgrund der Allgemeinen Geschäftsbedingungen zugunsten der einziehenden Bank vereinbarten und mit Einreichung eines Schecks zur Einziehung wirksam bestellten Sicherheiten sind stets inkongruent und damit häufig anfechtbar.[793]
- Die Verrechnung des eingezogenen Scheckbetrages mit dem Kontokorrent ist dann unwirksam, wenn die Bank die Verrechnungslage anfechtbar erlangt hat. Dies scheidet aus, wenn sie mit der Verrechnung lediglich zuvor erlangte insolvenzfeste Sicherheiten realisiert. Aufgrund der regelmäßigen Anfechtbarkeit der Sicherheiten ist dies nur selten der Fall.[794]
- Erfolgt die Verrechnung zur Offenhaltung einer vereinbarten Kreditlinie, ist die Verrechnungslage nur dann gemäß § 130 InsO anfechtbar entstanden, wenn die Scheckeinlösung in der Krise erfolgt ist und zwischen Gut- und Lastschriften Zeiträume von mehr als zwei bzw. vier Wochen liegen, so dass nicht von einem bargeschäftsmäßigen Leistungsaustausch ausgegangen werden kann.[795]
- Führt die Verrechnung des eingezogenen Scheckbetrages zur Rückführung des ungekündigten Kontokorrentkredites, so ist die entstandene Verrechnungslage in der Regel gemäß § 131 Abs. 1 InsO anfechtbar, wenn die Scheckeinlösung in der Krise erfolgt ist. Nur dann, wenn der spätere Insolvenzschuldner den Scheck zwischen zwei und drei Monaten vor dem Eröffnungsantrag eingelöst hat und er zu diesem Zeitpunkt noch nicht zahlungsunfähig war, hängt die Anfechtbarkeit davon ab, ob die Bank wusste oder wissen musste, dass die entstehende Ver-

---

791 Teil 2 III.5.a)ee) und b)bb)(5) und b)cc)(2) und IV.2. und 3.
792 Teil 3 II.1 und 2.
793 Teil 3 II.1.
794 Teil 3 II.2.a)bb)(1)(c).
795 Teil 3 II.2.a)bb)(3).

rechnungslage andere Insolvenzgläubiger benachteiligen würde. Hier wirkt allerdings der Umstand der Inkongruenz einer Rückführung ungekündigter Kredite als Beweisanzeichen zu Lasten der Bank.[796]

- Hat die Bank einen Kontokorrentkredit bereits wirksam gekündigt, bevor mit erfolgreicher Einlösung des eingereichten Schecks die Verrechnungslage entsteht, so ist die durch die Verrechnung erlangte Deckung grundsätzlich kongruent. Eine Anfechtbarkeit der Verrechnungslage bei Einlösung des Schecks in der Krise kommt dann unter den engen Voraussetzungen des § 130 InsO in Betracht. Ist die Kreditkündigung ihrerseits nach § 130 Abs. 1 Nr. 1, Abs. 2 InsO anfechtbar, so erfüllt die nachfolgende Entstehung der Verrechnungslage mit Einlösung des Schecks in der Regel ebenfalls die Voraussetzungen des § 130 Abs. 1 Nr. 1, Abs. 2 InsO. Ist das Konto des Scheckeinreichers bei Einlösung des Schecks über einen eingeräumten Dispositionskredit hinaus überzogen, so ist die entstehende Verrechnungslage kongruent und allenfalls gemäß § 130 Abs. 1 Nr. 1, Abs. 2 InsO anfechtbar.[797]
- Im Übrigen kommt in allen Fallkonstellationen stets eine Anfechtbarkeit der entstandenen Verrechnungslage nach § 133 InsO in Betracht. Ihr kommt insbesondere bei Scheckeinlösungen vor Beginn der Krise eigenständige Bedeutung zu.[798]
- Hat der Insolvenzschuldner seiner Bank einen Inkassoauftrag erteilt und verliert er danach im Eröffnungsverfahren oder durch Verfahrenseröffnung seine Verfügungsbefugnis, bevor die Inkassobank den Scheck eingezogen hat, so ist diese verpflichtet, den Inkassoauftrag fortzuführen und den eingezogenen Scheckbetrag an den Verwalter herauszugeben. Etwaige in diesem Zusammenhang zugunsten der Bank bestellte Sicherheiten sind anfechtbar.[799]
- Erteilt der Insolvenzschuldner seiner Bank einen Inkassoauftrag erst nach Verlust der Verfügungsbefugnis, so ist dieser Auftrag ebenso wie etwaige in diesem Zusammenhang bestellte Sicherheiten unwirksam. Die Bank braucht den Scheck nicht einzuziehen. Tut sie es dennoch, ist sie dem Verwalter zur Herausgabe des eingezogenen Betrages verpflichtet.[800]
- Mit Verlust der Verfügungsbefugnis verliert der Schecknehmer die materielle Berechtigung, über den Scheck zu verfügen und es kommen die Grundsätze über abhanden gekommene Schecks zur Anwendung.[801]
- Die Scheckeinlösung durch den Insolvenzschuldner führt nach Verlust seiner Verfügungsbefugnis in der Regel zum Erlöschen der Valutaschuld, wenn der Scheckaussteller zum Zeitpunkt der Hingabe des Schecks keine Kenntnis von

796 Teil 3 II.2.a)bb)(4).
797 Teil 3 II.2.a)bb)(5).
798 Teil 3.II.2.a)bb)(3)(c) und (4)(b) und (5) und (6).
799 Teil 3 III.1. und 2.
800 Teil 3 III.1. und 2.
801 Teil 3 III.4.

der mangelnden Verfügungsbefugnis des Schecknehmers hatte oder der Scheck über ein in die Insolvenzmasse fallendes Konto eingezogen wird.[802]

Die Auswirkungen der Insolvenz auf die Weitergabe von Kundenschecks

- Gibt der spätere Insolvenzschuldner von Kunden zahlungshalber erhaltene Schecks an eigene Gläubiger weiter, so lange er noch verfügungsbefugt ist, dann kommt nach Verfahrenseröffnung eine Anfechtung der Weitergabe des Schecks sowie einer etwaigen Indossierung des Schecks in Betracht.[803]
- Bereits die Weitergabe eines Kundenschecks des späteren Insolvenzschuldners im Sinne einer bloßen Besitzübertragung führt zu einer Benachteiligung der Insolvenzgläubiger. Für das Vorliegen der weiteren Anfechtungsvoraussetzungen kommt es auf den Zeitpunkt der Besitzübertragung an.[804]
- Die Weitergabe von Kundenschecks ist grundsätzlich inkongruent und damit häufig anfechtbar, es sei denn, die Parteien haben zuvor unanfechtbar eine Tilgung per Kundenscheck vereinbart.[805]
- Ein Indossament auf einem Inhaberscheck ist möglich, aber nicht üblich. Sofern sich eine aus ihm resultierende Haftung des Insolvenzschuldners realisiert hat, liegt darin eine Gläubigerbenachteiligung. Dies kommt in der Regel nur für Schecks ab einem Betrag über 6.000 Euro in Betracht.[806]
- Gibt der Insolvenzschuldner einen Kundenscheck zahlungshalber an einen Gläubiger weiter, nachdem er bereits seine Verfügungsbefugnis verloren hat, so kann dieser sich durch den Besitz zwar formell als Scheckberechtigter legitimieren, er ist jedoch materiell Nichtberechtigter. Ein gutgläubiger Erwerb des Kundenschecks durch den Gläubiger kommt nicht in Betracht.[807]
- Reicht der Gläubiger einen vom Insolvenzschuldner nach Verlust von dessen Verfügungsbefugnis erworbenen Kundenscheck zur Einlösung ein, so gelangen die Grundsätze über disparische Schecks zur Anwendung.[808]
- Ist die Weitergabe von Kundenschecks im Geschäftskreis, dem der erste Schecknehmer und der Erwerber des Kundenschecks angehören, unüblich, dann sind der Erwerber, die Inkassobank und die bezogene Bank verpflichtet, die (insol-

802 Teil 3 III.7. und IV. 6.
803 Teil 4 II.1.a).
804 Teil 4 II.1.b).
805 Teil 4 II.2.a).
806 Teil 4 II.1.c).
807 Teil 4 III.1.
808 Teil 4 III.2.

venzrechtliche) Verfügungsbefugnis des ersten Schecknehmers zu überprüfen. Ein Unterlassen begründet den Vorwurf grober Fahrlässigkeit.[809]

- Die bezogene Bank darf das Konto des Scheckausstellers nur dann belasten, wenn sie die materielle Nichtberechtigung des Scheckeinreichers nicht grob fahrlässig verkannt hat. Ist dies der Fall, weil eine Weitergabe von Kundenschecks in dem Geschäftskreis, dem der Schecknehmer und der Scheckeinreicher angehören, unüblich ist, steht der bezogenen Bank eine Direktkondiktion gegen den Scheckeinreicher auf Herausgabe des Scheckbetrages zu.[810]
- Reicht der Erwerber des Schecks diesen zum Inkasso ein, so führt dic crfolgreiche Einlösung nicht zur Erfüllung und damit nicht zum Erlöschen des Valutaverhältnisses zwischen Scheckaussteller und Insolvenzschuldner. Dem Scheckaussteller steht aber, wenn er zum Zeitpunkt der Scheckhingabe keine Kenntnis vom Verlust der Verfügungsbefugnis des Schecknehmers hatte, grundsätzlich die Einrede der Scheckhingabe entspr. § 82 InsO, §§ 157, 242 BGB gegen eine erneute Inanspruchnahme aus dem Valutaverhältnis durch den Insolvenzverwalter zu. Dies gilt nur dann nicht, wenn der Scheckaussteller sich gegenüber der bezogenen Bank darauf beruft, diese dürfe sein Konto nicht mit dem Scheckbetrag belasten, weil eine Weitergabe von Kundenschecks in dem Geschäftskreis, dem der Schecknehmer und der Scheckeinreicher angehören, unüblich sei.[811]
- Kann sich der Scheckaussteller im Valutaverhältnis auf die Einrede der Scheckhingabe berufen, dann steht der Insolvenzmasse gegen den Scheckeinreicher ein Anspruch auf Herausgabe des eingezogenen Scheckbetrages gemäß § 816 BGB zu. Im Falle der Unüblichkeit der Weitergabe von Kundenschecks steht der Masse außerdem ein Schadensersatzanspruch gegen den Scheckeinreicher, die Inkassobank und die bezogene Bank als Gesamtschuldner aus §§ 989, 990 BGB zu, für den der Scheckeinreicher im Innenverhältnis allein haftet.[812]

---

809 Teil 4 III.2.a) und 4.a)aa).
810 Teil 4 III.5.a)aa) und b)aa).
811 Teil 4 III.5.a).
812 Teil 4 III.5.a)aa).

Literaturverzeichnis

Aden, Menno, „Die Haftung der einlösenden Bank bei abhanden gekommenen Schecks", NJW 1994, S. 413–417
Andres, Dirk/Leithaus, Rolf, Insolvenzordnung, München 2006
Assies, Paul/Ristelhuber, Johannes/Weis, Ditmar, Die Kundeninsolvenz in der Bankpraxis, Köln 2005

Bamberger, Heinz Georg/Roth, Herbert, Kommentar zum Bürgerlichen Gesetzbuch, Band 2: §§ 611–1296, 2. Aufl. München 2008
Baßlsperger, Maximilian, „Das Girokonto in der Zwangsvollstreckung – Aktuelle Probleme der Globalpfändung", Rpfleger 1985, S. 177–180
Bauer, Heinrich, „Der Zeitpunkt der Einlösung von Lastschriften und Schecks", WM 1983, S. 198–207
Baumbach, Adolf/Hefermehl, Wolfgang/Casper, Matthias, Wechselgesetz, Scheckgesetz, Recht der kartengestützten Zahlungen, mit Nebengesetzen und einer Einführung in das Wertpapierrecht, 23. Aufl. München 2008
Baumbauch, Adolf (Begr.)/Hopt, Klaus (Bearb.)/Merkt, Hanno (Bearb.), Handelsgesetzbuch mit GmbH & Co., Handelsklauseln, Bank- und Börsenrecht, Transportrecht (ohne Seerecht), München 2006
Baur, Fritz/Stürner, Rolf, Insolvenzrecht, 12. Aufl. Heidelberg 1990
Berges, A. M., Die Anfechtung mittelbarer Zuwendungen im Konkurs, KTS 1961, S. 65–72
Berges, A. M., Anmerkung zu BGH, Urt. v. 24. 9. 1962 – VIII ZR 18/62, KTS 1962, S. 246
Bitter, Georg, „Pfändung des Dispositionskredits? – Anmerkungen zum Urteil des BGH vom 29. 3. 2001 = WM 2001, 898", WM 2001, 889–896
Bitter, Georg, „Neues zur Pfändbarkeit des Dispositionskredits – Kritische Anmerkungen zum Stand der Rechtsprechung nach den BGH-Urteilen vom 22. 1. 2004 = WM 2004, 517 und vom 17. 2. 2004 = WM 2004, 669", WM 2004, S. 1109 – 1116.
Blank, Michael J. W., „Anmerkung zu OLG Hamburg, B. v. 9. 7. 2004 – 1 W 33/04", ZInsO 2004, S. 983–984
Bork, Reinhard, „Kontokorrentverrechnung und Bargeschäft", in: Insolvenzrecht im Wandel der Zeit, Festschrift für Hans-Peter Kirchhof, 2003, S. 575–572
Bork, Reinhard, Zahlungsverkehr in der Insolvenz, Köln 2002
Bork, Reinhard, Einführung in das Insolvenzrecht, 4. Aufl. Tübingen 2005
Bork, Reinhard (Hrsg.), Handbuch des Insolvenzanfechtungsrechts, Köln 2006
Bötticher, Ernst, Scheck und Giroüberweisung im Konkurse des Ausstellers und der bezogenen Bank
Bräuer, Gregor, Ausschluss der Insolvenzanfechtung bei Bargeschäften nach Maßgabe des § 142 InsO, Berlin 2006
Braun, Eberhard, Insolvenzordnung, Kommentar, 3. Aufl. München 2007
Breit, James, „Die Grundlagen des internen Scheckrechts", ZHR 64 (1919), S. 445–529
Brodmann, Erich, „Zur Lehre vom Girovertrag", ZHR 48, S. 121 ff.
Brox, Hans/Henssler, Martin, Handelsrecht: mit Grundzügen des Wertpapierrechts, 19. Aufl. München 2007
Bruckhoff, Holger-Rene, „Zur Anfechtung von Kontokorrentverrechnungen in der Insolvenz", NJW 2002, S.3304–3306
Bülow, Peter, Heidelberger Kommentar zum Wechselgesetz/Scheckgesetz und zu den Allgemeinen Geschäftsbedingungen, 4. Aufl. Heidelberg 2004
Bülow, Peter, „Scheckrechtliche Anweisung und Überweisungsvertrag", WM 2000, S. 58–60
Bülow, Peter, „Grundprobleme des Euro-Schecks und der Scheckkarte", JA 1984, S. 340–346

Bundschuh, Karl Dietrich, „Die neuere Rechtsprechung des Bundesgerichtshofes zum Scheckrecht", WM 1983, S. 1178–1188

Bundschuh, Karl Dietrich, Höchstrichterliche Rechtsprechung zum Wechsel- und Scheckrecht, Köln 1987

Bunte, Hermann-Josef, AGB-Banken und Sonderbedingungen mit AGB-Sparkassen und AGB-Postbank, Kommentar, München 2007

Canaris, Claus-Wilhelm, Handelsgesetzbuch, Großkommentar, begr. von Hermann Staub, Fünfter Band, Bankvertragsrecht, Erster Teil, 4. Aufl. Berlin 2005, zitiert: *Canaris,* Bankvertragsrecht

Canaris, Claus-Wilhelm, Aktuelle insolvenzrechtliche Probleme des Zahlungsverkehrs und des Effektenwesens, in: Einhundert Jahre Konkursordnung, Köln/Berlin/Bonn/München 1977, zitiert: *Canaris,* FS 100 Jahre KO

Canaris, Claus-Wilhelm, „Anm. zu BGH, Urteil. v. 30. 4. 1992 – IX ZR 176/91 – ZIP 1992, 778", EWiR § 30 KO 1/1992, S. 683–684

Canaris, Claus-Wilhelm, „Der Bereicherungsausgleich im Dreipersonenverhältnis", Festschrift für Karl Larenz zum 70. Geburtstag, Köln/Berlin/Bonn/München 1973, S. 799–845

Canaris, Claus-Wilhelm, „Der Bereicherungsausgleich im bargeldlosen Zahlungsverkehr", WM 1980, S. 354–371

Claussen, Carsten Peter, Bank- und Börsenrecht, 4. Aufl. München 2008

Dampf, Peter, „Die Rückführung von Kontokorrentkrediten in der Unternehmenskrise und ihre Behandlung nach KO und InsO", KTS 1998, S. 145–174

de Bra, Peter, „Die Anfechtbarkeit der Verrechnung von Zahlungseingängen auf debitorischen Girokonten in dem letzten Monat vor dem Antrag auf Eröffnung des Insolvenzverfahrens", NZI 1999, S. 249–254

Doris, Philippos, Die rechtsgeschäftliche Ermächtigung bei Vornahme von Verfügungs-, Verpflichtungs- und Erwerbsgeschäften, München 1974

Ebenroth, Carsten Thomas/Boujong, Karlheinz/Joost, Detlev/Strohn, Lutz, Handelsgesetzbuch, Band 2, München 2001

Eckert, Rainer, Probleme der Bestimmung des für die Insolvenzanfechtung relevanten Zeitpunktes nach § 140 InsO, Frankfurt a.M. 2003

Eckhardt, Diederich, „Kreditsicherung versus Insolvenzanfechtung", ZIP 1999, S. 1417–1426

Ehmann, Horst, „Ist die Erfüllung Realvertrag?", NJW 1969, S. 1833–1837

Ehmann, Horst, „Die Funktion der Zweckvereinbarung bei Erfüllung", JZ 1968, S. 549–556

Einsele, Dorothee, Bank- und Kapitalmarktrecht: nationale und internationale Bankgeschäfte, Tübingen 2006

Erman, Walter, Bürgerliches Gesetzbuch, 12. Aufl. Köln 2008

Felke, Klaus, „Die Pfändung der ‚offenen Kreditlinie' im System der Zwangsvollstreckung – unter Berücksichtigung der Schuldrechtsreform", WM 2002, S. 1632–1641

Feuerborn, Sabine, „Insolvenzanfechtung bei AGB-Pfandrecht und Sicherungszession", ZIP 2002, S. 290–295

Fischer, Gero, „Aufrechnung und Verrechnung in der Insolvenz", WM 2008, S. 1–7

Fischer, Gero, „Der maßgebliche Zeitpunkt der anfechtbaren Rechtshandlung", ZIP 2004, S. 1679–1684

Fischer, Gero, „Bewirken Leistungen, die zur Erledigung des Insolvenzantrags führen, eine kongruente Deckung?", in: Insolvenzrecht im Wandel der Zeit, Festschrift für Hans-Peter Kirchhof zum 65. Geburtstag, 2003, S. 73–84

Flume, Werner, „Banküberweisung und ungerechtfertigte Bereicherung", NJW 1987, S. 635–636

Flume, Werner, Das Rechtsgeschäft, 4. Aufl. Berlin 1992

Gaul, Hans Friedhelm, „Die Zwangsvollstreckung in den Geldkredit“, KTS 50 (1989), S. 3–28

Gerber, Kurt, Der Scheck im Konkurse des Ausstellers, Borna-Leipzig 1914

Gerhardt, Walter, Zur Insolvenzanfechtung eines Vergleichs i.S. des § 779 BGB, KTS 65 (2004), S. 195–203

Gerhardt, Walter, „Gereimtes und Ungereimtes im Anfechtungsrecht der neuen Insolvenzordnung“, in: Festschrift für Hans Erich Brandner, Köln 1996, S. 605–619

Gernhuber, Joachim, Die Erfüllung und ihre Surrogate sowie das Erlöschen der Schuldverhältnisse aus anderen Gründen, 2. Aufl. Tübingen 1994

Gerth, Axel, „Die Konkursanfechtung einer zulässigen Aufrechnung“, BB 1978, S. 689–690

Göb, Marc Alexander, Girokontokorrentkredite in der Kundeninsolvenz unter besonderer Berücksichtigung der Wirksamkeit von Kontokorrentverrechnungen, Münster 2004

Gottwald, Peter, Insolvenzrechts-Handbuch, 3. Aufl. München 2006

Grub, Philipp, „Zur Unwirksamkeit einer vor Eröffnung des Insolvenzverfahrens abgegebenen Aufrechnungserklärung und zur Verjährung der Forderung des Schuldners in einem solchen Fall“, DZWIR 2007, S. 83

Grunsky, Wolfgang, „Zur Durchsetzung einer Geldforderung durch Kreditaufnahme des Schuldners in der Zwangsvollstreckung“, ZZP 95 (1982), S. 264–280

Grunsky, Wolfgang, „Anm. zu BGH, Urt. v. 24. 1. 1985 – IX ZR 65/84“, JZ 1985, S. 490–482

Grusewski, Kurt, Die rechtliche Natur des Giroverkehrs, Greifswald 1931

Hadding, Walther, „Bereicherungsausgleich bei Scheckzahlung“, in: Bankrecht und Kapitalmarktrecht in der Entwicklung, Festschrift für Siegfried Kümpel zum 70. Geburtstag, Berlin 2003

Hadding, Walther/Häuser, Franz, Rechtsfragen des bargeldlosen Zahlungsverkehrs, Köln 1984

Haertlein, Lutz, Der abhandengekommene Inhaberscheck, Bargeldlose Zahlung zwischen Bankrecht und Genfer Scheckrecht, Berlin 1998

Hamburger Kommentar zum Insolvenzrecht, InsO, EuInsVO, Art. 102 EGInsO, InsVV, VorInsVV, Insolvenzstrafrecht, Andreas Schmidt (Hrsg.)/Achim Ahrendt, 2. Aufl. Münster 2007, zitiert: *Bearbeiter* in: HambKomm-InsO

Häsemeyer, Ludwig, Insolvenzrecht, 4. Aufl. Köln 2007

Hassold, Gerhard, Zur Leistung im Dreipersonenverhältnis – Anweisung und Vertrag zugunsten Dritter als Modell, München 1981

Häuser, Franz, „Die Reichweite der Zwangsvollstreckung bei debitorischen Girokonten“, ZIP 1983, S. 891–900

Häuser, Franz, „Die Scheckeinlösung in der neueren Rechtsprechung“, WM 1988, S. 1505–1511

Hefermehl, Wolfgang, „Anmerkung zu BGH, Urt. v. 23. 2. 1951 – I ZR 83/50“, NJW 1951, S. 598

Heidelberger Kommentar zur Insolvenzordnung, 5. Aufl. Heidelberg 2008, zitiert: *Bearbeiter* in: HK-InsO

Heile, Bernhard, Die Anweisung im Konkurs des Anweisenden, Göttingen 1976

Hellmann, Friedrich, Lehrbuch des deutschen Konkursrechts, Berlin 1907

Hellner, Thorwald, „Rechtsprobleme des Zahlungsverkehrs unter Berücksichtigung der höchstrichterlichen Rechtsprechung“, ZHR 145 (1981), S. 109–137

Henkel, Andreas, „Der gläubigerbenachteiligende Charakter der Zahlungen des Schuldners von einem außerhalb der vereinbarten Kreditlinie geführten Konto, § 129 Abs. 1 InsO“, ZInsO 2005, S. 468–472

Henkel, Andreas, „Kurzkommentar zu OLG Düsseldorf, Urt. v. 6. 7. 2005 – I-19 U 28/05“, EWiR § 96 InsO 2/06, S. 53–54

Henkel, Andreas, „Die Verjährung der Hauptforderung des Insolvenzschuldners bei Unzulässigkeit der Aufrechnung nach § 96 I Nr. 3 InsO“, NZI 2007, S. 84–91

Herberg, Ernst, Scheck und Scheckvertrag im Konkurse des Ausstellers, Erlangen 1913

Hess, Harald, Insolvenrecht, Großkommentar, Band 1: §§ 1–112 InsO, Heidelberg 2007, Band 2: §§ 113–359 InsO, Heidelberg 2007

Heublein, Gerrit, „Gutschriften in der Krise – insolvenzfester Glücksfall oder anfechtbare Scheindeckung?“, ZIP 2000, S. 161–173

Heymann, Ernst/Horn, Norbert, Handelsgesetzbuch (ohne Seerecht), Bd. 4: Viertes Buch: §§ 343–475h, 2. Aufl. Berlin 2005
Hirsch, Siegfried, Anweisung und Scheck im Konkurse des Ausstellers, Dresden 1909
Hölzle, Gerrit, „Kurzkommentar zu OLG Stuttgart, Beschl. v. 22. 10. 2003 – 6 W 59/03", EWiR § 129 InsO 2/04, S. 667–668
Hueck, Alfred/Canaris, Claus-Wilhelm, Recht der Wertpapiere, 12. Aufl. München 1986

Jacoby, Florian, „Anm. zu BGH, Urt. v. 28. 9. 2006 – IX ZR 136/05", KTS 2007, S. 229–233
Jaeger, Ernst, Konkursordnung mit Einführungsgesetzen, Erster Band, §§ 1–70 KO, bearbeitet von Friedrich Lent, 8. Aufl. Berlin 1958, zitiert: *Bearbeiter* in: Jaeger, KO 8. Aufl.
Jaeger, Ernst, Lehrbuch des Deutschen Konkursrechts, 8. Aufl. Berlin/Leipzig 1932
Jaeger, Ernst/Henckel, Wolfram, Konkursordnung, Großkommentar, §§ 1–42, 9. Aufl. Berlin/New York 1987, zitiert: Jaeger/Henckel, KO
Jaeger, Ernst/Henckel, Wolfram, Insolvenzordnung: Großkommentar, Bd. 1: §§ 1–55, 1. Aufl. Berlin 2004, Bd. 2: §§ 56–102, 1. Aufl. Berlin 2007, Bd. 4: §§ 129–147, 1. Aufl. Berlin 2008 zitiert: *Bearbeiter* in: Jaeger, InsO
Jauernig, Othmar, Bürgerliches Gesetzbuch, Kommentar, 12. Aufl. München 2007
Jungmann, Carsten, „Die Pfändung in das Bankkonto", ZInsO 1999, S. 64–73

Kelz, Erich, „Behandlung von Wechseln und Schecks im Konkurse", Bank-Betrieb 1971, S. 50–52
Kilger, Joachim/Schmidt, Karsten, Insolvenzgesetze: KO, VglO, GesO, 17. Aufl. München 1997
Kirchhof, Hans-Peter, „Einfluss des neuen Verjährungsrechts auf die Insolenzanfechtung", WM 2002, S. 2037–2039
Kirchhof, Hans-Peter, „Die Anfechtung ‚ermöglichender' Deckungshandlungen nach §§ 130, 131 InsO", Festschrift für Wilhelm Uhlenbruck zum 70. Geburtstag, Hanns Prütting/Heinz Vallender (Hrsg.), Köln 2000, S. 269–278, zitiert: *Kirchhof* in: FS Uhlenbruck
Kirchhof, Hans-Peter, „Anfechtungen von Leistungen unter Vollstreckungsdruck", ZInsO 2004, S. 1168–1176
Klausing, Friedrich, Die Zahlung durch Wechsel und Scheck, Marburg 1919
Kohler, Josef, Lehrbuch des Bürgerlichen Rechts, Bd. 2: Vermögesrecht, Teil 1: Schuldrecht, Berlin 1906
Koller, Ingo, „Die Verteilung des Scheckfälschungsrisikos zwischen Kunde und Bank", NJW 1981, S. 2433–2440
Kölner Schrift zur Insolvenzordnung, Das neue Insolvenzrecht in der Praxis, Arbeitskreis für Insolvenz- und Schiedsgerichtswesen e. V., 2. Aufl. Köln 2000
Köndgen, Johannes, „Wandlungen im Bereicherungsrecht in Dogmatik und Methode", in: Dogmatik und Methode, Festschrift für Josef Esser, Kornberg 1975, S. 55–83
Kübler, Bruno M., „Entwicklung und Tendenzen in der Rechtsprechung zu § 133 Abs. 1 InsO, insbesondere zur Anfechtung von Druckzahlungen", in: Festschrift für Greiner, Köln/Berlin/München 2005, S. 159ff.
Kübler, Bruno M., „Der Einfluss der Konkurseröffnung auf den Überweisungsverkehr des Gemeinschuldners", BB 1976, S. 801–805
Kübler, Bruno M./Prütting, Hanns/Bork, Reinhard, InsO, Kommentar zur Insolvenzordnung, Band I, Köln Stand 3/2009, Band II, Köln Stand 3/2009, zitiert: *Bearbeiter* in: Kübler/Prütting/Bork, InsO
Kuhn, Georg, Über die Rechtsprechung des Bundesgerichtshofes auf dem Gebiet des Konkursrechtes, KTS 1963, S. 65–77
Kümpel, Siegfried, Bank- und Kapitalmarktrecht, 3. Aufl. Köln 2004
Kümpel, Siegfried, „Zum Bereicherungsausgleich bei fehlerhaften Banküberweisungen", WM 2001, S. 2273–2280

Langer, Heinrich, Ein Beitrag zur Lehre vom Scheck im Konkurse des Ausstellers, Berlin 1912

Larenz, Karl/Canaris, Claus-Wilhelm, Lehrbuch des Schuldrechts, 2. Band: Besonderer Teil, 2. Halbband, 13. Aufl. München 1994

Leithaus, Rolf, „Zur Insolvenzanfechtung von Kontokorrentverrechnungen“, NZI 2002, S. 188–190

Lenel, Otto, „Stellvertretung und Vollmacht“, Iherings Jahrbücher für die Dogmatik des bürgerlichen Rechts, Bd. 36, 1896, S. 1–130

Lent, Friedrich, Die Anweisung als Vollmacht und im Konkurse, Leipzig 1907

Leonhardt, Peter/Smid, Stefan/Zeuner, Mark (Hrsg.), Insolvenzordnung (InsO), 3. Aufl. Stuttgart 2009

Lüke, Wolfgang, Anfechtungsrechtliche Probleme bei Dreiecksverhältnissen am Beispiel der Erfüllung durch Dritte, ZIP 2001, S. 1–9

Luther, Walter, „Die Pfändbarkeit von Kredit- und Darlehensansprüchen“, BB 1985, S. 1886–1888

Lwowski, Hans-Jürgen, „Die Anfechtung von Kreditrückzahlungen und Zahlungseingängen auf debitorischen Konten im Insolvenzverfahren“, in: Festschrift für Wilhelm Uhlenbruck zum 70. Geburtstag, Hanns Prütting/Heinz Vallender (Hrsg.), Köln 2000, S. 299–314, zitiert: *Lwowski* in: FS Uhlenbruck

Lwowski, Hans-Jürgen/Wunderlich, Nils-Christian, „Neues zum Bargeschäft – Zugleich Anmerkung zu BGH, Urt. v. 18. 7. 2002 – IX ZR 480/00 – ZInsO 2002, 876 = WM 2002, 1808“ , in: Insolvenzrecht im Wandel der Zeit, Festschrift für Hans-Peter Kirchhof zum 65. Geburtstag, 2003, S. 301–320

Lwowski, Hans-Jürgen/Wunderlich, Nils-Christian, „Aktuelle Probleme des insolvenzrechtlichen Bargeschäfts“, WM 2004, S. 1511–1518

Marotzke, Wolfgang, Die Behandlung der „schwebenden Rechtsgeschäfte“, in: Dieter Leipold (Hrsg.), Insolvenzrecht im Umbruch – Analysen und Alternativen, Köln/Bonn/München 1991, S. 183–196

Marotzke, Wolfgang/Kick, Sabine, „Zum System der konkursrechtlichen Anfechtungstatbestände“, JR 1995, S. 106–108

Mentzel, Franz/Kuhn, Georg/Uhlenbruck, Wilhelm, Konkursordnung, 9. Aufl. München 1979

Metz, Arthur, „Ein Beitrag zur rechtlichen Betrachtung des Giroverkehrs“, Archiv f. bürgerl. Recht, 30 (1907), S. 47–116

Meyer, Udo, Der Bereicherungsausgleich in Dreiecksverhältnissen: unter besonderer Berücksichtigung de Anweisungsfälle, Berlin 1979

Meyer-Cording, Ulrich, Das Recht der Banküberweisung unter besonderer Berücksichtigung der steckengebliebenen Überweisungen, Tübingen 1951

Meyer-Cording, Ulrich/Drygala, Tim, Wertpapierrecht, 3. Aufl. Neuwied 1995

Michaelis, Richard, Scheckgesetz, Kommentar, Berlin/Leipzig 1927

Michahelles, Thomas, Die Funktionsweise und die Rechtsnatur der Skontration: insbesondere dargestellt am Abrechnungsverfahren bei den Landeszentralbanken, Ebelsbach 1984

Möschel, Wernhard, „Fehlerhafte Banküberweisung und Bereicherungsausgleich“, JuS 1972, S. 197–305

Motive zu dem Entwurfe eines Bürgerlichen Gesetzbuches für das Deutsche Reich, Band II: Recht der Schuldverhältnisse, Berlin/Leipzig 1888

Mugdan, Benno, Die gesamten Materialien zum Bürgerlichen Gesetzbuch für das Deutsche Reich, Band 2: Das Recht der Schuldverhältnisse, Berlin 1899

Münchener Kommentar zum Bürgerlichen Gesetzbuch, Band 3: Schuldrecht, Besonderer Teil I: §§ 433–610, 5. Aufl. München 2008, Band 4: Schuldrecht, Besonderer Teil II: §§ 611–704, 5. Aufl. München 2009, Band 5: Besonderer Teil III, §§ 705–853, 4. Aufl. München 2004, zitiert: *Bearbeiter* in: MünchKomm-BGB

Münchener Kommentar zur Insolvenzordnung, Band 1: §§ 1–102, InsVV, 2. Aufl. München 2007, Band 2: §§ 103–269, 2. Aufl. München 2008, zitiert: *Bearbeiter* in: MünchKomm-InsO

Münchener Kommentar zur Zivilprozessordnung, Band 2: §§ 511–945, 3. Aufl. München 2007, zitiert: *Bearbeiter* in: MünchKomm-ZPO

Nassall, Wendt, „Unterliegen Dispositionskredite der Pfändung?“, NJW 1986, Besonderer Teil II: S. 168–169
Nerlich, Jörg/Römermann, Volker, Insolvenzordnung, Kommentar, München, Stand März 2009
Nobbe, Gerd, „Die Rechtsprechung des Bundesgerichtshofs zum Überweisungsverkehr, Sonderbeilage Nr. 4“, WM 2001, S. 1–28

Obermüller, Manfred, „Auswirkungen der Insolvenzrechtsreform auf Kreditgeschäft und Kreditsicherheiten“, WM 1994, S. 1829–1837
Obermüller, Manfred, Insolvenzrecht in der Bankpraxis, 7. Aufl. Köln 2007

Palandt, Otto, Bürgerliches Gesetzbuch mit Nebengesetzen, 68. Aufl. München 2009
Paulus, Christoph G., „Zum Verhältnis von Aufrechnung und Insolvenzanfechtung“, ZIP 1997, S. 569–577
Peckert, Joachim, „Pfändbarkeit des Überziehungs- und Dispositionskredits“, ZIP 1986, S. 1232–1239
Pfister, Bernhard, „Zum Bereicherungsanspruch im Dreiecksverhältnis bei Fehlen einer Anweisung, JR 1969“, S. 47–49
Pflug, Hans-Joachim, Schecksperre und Handelsbrauch, ZHR 135 (1971), S. 1–52
Pleyer, Klemes/Wallach, Edgar, „Aktuelle Probleme der Scheckeinlösung“, ZHR 153 (1989), S. 539–570
Pullmann, Georg, Der Scheck im Konkurse des Ausstellers, Osnabrück 1914

Quassowski, Leo/Albrecht, Erich, Scheckgesetz vom 14. August 1933, Berlin 1934

Reifner, Udo, „Der abhanden gekommene Euroscheck – Die Haftung des Bankkunden beim Missbrauch von Euroscheckformularen und Scheckkarten durch Dritte“, NJW 1987, S. 630–635
Reiser, Christof, „Anforderungen an die Sorgfaltspflichten der Banken im Scheckverkehr“, WM 1984, S. 1557–1563
Reuter, Dieter/Martinek, Michael, Ungerechtfertigte Bereicherung, Tübingen 1983
Reuther, Kurt, Der Scheckvertrag, Leipzig 1913
Ries, Stephan, „§ 96 Abs. 1 Nr. 3 InsO – ein Trojanisches Pferd? Rückschritt statt Fortschritt?“, ZInsO 2004, S. 1231–1236
Ries, Stephan, „Insolvenz (anfechtungs)recht auf dem Rückzug? Am Beispiel des § 96 Abs. 1 Nr. 3 InsO und zugleich eine Anmerkung zu BGH- IX ZB 235/04“, ZInsO 2005, S. 848–852

Schimansky, Herbert/Bunte, Hermann-Josef/Lwowski, Hans-Jürgen, Bankrechtshandbuch, Band I, 3. Aufl. München 2007, zitiert: *Bearbeiter* in: Schimansky/Bunte/Lwowski, Bankrechtshandbuch I
Schnauder, Franz, „Wider das Dogma vom Empfängerhorizont“, NJW 1999, S. 2841–2846
Schnauder, Franz, „Der Stand der Rechtsprechung zur Leistungskondiktion“, JuS 1994, S. 537–545
Schnauder, Franz, „Das Belastungsrecht der Bezogenen bei Einlösung abhanden gekommener Inhaberschecks“, WM 2000, S. 549–553
Schoele, Wilhelm Otto, Das Recht der Überweisung: eine zusammenfassende Darstellung des deutschen Banküberweisungs-, Spargiro- Postscheck- und Postanweisungsrechts einschließlich des Girovertragsrechts, Berlin 1937
Scholl, Bernd, „Die Pfändung des Kontokorrentkredites“, DZWIR 2005, S. 353–364
Schönle, Herbert, Bank- und Börsenrecht, 2. Aufl. München 1976
Schubert, Werner, „Anmerkung zu BGH; Urt. v. 1. 7. 1976 – VII ZR 333/75“, JR 1977, S. 200–202
Schwintowski, Hans-Peter/Schäfer, Frank A., Bankrecht: Commercial Banking – Investment Banking, 2. Aufl. Köln 2004
Sedatis, Lutz, Einführung in das Wertpapierrecht, Berlin 1988
Seiler, Oliver, Der Bereicherungsausgleich im Überweisungsverkehr, Berlin 1998
Seuffert, Lothar, Deutsches Konkursprozessrecht, Leipzig 1899
Smid, Stefan, Kreditsicherheiten in der Insolvenz, 2. Aufl. Stuttgart 2008

Smid, Stefan, Praxishandbuch Insolvenzrecht, 5. Aufl. Berlin 2007

Staub, Hermann/Stranz, Josef und Martin, Kommentar zum Wechselgesetz, 13. Aufl. Berlin 1934,

Steinhoff, Judith, „Die insolvenzrechtlichen Probleme im Überweisungsverkehr", ZIP 2000, S. 1141–1150

Stierle, Georg, Der Bereicherungsausgleich bei fehlerhaften Banküberweisungen, Frankfurt a. M. 1980

Stiller, Jörn U., „Gläubigerbenachteiligung bei Zahlung unter Ausnutzung einer geduldeten Kontoüberziehung", ZInsO 2005, S. 72–76

Stiller, Jörn U., „Die (un-)zulässige Verrechnung von Zahlungseingängen im Kontokorrentkonto vom dritten Monat vor dem Eröffnungsantrag bis zur Eröffnung", ZInsO 2002, S. 651–660

Thöl, Heinrich, Das Handelsrecht, Zweiter Band: Das Wechselrecht, Leipzig 1878

Uhlenbruck, Wilkhelm, Insolvenzordnung: Kommentar, 12. Aufl. München 2003

Ulmer, Eugen, Akkredetiv und Anweisung, AcP 126, S. 129–173

Ulmer, Eugen, Das Recht der Wertpapiere, Stuttgart 1938

v. Caemmerer, Ernst, „Bereicherungsansprüche und Drittbeziehungen", JZ 1962, S. 385–389

v. Godin, Reinhard Freiherr, „Scheckeinlösung durch eine Zweigniederlassung der bezogenen Bank", MDR 1949, S. 656–658

Vendolsky, Marc, „Gläubigerbenachteiligung (§ 129 InsO): Pfändbarkeit des Überziehungskredits sowie vorgerichtliche Nachweisobliegenheit des Insolvenzverwalters (§ 93 ZPO)", ZIP 2005, S. 786–789

von Staudinger, J., Kommentar zum Bürgerlichen Gesetzbuch mit Einführungsgesetz und Nebengesetzen, Buch 1, Allgemeiner Teil 5, §§ 164–240, Berlin 2004, Buch 2, Recht der Schuldverhältnisse, §§ 657–704, Berlin 2006, Buch 2, Recht der Schuldverhältnisse, §§ 779–811, Berlin 2002, Buch 2, Recht der Schuldverhältnisse, §§ 812–822 (Ungerechtfertigte Bereicherung), Berlin 2007, Buch 3, Sachenrecht, Eigentum 3, §§ 985–1011, Berlin 2006, zitiert: *Bearbeiter* in: Staudinger-BGB

von Thur, A., Zur Lehre von der Anweisung, Iher. Jhrb. 48, S. 1–67

Wagner, Eberhard, „Zur Pfändbarkeit nicht zweckgebundener Kontokorrentkreditforderungen", JZ 1985, S. 718–725

Wagner, Eberhard, „Pfändung der Deckungsgrundlage – ungeklärte Frage bei der Zwangsvollstreckung in Girokonten", ZIP 1985, S. 849–856

Wagner, Eberhard, „Neue Argumente zur Pfändbarkeit des Kontokorrentkredits", WM 1998, S. 1657–1667

Wand, Lothar, „Die neuen Bedingungen der privaten Banken für ec-Karten und den Scheckverkehr", ZIP 1996, S. 214–221

Wazlawik, Thomas, „Kurzkommentar zu BGH, Urt. v. 28. 9. 06 – IX ZR 136/05", EWiR § 136 InsO a.F. 1/07, S. 19–20

Weber, Beatrix, Recht des Zahlungsverkehrs: Überweisung, Lastschrift, Scheck, ec- und Kreditkarte, Internet, Insolvenz, 4. Aufl. Berlin 2004

Wieling, Heinrich, „Drittzahlung, Leistungsbegriff und fehlende Anweisung," JuS 1978, S. 801–810

Wilhelm, Jan, Die Zurechnung der Leistung bei Widerruf einer Anweisung, insbesondere eines Schecks, AcP 175, S. 304–350

Wilhelm, Jan, „Das Merkmal „auf Kosten" als notwendiges Kriterium der Leistungskondiktion", JuS 1973, S. 1–9

Wimmer, Klaus/Ahrens, Martin, Frankfurter Kommentar zur Insolvenzordnung, 5. Aufl. Köln 2009, zit.: *Bearbeiter* in: FK-Inso

Wischemeyer, Markus, Die Insolvenzanfechtung der Rückführung debitorischer Konten durch Einstellung von Gutschriften in der Krise, Aachen 2002

Wolf, Manfred/Horn, Norbert/Lindacher, Walter F., AGB-Gesetz: Gesetz zur Regelung des Rechts der Allgemeinen Geschäftsbedingungen, Kommentar, 4. Aufl. München 1999
Würdinger, Hans, „Anmerkung zu OLG Braunschweig, Urt. v. 28. 3. 1947 – 2 U 54/46", MDR 1947, S. 95

Zeller, Ullrich, Die Vollstreckung in offene Kreditlinien, Hamburg 2006
Zenker, Wolfgang, „Zur Frage der Rückwirkung des § 96 I Nr. 3 InsO", NZI 2006, S. 16–20
Zeuner, Mark, Zur Insolvenzanfechtung von Zahlungen aus einer geduldeten Kontoüberziehung, DZWIR 2007, S. 250–252
Zöllner, Wolfgang, Wertpapierrecht: ein Studienbuch, 15. Aufl. München 2000
Zuleger, Ralf, „Verrechnung von Zahlungseingängen bei offener Kreditlinie", ZInsO 2002, S. 49–53

Stichwortverzeichnis

Bei Fragen zur Produktsicherheit wenden Sie sich bitte an:
If you have any questions regarding product safety,
please contact:

Walter de Gruyter GmbH
Genthiner Straße 13
10785 Berlin
productsafety@degruyterbrill.com